KB197174

ALL NEW SMART
TOEIC
초스피드
암기 단어장

CHRIS SUH

MENT⊘RS

All New SMART
TOEIC 초스피드 암기 단어장

2025년 01월 13일 인쇄
2025년 01월 20일 개정판 포함 12쇄 발행

지 은 이   Chris Suh
발 행 인   Chris Suh
발 행 처   **MENT⊘RS**
　　　　　경기도 성남시 분당구 황새울로 335번길 10 598
　　　　　TEL 031-604-0025 FAX 031-696-5221
　　　　　mentors.co.kr
　　　　　blog.naver.com/mentorsbook
　　　　　* Play 스토어 및 App 스토어에서 '멘토스북' 검색해 어플다운받기!
등록일자   2005년 7월 27일
등록번호   제 2009-000027호
I S B N   979-11-94467-43-4
가　　격   18,600원(MP3 무료다운로드)

PREFACE

　　최근 TOEIC에서 어휘의 중요성은 갈수록 높아져 가고 있다. 점수 인플레를 억제하며 수험자들 간의 변별력을 높이기 위한 출제위원들의 방편이기도 하지만, 문법이나 구문을 기본틀로 해서 다양한 상황을 표현하게 해주는 것은 결국 어휘력이기 때문이다. 결국 영어의 여타 분야가 그러하듯 TOEIC 또한 최종 승부는 어휘력에서 판가름난다고 할 수 있다.

　　TOEIC에 출제되는 어휘의 범위는 그러나 제한적이다. TOEIC은 주로 기업, 경영 및 생산 등의 비즈니스 세계와 은행, 회계 등의 금융/회계, 그리고 여행, 건강, 날씨 등 일상의 세계를 주테마로 하기 때문이다. 범위가 제한적인 만큼 공략할 의지만 있다면 그리고 제대로 공략만 한다면 TOEIC 어휘의 정복은 어렵지 않을 것이다.

　　이책 ALL NEW TOEIC 초스피드 단어암기장은 TOEIC에 이미 나왔던 그리고 자주 나오는 단어와 숙어 그리고 비즈니스 분야별 어휘를 한 권에 집약·총정리한 NEW TOEIC 공략서이다. TOEIC 어휘력을 장기적으로 높이고자 하는 경우, 혹은 정기시험 직전 기억 속에 가물가물한 단어들을 후다닥 하룻밤에 되살리고자 할 때 꼭 필요한 도우미가 될 것이다.

먼저 "Section 1. TOEIC 핵심 Word Group 114"에서는 동사와 명사를 중심으로 114개의 의미군을 정리, 하나의 의미를 생각하며 5~10개의 단어를 동시에 연상, 암기되도록 꾸며져 있으며, "Section 2. TOEIC 필수 Idioms"에서는 각종 동사구 및 전치사구를 종합 정리하였다. 마지막으로 "Appendix TOEIC 빈출 TOPIC 30"에서는 비즈니스 현장 및 일상생활에서 쓰이는 어휘들을 총 30개의 분야로 세분하여 정리하여 TOEIC 어휘에 대한 전반적인 이해를 돕도록 꾸며졌다. 방대한 어휘수 뿐만 아니라 실전과 같은 예문들이 수록되어 있어 한 번만 봐도 머리 속에 오래도록 잊혀지지 않도록 기획되었다.

　　앞서 언급한 바와 같이 TOEIC의 진검승부를 위해서는 탄탄한 어휘실력이 절대적이지만, 가장 빠른 시간에 가장 많은 점수를 올릴 수 있게 해주는 열쇠 또한 어휘력이다. 시험장에서 한 두개의 단어나 숙어를 몰라서 혹은 알긴 아는데 알쏭달쏭 헷갈려서 아슬아슬하게 틀리는 문제가 시험 때마다 한두 개가 아니기 때문이다. 알고 있는 TOEIC 어휘의 절대량이 부족하거나 아니면 예문을 통한 실제 확인과정 없이 단어만 확인하는 일과성 어휘학습을 했기 때문이다. 이책으로 NEW TOEIC에 꼭 나오는 단어와 숙어를 실전예문과 함께 제대로 학습한다면 아쉽게 놓치는 200점을 내 점수로 만들어 어느새 자신도 모르게 NEW TOEIC 고수가 되어 있을 것이다. 끝으로 NEW TOEIC 초스피드 단어암기장이 여러분의 장단기 TOEIC 점수 향상에 큰 도움이 되기를 바라며 더 이상 어휘 때문에 TOEIC 시험장에서 맘고생하는 일이 없어지리라 확신한다.

HOW to STUDY

가장 많이 출제되는
단 어
Section 1
TOEIC 핵심
Word Group 114

가장 많이 출제되는
숙 어
Section 2
TOEIC 필수
Idioms

가장 많이 출제되는
비즈니스 표현
Appendix
TOEIC 빈출 TOPIC 30

- NEW TOEIC 시험에 꼭 나오는 비즈니스 및 일상의 실용단어를 총망라하였다.
- 단어, 숙어, 비즈니스 표현 등으로 대분하여 어휘학습의 효율성을 제고하였다.
- Section 1과 2, 그리고 Appendix까지 모든 단어와 예문을 전량 녹음하여 필수 단어 및 숙어의 암기력을 높였다.

Section 1 ～ TOEIC 핵심 Word Group 114

TOEIC에 출제되는 단어를 114개 의미군으로 분류하여 생생한 실용예문과 함께 수록하였기 때문에 하나의 의미를 생각하면서 5~10개의 단어를 동시에 외울 수 있다.

Word Group 1~112 : 관리/통제하다, 평가하다, 경제/금융, 이익/가치 등 111개의 동사 및 명사 의미군으로 분류했다.

Word Group 113 : TOEIC 시험에 기출한 그밖의 단어들을 예문과 함께 수록했다.

Word Group 114 : TOEIC 시험에 꼭 나오는 형용사와 부사들을 모아 정리했다.

Supplements : 다의어, 혼란어, 복합어 등 TOEIC 공략의 급소를 정리했다.
1. **다의어** : policy(정책, 보험증권), return(돌려주다, 세금신고서) 등 기존 의미와 달리 엉뚱하게 쓰이는 단어 60개를 모아 정리
2. **혼란어** : deduce(추론하다)/deduct(공제하다) 처럼 계속 헷갈리는 단어들을 비교 정리
3. **복합어** : 명사(또는 형용사)+명사의 복합어들을 일목요연하게 정리
4. **약어** : 비즈니스 현장 및 일상생활에서 부딪치는 필수 약어들을 정리
5. **구분해야 할 명사/형용사** : account(회계, 계정)/accountant(회계사)의 경우에서 처럼 명사형(또는 형용사형)이 두개인 경우들을 정리

동사구 및 전치사구, 부사구 등의 숙어를 정리하여 TOEIC R/C 파트의 전반적인 독해력 증진을 시도할 뿐만 아니라 TOEIC Part V의 문법 파트 어휘문제를 대비하도록 한다.

1. 동사별 동사구

동사가 전치사/부사와 결합하여 만들어내는 동사구를 동사별로 정리해본다. be, have, do, get, turn 등 총 50개의 동사를 중심으로 다양한 동사구를 수록했다. 동사가 전치사/부사들과 어울려 어떤 의미를 만들어내는지 생각하며 학습해보자.

2. be 동사구

TOEIC 문법문제에 직접 출제되기도 하는 "be+형용사/과거분사+전치사"형태의 idioms. 특히 형용사/과거분사와 어떤 전치사들이 어울리는지 그 매치를 눈여겨본다.

3. 전치사구

이번에는 전치사+명사[in advance], 전치사+명사+전치사[in spite of], 전치사(접속사) + 전치사[because of, as of] 등의 형태로 전치사처럼[전치사구] 혹은 부사처럼[부사구] 쓰이는 Idioms를 정리해본다.

Appendix TOEIC 빈출 TOPIC 30

TOEIC 어휘의 백미. 앞서 배운 Section 1, 2의 단어와 숙어를 기반으로 TOEIC이 가장 선호하는 분야인 기업, 경영, 생산, 회의 등의 비즈니스 분야와 은행, 회계 등의 금융분야 그리고 자동차, 여행, 주택 및 건강 등 일상생활에 관련된 어휘들을 총집합해본다.

■ 비즈니스 1~15

Company, Management, Production, Product, Office, Job, Working, Pay, Communication, Meeting & Schedule, Marketing, Buy & Selling, Price, Payment & Delivery, Trade

■ 금융회계 16~20

Banking & Credit, Accounting, Finance, Tax & Insurance, Law & Contract

■ 일상생활 21~30

Car, Traffic, Air Travel, Travel & Weather, House & Housing, Education & Family life, Food & Clothing, Hospital, Having Fun, Media

CONTENTS

머리말   3

특징 및 구성   4

Section 1   TOEIC 핵심 Word Group 114   9

핵심 Word Group

001 ᅵ 달성하다/이루다/성공하다   10

  ⋮

112 ᅵ 명명하다   178

113 ᅵ More Words You Should Know   179

112 ᅵ TOEIC에 자주 나오는 형용사, 부사들   196

Supplements

1 ᅵ TOEIC에 자주 나오는 다의어   214

2 ᅵ TOEIC에 자주 나오는 혼란어   231

3 ᅵ TOEIC에 자주 나오는 복합어   237

4 ᅵ TOEIC에 자주 나오는 약어   242

5 ᅵ TOEIC에 자주 나오는 구분해야 할 명사/형용사   247

Section 2   TOEIC 필수 Idioms   253

1 ᅵ 동사별 동사구   254

2 ᅵ Be 동사구   317

3 ᅵ 전치사구   329

Appendix TOEIC 빈출 TOPIC 30 — 355

01	Company 기업	356
02	Management 경영	366
03	Production 생산	373
04	Product 상품	382
05	Office 사무실	389
06	Job 구인구직	394
07	Working 직장생활	400
08	Pay 급여	407
09	Communication 의사소통	412
10	Meeting & Schedule 회의	419
11	Marketing 마케팅	426
12	Buy & Selling 구매	433
13	Price 가격	443
14	Payment & Delivery 지불	451
15	Trade 무역	456
16	Banking & Credit 금융	460
17	Accounting 회계	468
18	Finance 자금	473
19	Tax & Insurance 세금/보험	479
20	Law & Contract 법률/계약	484
21	Car 자동차	491
22	Traffic 교통	498
23	Air Travel 항공	505
24	Travel & Weather 여행/날씨	512
25	House & Housing 주택	519
26	Education&Family life 가정	530
27	Food & Clothing 음식/의복	534
28	Hospital 의료	544
29	Having Fun 여가	553
30	Media 방송	557

TOEIC 핵심 Word Group 114

Track 01 | Word Group 001 ~ 005   Track 13 | Word Group 061 ~ 065

Track 02 | Word Group 006 ~ 010   Track 14 | Word Group 066 ~ 070

Track 03 | Word Group 011 ~ 015   Track 15 | Word Group 071 ~ 075

Track 04 | Word Group 016 ~ 020   Track 16 | Word Group 076 ~ 080

Track 05 | Word Group 021 ~ 025   Track 17 | Word Group 081 ~ 085

Track 06 | Word Group 026 ~ 030   Track 18 | Word Group 086 ~ 090

Track 07 | Word Group 031 ~ 035   Track 19 | Word Group 091 ~ 095

Track 08 | Word Group 036 ~ 040   Track 20 | Word Group 096 ~ 100

Track 09 | Word Group 041 ~ 045   Track 21 | Word Group 101 ~ 105

Track 10 | Word Group 046 ~ 050   Track 22 | Word Group 106 ~ 110

Track 11 | Word Group 051 ~ 055   Track 23 | Word Group 111 ~ 114

Track 12 | Word Group 056 ~ 060

Supplements

001 | 달성하다/이루다/성공하다

accomplish

v. 완수하다, 이루다

accomplished a. 능란한, 숙달된
accomplishment n. 성취, 수행, 공적

It is very rewarding when you work hard and **accomplish** what you intended. ···› 열심히 일하여 자신이 의도한 바를 이루는 순간은 매우 값진 것이다.

achieve

v. 성취하다

achievement n. 성취, 달성

We **achieved** all of our major operational milestones for the group s satellite businesses in Europe. ···› 우리는 우리 그룹의 유럽 위성통신 사업에 있어 경영상의 주요 이정표가 될만한 일들을 모두 해냈다.

attain

v. 도달하다, 달성하다, 손에 넣다

unattainable a. 도달하기 어려운

The newest race car on the circuit can **attain** speeds of more than 350 miles per hour. ···› 경주로에 있는 최신 경주용 자동차는 시속 350마일 이상의 속도를 낼 수 있다.

complete

v. 완수[완성]하다 a. 완전한, 전부 갖춘(~ with)

completion n. 성취, 완결, 달성

To **complete** this project on time, we will need to order more raw materials. ···› 그 프로젝트를 제때 끝내려면 원자재를 더 주문해야 할 것이다.

The blender comes **complete with** a carrying case, a surge protector, and a recipe book. ···› 그 믹서기에는 운반상자, 전압 급등 안전장치, 그리고 요리책자가 딸려 나온다.

land

v. (계약, 직업 등의 경우에) 노력하여 손에 넣다, 얻다

The new salesman **landed** the biggest order in the history of the company. ···▸ 그 신입 영업사원은 회사 역사상 가장 큰 주문을 얻어냈다.

prevail

v. 우세하다, 널리 보급되다

prevailing a. 우세한, 일반적인
prevalent a. 널리 보급된, 우세한

The idea that men are better than women still **prevails** in our world today. ···▸ 남자가 여자보다 더 낫다는 생각이 오늘날에도 여전히 지배적입니다.

prosper

v. 번영하다, 성공하다

prosperous a. 번영하는

This month has been one of the most **prosperous** months that the company has had in many years. ···▸ 이번 달은 회사가 최근 몇 해 들어 경기가 가장 좋은 달 중의 하나였다.

succeed

v. 성과를 거두다, 번창하다, 뒤를 잇다

success n. 성공 → successful a. 성공적인
succession n. 연속, 계속 → successive a. 계속적인

We face great challenges, but by working together, we can **succeed**. ···▸ 우리는 엄청난 난관에 부딪쳤지만 합심해서 일하면 이겨낼 수 있다.

More⁺⁺

consummate v. 완수하다, 완료하다   **flourish** v. 번창하다, 융성하다

002 | 설치/설립하다, 실시/시작하다

establish

v. 확립하다, 설치[설립]하다(set up; install)

established a. 확립된
establishment n. 설립, 시설

We must first **establish** what the problem is before we attempt to correct it. ⋯▸ 우리는 바로잡기 전에 문제가 무엇인지를 먼저 구체화시켜야 한다.

activate

v. 활동시키다, 활성화하다

active a. 활동적인, 적극적인
actively ad. 활동적으로, 적극적으로

Activate it ten minutes before use. ⋯▸ 사용하기 10분 전에 작동시키십시오.

launch

v. (계획 등에) 착수하다, (신제품을) 출시하다 n. 발사

We must look at our latest financial survey results before we decide to **launch** our new product. ⋯▸ 우리는 신상품 출시를 결정하기 전에 최근의 재정조사 결과를 살펴봐야 한다.

install

v. (장비 등을) 설치하다

The warranty stipulates that all replacement parts must be **installed** by a licensed mechanic. ⋯▸ 보증서에 의하면 교체부품들은 모두 자격증이 있는 수리공이 설치를 해야 한다고 규정하고 있다.

propel

v. 추진하다

propeller n. 프로펠러, 추진기

Small boats usually have engines at the back to **propel** them. ⋯▸ 소형 보트들은 보통 뒷부분에 몸체를 추진 시키는 엔진을 가지고 있다.

commence

v. 시작하다, 개시하다

commencement n. 시작, 착수

We must **commence** filming immediately so that we have enough time to finish. ···→ 우리는 마무리 할 시간을 충분히 갖기 위해 즉시 촬영을 시작해야 한다.

enact

v. (법률을) 제정하다, (법률이 …라고) 규정하다

The French law **was enacted** to protect small shopkeepers from competition with big discounters. ···→ 대형 할인점으로부터의 경쟁에서 소규모 상점들을 보호하기 위해 프랑스 법이 제정되었다.

initiate

v. 법령 등을 제안하다, 발의하다

initial a. 최초의, 초기의
initiative n. 발의, 솔선, 주도, 창의, 기업심 a. 처음의, 발단의

The inventor became rich because he took the **initiative** to patent his product. ···→ 그 발명가는 직접 주도하여 자기 제품의 특허를 얻어서 부자가 되었다.

institute

v. 만들다, 제정하다, 시작하다

institution n. 단체, 시설, 기관, 제도

The government will **institute** its new taxation policy after the Christmas holidays. ···→ 정부는 크리스마스 연휴 이후에 새로운 세법정책을 제정할 것이다.

found v. 기초를 세우다, 설립하다
inaugurate v. 정식으로 발족시키다, 취임시키다
resume v. 다시 시작하다, 계속하다

003 | 고안하다/만들다, 조립/구성하다

generate

v. 만들어내다, 산출하다, 이루다

The company s leading salesman **generates** sales in excess of one hundred million dollars per year. ···→ 회사 최고의 영업사원은 년 1억 달러 넘는 실적을 올린다.

manufacture

v. 제조하다 n. 제조(업), 제품

manufacturer n. 제조업자, 생산자
manufacturing a. 제조의 n. 제조업

My father s company **manufactures** clothes in Brazil and sells them in America. ···→ 우리 아버지 회사는 브라질에서 의류를 생산해서 미국에서 그것들을 판매한다.

produce

v. 생산하다, 제작하다, 일으키다 n. 농산물

The director made a lot of money this year and now plans to **produce** his next movie. ···→ 그 영화감독은 올해 큰 돈을 벌었으며, 현재 새로운 영화 제작을 준비중이다.

The cashier was called to the back of the supermarket and asked to arrange the display of **produce**. ···→ 계산대 직원은 슈퍼마켓 뒤쪽으로 불려가 농산물을 진열하라는 지시를 받았다.

yield

v. (이익을) 산출하다 n. 수확, 투자수익, 이율

I can t afford to buy any more stock shares that don t **yield** a profit over time. ···→ 나는 시간이 지나도 이익이 발생하지 않는 주식을 더 이상 살 금전적 능력이 없다.

create

v. 만들어내다, 창립하다

Why don t you **create** a company that offers a unique product at a reasonable price? ···→ 독특한 제품을 저렴한 가격에 내놓는 회사를 설립하는 게 어때?

devise

v. 궁리하다, 고안하다

device n. 장치, 고안물

The Board of Directors decided to hire an outside consultant to **devise** a plan to thwart the hostile takeover. ⋯→ 이사회는 적대적인 기업매수를 좌절시킬 계획을 고안해낼 외부 자문가를 선임하기로 결정했다.

compose

v. 조립하다, 구성하다

The product will **be composed** entirely of high-density plastic and high-grade polypropylene. ⋯→ 그 제품은 전적으로 고밀도 플라스틱과 양질의 폴리프로필렌으로 만들어질 것이다.

constitute

v. 구성하다, 성립시키다, (법령 등을) 제정하다

constitution n. 헌법, 체질, 구성
constituent n. 선거민, 유권자

As most of you know, our **constitution** requires that we have a quorum of 71 members. ⋯→ 아시다시피, 규정상 투표와 같은 공식조처를 취하기 위해서는 의결정족수 71명이 필요해요.

construct

v. 건설하다, 건축하다

construction n. 건축(물), 건조(물), 건설
constructor n. 건축업자
constructive a. 유용한, 건설적인

The developer decided to level the house and **construct** a new building. ⋯→ 개발업자는 집을 부수고 건물을 새로 짓기로 결정했다.

project

v. (크기, 비율 등을) 산출하다, 계획하다, 투영하다
n. 안(案), 계획

projection n. 투영, 설계, 돌출
projector n. 설계자, 영사기
projectile a. 투사될 수 있는, 추진하는

Imports **are projected** to grow about eight percent annually through the year 2050. ⋯→ 수입은 2050년까지 해마다 8% 정도 증가할 것으로 추정된다.

originate

v. 생기다, 일어나다

original n. 원화, 원작 a. 최초의, 원작의

The disease **originated** in Africa and then spread to North America. ⋯→ 아프리카에서 발생한 질병이 이제는 북미까지 번졌다.

conceive

v. 고안하다, 생각하다

concept n. 개념.
conception n. 개념, 생각 (cf. misconception 그릇된 생각)

Poorly **conceived** policies that conflict with one another can result in disgruntled employees. ⋯→ 서로 상충되는 졸렬하게 입안된 방침들은 직원들에게 불만을 품게 하는 결과를 낳을 수 있다.

contrive

v. 고안해내다, 궁리하다

Nobody knew why he felt that he had to **contrive** such a ridiculous story. ⋯→ 그 사람이 왜 그런 엉뚱한 이야기를 만들어 내야겠다고 생각했는지 아무도 몰랐다.

More⁺⁺

design v. 설계하다, 고안하다	**fabricate** v. 만들다, 제작하다
build v. 짓다, 세우다	**fashion** v. 만들다, 형성하다
form v. 형성하다, 만들다	**invent** v. 발명하다, 처음 만들어내다

004 | 평가하다/어림잡다

appreciate

v. 평가하다, 감상하다, (호의를) 고맙게 여기다

appreciation n. 평가, 감사
depreciate v. 평가절하하다(cf. depreciation 가치하락, 감가상각)

I **appreciate** all of your help on the new project.
⋯⋯→ 새로운 프로젝트에 도움 주신 것 모두 감사드립니다.

assess

v. 평가하다, 사정하다

Today we will work on **assessing** your current skills in terms of the changing job market. ⋯⋯→ 변화하는 인력시장의 관점에서 현재 여러분의 보유기술들을 평가해보겠습니다.

estimate

v. 평가하다, 어림잡다 n. 평가, 견적

estimated a. 추산된, 견적의
underestimate v. 과소평가하다

The sales **estimates** for 2004 are completely unattainable. ⋯⋯→ 2004년의 판매 예상치는 도저히 달성할 수 없다.

evaluate

v. 평가하다, 가치를 검토하다

evaluation n. 평가(액)
devaluation n. 가치[신분]의 저하, 평가절하

The Thai currency depreciated in the forward market on the rumor of China s **devaluation**. ⋯⋯→ 태국화폐는 중국화폐의 평가절하 소문 때문에 선물(先物)시장에서 하락했다.

gauge

v. 평가[판단]하다

One of the best ways to **gauge** an employee s ability is to ask workers. ⋯⋯→ 사원들의 능력을 평가하는 최선의 방법 중 하나는 동료들에게 묻는 것이다.

005 | 관리/통제하다, 지휘/감독하다

administer

v. 관리하다, 집행하다, (약 등을) 투여하다

administration n. 관리, 경영, 행정
administrative a. 관리의, 행정상의

The doctor asked his assistant to **administer** 300ml of interferon to the patient. ···→ 의사는 환자에게 인터페론 300ml를 주사하라고 조수에게 지시했다.

command

v. 명령하다, 장악하다, 전망하다

command a good view 전망이 좋다, 훤히 내다보다

The operation manager **commands a good view** of the overall market situation. ···→ 운영관리 부장은 전반적인 시장상황을 환히 꿰뚫고 있다.

control

v. 통제하다, 관리하다 n. 통제, 관리

The country s expansion of its currency was made in an effort to **control** inflation. ···→ 그 나라의 통화팽창은 인플레이션을 억제하려던 노력 끝에 생긴 일이었다.

supervise

v. 감독하다, 관리하다

Thomas and Gloria manage the store and **supervise** eight employees. ···→ 토마스와 글로리아는 그 가게를 운영하며 여덟 명의 고용인들을 관리한다.

direct

v. 향하게 하다, 지휘하다 a. 똑바른, 솔직한

directly ad. 똑바로, 직접, 곧
direction n. 방향, 감독, 지시사항

Paul **directs** our corporate information services. ···→ 폴은 우리 회사의 정보서비스를 감독하고 있다.

008 | 계산하다

account

n. 계좌, 거래 v. 차지하다, 원인이 되다(~ for)

accountant n. 회계사

It looks like I'm finally going to land the Drexler **account**. ···⟶ 드디어 드렉슬러 거래건을 성사시킬 것 같습니다.

You must have a US checking **account** in order to pay the bill with a check. ···⟶ 수표로 청구액을 납부하시려면 미국 당좌계좌가 있어야 합니다.

amount

v. (총계가 …에) 달하다(~ to) n. 양, 총계, 총액

The total **amount** left owing on the credit card bill was $15.75. ···⟶ 신용카드 미불 청구금액으로 남아있는 총 액수는 15달러 75센트였다.

figure

v. 수치를 계산하다, 어림잡다 n. 수치

We found out that the sales **figures** reported last month were not correct. ···⟶ 지난달 보고된 매출액 수치가 부정확하다는 사실을 알아내었다

measure

v. 재다, 평가하다

measurement n. 측량, 치수

Go to a store where a salesperson actually **measures** your foot to determine your size. ···⟶ 판매원이 실제로 발을 재어 사이즈를 지정해주는 상점으로 가세요.

compute v. 계산하다, 평가하다, 추정하다   **calculate** v. 계산하다, 추정하다
statistics n. (복수 취급하여) 통계, 통계자료, (단수 취급하여) 통계학
data v. 정보를 수집하다 n. 자료, 데이터

009 | 알리다/고지하다, 주의주다

advise

v. …에게 충고하다, …에게 알리다

advice n. 충고 (cf. advices 알림, 보고)
adviser n. 조언자, 고문
advisory n. 상황보고 a. 조언하는

All employees **are advised** to stay in the building until the thunder and lightening subsides. ···▸ 모든 직원들은 천둥과 번개가 가라앉을 때까지 건물에 머물러 계십시오.

announce

v. 알리다, 발표하다

announcement n. 공고, 발표

To accomplish their purpose of cutting costs, Microsoft has **announced** that they are downsizing next year. ···▸ 경비절감이라는 목표를 달성하기 위해 MS 社는 내년에 감원을 하겠다고 발표했다.

contact

v. …와 연락하다 n. 연락, 접촉

contacts n. 친분관계, 연줄

Would you please **contact** the administrator in London at 555-3456, and don t forget the time difference. ···▸ 555국의 3456번으로 런던에 있는 관리자에게 연락해 주시겠어요? 시차에 유의하시고요.

inform

v. 알리다 (inform A of B B에 관해 A에게 알리다)

informed a. 소식에 밝은
information n. 정보(~ on), 통지
informative a. 유익한, 지식을 주는

Do you have any **information** on the recent trends in the stock market? ···▸ 최근 주식시장의 동향에 대한 정보가 뭐 좀 있습니까?

The traffic report on the radio **informed** us that there was a road closure ahead. ⋯➝ 라디오의 교통 상황 보도에 따르면, 전방에 도로폐쇄를 하는 곳이 있다고 했다.

instruct

v. 가르치다, 지시하다

instructive a. 교훈적인
instruction n. 지시사항, 제품의 취급설명서

The workers **were instructed** not to landscape without the prior approval of their supervisor. ⋯➝ 인부들은 감독의 사전승인없이 조경작업을 시작하지 말라는 지시를 받았다.

notify

v. 통지하다, 공고하다

notification n. 통지
notice n. 주의, 통지, 공고

Winners will **be notified** by mail within three months of contest deadline. ⋯➝ 우승자들은 경연대회 마감 3개월 안에 우편으로 통보받을 것이다.

post

v. 게시하다, 기록하다 n. 우편, 지위, 직책

keep sby posted ⋯에게 근황을 알리다

The company was not profitable after it had to **post** a loss last year. ⋯➝ 그 회사는 작년에 손실을 공고할 수밖에 없었는데, 그 후 수익을 낼 수가 없었다.

caution

v. 주의주다, 경고하다 n. 조심, 경고

cautious a. 주의 깊은, 신중한

Mr. Mirez **cautioned** that the opportunity for savings would be lost if the customer waited until Tuesday. ⋯➝ 미레즈 씨는 고객이 화요일까지 기다리게 되면 저축의 기회를 잃게 된다고 주의를 주었다.

alert v. 경고하다 n. 경계, 경보   **warn** v. 경고하다, 통지하다

010 | 우세하다/경쟁하다, 이기다/지다

excel

v. …을 능가하다, 탁월하다

Japanese manufacturers **excel** at integrating on-the-job training with day-to-day operations. ···▸ 일본 제조업자들은 현장연수를 일상업무와 결합시키는 데 뛰어나다.

surpass

v. …보다 낫다, …을 능가하다

I **surpassed** the sales manager for the most number of orders in a year. ···▸ 나는 한해 동안 가장 많은 주문을 따내 영업부장을 뛰어넘었다.

compete

v. 경쟁하다, 겨루다

competition n. 경쟁, 경쟁자, 경쟁업체(competitor)
competence n. 능력
competitiveness n. 경쟁력
competitive a. 경쟁의, 경쟁할 만한, 경쟁력있는
competent a. 유능한, 능력이 있는 (cf. incompetent 무능한)

Mr. James claims his company is better than the **competition** due to its high-quality products. ···▸ 제임스 씨는 자기 회사는 제품의 품질이 우수하기 때문에 경쟁사보다 좋다고 주장한다.

rival

n. 경쟁자, 적수 v. …와 경쟁하다

rivalry n. 경쟁, 적대, 필적

The English film industry has a long way to go before it **rivals** Hollywood. ···▸ 영국의 영화업계는 헐리우드에 맞서기 전에 가야 할 길이 많이 남아 있다.

beat

v. …에 이기다, …를 패배시키다

The Chicago Bulls **beat** the Los Angeles Lakers last night at the Forum. ···→ 시카고 불스 팀은 어젯밤 포럼에서 LA 레이커스 팀을 이겼다.

defeat

v. …에 이기다, …를 패배시키다

The proposal to splitting the company into separate beverage and entertainment units **was defeated** at the annual meeting. ···→ 회사를 별도의 음료 업체와 연예사업단으로 각각 분리하려는 제안은 연례회의에서 좌절되었다.

overcome

v. (적, 맞수를) 이기다, (곤란 등을) 극복하다

We have to economize and save money these days in order to **overcome** the financial crisis. ···→ 최근 우리는 금융위기를 극복하기 위해 돈을 규모있게 아껴써야 한다.

overwhelm

v. 압도하다, …의 기를 꺾다

It wasn t difficult to **overwhelm** the jury with the evidence. ···→ 증거를 가지고 배심원들을 휘어잡는 것은 어려운 일이 아니다.

vie v. 우열을 다투다, 경쟁하다
surrender v. 넘겨주다, 항복하다
outdo v. …보다 낫다, 능가하다, 이기다
subdue v. 정복[진압]하다, 억누르다

subjugate v. 정복하다, 복종시키다
conquer v. 정복하다, 공략하다
vanquish v. 정복하다, 이기다

011 | 확인/입증/증명하다

ascertain

v. 확인하다, 알아내다

We wanted to **ascertain** the reason for the failure so we called in the engineer. ···→ 고장의 이유를 확인하고 싶어서 기술자를 불렀다.

attest

v. 증명하다, ···의 증거가 되다(~ to)

New hotels with gourmet restaurants and elegant night spots **attest** to the region s rising popularity. ···→ 미식가들의 입맛도 만족시키는 고급 레스토랑과 멋진 나이트 클럽을 갖춘 새 호텔들이 생겼다는 것은 이 지역의 인기가 높아지고 있다는 사실을 나타낸다.

certify

v. 증명하다, 보증하다

certificate n. 증명서, 증서
certification n. 증명, 증명서
certified a. 증명서를 가지고 있는, 공인된

We **certify** that the product will be free of defects for at least one year. ···→ 이 제품이 최소한 1년 동안은 결함이 없으리라는 것을 보증합니다.

confirm

v. 확실히 하다, 확인하다

confirmation n. 확정, 확인
confirmed a. 확립된, 상습적인

We had to **confirm** our flight two weeks before it departed. ···→ 출발 2주 전에 우리가 탈 비행기편을 확인해야 했다.

prove

v. 증명하다, 시험하다, ···이 되다(turn out)

proven a. 시험을 거쳐 증명된
proof n. (사진의) 교정인화지, 방수, 증명, 증거

proofread v. 교정보다

The drug has **been proven** effective in recent clinical studies. ⋯ 그 약은 최근의 임상 연구에서 효력이 있는 것으로 입증되었다.

substantiate

v. 구체화하다, 입증하다

unsubstantiated a. 근거없는

They have evidence to **substantiate** the accusation against the president. ⋯ 그 사람들은 사장에 대한 고발을 입증할 증거를 갖고 있다.

validate

v. 유효하게 하다, (공식적으로) 입증하다, 비준하다

validity n. 정당성, 유효성
valid a. 유효한, 근거가 확실한 (cf. invalid 근거없는)

The store clerk had to validate the customer s gift **certificate**. ⋯ 점원은 고객의 상품권을 유효하게 만들어줘야 했다.

verify

v. 진실임을 증명하다, 확인하다

verification n. 확인, 입증, 증명

Before you open the door to strangers, make sure that you **verify** their identity. ⋯ 낯선 사람에게 문을 열어주기 전에 반드시 신원을 확인하라.

corroborate v. 확실하게 하다, 확증하다
testify v. 증명하다
declare v. 선언하다, 단언하다, (사물이) 나타내다
proclaim v. (특히 국가적 중대사를) 선언하다, 공포하다

012 | 동의/일치하다, 인정/허가하다

agree

v. 동의하다, 합의하다, 결정하다

agreement n. 합의 (cf. unanimous agreement 만장일치)

The committee **agreed** unanimously to adopt the new marketing plan. ⋯→ 위원회는 만장일치로 새 마케팅 안을 채택하기로 합의했다.

allow

v. 허락하다, 허가하다

allowance n. 수당, 허가 한도

E-mail **allows** people in the office to communicate with the highest efficiency. ⋯→ 이메일 덕분에 사무실 사람들은 가장 효율적으로 정보 교류를 할 수 있다.

approve

v. 승인하다, …에 찬성하다(~ of)

approval n. 승인, 허가(permission)

If you **approve** of the new product, production can commence tomorrow. ⋯→ 이 신상품이 괜찮다고 생각하신다면 내일부터 생산을 시작할 수 있습니다.

authorize

v. 권한을 주다, 허가하다

authorities n. 당국
authorization n. 위임, 권한의 부여
authorized a. 공인된, 인가된 (cf. unauthorized 비인가된)

I **authorize** you to bill my credit card account in the amounts listed above. ⋯→ 위에 기재된 금액을 나의 신용카드 계좌로 청구하는 것을 허가합니다.

concede

v. 인정하다, 양보하다, (경기에) 지다

concession n. 양보, 용인, 영업허가

He knew that he was not going to win the chess match so he decided to **concede**. ···→ 그 남자는 체스게임에서 이길 수 없으리라는 것을 알았기에 패배를 인정하기로 결정했다.

admit

v. 허락하다, 인정하다

admission n. 승인, 입학

I'm afraid I have to **admit** that the odds are in favor of my opponent in this tennis match. ···→ 테니스 경기에서 내 상대가 이길 가능성이 있다는 사실을 인정할 수밖에 없다.

endorse

v. 공식적으로 지지[승인]하다, (어음 등에) 배서하다

endorsement n. 배서, 보증, 추천

You may qualify to participate in a state **endorsed** health insurance program. ···→ 당신은 주에서 승인한 건강보험 프로그램에 참가할 자격이 될 지도 모릅니다.

recognize

v. 알아보다, 인지하다, 확인하다, 인정[승인]하다

recognition n. 인정, 승인, 확인

Plastic has **been recognized** as reusable and is being recycled. ···→ 플라스틱은 재사용할 수 있고 재생될 수 있는 것으로 인식되어 왔다.

permit v. 허가하다, 허용하다
confess v. 고백하다, 시인하다, (사실이) ···인 것을 인정하다
assent v. 동의[찬성]하다, (진실임을) 인정하다 n. 동의, 찬성
consent v. 동의하다, 찬성하다 n. 동의, 찬성
accede v. (제의나 요구 등에) 응하다, 동의하다
accord v. 일치하다, 조화시키다, 허용하다
acquiesce v. (마지못해) 동의하다

013 │ 받아들이다, 채택하다

accept

v. 수용하다, 감내하다

acceptable a. 받아들일 수 있는, 만족할 만한(unacceptable)
acceptance n. 인정, 허용

We don t **accept** credit cards. You ll have to pay with cash or a check. ···→ 우리집에서는 신용카드를 받지 않습니다. 현금이나 수표로 계산해주셔야겠어요.

receive

v. 받다, 수령하다

receiver n. 수령인, 수납원
reception n. 환영회, 기념파티 (cf. receipt 영수증)

We never **received** an invoice so we can t forward the payment. ···→ 송장을 받은 적이 없으니 지불할 수 없습니다.

ratify

v. 재가하다, 비준하다, 인가하다

ratification n. 비준, 재가

The president was asked to attend the meeting and **ratify** the deal. ···→ 사장은 회의에 참석해서 그 거래를 재가해달라는 요청을 받았다.

sanction

n. 인가, (법률 등의 위반에 대한) 제재 v. 인가하다

There was no sign that France or Belgium would back down in their opposition to the **sanctions**. ···→ 프랑스나 벨기에는 그 제재조치에 대한 반대를 철회할 기미를 전혀 안보였다.

adopt

v. 양자로 삼다, 채택하다(= embrace)

adoption n. 채용, 채택

The Security Advisory Board has decided to **adopt** a new trading system from the first of October. ···→ 안전 자문 위원회는 10월 1일부터 새 무역체재를 채택하기로 결정했다.

014 | 구입/구매하다

acquire

v. 손에 넣다, 취득하다, 초래하다

acquired a. 취득한, 획득한
acquirement n. 취득, 습득
acquisition n. 취득, 획득

Acquiring or taking advantage of knowledge in one particular field can be a real advantage. ···→
어느 특정분야의 지식을 얻거나 활용하는 것은 진정한 이득이 될 수 있다.

obtain

v. 얻다, 손에 넣다

You must **obtain** a manager s signature before you hand in your bonus request. ···→ 보너스 신청서를 제출하기 전에 부장의 서명을 받아야만 합니다.

buy

v. 사다, 매수하다 n. 싸게 산 물건

Don t forget to **buy** the insurance that you need for your trip overseas. ···→ 해외 여행을 하는 데 필요한 보험에 드는 것을 잊지 마세요.

purchase

v. 구입하다 n. 구입, 구입품

purchaser n. 구매자

If a customer is interested in a volume discount, they have to be willing to **purchase** at least one thousand units.···→ 대량구입할인를 받으려면 최소 천개는 사야돼.

procure

v. 획득하다, 조달하다

procurement n. 획득, 조달

The company will **procure** its raw materials from a company in China. ···→ 그 회사는 중국에 있는 회사로부터 원자재를 조달할 것이다.

015 | 거래하다

bargain

v. 매매하다, 거래하다   n. 매매, 거래, 싸게 산 물건

bargaining n. 거래, 교섭, 계약

If you are looking for a **bargain**, we have slashed the prices on all of last years bikes. ···→ 싼 물건을 찾으신다면, 지난 해에 나온 자전거의 가격을 모두 내렸으니까 한번 보십시오.

business

n. 경영, 사업, 업무, 매매

Our company is not allowed to do **business** with anyone residing in Cuba. ···→ 우리 회사는 쿠바에 거주하는 사람과 거래하지 못하게 되어 있다.

commerce

n. 상업, 통상, 거래

commercial a. 상업의, 무역의 n. 광고방송
e-commerce n. 전자 상거래
commercialize v. 상업화[상품화]하다

Maybe someone in the Chamber of **Commerce** can give some names to contact. ···→ 아마도 상공회의소의 직원 한 사람이 당신에게 접촉할 사람들의 명단을 줄 것이다.

contract

v. 계약하다, (병에) 걸리다   n. 계약, 계약서

contractor n. 계약자, 하청업자

It is imperative that you use a condom during sex if you do not want to **contract** a disease. ···→ 질병에 감염되고 싶지 않다면 섹스 중에 반드시 콘돔을 착용해야 한다.

deal

v. 거래하다, 처리하다   n. 거래

dealer n. 거래를 하는 사람
currency dealer 외환 딜러(foreign exchange dealer)
dealership n. 판매점, 대리점

It is important to ascertain exactly what the selling price is before entering into a **deal**. ···→ 거래를 하기 전에 판매가를 정확히 하는 것이 중요하다.

Let s go to the new **dealership** to check out the new cars they have in stock. ···→ 새로 생긴 대리점에 가서 거기 있는 신형 자동차들을 알아보자.

trade

v. 장사하다, 무역하다 n. 장사, 거래, 무역

trader n. 무역업자, 상인
trademark n. 등록상표
trade in v. 중고품을 웃돈을 주고 신품과 바꾸다

The **trade** show at the convention center was very successful. ···→ 컨벤션센터에서의 전시회는 매우 성공적이었다.

The used car dealer accepted my old car as a **trade-in**. ···→ 중고차 판매인은 내 낡은 차를 중고품 보상 판매용으로 받아들였다.

transact

v. (사무 등을) 처리하다, 거래하다

transaction n. 처리, (pl.) 매매, 거래

Financial statements provide insight into the dealings and business **transactions** of a company. ···→ 재무제표는 회사의 거래관계와 업무처리를 들여다볼 수 있게 해준다.

exchange

v. (물건, 정보 등을) 교환[교역]하다 n. 교환, 거래소
Stock Exchange 증권거래소

The merchandise may be returned for a full refund or **exchanged** at any time. ···→ 상품은 어떤 경우에도 전액 환불받으시거나 교환하실 수 있습니다.

barter v. 물물교환하다, 팔다

016 | 경제/금융

economy

n. 경제, 절약 a. 값싼, 경제적인

economize v. 경제적으로 쓰다, 절약하다
economical a. 실속있는, 알뜰한 (cf. economic 경제의)

The **economy** will soon be in equilibrium if inflation stays at a reasonable level. ⋯▸ 인플레이션이 합리적인 수준에서 머무른다면 경제는 곧 균형에 도달할 것이다.

Please book me an **economy** seat on the first airplane to Chicago. ⋯▸ 시카고 행 첫 비행기로 일반석 한 장 예약해 주세요.

industry

n. 산업, 업계

industrial a. 산업의
industrialist n. 생산업자, 실업가

We are proud of the fact that our company was chosen as the **industry** leader by a leading business magazine. ⋯▸ 우리 회사가 유력한 비즈니스 잡지에서 업계를 선도하는 기업으로 선정된 것이 자랑스럽다.

sales

n. 판매, 판매고

The company tried to revitalize its sluggish **sales** by introducing a new product. ⋯▸ 그 회사는 신상품을 내놓아 판매 부진을 회생시키려고 애를 썼다.

finance

v. ⋯에 자금을 공급하다 n. 재정

financial a. 재정상의, 재무의
refinance v. 자금을 보충하다, 빚을 갚으려고 빚을 새로 얻다
financier n. 금융업자
financing n. 자금조달

Financing will be approved in a matter of minutes if you use the on-line application. ⋯▸ 융자

는 온라인 신청을 하면 몇분 만에 승인될 것이다

The company decided to issue bonds to **finance** its business expansion. … 그 회사는 사업확장 자금을 마련하기 위해 채권을 발행하기로 결정했다.

fund

v. 투자하다　n. 자금, 투자신탁

funding　n. 자금, 기금

The company asked its employees to raise **funds** for the orphanage. … 회사는 사원들에게 고아원에 기부할 자금을 모으자고 했다.

invest

v. 투자하다

investment　n. 투자, 투자의 대상
investor　n. 투자가

If you want to **invest** money in stocks, you should know the risks that are involved. … 돈을 주식에 투자하고 싶다면 거기에 따르는 위험을 알아야 한다.

market

v. 매매[거래]하다, 시장에 내놓다　n. 시장

marketer　n. 상인, 마케팅 담당자
upmarket　n. 고가품 시장

In order to successfully **market** a product, many companies employ advertising agencies. … 성공적으로 상품을 판매하려고 광고회사를 이용하는 기업들이 많다.

monetary

a. 화폐의, 금융의, 재정상의

The raise in interest rates was due to a tight **monetary** policy and increasing demand for cash. … 금리인상은 통화긴축정책과 늘어나는 현금수요에 기인한 것이었다.

017 | 조사/관찰/검사하다

analyze

v. 분석하다, 검토하다

analysis n. 분석
analyst n. 분석가

This position will be responsible for **analyzing** financial statements. ···→ 이 직책은 재무제표의 분석을 담당하는 자리가 될 것이다.

check

v. 검사하다, 확인하다 n. 수표, 계산서

double-check v. 재확인하다

The authorities **checked** their sources for verification of her statement. ···→ 당국은 그 여자의 진술을 확인하기 위해 자체 소식통을 확인했다.

Please have my secretary **double-check** the time of arrival. ···→ 비서에게 도착시간을 다시 한번 확인시키세요.

explore

v. 조사하다, 탐사하다

exploration n. 탐험, 실지답사, 탐구
explorer n. 탐험가, 탐구자

We will **explore** the impact of inflation on equity portfolio. ···→ 우리는 유가증권 자산들에 대한 인플레이션의 영향을 조사할 것이다.

inspect

v. 면밀하게 살피다, 조사하다

The fire marshal was called in to **inspect** the warehouse for violation of safety codes. ···→ 그 창고의 안전수칙 위반에 대해 조사하기 위해 소방서장이 불려왔다.

investigate

v. 조사하다, 연구하다

The superintendent was called down to the basement to **investigate** the terrible smell. ···▶ 감독관은 지독한 냄새를 조사하도록 전화로 지하실로 호출되었다.

inquire

v. 문의하다, 조회하다

inquiry n. 문의

The police **inquired** about the boy s disappearance.
···▶ 경찰은 그 어린 남자아이의 실종에 대해 조사했다.

research

v. 연구하다, 조사하다 n. 연구, 학술조사

The **research** budget is used up. ···▶ 연구예산이 바닥났다.

scrutinize

v. 세밀히 조사하다, 철저히 검사하다

The long-range consequences of a plan like this must be carefully **scrutinized**. ···▶ 이런 종류의 계획은 장기적인 영향을 주의깊게 검토해야 한다.

survey

v. 관찰[조사]하다, 전망하다 n. 관찰, 조사

Based on our recent market **survey**, we think the product will sell very well. ···▶ 최근 우리가 실시한 시장조사에 따르면, 그 제품은 잘 팔릴 것으로 예상된다.

peruse v. 정독하다, 읽다
query v. 질문하다, 의문을 가지다 n. 질문
observe v. 관찰하다, 주시하다
interrogate v. 심문하다, 질문하다
rummage v. 뒤지다, 샅샅이 조사하다
browse v. 이것저것 구경하다
probe v. (진상 등을) 규명하다, 탐구하다 n. 시험, 시도, 철저한 조사
examine v. 검사[조사]하다, 진찰하다

018 | 연결하다/묶다/부가하다

connect

v. 전화로 상대방과 이어주다, 연결하다

connection n. 관계, 거래처, 단골, (pl.) 연줄

The receptionist was having great difficulty **connecting** her boss to the board room. ⋯▶ 그 접수계원은 사장의 전화를 회의실로 연결하는데 큰 어려움을 겪고 있었다.

attach

v. 붙이다, 첨부하다, 할당하다

attachment n. 부착, 부착물

The price list **was attached** to the company s annual report. ⋯▶ 가격표는 회사 연례 보고서에 첨부되었다.

secure

v. 안전하게 하다, 확보하다 a. 안전한, 확고한

security n. 안전, 방위, (pl.) 유가증권

Secure the release of the package. ⋯▶ 소포를 안전하게 풀어라.

combine

v. 결합[합병]시키다, 결합[합병]하다

combination n. 조합, 결합

The managers will **combine** their two units in an effort to streamline operating procedures. ⋯▶ 관리자들은 경영절차를 간소화시키려는 노력의 일환으로 두 팀을 통합시킬 것이다.

fasten

v. 묶다, 조이다, 잠그다

Please **fasten** your seat belt securely when we begin our descent. ⋯▶ 비행기가 하강하기 시작하면 안전벨트를 단단히 채워주십시오.

affix

v. 첨부하다, 붙이다

Each item imported for resale must have a Spanish-language label **affixed** to it. ···→ 재판매를 위해 수입되는 각 물품에는 스페인어로 된 라벨을 부착해야 합니다.

annex

v. 부가하다, 첨부하다   n. 부가물, 부속물, 별관

A coin-operated guest laundry is located on the first floor in the **Annex** on the southeast corner of the facility. ···→ 동전을 넣고 빨래하는 손님용 세탁기는 이 건물의 남동쪽 모퉁이에 있는 별관 1층에 있습니다.

add

v. 더하다, 추가하다, 합치다

addition   n. 추가
additive   a. 부가적인   n. 첨가물
additional   a. 부가적인, 추가의

All told, sales for this month **add** up to more than $300,000 dollars. ···→ 전부 합해서 이번 달 매상은 총 30만 달러가 넘는다.

link

v. 연접하다, 연합[동맹, 제휴]하다   n. 고리, 유대

I live in a very remote area so my **link** to the outside world is through my computer. ···→ 나는 외딴 곳에 살기 때문에 나의 바깥 세상과의 연결 통로는 컴퓨터이다.

hang v. 걸다, 달다, 매달리다
bind v. 묶다, 속박하다, (책을) 제본하다
tie v. 묶다, 매다   n. 넥타이, 동점, (pl.) 유대
unify v. 통일하다, 단일화하다

019 | 인접하다/둘러싸다

border

v. 인접하다, 접해있다   n. 경계, 가장자리, 국경
Chestnut Ridge **borders** a grove of tall fir trees, the Yampa River, and rolling farmland. ⋯ 체스넛 릿지는 쭉쭉뻗은 전나무 숲과 얌파강, 완만하게 경사진 농장에 면해 있습니다.

bound

v. 튀다, 되튀다   n. (pl.) 경계, 범위
The police officer thought that the refugee **was bound** for the border. ⋯ 그 경찰관은 도주자가 국경으로 가고 있다고 생각했다.

enclose

v. 동봉하다, 둘러싸다
The **enclosed** membership application has been validated and entitles you to 25% off of the regular membership fee. ⋯ 동봉된 회원가입 신청서는 가입 승인이 가결되어, 귀하에게 일반 회비의 25%를 할인받을 수 있는 자격을 부여합니다.

surround

v. 둘러싸다
surroundings n. 주변환경, 주위
The crowd **is surrounding** the movie star. ⋯ 사람들이 그 유명 영화배우를 둘러쌌다.

More ++

encompass v. 둘러싸다, 포함하다
circumscribe v. 경계선을 긋다, 한계를 정하다

020 | 근접/접근하다, 유사/비교하다

access

n. 접근 v. 다가가다, 컴퓨터에 접속하다

accessible a. 접근하기 쉬운, 이용하기 쉬운

Walking and running are great workouts because they have a low rate of injury and are very **accessible**. ⋯ 걷기와 달리기는 부상률이 낮고 쉽게 할 수 있는 뛰어난 운동이다.

approach

v. 접근하다, 다가가다

A severe storm **is approaching**. ⋯ 심한 폭풍우가 다가오고 있다.

adjoin

v. 인접하다

adjoining a. 인접한

We will be in the **adjoining** room if you need anything. ⋯ 필요한 것이 있다면 우리가 옆방에 있을 테니 불러.

compare

v. 비유하다, 비교하다

comparison n. 비교, 비유
comparable a. 필적하는, 비교할만한
comparative a. 비교의, 비교적인

Do not settle on Colonial Bank until you have **compared** us against what the other banks offer. ⋯ 다른 은행들이 제공하는 것과 우리를 비교하시고 난 이후에 콜로니얼 은행으로 결정해 주십시오.

Compared to the other companies, ours is rather progressive. ⋯ 다른 회사들과 비교해볼 때 우리 회사는 다소 진취적입니다.

021 | 속하다/포함하다/관련되다

comprise

v. 포함하다, …으로 이루어져 있다

These words **comprise** what the editors feel is essential business vocabulary. ⋯→ 이 단어들은 편집자들이 꼭 필요하다고 생각하는 비즈니스 어휘들로 구성되어 있다.

contain

v. 포함하다, 억누르다

Many snack foods **contain** a variety of unhealthy additives. ⋯→ 스낵식품들은 대개 다양한 종류의 건강에 좋지 않은 첨가물을 함유하고 있다.

include

v. 포함하다

including prep. …을 포함하여

The price **includes** delivery to your warehouse. ⋯→ 그 가격은 창고까지의 배달비를 포함한다.

pertain

v. 속하다, 관계하다, 적합하다

pertaining to …에 관한

If you have any information **pertaining to** the murder, please call our toll-free number. ⋯→ 만일 살인에 관련된 정보가 있다면 저희 무료 전화로 연락해 주십시오.

relate

v. 관계시키다, 이야기 하다, 관계가 있다

related a. 관계 있는, 관련되어 있는
relation n. 관계, (pl.) 사이
relationship n. 친족관계, 관련
relative n. (직계가족을 포함한) 친척

Work **related** stress is on the increase. ⋯→ 직업관련 스트레스가 증가하고 있다.

I met several people who were in a field that was **related** to mine. ⋯→ 나는 나와 관련된 분야에 종사하는 사람들을 몇명 만났다.

---

concern

v. ⋯에 관계하다, 염려하다　n. 관계, 배려, 관심사

concerning　prep. ⋯에 관하여

I d like to talk with you **concerning** the meeting we re having this week. ⋯→ 이번 주에 있을 회의에 관해서 얘기하고 싶은데요.

---

regard

v. ⋯로 여기다, 간주하다

disregard　v. 무시하다, 가벼이 여기다
regarding　prep. ⋯에 대해서는
regardless　a. 개의치 않는, 고려되지 않는

The current law **regarding** sexual discrimination will be reviewed by Congress next week in a special session. ⋯→ 성차별에 대한 현행법은 다음주 의회의 특별회기중 검토될 것이다.

---

entail

v. (필연적인 결과로) ⋯를 수반하다

You know what it **entails**, and you could best answer her questions. ⋯→ 당신이라면 그 일에 수반되어야 할 것이 무엇인지 잘 알고 있으니 그 여자의 질문에 최선의 대답을 할 수 있을 거예요.

---

consist　v. ⋯에 기반을 두다(~ in), ⋯으로 이루어져 있다(~ of)
insert　v. 끼워넣다, 삽입하다　n. 신문 등의 삽입광고
involve　v. 포함하다, 수반하다, 관계[관련]시키다
belong　v. ⋯의 소유이다(~ to)

022 | 흡수/연합/결합하다

absorb

v. 흡수하다, 빼앗다

I heard that our area is going to **be absorbed** into the Human Resources area as part of the corporate restructuring. ···▶ 회사 개편의 일환으로 저희 부서가 인사부로 흡수될 거라는 얘기를 들었어요.

assimilate

v. 받아들이다, 자기 것으로 소화하다, 동화하다

assimilation n. 동화, 흡수

It has been said that Asians **assimilate** best when they move to countries with temperate climates. ···▶ 아시아인들은 기후가 온화한 나라로 이주할 때 가장 잘 적응한다고 한다.

merge

v. 합병하다

The two companies announced their plans to **merge** in late March. ···▶ 두 회사는 3월 말에 합병할 거라는 계획을 발표했다.

associate

v. 교제[제휴]하다 n. 동료, 공동경영자

association n. 연합, 유대관계

Our company **is associated** with a number of international and domestic organization. ···▶ 우리 회사는 많은 국내외 회사들과 제휴하고 있다.

consolidate

v. 결합하다, 통합하다

The man decided that he would **consolidate** his three businesses. ···▶ 그 사람은 자신이 경영하는 3개의 사업체를 통합하기로 했다.

incorporate

v. 법인[주식회사]으로 만들다, 주식회사가 되다

incorporated a. 법인회사의, 주식회사의

His company became **incorporated** about twenty-five years ago. ···▶ 그 사람의 회사는 약 25년 전에 주식회사가 되었다.

integrate

v. 통합하다, 조정하다

The manager decided to **integrate** the new production process into the existing production line. ···▶ 부장은 기존의 생산라인에 새 생산공정을 통합하기로 했다.

unite

v. 결합하다, 맺다

united a. 결합된
unity n. 통일성, 일관성

The two companies decided to **unite** their technological expertise. ···▶ 두 회사는 기술적인 전문 지식을 서로 결합하기로 결정했다.

adhere

v. 들러붙다, 집착하다, 고수하다

The inspector made sure that the construction of the building **adhered** to the fire code. ···▶ 감독관은 그 빌딩의 구조가 소방 법규를 준수하고 있다고 확신했다.

More⁺⁺

syndicate v. (기사, 사진 등을) 동시에 여러 매체에 배급하다 n. 기업연합

023 | 분류/정리하다, 예약/예정하다

arrange

v. …을 정하다, …의 준비를 하다

arrangement n. 배열, 배치, 준비, 계획

I hope you ll be able to attend the luncheon I ve **arranged**. ⋯ 제가 마련한 오찬에 참석해주셨으면 합니다.

book

v. 예약하다 n. 책, 회계장부

bookkeeper n. 경리, 장부계원
bookkeeping n. 부기(簿記)
bookmark v. 즐겨찾기에 추가하다

I need to **book** a cheap flight to Dallas, Texas.
⋯ 텍사스 주 댈러스 행의 요금이 싼 비행기표를 예약해야 한다.

I want you to **bookmark** that page for me on my computer.⋯ 내 컴퓨터에서 그 페이지를 즐겨찾기에 추가해 줘.

classify

v. 분류하다

classified a. 분류된, 항목별의

The animals **were classified** according to which country they came from. ⋯ 동물들은 그들의 출신지에 따라 분류되었다.

distinguish

v. 구별하다, 특징지우다, 두드러지게 하다

distinguished a. 눈에 띄는, 출중한, 유명한
distinguishing a. 특징적인, 특징을 이루는

The Copeland Group has **distinguished** itself as an innovator of the restaurant industry. ⋯ 코프랜드 그룹은 레스토랑 업계의 혁신적인 업체로서 주목받아 왔다.

organize

v. 조직하다, 편성하다

organization n. 조직, 기업

organizer n. 조직자, 창립자, 스케줄북
disorganized a. 산만한
reorganize v. 재편하다

On televised cooking programs, the cooks usually keep their kitchen counter top very clean and **organized**. ···→ 텔레비전의 요리 프로그램을 보면 요리사들의 부엌 조리대는 보통 아주 청결하고 잘 정돈되어 있다.

The marketing and sales divisions are going to **be reorganized** into a single business unit. ···→ 마케팅과 영업 부서는 단일 부서로 재편될 것이다.

---

sort

v. 분류하다, 추리다 n. 종류, 같은 부류의 사람[사물]

sort out 분류하다, 추리다, (문제를) 해결하다

The man was hired to **sort out** the financial difficulties the company was having. ···→ 그 사람은 회사가 당면한 재정적 어려움을 해결하도록 영입되었다.

---

reserve

v. 예약하다, (권리 · 이익을) 전유(專有)하다

reservation n. 예약, 보류

When do you expect to receive written confirmation of our **reservation**? ···→ 예약이 되었다는 서면 확인서를 언제 받기로 되어 있나요?

---

schedule

v. 예정하다, 표에 기재하다 n. 예정, 시간표

We do not want to **schedule** any appointments this week due to the inclement weather. ···→ 우리는 굳은 날씨 때문에 이번 주에는 어떤 약속도 잡고 싶지 않다.

---

systematize v. 조직화하다, 계통을 세우다, 분류하다
program v. 프로그램을 짜다, 계획을 세우다 n. 프로그램

024 | 주장/단언하다, 요구하다

insist

v. 주장하다

The department should **insist** upon hiring another secretary for the reception area. ···→ 그 부서에서는 로비에 비서 한명을 더 두자고 주장할 것이다.

affirm

v. 단언하다, 긍정하다

affirmation n. 단언, 확인
affirmative a. 긍정의, 승낙의 n. 확언 int. 찬성이오
reaffirm v. 재확인하다

We have never **affirmed** any of the details that were printed in the tabloid. ···→ 우리는 타블로이드지에 실린 어떤 사항에 대해서도 긍정한 적이 결코 없다.

assert

v. 주장하다, 단언하다

assert oneself 눈치보지 않고 행동하다, 주제넘게 나서다

The mayor **asserts** the curb should be painted yellow. ···→ 시장은 보도 연석을 노란색으로 페인트칠해야 한다고 주장한다.

Do not **assert yourself** in front of the manager; he is a very conservative old man. ···→ 매니저 앞에서 나서지 말아요. 그 사람은 매우 보수적인 노인네니까.

contend

v. 다투다, 주장하다

contention n. 싸움, 주장
contentious a. 토론하기 좋아하는

We **contend** that the person you are looking at right now is indeed the killer. ···→ 우리는 지금 여러분이 바라보고 있는 사람이 바로 살인자라고 주장합니다.

urge

v. 재촉하다, 주장하다

We **urge** our clients to form realistic expectations for their investment plans. ⋯→ 저희는 고객 여러분들이 투자계획에 대한 현실적인 기대를 하실 것을 강력히 희망합니다.

claim

v. 요구하다, 청구[주장]하다 n. 요구, 주장, 청구

The manager had to **claim** that the land was not used for illegal purposes. ⋯→ 그 관리자는 그 땅이 불법적인 목적으로 사용되지 않았다는 것을 주장해야 했다.

require

v. 요구하다, 필요로 하다

requirement n. 요구, 필요물, 필요조건

We **require** that you bring a valid piece of ID to the test center. ⋯→ 유효한 신원증명서를 테스트센터로 가져와 주십시오.

demand

v. 요구하다, 필요로 하다 n. 요구, 수요

demanding a. 지나친 요구를 하는, 까다로운

The student **demanded** a reimbursement for all the classes the teacher did not show up for. ⋯→ 그 학생은 선생님이 들어오지 않은 모든 강의에 대해서 수업료 반환을 요구했다.

Demand for material goods has been declining since the recession. ⋯→ 경기 침체 이래로 필수품에 대한 수요가 감소하고 있다.

advocate

v. 지지하다, 옹호하다 n. 옹호자, 변호사

The consumer **advocate** warned that the car s motor might overheat and catch on fire. ⋯→ 그 소비자 보호 운동가는 그 차의 내연기관이 과열되어 불이 붙을지도 모른다고 경고했다.

025 | (안에서 밖으로) 내다/발하다

discharge

v. (짐 등을) 내리다, 내보내다 n. 방출, 면제, 퇴원
Before labor unions were established, workers could **be discharged** from the job for any reason. ⋯→ 노동조합이 결성되기 전에 노동자들은 아무런 이유 없이 해고될 수 있었다.

emit

v. (빛, 열, 소리 등을) 내뿜다, (의견 등을) 내놓다
The boy covered his ears as the whistle **emitted** a high-pitched sound. ⋯→ 그 소년은 휘파람 소리가 높게 났을 때 귀를 막았다.

issue

v. (지폐, 책 등을) 발행하다, 지급하다(give out), (명령, 법률 등을) 내다 n. 문제
Tickets must **be issued** by May 31 for travel between April 5 and September 15. ⋯→ 4월 5일에서 9월 15일 사이에 여행하기 위해서는 5월 31까지 티켓이 발급되어야 한다.

unload

v. 짐을 내리다, (총에서) 탄알을 빼내다
The truck parked near the building entrance to **unload** its cargo. ⋯→ 트럭은 건물입구 가까이 주차해 짐을 부렸다.

dissipate

v. 흩뜨리다, 사라지다
The doctor said that the smell would **dissipate** after a few hours. ⋯→ 의사는 냄새가 몇시간 후 사라질 거라 말했다.

disseminate

v. 보급하다, (정보 등을) 널리 흩뿌리다
The preacher was known for **disseminating** his ideas across the nation. ⋯→ 설교자는 전국에 자신의 사상을 널리 퍼뜨린 것으로 유명했다.

026 | 공동협력하다, 공모하다

collaborate

v. 공동협력하다

collaboration n. 공동협력

The company officials were told not to **collaborate** with the press. ⋯ 회사의 중역들은 언론에 협조하지 말라는 얘기를 들었다.

cooperate

v. 협력하다, 협조하다

cooperation n. 협조
cooperative a. 협조하는

We expect to implement these changes sometime next week, and we hope to receive your **cooperation**. ⋯ 다음주에 이런 변동사항들을 이행하려는데, 여러분이 협조해 주었으면 해요.

scheme

v. 계획하다, 모의하다 n. 계획, 안, 음모

I refuse to collaborate with him in this money making **scheme**. ⋯ 나는 이번 돈벌이 계획에 그 사람하고 공동으로 일하는 것을 사양할래.

027 | 숙고하다/깊이 생각하다

consider
v. 참작하다, 고려하다

consideration n. 고려
considerable a. 상당한, 엄청난
reconsider v. 재고하다 (cf. reconsideration 재고)

The manager **considered** his secretary to be one of the smartest people in the organization.
⋯→ 그 부서 책임자는 자기 비서를 회사 내에서 가장 재능있는 직원에 속한다고 생각했다.

contemplate
v. 심사숙고하다, ⋯하려고 계획하다

24-hour-a-day service is **being contemplated** for post offices at principal train stations during the tourist season. ⋯→ 여행객들이 몰리는 기간 동안 주요 기차역의 우체국에서는 하루 24시간 영업을 고려하고 있다.

deem
v. ⋯으로 생각하다, 판단하다

deem highly of ⋯를 높이 사다

Although the crowd was considerably smaller than expected, the performance **was deemed** a success. ⋯→ 관객 수가 예상을 크게 밑돌았지만 연극은 성공적인 것으로 생각되었다.

deliberate
v. 숙고하다, 심의하다 a. 계획적인, 신중한

deliberately ad. 신중히
deliberation n. 숙고, 신중

A lady on the jury told reporters that she did not expect to **deliberate** the verdict for so long. ⋯→ 한 여자 배심원은 기자들에게 판결은 그렇게 오랫동안 심의할 것 같지는 않다고 말했다.

We believe the hostile takeover was a **deliberate** attempt to anger and frustrate the CEO of our company. ⋯ 우리는 적대적인 매수가 회사의 최고경영자를 화나게 하고 좌절시키기 위한 계획적인 시도였다고 믿고 있다.

speculate

v. 심사 숙고하다, 추측하다, 투기하다, 요행수를 노리다

speculation n. 사색, 숙고, 투기
speculative a. 사색적인, 투기적인

It is difficult to **speculate** as to which stocks will appreciate and which ones will not. ⋯ 어떤 주식이 시세가 오를지 오르지 않을지에 대해서 추측하는 것은 어렵다.

weigh

v. 무게가 ⋯이다, 영향을 두다, 숙고하다

weight n. 무게, 중량, 무거운 운동기구

The jury will **weigh** the evidence before deciding on the verdict. ⋯ 배심원단은 평결을 내리기 전에 증거를 심사숙고할 것이다.

028 | 이용/응용/활용하다

apply

v. 신청하다, 지원하다, 적용하다

application n. 신청(서), 지원(서), 응용
appliance n. 기구, (세탁기, 가스렌지 등의 살림용) 가전제품
applicant n. 응시자

In order to **apply** for a credit card, you should have two forms of photo ID. ⋯ 신용카드를 신청하시려면 사진이 붙어있는 신분증명서가 두 장 있어야 합니다.

use

v. 사용하다, 이용하다 n. 사용, 이용

useless a. 쓸모없는
reuse v. 재사용하다
misuse v. 오용하다

Members can **use** this information to negotiate a lower price with the car dealer. ⋯ 회원들은 자동차 판매상과 좀더 낮은 가격을 협상하기 위해 이 정보들을 이용할 수 있다.

utilize

v. 이용하다, 활용하다

The Coca Cola Company has **utilized** various mass marketing techniques for over 68 years. ⋯ 코카콜라 社는 68년이 넘는 기간 동안 다양한 대량판매 기술을 활용해왔다.

employ

v. 고용하다, 이용하다

employer n. 고용주 (cf. employee 직원)
self-employed a. 자영업의
employment n. 고용

Most of the company s salesmen **employ** a hard-sell approach to business. ⋯→ 그 회사의 영업사원들 대부분은 업무에 적극적 판매방법을 이용한다.

Many **self-employed** individuals do not belong to a health insurance plan. ⋯→ 의료보험에 가입되어 있지 않은 자영업자들이 많다.

The janitorial service **was employed** to clean the building every night. ⋯→ 관리용역회사는 매일 밤 건물 청소를 위해 고용됐다.

exploit

v. 개척하다, 이용하다, 활용하다, 착취하다
n. 공훈, 업적

exploitation n. 이용, 개발, 개척, 착취

To fully **exploit** the package s marketing opportunities, several tests were conducted. ⋯→ 포장용기 시장의 기회를 100퍼센트 활용하기 위해 여러 번 테스트를 했다.

manipulate v. 교묘하게 다루다, 솜씨있게 처리하다
maneuver v. 신중하게 움직이다, 교묘히 처리하다 n. 작전 행동, 책략

029 | 소비하다/쓰다

consume

v. 소비하다, 낭비하다

consumer n. 소비자
consumption n. 소비, 소모

The marginal propensity to **consume** ice cream decreases as the weather gets colder. ···›
날씨가 추워짐에 따라 아이스크림의 한계소비성향은 감소한다.

exhaust

v. 지치게하다, 다 써버리다 n. 배출, 배기가스

exhaustion n. 소모, 고갈, 극도의 피로

The young couple **was exhausted** and went straight to bed. ···› 젊은 부부는 지쳤서 바로 잠자리에 들었다.

The air in this city is terrible due to **exhaust** fumes. ···› 배기가스 때문에 이 도시의 공기는 아주 지독하다.

wear

v. 닳다, 입고 있다 n. 착용, 마모

This warranty does not cover normal **wear** of parts or damage resulting from misuse of the product. ···› 제품의 오용으로 인한 손상이나 정상적인 마모는 보증에 포함되지 않습니다.

deplete

v. 고갈시키다

depletion n. 소모, 고갈

Canadian newsprint companies are rapidly **depleting** the country s forests. ···› 캐나다의 인쇄용지 업체들은 이 나라의 산림을 급속도로 고갈시키고 있다.

lavish

v. 낭비하다, 아낌없이 주다 a. 사치스러운

The hotel we stayed at in Paris was incredibly **lavish**. ···› 파리에서 머물렀던 호텔은 믿을 수 없을 만큼 호화스러웠다.

030 │ 신속히 처리하다, 촉진하다

expedite

v. 재촉하다, 신속히 처리하다

Top management officials pressed the line managers to **expedite** the production method modifications. ⋯ 최고 경영진들은 생산 방법의 개선을 신속히 처리하기 위해 중간관리자들에게 압력을 가했다.

promote

v. 상품을 선전하다, 활성화시키다, 승진시키다

promotion n. 판매촉진
promotional a. 선전용의

We have to **promote** sales in the mid-sized automobile division if we want to reach our sales target this year. ⋯ 올해의 판매 목표를 달성하려면 중형자동차 부분의 판매를 증진시켜야 한다.

facilitate

v. 용이하게 하다

facility n. 시설, 공장, 편의
facilities n. 편의시설, 설비

The plan will **facilitate** the company bringing in a strategic partner to help with its operations. ⋯ 그 계획은 회사의 운영을 도울 수 있는 전략적인 파트너를 영입하는 문제를 용이하게 할 것이다.

The company s foreman decided to conduct a **facility** visit to the new plant on Saturday. ⋯ 회사의 공장장은 토요일에 새 공장의 시찰을 하기로 했다.

031 | 모으다/모이다, 집합하다/집합시키다

accumulate

v. 모으다, 축적하다

Nearly two-thirds of all families **are** not **accumulating** enough assets to finance their retirement. ⋯→ 약 3분의 2에 달하는 가정들이 노후자금으로 사용할 자산을 충분히 모으지 않고 있다.

assemble

v. 조립하다, 짜맞추다

These tennis shoes **were assembled** in a plant in Taiwan. ⋯→ 이 테니스화들은 대만에 있는 공장에서 만들었다.

collect

v. 모으다, 수집하다

collection n. 수집, 모집

I was designated as the person in charge of **collecting** the ticket stubs. ⋯→ 나는 티켓의 다른 한쪽을 받는 일을 담당하도록 지정되었다.

compile

v. 편집하다, 수집하다

compiler n. 편집자, 컴퓨터 컴파일러

The manager asked his secretary to **compile** the information. ⋯→ 부장은 비서에게 정보를 수집하라고 시켰다.

gather

v. 모으다, (정보를) 입수하다

The nurse was asked to **gather** information on the deadly disease. ⋯→ 간호사는 치명적인 질병에 대한 정보를 입수하도록 요청받았다.

rally

v. 다시 불러모으다, 다시 모이다, 회복하다
n. 다시 모임, 대집회, (주가 등의) 반등
I saw him give his address at the **rally** in City Park. ···→ 그 사람이 시립 공원 집회에서 연설하는 것을 보았다.

deposit

v. 맡기다, 예금하다 n. 예금, 계약금
depositor n. 예금자
The man asked his friend to **deposit** money into his account on the 14th of the month. ···→ 남자는 이달 14일에 자기 계좌로 입금해 달라고 친구에게 부탁했다.

store

v. 저장하다, 보관하다 n. 상점, 비축
storage n. 저장, 보관
Many of the old files **are stored** in boxes in the utility room on the second floor. ···→ 오래된 서류의 상당 부분이 2층의 다용도실에 있는 상자들 안에 보관되어 있다.

More

congregate v. 모이다, 모으다
convene v. (모임, 회의를) 소집하다
converge v. 모이다, 집중하다
muster v. 소집하다, 모이다
throng n. 군중 v. 떼를 지어 모이다
horde n. 큰 무리, 다수

032 | 수정, 새로 고치다/변화를 주다

alter	v. 변경하다, 바꾸다
	alteration n. 변경, 개조 alternative n. 대안 a. 대신의, 양자택일의 The oral reporters must be prepared to **alter** their presentations to gauge the understanding of the audience. ⋯ 구두 보고자들은 청중들의 이해 정도를 헤아려 자신들의 발표를 변경할 준비가 되어 있어야 한다.

amend	v. (의안 등을) 수정하다
	amendment n. 개정, 수정안, (미국 헌법의) 수정조항 I want them to **amend** the existing zoning law to attract more business. ⋯ 비즈니스가 좀더 활발히 이루어지기 위해서 현(現) 지역개발법을 수정했으면 한다.

convert	v. 바꾸다, 개조하다, 전향시키다
	conversion n. 변환, 전환 Friendly service and good follow-up can **convert** a one-time only shopper into a valuable repeat customer. ⋯ 한번 오고 말 손님이라도 친절하게 서비스하고 사후 관리를 적절하게 하면 귀중한 단골손님이 될 수 있다.

modify	v. 변경하다, 수정하다
	At its last meeting, the new board of directors voted to **modify** the club s fee structure. ⋯ 지난번 회의에서 새로운 이사회는 클럽의 요금체제를 수정하기로 가결했다.

refurbish	v. 다시 갈다, ⋯을 일신[쇄신]하다
	The steel company has decided to **refurbish** an old blast furnace. ⋯ 철강회사는 낡은 용광로를 교체하기로 했다.

remedy

v. 치료하다, 개선하다　n. 치료(약), 구제책

When we do find a problem, we act quickly to **remedy** it. ⋯→ 저희는 문제점을 발견하면 이를 개선하기 위하여 신속하게 움직입니다.

renew

v. 새롭게 하다, 되찾다, 회복하다, 갱신하다

renewable　a. 갱신할 수 있는
renewal　n. 회복, 재개, 갱신

The old man had to go to the embassy to **renew** his passport. ⋯→ 그 노인은 여권을 갱신하기 위해 대사관에 가야 했다.

renovate

v. 혁신하다, 개선하다

renovation　n. 쇄신, 혁신

The president of the securities company decided to hire an architect to **renovate** the head office. ⋯→ 증권사 사장은 본사를 개조하기 위해 건축가를 고용하기로 결정했다.

restore

v. 되찾다, 복구하다, 복원하다

restoration　n. 회복, 복구

We worked all weekend trying to **restore** the old car s engine. ⋯→ 우리는 낡은 차 엔진을 복구시키려고 애를 쓰며 주말 내내 일을 했다.

revise

v. 개정[수정]하다, 바꾸다

revision　n. 개정, 수정

We will **revise** our report and send it to you in the morning. ⋯→ 보고서를 수정해서 아침에 당신에게 보내겠습니다.

update

v. 새롭게 하다　n. 최신 정보　a. 최신의

updated　a. 최신의 것으로 새롭게 한

The files **were updated** last week with the new information. ⋯→ 그 파일들은 지난 주에 새로운 정보로 갱신되었다.

upgrade

v. 향상시키다, 질을 높이다 n. 향상, 상승

The system will **be upgraded** sometime before the end of this year. ⋯→ 금년말 이전에 시스템이 업그레이드 될 것이다.

vary

v. 바꾸다, 변경하다, 다양하게 하다, 여러가지이다

variation n. 변화(량), 변동, 변주

My investment portfolio is not doing well right now because it **is** not **varied** enough. ⋯→ 내가 보유한 금융자산은 그렇게 다양하지 못했기 때문에 수익성이 별로 좋지 않다.

reshape

v. 재편하다

Management will **reshape** the command structure of the company. ⋯→ 경영진은 회사의 지휘체계를 개편할 것이다.

remodel

v. 고쳐 만들다, 개조하다

We need to **remodel** the office but we don t have the time or money to do it. ⋯→ 우리는 사무실을 개조할 필요가 있지만 그것을 할 만한 시간이나 자금이 없다.

More

change v. 바꾸다, 고치다 n. 변화, 교체, 잔돈
reform v. (제도 등을) 개선하다 n. 개선, 정정
refresh v. 새롭게 하다, 원기를 회복시키다, 충전[보충]하다 (cf. refreshment 다과)
reorganize v. 재편성하다, 개조하다
transform v. 변형시키다, (성질, 용도 등을) 바꾸다
revamp v. 개조[개편]하다
streamline v. (회사, 업무 등을) 효율적으로 개선하다
repair v. 수리하다, 치료하다, (건강 등을) 회복하다
reverse v. 거꾸로하다, 뒤집다, 후진하다 a. 반대의, 뒤의
switch v. 바꾸다, 전환하다, 스위치를 돌리다 n. 스위치, 전환, 변경

033 | 제출/제시하다

bid

v. 입찰하다(~ for) n. 입찰, 매긴값

bidding n. 입찰, 명령
bidder n. 입찰자
outbid v. …보다 더 높은 가격을 써내다

We heard that they are going to make a **bid** for that contract. ⋯→ 그들이 그 계약건에 입찰하려 한다고 들었습니다

offer

v. 제공하다, (값, 금액을) 부르다 n. 제언, 제의

offering n. 신청, 팔 물건, 제공

The travel agency down the hall is currently **offering** discounts on all fares to the Caribbean.
⋯→ 복도 저쪽에 있는 여행사는 현재 카리브해 행의 모든 여행요금을 할인하고 있다.

submit

v. 제출하다, 복종하다

I heard you **submitted** your proposal to the boss this morning. ⋯→ 오늘 아침에 사장에게 제안서를 제출하셨다면서요.

file

v. 신청하다, 제출하다 n. 서류, 파일

file a complaint 불만을 제기하다
file documents with …에 정식으로 서류를 제출하다

Tax accountants **file documents with** the IRS to make it easier for their clients. ⋯→ 세무사들은 고객들의 편의를 도모하기 위해 국세청에 소득신고서를 제출했다.

tender v. 제출하다, 제시하다 n. 제출, 변제금 a. 연한, 상냥한

034 | 돕다/지지하다

aid

n. 원조, 조력 v. 돕다, 원조하다

They administered first **aid** to the victim, but it was too late to save her life. ···→ 그 사람들은 부상자에 대한 응급조치를 취했지만 그 여자의 목숨을 구하기에 너무 늦었다.

assist

v. 돕다, 원조하다 n. 원조, 조력

assistant n. 조수, 비서

A temporary agency will be set up to **assist** employees in relocation. ···→ 직원 재배치에 도움을 주도록 임시직 소개소가 설립될 것이다.

encourage

v. 용기를 북돋우다, 장려하다, 촉진하다

Visitors **are encouraged** to use, test, and handle the objects on display. ···→ 방문객들에게 전시되어 있는 물건들을 사용하고 시험해보고 다루어 보도록 권장된다.

help

v. 돕다 n. 도움, 원조

helpful a. 유익한, 유용한
helpless a. 스스로 어떻게 할 수 없는, 무력한

We put products through rigorous tests to **help** make them safer for customers. ···→ 우리는 고객들이 보다 더 안전하게 사용할 수 있도록 우리 제품들을 엄격히 테스트한다.

brace

v. 떠받치다, 분발하다 n. 버팀대, 부목, 치열교정기

brace oneself 마음의 준비를 하다, 분발하다

The stewardess told the passengers to **brace themselves** for a rough landing. ···→ 스튜어디스는 승객에게 착륙이 순조롭지 않을 것에 대비해 마음의 준비를 하라고 말했다.

We just found out that our daughter has to have **braces** put on her teeth. ···▶ 우리 딸이 치열교정기 를 해야된다는 걸 막 알게 되었어요.

subsidize

v. 보조금을 지급하다

Once **subsidized** by the state, French companies have gone private, and become globally competitive. ···▶ 일단 정부 보조를 받게 되자 프랑스 기업들은 민 영화되고 조직이 개편되었으며 세계적인 경쟁력을 갖추게 되었다.

back

v. 후원하다, 후진시키다 n. 뒤, 등, 허리
a. 뒤의, ad. 뒤로

The doctor was fairly certain that poor posture was causing Helen s **back** pain. ···▶ 의사는 헬렌의 허 리가 아픈 이유는 자세 불량 때문이라고 확신했다.

support

v. 지지[후원]하다, 부양하다, 뒷받침하다
n. 떠받침, 지지, 후원

The president withdrew his resignation after seeing the workers **support** for him. ···▶ 사장은 직원 들이 자신을 지지하는 것을 보고 사임의사를 철회했다.

uphold

v. 지지하다

The company decided to **uphold** its affirmative action policy of hiring racial minorities and women. ···▶ 회사는 소수인종과 여성을 고용하는 데 있어서 차별철 폐 조처를 지지하기로 결정했다.

prop n. 버팀목, 지지자 v. 받치다, 지지하다

035 | 막다/변호하다/방어하다

defend

v. 방어하다, 지키다, 옹호하다

defendant n. 피고(인)

The soldiers will **defend** themselves if the need should arise. ⋯▸ 위급한 일이 일어난다면, 군인들은 스스로 방어할 것이다.

guard

v. 지키다, 호위하다, 경계하다 n. 호위(병), 감시(인)

The coast guard received an SOS transmission from a small boat at sea. ⋯▸ 해안 경비대는 해상의 작은 배로부터 SOS 송신을 받았다.

justify

v. 정당화하다, 정당성을 입증하다

They couldn t **justify** their training budget. ⋯▸ 그 사람들은 연수 예산안의 정당성을 입증하지 못했다.

protect

v. 보호하다, 막다

protective a. 보호하는, 방어하는 n. 보호물
protection n. 보호, 보호해주는 사람이나 사물
protector n. 보호자, 안전장치

We guarantee to **protect** your home and the people in it from burglary and physical harm. ⋯▸ 우리는 귀하의 가정과 가족을 절도와 상해로부터 보호할 것을 약속드립니다.

036 | 강화/보강하다

strengthen

v. 강화하다, 증강하다, 강해지다

He tried several muscle enhancing techniques to **strengthen** his arm. ···→ 그 남자는 팔 힘을 기르기 위해 몇가지 근육강화 기법을 시도했다.

reinforce

v. 강화하다, 증강하다, 힘을 북돋우다

reinforcement n. 보강, 강화, 증원부대

We d better recommend they **reinforce** the bank all along here, or we ll have a traffic headache this spring. ···→ 둑 전체를 보강하도록 권고하는 것이 좋겠어요. 안그러면 올 봄에 교통 문제로 골치아플 테니까.

intensify

v. 강렬하게 하다, 증강하다

intension n. 세기, 강도, 강화
intense a. 격렬한, 강렬한, 진지한 (cf. intensive 집중적인)
intensity n. 강렬, 격렬

The global competition has **intensified**, so has the need to keep lowering costs. ···→ 국제 경쟁이 치열해짐에 따라 비용을 절감해야 할 필요성도 점차 커지고 있다.

energize

v. 격려하다, 기운을 주다

Robert s optimistic attitude keeps him **energized** for the task ahead. ···→ 로버트의 낙관적인 태도는 그 사람이 일을 추진할 수 있는 활력을 유지하게끔 해준다.

fortify v. (조직, 구조를) 강화하다, 활력을 주다
bolster v. 강화하다

037 | 자극하다/고무시키다, 야기하다

stimulate

v. 자극을 주다, 기운을 북돋우다, 격려하다

Third-quarter net income looked dismal until a stronger-than-expected demand for our core products **stimulated** sales. ⋯→ 우리의 주력상품에 대한 수요가 예상보다 강세를 보여 판매를 자극시키자, 비로소 참담하게 보였던 3/4분기의 순수익이 개선되었다.

motivate

v. 동기를 부여하다, 자극하다

motivation n. 자극, 동기부여, 열의
motive n. 동기, 동인

In order to **motivate** the employees, the manager offered them incentive pay. ⋯→ 직원들의 열의를 북돋우기 위해 부장은 성과급을 지급했다.

intrigue

v. 흥미를 자아내다

The president of the company **was intrigued** by the lady who telephoned him last night. ⋯→ 그 회사의 사장은 지난 밤에 자기에게 전화했던 여성에 대해 흥미를 느꼈다.

inspire

v. 고무시키다, 고취하다

inspiration n. 영감, 고무

The sales manager was an expert at **inspiring** his salespeople. ⋯→ 그 영업부장은 영업 사원들의 사기를 고취시키는 데 전문가였다.

provoke

v. 약올리다, (감정, 반향 등을) 불러일으키다

The new law **provoked** widespread demonstrations in the nation s capital. ⋯→ 새로운 법률은 그 나라 수도에서 광범위한 데모를 불러일으켰다.

prompt

v. 자극하다, 촉구하다 a. 신속한, 즉시 …하는

promptly ad. 신속히, 즉석에서

He **was prompting** her to respond to the question at hand. ···→ 그 사람은 그 여자에게 즉시 그 질문에 대답해 줄 것을 촉구했다.

Our customer service department provides **prompt** answers to member s questions. ···→ 우리 회사 고객서비스 부서는 회원들의 질문사항에 즉각적인 응답을 제공한다.

cause

v. …의 원인이 되다, …을 초래하다 n. 이유, 근거

An incompetent worker can **cause** embarrassment for the entire company. ···→ 무능한 직원은 회사 전체에 폐를 끼친다.

lead

v. 이끌다, 야기하다 n. 예비 고객명단, 정보

The new color copier has many important features and a low price that will **lead** to sales. ···→ 그 새 칼라복사기는 중요한 기능도 많고 가격도 저렴해 판매가 잘 될 것이다.

More

incite v. 선동하다
arouse v. 깨우다, 자극하다

038 | 의논/상의하다

consult

v. 조언을 구하다

consultant n. 고문, 상담역
consult a doctor 의사의 진찰을 받다
consult a lawyer 변호사의 자문을 구하다

You should **consult** a doctor about that problem
before it gets worse. ⋯→ 악화되기 전에 그 문제에 대해 의사의
진찰을 받아야 한다.

counsel

v. 조언[충고]하다, 권하다   n. 의논, 조언

counselor n. 고문, 상담역
counseling n. 지도, 상담

The Personnel Office uses recently developed
guidance software for individual career
development and **counseling**. ⋯→ 인사부는 개인의 경
력 개발과 상담을 위해 최근에 개발된 안내 소프트웨어를 사용한다.

refer

vi. 언급하다, 참고하다(~ to)
vt. 회부하다, 참조시키다(refer + O + to~)

reference n. 문의, 참고, 언급
referral n. 진찰 후 환자를 다른 의사에게 보내는 것, 면접 후 구인
       자를 취직처에 보내는 것

The lawyer made **reference** to another case in
order to prove his point. ⋯→ 변호사는 그의 논지를 증명하기
위해서 다른 판례를 참고했다.

compromise

v. 타협하다, 타협시키다   n. 타협, 양보, 절충안

He diffused an extremely volatile situation by
negotiating a **compromise** between the two
parties. ⋯→ 그는 양측 타협을 중재하여 일촉즉발의 상황을 극복하
게 만들었다.

negotiate

v. 협의하다

negotiation n. 협상, 교섭
negotiator n. 협상자, 절충자

The company is in the process of **negotiating** a new lease for its headquarters. ···▶ 회사는 본사 건물의 재임대 건을 협의하고 있는 중이다.

intervene

v. 개입하다, 조정하다, 방해하다

intervention n. 방해, 중지, 간섭

The police waited for the storm to abate before they **intervened**. ···▶ 경찰은 자신들이 개입하기 전에 소란이 가라앉기를 기다렸다.

reconcile

v. 조정하다, 화해시키다

The two parties will try and **reconcile** their differences and work together. ···▶ 두 정당은 그들의 의견차를 조정하기 위해 애쓸 것이고 함께 일할 것이다.

consensus

n. 의견의 일치

We can t seem to come to a **consensus** on what to do regarding the new policy change. ···▶ 정책이 새로 변한 것에 대해 우리가 어떻게 해야 할지에 관해서는 의견의 일치를 보지 못할 것 같다.

039 | 찬탄/감탄/기념하다

acclaim

v. 환호하다(praise), 환호하여 맞이하다 n. 환호, 갈채

acclamation n. 환호, 갈채

The author never received any **acclaim** for his radical literary style until after he was dead. ⋯ 그 저자는 생전에는 급진적인 문학 스타일로 그 어떤 찬사도 받지 못했다.

praise

v. 칭송하다, 환호하다 n. 칭찬, 숭배

The newly constructed airport has **been praised** by travel experts as a technical wonder. ⋯ 신설 공 항은 여행 전문가들에게서 기술적인 경이라고 찬사를 받아왔다.

compliment

v. ⋯에게 칭찬하다, 증정하다 n. 칭찬, 치하, 축사

complimentary a. 칭찬의, 무료의

I d like to **compliment** her on the way she looks, but I m afraid she ll take it the wrong way. ⋯ 나는 그 여자의 외모를 칭찬하고 싶었지만 그 여자가 오해할까봐 걱 정이 된다.

hail

v. 칭송하다, (사람, 택시 등을) 소리쳐 부르다

Latin America has **been hailed** as one of the world s fastest growing areas. ⋯ 라틴 아메리카는 세계 에서 가장 급속히 성장하는 지역 중 하나로 칭송을 받아왔다.

commend

v. 칭찬하다, 추천하다, 위탁하다

commendable a. 칭찬할 만한, 훌륭한
commendation n. 칭찬, 추천, 상

Even though he lost the race, I had to **commend** him for trying so hard. ⋯ 비록 경기에서 졌지만 그 사람이 열 심히 노력한 데 대해 칭찬해야 한다.

admire

v. 감탄하다, 칭찬하다

admiration n. 감탄

The crowd **admired** the woman s courage when she identified the thief who stole her purse. ⋯ 군중은 자신의 지갑을 훔친 도둑의 신원을 밝혀낸 여자의 용기에 감탄했다.

celebrate

v. 축하하다

I **celebrated** my birthday by going out with my husband and his parents. ⋯ 나는 남편과 시부모님과 함께 나가서 내 생일을 축하했다.

commemorate

v. 기념하다, 축하하다

commemorable a. 기억할 만한
commemoration n. 기념, 축하, 기념식

The Canadian government has decided to mint a coin to **commemorate** the country s birthday. ⋯ 캐나다 정부는 건국기념일을 경축하기 위해 화폐를 주조하기로 결정했다.

esteem v. 존경하다, 존중하다
extol v. 극찬하다
laud v. 칭송하다, 찬미하다

040 | 실행/이행/작동하다

implement

v. (약속 등을) 이행하다 n. (pl.) 도구, 수단, 방법

implementation n. 이행, 수행

We needed governmental approval to **implement** our proposal. ⋯ 우리는 우리의 제안을 이행하기 위해 정부의 승인을 필요로 했다.

function

v. 작용하다, 구실하다 n. 기능, 행사

functional a. 기능적인, 직무상의
malfunction n. (기계 등의) 기능불량, 오작동

The staff was able to **function** without electricity as long as there was daylight. ⋯ 직원들은 해가 나는 낮 동안 만큼은 전기 없이도 제대로 일할 수 있었다.

operate

v. 운영[경영]하다, (기계 등을) 조종하다, 작동하다

operation n. 작용, 운영, 수술

You must apply for a special license in order to **operate** a retail outlet in America. ⋯ 미국에서 직영 할인점을 운영하려면 특별 면허를 신청해야 한다.

perform

v. 수행하다

performance n. 실행, 성과, (기계의) 성능

The woman was hired to **perform** loan portfolio administration duties. ⋯ 그 여자는 대출관리 업무를 수행하기 위해 고용되었다.

run

v. 경영하다, 출마하다, (열이) 나다

In order to **run** a business successfully, you should have determination, intelligence, and some money.···▸ 사업체를 성공적으로 경영하려면 확고한 의지, 지적 능력, 그리고 돈이 있어야 한다.

work

v. 일하다, 작용하다, 효과가 있다 n. 일

We **work** on the summer vacation schedule to make sure that production is not affected. ···▸ 여름 휴가 계획을 생산량에 지장을 주지 않는 방향으로 짜야 한다.

execute

v. 실행하다, 수행하다

executive n. 회사중역 a. 집행의, 중역의

Who is making the first presentation at the **executive** meeting on Tuesday? ···▸ 화요일 중역 회의 에서 누가 제일 먼저 발표를 하죠?

conduct

v. 인도하다, 집행하다, 행동하다 n. 행동, 안내, 경영

conductive a. 전도성의
conductor n. 안내자, 관리자, 지휘자, 전도체

Sometime this afternoon the maintenance department will **be conducting** a test on the fire alarms. ···▸ 오늘 오후 중에 관리부는 화재경보 테스트를 할 것이다.

honor

v. 존중하다, (수표, 어음) 인수하다, (기일내에 계약을) 체결하다 n. 명예

honorable a. 명예로운, n. 각하
honor a check 수표를 받다

A ruling by the California State court forced the company to **honor** its agreement. ···▸ 캘리포니아 주법 정의 판결은 그 회사가 합의를 받아들이도록 했다.

More

fulfill v. 완수하다, (소망 등을) 달성하다   handle v. 다루다, 취급하다

041 | 보이다/드러내다

appear

v. 나타나다, …인 것처럼 보이다(~ to+V)

appearance n. 출현, 외관, 양상

I was released on two-thousand dollars bail and was ordered to **appear** in court. ⋯→ 나는 2천달러의 보석금에 풀려나서 법정 출두 명령을 받았다.

emerge

v. (수면 위로) 떠오르다, 나타나다

emergence n. 출현
emergency n. 위급한 사태

Fujairah is rapidly **emerging** as a critical center for freight transport, exploiting its location over the eastern coast of the UAE. ⋯→ 푸자이라는 아랍에미리트의 동쪽 해안에 위치해있다는 점을 이용하여 화물수송의 주요 중심지로 급부상하고 있다.

disclose

v. 드러내다, 폭로하다, 발표하다

disclosure n. 폭로, 발표

The precise time and date of your departure will **be disclosed** at a later date. ⋯→ 귀하의 정확한 출발 시간과 날짜는 나중에 발표될 겁니다.

reveal

v. (비밀을) 누설하다, 드러내다

He **revealed** the groundbreaking news to the reporters at the news conference last night. ⋯→ 그 남자는 지난 밤 기자회견에서 기자들에게 엄청난 소식을 발표했다.

expose

v. 노출시키다, 밝히다

exposition n. 박람회
exposure n. 노출, 진열

The actress was happy that she was finally getting the TV **exposure** she deserved. ···→ 그 여배우는 마침내 텔레비전에 출연하게 되어 기뻐했는데, 그 여자는 텔레비전에 나올만했다.

In order to avoid my product recalls, the equipment must pass through several field tests designed to **expose** flaws. ···→ 제품을 회수하는 일이 없도록, 그 장비는 결함을 발견하도록 고안된 몇가지 현장테스트를 통과해야 한다.

materialize

v. 구체적으로 나타나다

We have to stock up on art supplies before the labor strike **materializes**. ···→ 파업이 시작되기 전에 미술용품을 사들여야 한다.

manifest v. 태도를 분명히 하다, 표명하다 n. 수하물 목록
loom v. 어렴풋이 나타나다, (거대한 것이) 불쑥 나타나다

042 | 전시하다/전시장

show

v. 보여주다 n. 공연, 전시, 나타냄

no-show n. 예약한 후 나타나지 않는 사람

The latest sales trends **show** that upscale products are being purchased at a declining rate.
⋯→ 최근 판매동향을 보면 고가품구매가 줄어들고 있는 것을 알 수 있다.

I won t be able to make our meeting this weekend, as I have to attend a trade **show**. ⋯→ 이번 주말에는 전시회에 참석해야 하기 때문에 회의에 갈 수 없을 것 같다.

display

v. 전시하다, 진열하다 n. 전시, 진열

The new sales clerk has been asked to decorate the front **display** windows for the fall clearance sale. ⋯→ 새로운 판매원은 가을 재고정리 세일을 위해 정면 진열창을 장식하라고 요구받았다.

fair

a. 공평한 n. 박람회, (취업)설명회

fairly ad. 공평하게, 올바르게, 상당히
fairground n. 박람회장

The company was looking to staff a booth at the job **fair**. ⋯→ 회사는 채용박람회 부스에 직원파견을 검토하고 있었다.

exhibit

v. 전시하다, 출품하다, 나타내다 n. 전시, 전시회

exhibition n. 전시회, 전시회에 출품된 물건

An **exhibit** on the history of linen can be seen this weekend at the Civic Center. ⋯→ 린넨의 역사에 관한 전시가 이번 주말 시민 회관에서 열린다.

The guide told the tourists that the castle was now used primarily for art **exhibitions**. ⋯→ 그 가이드는 관광객들에게 그 성이 현재는 주로 미술전시장으로 이용된다고 말했다.

draft

v. 초안을 쓰다, 밑그림을 그리다, 선발하다

n. 초안, 징병

It is imperative that all first-time home buyers be aware of the legal process used when **drafting** a deed. ···▸ 처음 집을 구입하는 사람들은 누구나 증서 초안 작성시의 법적절차를 숙지하는 것이 절대 필요하다.

define

v. 규정짓다, 한정하다

definition n. 정의, 설명, 선명도

I spoke to my employer and I had him **define** the terms of my contract. ···▸ 나는 사장님에게 얘기해서 나의 계약 조건을 명확히 했다.

specify

v. 상술하다, 명확히 하다

specific a. 명확한, 특수한 n. 특성, (pl.) 명세서
specifics n. 세부사항
specifications n. 명세서(spec)
specifically ad. 특히, 명확하게

The sales clerk asked me to **specify** the size, color, and style. ···▸ 판매원이 내게 사이즈, 색상, 그리고 스타일을 구체적으로 말해달라고 했다.

The product **specifications** were sent to the manufacturer for the final approval. ···▸ 제품 명세서를 제조업자에게 보내 최종적으로 승인을 해달라고 했다.

More++

outline v. ⋯의 윤곽을 그리다 n. 윤곽
clarify v. 명백하게 설명하다
tabulate v. 표로 만들다
illuminate v. 밝게하다, 해명하다
spell v. 철자를 대다
profile v. 인물평을 쓰다 n. 인물소개, 개요, 분석표
diagram v. 그림[도표]로 나타내다 n. 도표, 도형

045 | 늘어나다/증가하다

increase

v. 증가하다, 늘리다 n. 증가, 증대

The manager has decided to **increase** prices by 10% starting next year. ⋯▸ 그 경영자는 내년부터 가격을 10% 인상하기로 결정했다.

boost

v. 밀어올리다, 고양시키다 n. 활성화, 인상, 증가

The company has decided to **boost** employee morale by offering incentive-based pay. ⋯▸ 회사는 성과급을 제공함으로써 직원들의 사기를 고양시키기로 결정했다.

expand

v. 확장하다, 발전시키다

expansion n. 확장, 신장

He s seriously thinking of **expanding** his business this coming winter. ⋯▸ 그 남자는 이번 겨울에 사업을 확장할 지에 대해 심각하게 고려중이다.

extend

v. 뻗다, 늘이다, 확장하다

extension n. 연장, 확대
extensive a. 광범위하게 미치는

The transportation authority voted to **extend** the subway to the adjacent town. ⋯▸ 교통당국은 인근 도시까지 지하철을 확장하기로 가결했다.

raise

v. 올리다 n. 임금인상

raise wages 임금을 인상하다
pay raise 임금 인상

Never seek a **raise** unless you strongly feel that you deserve one. ⋯▸ 당연히 임금을 인상 받을 만한 자격이 있다고 느끼지 않는 한 절대 임금 인상을 요구하지 마라.

skyrocket

v. 급등하다

The cost of hearing aids has **skyrocketed** with the advent of new technologies that significantly improve hearing quality. ···▸ 청력을 획기적으로 향상시킨 새로운 기술이 등장해서 보청기의 가격이 급등했다.

accrue

v. (이익, 결과가) 생기다

The man had **accrued** a small fortune for his retirement. ···▸ 그 남자는 퇴직으로 상당한 돈이 생겼다.

swell

v. 부풀다, 팽창하다, 증가하다

The company s cash flow will improve next year as sales revenues **swell** and non-operating expenses decrease. ···▸ 판매수입이 증가하고 운영 외 비용이 감소함에 따라 내년 그 회사의 현금 유통사정은 호전될 것이다.

fluctuate

v. 변동하다, 오르내리다

The franchise fee **fluctuates** according to the previous year s annual sales. ···▸ 프랜차이즈 비용은 전년도 연간 매출액에 따라 변동된다.

More++

boom v. 갑자기 경기가 좋아지다, 폭등하다 n. 급격한 증가
lift v. 올리다, 향상시키다 n. 상승, 들어올림
augment v. 증가[증대]시키다, 증가[증대]하다 n. 증가, 증대
amplify v. 확대하다, 증대하다
elevate v. 들어올리다, 승진시키다, 향상시키다
enlarge v. 크게 하다, 확장하다, 넓어지다
escalate v. 향상되다, 증가하다, (나쁜 일들이) 악화되다
inflate v. 팽창하다, 부풀다

046 | 줄이다/줄어들다, 공제/할인하다

decrease

v. 줄(이)다, 감소하다 n. 감소

It is important that we **decrease** our daily fat intake if we want to be healthy. ···› 건강하기를 원한다면 매일의 지방 섭취를 줄이는 것이 중요하다.

reduce

v. 줄이다, 축소하다

reduction n. 감소, 축소, 절감

We have to **reduce** the price of the old models by 10%. ···› 우리는 구형 제품들의 가격을 10% 인하해야 한다.

decline

v. 쇠하다, 감퇴하다

The company s book value has **declined** due to asset devaluation. ···› 회사의 장부상의 가치가 자산가치의 평가저하 때문에 떨어졌다.

deduct

v. 공제하다, 빼다

deductible a. 세금공제를 받을 수 있는

We have no choice but to **deduct** the cost of the broken equipment from your pay. ···› 자네 급료 에서 고장난 장비의 비용을 공제하는 수 밖에 없네.

lower

v. 낮추다, 하락하다 a. 낮은, 하부의

Many financial analysts see **lowering** trade barriers as a prerequisite for economic growth. ···› 재정분석가들 중에는 경제를 성장시키려면 무역장벽을 낮추는 것이 선행되어야 한다고 생각하는 사람들이 많다.

diminish

v. 줄(이)다, 감소시키다

Developers say intense competition for a **diminishing** land supply is driving prices up. ····→
개발업자들은 부동산 공급의 감소로 인한 열띤 경쟁이 가격을 올리고
있다고 말한다.

slash

v. 대폭 인하[삭감]하다

Our budget **was slashed** so we had to cut
corners on a lot of projects. ····→ 예산이 삭감되었기 때문에
많은 프로젝트 비용을 줄여야 했다.

recede

v. 점점 멀어지다, 감퇴[감소]하다

recession n. 후퇴, 경기후퇴

The store is closing due to the **recession** and
has to sell all its merchandise. ····→ 그 가게는 불경기 때
문에 가게문을 닫게 되어서 물건들을 모두 팔아야만 해.

shrink

v. 줄어들다

Will this sweater **shrink** with every washing?
····→ 이 스웨터는 빨 때마다 줄어들까요?

alleviate

v. (문제 따위를) 다소 해결하다, 완화하다

Do you have any recommendations as to how
we might **alleviate** the problem? ····→ 그 문제를 해결할
방법으로 저희에게 추천해주실 만한 것이 있나요?

dip

v. 내려가다

We expect that the company s earnings per
share will **dip** below the industry average. ····→ 우리
는 회사의 한 주(株)당 이윤이 업계 평균이하로 내려갈 것이라고 예상하
고 있다.

withdraw

v. 인출하다, 철회하다

withdrawal n. 인출

In order to save time, you should **withdraw** some money from the bank before you go on vacation. ⋯ 시간을 절약하려면 휴가 가기 전에 은행에서 돈을 좀 찾으셔야 합니다.

discount

v. 할인하다 n. 할인, 할인액

The store offered **discount** rates to all of its preferred customers. ⋯ 그 상점은 우대 고객들에게 모두 가격을 할인해주었다.

shave

v. (가격 등을) 깎다(~ off)

The vendor **shaved** off a few dollars from the selling price because the purchaser was a regular customer. ⋯ 상인은 그 손님이 단골고객이어서 판매가에서 몇달러를 깎아주었다.

More⁺⁺

dwindle v. 점차 감소하다
curtail v. 삭감하다, 단축하다, 줄이다
abate v. 완화시키다, 감소시키다, 줄다

lessen v. 줄이다, 적게 하다
minimize v. 최소화하다.
downturn n. 경기 등의 하강, 침체

047 | 묘사하다

depict

v. 말로 묘사하다, 그림으로 나타내다

Topographic maps use contour lines based on elevation to **depict** landforms. ⋯ 지형도에서는 지세를 표현하려고 고도를 나타내는 등고선을 이용한다.

describe

v. 특징 등을 묘사하다, 기술하다

description n. 기술, 묘사

Experts speculate that the newly discovered ruins might be of a lost city **described** in the Old Testament. ⋯ 전문가들은 새로 발견된 유적은 구약성서에서 묘사된 사라진 도시일지 모른다고 추정하고 있다.

How are the company s services **described** in the advertisement? ⋯ 광고에 묘사된 회사 서비스는 어떤한가?

portray

v. (인물, 풍경을) 그리다, 묘사하다

In March, the *Reporter* released a study of 1,400 men and 2,930 women that **portrayed** men as "medical-care outsiders." ⋯ 3월에 『리포터』 지는 남성 1,400명과 여성 2,930명을 대상으로 한 연구를 발표했는데 그 연구에서 남성을 "의료의 국외자"로 묘사했습니다.

picture v. 그리다, 묘사하다, 상상하다
delineate v. 윤곽을 그리다, 묘사[서술]하다

048 │ 위임하다, 전념하다

commit

v. 약속하다, …에 전념하다, 죄를 저지르다

commitment n. 위임, 서약, 책임
be committed to …에 전념하다
make a commitment (to + V) …하기로 약속하다

The company **is committed to** dealing fairly with other organizations. ⋯▸ 회사는 다른 기업체와 공정하게 거래하는 데 전념하고 있다.

In signing the contract, the company **made a commitment to** deliver a product in six months. ⋯▸ 계약서에 서명하면서 회사는 6개월내 제품을 배달해 주기로 약속했다.

dedicate

v. 바치다, 전념하다

dedicated a. 헌신적인

The factory worker s **dedicated** service was rewarded with a large bonus. ⋯▸ 그 공장근로자는 헌신적인 근무의 대가로 보너스를 많이 받았다.

devote

v. (노력, 시간, 돈을) 바치다, 기울이다

devotion n. 헌신, 전념

Few companies **devote** sufficient resources to develop and maintain high levels of customer satisfaction. ⋯▸ 높은 수준의 고객만족도를 유지하거나 개발하기에 충분한 자원을 투입하는 회사는 거의 없다.

consign

v. 위임하다, 위탁하다, 맡기다

consigner n. 위탁자 (cf. consignee 수탁자)

The store tried to sell the jewels on **consignment** for the gem dealer. ⋯▸ 그 상점은 보석상을 대신해 보석 위탁판매를 시도했다.

049 | 약속/맹세하다

promise

v. 약속하다, 가망이 있다 n. 약속

The employment agency **promised** to help the man find a job. ···› 직업소개소는 그 남자가 일자리를 찾는 것을 돕겠다고 약속했다.

pledge

v. 서약하다(promise solemnly) n. 서약

pledge oneself 맹세하다

Both sides **pledged** to continue negotiations in good faith until a settlement was reached. ···› 양측 은 합의에 이를 때까지 선의로 협상을 계속할 것을 서약했다.

engage

v. 약속하다, 계약하다, 고용하다

engaged a. 약혼한
engagement n. 약속, 계약, 약혼

We clearly need to make an **engagement** with our client this weekend to discuss matters. ···› 당 연히 이번 주에 고객과 약속해서 문제점을 의논해야 한다.

swear

v. 맹세하다, 선서하다, 욕하다 n. 맹세, 서약

swear sby in 선서 취임을 시키다, 선서시키다

Judith was so delighted to be invited to the Governor s **swearing-in** ceremony that she replied immediately. ···› 주디스는 주지사의 선서취임식에 초 대되어 무척 기뻐 바로 즉답을 했다.

vow

v. 맹세하다, 서약하다, 단언하다 n. 맹세, 서약

The president **vowed** to take measures to reduce inflation. ···› 대통령은 인플레이션을 잡기위해 조치를 강 국하겠다고 약속했다.

050 | 할당/분배/나누다

allocate

v. 할당하다, 배분하다, 지정하다

allocation n. 할당

We didn t **allocate** enough funds to complete the project. ···→ 프로젝트를 완성시킬 충분한 자금을 할당하지 못했다.

assign

v. (일 등을) 할당하다, 선임하다

assignment n. 할당, 할당받은 일, 숙제

The worker was very upset at the fact that he could not complete the task **assigned** to him on time. ···→ 그 직원은 자신에게 배당된 일을 제 시간에 완수할 수 없다는 사실에 몹시 초조해 했다.

budget

n. 예산, 생활비 v. 계획을 세우다

The company s **budget** for spending on capacity expansion has been increased by 62%. ···→ 시설확충을 위한 회사의 지출예산이 62% 증가했다.

We decided to **budget** our time carefully during our summer vacation. ···→ 우리는 여름휴가기간 동안의 시간 계획을 신경을 써서 세우기로 결정했다.

distribute

v. 분배하다, 유통시키다

distribution n. 분배, 유통
distributor n. 유통업자

The checklist was prepared by the secretary and **distributed** to all of the managers. ···→ 비서가 준비한 점검표가 부장급들에게 모두 배포되었다.

All of our cosmetics are 100% guaranteed if they are purchased from an authorized **distributor**. ···→ 우리 회사의 화장품을 공인 유통업체에서 구입하면 모두 100% 보증을 받습니다.

divide

v. 나누다, 분배하다

The parties are close to an agreement, although they remain **divided** on one important issue. ⋯
중요사항 한가지에 대해서는 여전히 이견을 보이고 있긴 하지만 양측은 거의 합의에 다다라 있다.

dispense

v. 분배하다, 약을 조제하다

dispenser n. (휴지, 종이컵, 세제 등을 원하는 분량만큼 덜어 쓸 수 있게 하는) 디스펜서

The toilet paper **dispenser** is in the wall. ⋯ 화장지 분배기가 벽에 있다.

diversify

v. 다양하게 하다, (투자대상 등을) 분산시키다

In order to invest safely in the stock market, it is important that you **diversify** your investments. ⋯ 주식시장에 안전하게 투자하려면, 투자를 다각화하는 것이 중요하다.

halve

v. 반감하다, 2등분하다

Prices will **be halved** during the coming clearance sale. ⋯ 다가오는 재고정리 세일기간 동안 가격이 반액이 될 것이다.

disburse

v. 지급하다

The pharmacist was asked to **disburse** the drug in small quantities. ⋯ 그 약사는 소량으로 약을 지급하도록 요구 받았다.

quota n. 몫, 할당량
allot v. 할당하다, 충당하다

earmark v. (특정 용도에 쓰려고) 지정하다

051 | 보장/보증/확실히하다

assure

vt. 보증[보장]하다, 확신하다

assured a. 보증된, 자신있는
assurance n. 보증, 확신, 자신

Laboratory tests **assure** that the package will withstand transportation, storage and handling.
···▶ 실험실 테스트 결과는 그 포장용기가 운송, 저장 및 취급 과정을 잘 견딜 것이라고 보증한다.

ensure

v. 보장하다, 확실하게 하다

The actress wanted the company to **ensure** that she would be paid on time. ···▶ 그 여배우는 회사가 그녀에게 제 때에 임금을 지급할 것을 보장해달라고 했다.

insure

v. 보험을 계약하다, 보증하다

insurance n. 보험
insurer n. 보험회사, 보험업자
the insured n. 피보험자

If the **insurer** refuses to pay, you can take him to small claims court or call the police. ···▶ 보험업자가 지급을 거부할 경우, 소액 청구재판에 회부하거나 경찰을 부를 수 있다.

Could you ensure that this package **is insured** before it is mailed? ···▶ 이 소포가 발송전 보험에 드는 게 확실해요?

guarantee

v. 보증하다, 약속하다(~ to+V[that ~]) n. 보증(서)

I can t **guarantee** the reliability of the machine any longer. ···▶ 나는 더 이상 이 기계의 신빙성을 보증할 수 없다.

052 | 결정/판단하다

determine

v. 밝혀내다, 영향을 주다, 결심하다

determination n. 결심
determined a. 단호한

The firefighters tried to **determine** the cause of the fire by sifting through the ashes. ···→ 소방관들은 재를 철저하게 조사해서 화재의 원인을 규명하려 했다.

conclude

v. 결론짓다, 완결하다

We reported our findings to the president as soon as the investigation **was concluded**. ···→ 조사가 끝나자마자 우리는 그 조사의 결과를 사장에게 보고했다.

resolve

v. 용해하다, 해결하다, 결심하다

resolute a. 굳게 결심한
resolution n. 결의, 해결, 해상도

How do you think that he will ever **resolve** his financial difficulties? ···→ 그 사람이 도대체 자금난을 어떻게 해결할 거라고 생각하니?

At the beginning of this year I made a New Year s **resolution** to quit smoking. ···→ 올해 초에 나는 담배를 끊기로 새해 결의를 했다.

close

v. 문을 닫다, 계약을 맺다

Please try to **close** the contract before midnight tonight. ···→ 오늘 자정 전으로 계약을 체결하도록 해 주세요.

judge v. 판단[심사]하다 n. 재판관   decide v. 결심[결정]하다

053 | 의도/시도하다, 제안하다

intend

v. …할 작정이다, 의도하다

intention n. 의향, 의지

The police officer told the suspect that he **intended** to get to the bottom of what had transpired that evening. …→ 경관은 자신이 그날 저녁 발생했던 일에 대해 진상을 낱낱이 규명할 작정이라고 용의자에게 말했다.

suggest

v. 제안하다, 권하다

suggestive a. 암시하는
suggestion for …에 대한 제안

She **suggested** that everyone take a five-minute break and take their minds off the looming decision ahead. …→ 그 여자는 모든 사람들에게 5분간 휴식을 취하면서 중대한 결정을 내리기 전에 머리를 쉴 것을 제안했다.

propose

v. 제안하다, 제시하다

proposal n. 제안, 건의, 계획안

Another ambitious **proposal** to improve semiconductor design was offered by the research and development team. …→ 반도체 디자인을 향상시키기 위한 또 다른 야심적인 안이 연구개발팀에 의해 제안되었다.

mean

v. …라는 의미이다, 의도하다

My father taught me that being thrifty does not **mean** that you cannot have fun. …→ 우리 아버지는 나에게 검소하게 산다는 것이 즐길 수 없다는 뜻은 아니라고 가르쳐 주셨다.

try	v. 시도해보다, 시식하다 n. 시도

tryout n. 예선(경기), 자격 시험, 적격 심사

Although the reasons for his behavior are difficult to conceive, we must **try** to understand his situation. ···▶ 그 사람이 왜 그런 행동을 하는지는 이해하기 어렵지만, 그 사람이 처한 상황을 이해하도록 노력해야 한다.

attempt	v. 시도하다(make an effort) n. 시도

We **are attempting** to clean up contaminated land in several countries. ···▶ 우리는 몇몇 나라에서 오염된 땅의 정화를 시도하고 있다.

plan	v. ···을 계획하다 n. 계획, 안, 방식

plan to + V ···할 계획이다

The third part of the current business **plan** focuses on overseas expansion. ···▶ 현 사업 계획의 제 3단계는 해외 확장에 초점을 맞추고 있다.

aim	v. 겨누다, 노리다, 목표로 삼다(~ for, ~ at)

The target market we **are aiming** for includes affluent suburban families. ···▶ 우리가 겨냥하고 있는 목표 시장에는 부유한 교외의 가정들이 포함된다.

054 | 목표/목적

objective

n. 목적, 목표 a. 목표의, 객관적인

object n. 물건, 대상, 목표 v. 반대하다, 이의를 제기하다

Our main **objective** is to provide quality service at a reasonable price. ···▶ 우리의 주요 목적은 합리적인 가격에 양질의 서비스를 제공하는 것이다.

goal

n. 목적, 목표

The primary **goal** for our company this year is to beat the competitors in terms of overall sales. ···▶ 올해 우리 회사의 주목표는 전반적인 판매액 면에서 경쟁사들을 제압하는 것이다.

purpose

v. 작정하다, 의도하다 n. 목적, 의도

The program should be used for audit **purposes** only and should not be redistributed. ···▶ 이 프로그램은 회계감사용으로만 사용되어야 하며, 다른 사용자들과 돌려 써서도 안된다.

challenge

v. 도전하다, 이의를 제기하다 n. 도전, 시험, 난제

challenging a. 도전적인, 힘드는

All disputed charge should **be challenged** in writing within thirty days of the date on this invoice. ···▶ 심의 고소는 이 송장에 기입된 날로부터 30일 이내에 서면으로 제기되어야 한다.

More⁺⁺⁺

ambition n. 야망, 야심
venture n. 모험, 모험적 사업 v. 위험을 무릅쓰고 ···하다
dare v. 감히 ···하다

055 | 노력하다

struggle

v. 애쓰다, 분투하다(~ to + V)

She **struggled** to get free, but it was no use as the assailant was holding her tightly. ⋯⋯ 그 여자는 벗어나기 위해 몸부림쳤지만, 공격자가 꽉 잡고 있었으므로 소용없었다.

exert

v. 발휘하다, 노력하다

exertion n. 노력, 수고
exert oneself 노력하다, 힘을 발휘하다

I must **exert myself** to become the best manager that I can possible be. ⋯⋯ 나는 될 수 있는 한 최고의 관리자가 되기 위해 노력할 것이다.

The company s top management tried to **exert** pressure on the city officials. ⋯⋯ 그 회사의 최고 경영진은 시 공무원들에게 압력을 행사했다.

effort

n. 노력, 수고, 성과

make an effort to + V ⋯하려고 노력하다

The president **made an effort to** meet with each of the managers every week. ⋯⋯ 그 사장은 매주 부장들을 한 사람씩 만나려고 노력했다.

endeavor

v. 노력하다, 시도하다

We have **endeavored** to answer the most commonly asked questions. ⋯⋯ 우리는 가장 일반적으로 질의되는 문제에 답을 하려고 노력해왔습니다.

More

strive v. 노력하다, 얻으려고 애쓰다

056 | 맞게하다/일치시키다

accommodate

v. 수용하다, 숙박시키다

accommodations n. 숙박시설

We have decided to move the meeting up to Tuesday to **accommodate** the needs of our Japanese shareholders. ⋯▶ 일본 주주들의 편의를 도모하기 위하여 화요일로 회의를 앞당기기로 결정했다.

If you have any trouble finding **accommodations** in New York, please don t hesitate to call us. ⋯▶ 뉴욕에서 머물 곳을 찾기 어렵다면 주저 마시고 저희에게 연락해주세요.

adjust

v. 맞추다(~ to), 조정하다

adjustment n. 조정, 적응

We all needed some time to **adjust** to our new surroundings. ⋯▶ 우리는 모두 새로운 환경에 적응하는 데 약간의 시간이 필요했다.

comply

v. 동의하다, 승낙하다, 따르다(~ with)

compliance n. 승낙, 순종, 복종
compliant a. 고분고분한

We ll have to reconfigure the assembly line to **comply** with the new safety code. ⋯▶ 우리는 새로운 안전지침을 준수하기 위해 공장 생산 라인을 재구성해야 할 것이다.

The man had to file a report with the company s **compliance** officer. ⋯▶ 남자는 그 회사의 준법감시 담당 직원에게 보고서를 제출해야만 했다.

correspond

v. 일치하다, 조화하다, ⋯와 서신왕래를 하다(~ with)

correspondence n. 일치, 조화, 서신왕래

Since the bankruptcy proceedings, there has been no **correspondence** between the two companies.
⋯▸ 파산 절차 이래로 두 회사 사이에는 어떤 교신도 없었다.

conform

v. (관습, 규칙 등에) 따르다(~ to)

We would like it if you would try to **conform** to the rules and policies of our company. ⋯▸ 저희 회사의 규정과 방침에 따르려고 노력했으면 좋겠어요.

fit

v. …에 어울리다 n. 발작, 경련 a. 적합한

throw a fit 화를 벌컥 내다
fitting room (옷가게 등의) 탈의실

I ll try to **fit** you into my schedule on Friday, but I can t promise you anything. ⋯▸ 금요일 일정에 당신과 만날 약속을 잡아 보겠지만 장담할 수가 없네요.

suit

n. 소송, 정장 한벌 v. 적합하게 하다

suitability n. 적합, 적당
suitable a. 적합한
suitably ad. 적합하게, 어울리게

The young student told her mother that the small apartment **suited** her budget. ⋯▸ 젊은 학생은 어머니에게 그 조그만 아파트가 자신의 예산에 적절하다고 말했다.

meet

v. 충족시키다, 만나다

In order to **meet** the deadline, we had to send the package by priority mail. ⋯▸ 마감시간에 맞추기 위해서 우리는 우선우편으로 소포를 보내야 했다.

tailor v. 재단하다, (용도, 목적에) 맞게 하다
tune v. 조율하다, 조정하다

057 | 보상/상환/상쇄하다

compensate

v. 보상하다, 보완하다

compensation n. 배상, 보상(금)

Since the merchandise was delivered over two months late, the buyer deserves some **compensation**. ⋯➔ 제품이 2개월 늦게 배달되어 구매자에게 보상을 해야 한다.

offset

v. 상쇄하다, 벌충하다

The company hopes to sell more computers in order to **offset** higher overhead costs. ⋯➔ 그 회사는 더 높은 경비를 상쇄하기 위해 더 많은 컴퓨터를 팔기를 바란다.

reimburse

v. 변상[배상]하다, (비용 등을) 상환하다

reimbursement n. 변제, 상환, 배상

Non-reimbursed business expenses may be deducted on your personal income tax forms. ⋯➔ 회사에서 환불받지 못한 출장비는 개인소득을 신고할 때 공제할 수 있다.

reward

v. …에게 보답하다, 상을 주다 n. 보수, 보답, 현상금

rewarding a. 득이 되는, 가치가 있는

The company has given many **rewards** to its most valuable employees. ⋯➔ 그 회사는 매우 유능한 직원들에게 많은 보수를 지급해왔다.

pay n. 임금 v. 지불하다 (cf. payroll 직원급여)
counteract v. 거스르다, 중화하다
remunerate v. 보수를 주다, (노력 등에) 보상하다

058 | 대체하다/대신하다

replace

v. …에 대신하다, 되돌려 놓다, 교체하다

replacement n. 교체, 교체자
replacement parts 교체품

I have no option but to **replace** you with a machine.
⋯▸ 나는 당신을 기계로 대치할 수 밖에 없다.

The manager told the secretary to look for a suitable **replacement**. ⋯▸ 부장은 비서에게 적당한 후임자를 구해보라고 말했다.

substitute

v. 대신하다, 대리하다(~ for) n. 대리인, 보결,
a. 대리의

The **substitute** teacher forgot to assign the homework to the class. ⋯▸ 대리 선생님은 그 학급에 숙제 내주는 것을 잊었다.

supersede

v. …에 대신하다

The new director will **supersede** me in running the office. ⋯▸ 신임 이사는 내 대신 사무실 운영을 책임질 것이다.

supplant

v. 대신하다, 탈취하다

I used a cheaper brand of medicine to **supplant** the more expensive one. ⋯▸ 나는 비싼 약 대신에 값싼 약 을 썼다.

059 | 보유/보유하다, 지속하다/반복하다

conserve

v. 보존하다, 유지하다, 보호하다

You can **conserve** electricity by switching off appliances that are not being used. ⋯→ 당장 사용하지 않는 전기 기구들의 스위치를 꺼서 전기를 절약할 수 있다.

preserve

v. 보존하다, 저장하다

Our first priority is to **preserve** the wildlife that exists on the mountain. ⋯→ 우리의 최우선 사항은 그 산에 살고 있는 야생생물을 보존하는 것이다.

continue

v. 계속하다, 지속하다

Management expects that the company s losses will **continue** to deepen. ⋯→ 경영진은 그 회사의 손실액이 계속해서 더욱 커질 것으로 예상하고 있다.

remain

v. 남다, ⋯한 채이다 n. (pl.) 잔액, 유물

remainder n. 나머지, 잔여, (pl.) 유적

The company s net profit will **remain** roughly the same this year. ⋯→ 그 회사의 순이익은 올해도 대체로 동일한 상태이다.

persist

v. 고집하다, 지속하다

persistent a. 완고한, 끊임없는
persistence n. 고집, 완고(persistency)

The defense lawyer was extremely **persistent** in his questioning. ⋯→ 피고측 변호인은 매우 고집스럽게 심문을 계속 해나갔다.

maintain

v. 지속하다, 부양하다

maintenance n. 정비, 유지, 부양(비)

The manager was told to **maintain** effective customer relations. ⋯➤ 그 관리자는 고객과의 관계를 효과적으로 유지하라는 지시를 받았다.

The car was due for a **maintenance** check and an oil change. ⋯➤ 그 차는 정비를 하고 오일을 갈 때가 되었다.

sustain

v. 유지하다, 계속하다, 지탱하다, 손해를 입다

sustenance n. 생계, 생활, 자양물

The doctor put his patient on a respirator in order to **sustain** his life. ⋯➤ 의사는 환자의 생명을 유지하기 위하여 인공호흡기를 씌웠다.

retain

v. 보류하다, 보유하다, 변호사를 고용하다

We reserve the right to **retain** prisoners indefinitely if we feel that they are a threat to national security. ⋯➤ 우리는 죄수들이 국가안보에 위협이 된다고 느껴지면 그들을 무기한으로 감금시킬 권리를 갖는다.

recur

v. 되풀이되다, 되돌아가다

recurrent a. 되풀이하는

Severe and **recurrent** pain or high and continued fever may be indicative of serious illness; under these conditions, consult a physician. ⋯➤ 극심하게 되풀이되는 통증이나 지속적인 고열은 심각한 질병을 나타내는 것일 수도 있다. 이런 증상이 나타나면 의사에게 상담을 받도록 하라.

More++

repeat v. 되풀이하다, 반복하다 n. 반복되는 것
persevere v. 인내하다, 끈기있게 노력하다
withhold v. 억누르다, 억제하다, 보류하다

060 | 토론/논의하다, 반대하다

discuss

v. 논의하다

The professor was asked to **discuss** his theory in greater detail. ···→ 교수는 그의 이론에 관하여 보다 자세히 논의하도록 요구받았다.

dispute

v. 논쟁하다, 토의하다 n. 싸움, 논쟁

Lawyers **dispute** facts and figures in front of a jury all day long. ···→ 변호사들은 하루종일 배심원단 앞에서 정확한 진상에 대해 논쟁을 벌인다.

debate

v. 논쟁[토의]하다 n. 토론, 논쟁

After a lengthy **debate**, our executive committee decided to accept your proposal. ···→ 오래 논의한 끝에 우리 간부회의에서는 당신의 제안을 받아들이기로 결정을 내렸습니다.

contradict

v. 부정[부인]하다, ···와 모순되다

contradiction n. 부인, 반박, 모순

The secretary was reprimanded for **contradicting** the boss in public. ···→ 비서는 공공연히 사장을 반박한 것에 대해 호되게 꾸지람을 받았다.

confront

v. ···에 직면하다, 대항하다, 대조하다

confrontation n. 직면, 대결

The manager asked his assistant to **confront** the situation. ···→ 관리자는 조수에게 그 상황에 대처하라고 말했다.

conflict

v. 충돌하다, 모순되다, 다투다 n. 다툼, 충돌, 대립

Companies that work internationally are often forced to wrestle with **conflicting** ethical standards. ⋯→ 국제적으로 사업을 하는 회사들은 모순되는 윤리규범과 씨름을 해야만 하는 경우가 많다.

oppose

v. 반대하다, 이의를 제기하다

opposite a. 반대편의, 상반하는 n. 정반대의 일[사람]
opposition n. 반대, 대립

Local residents in the community **are opposed** to the change in plans for the proposed housing complex. ⋯→ 그 지역 주민들은 주택단지로 지정된 곳에 대한 계획 변경에 반대했다.

confer

v. 의논하다

conference n. 협의, 상의, 회의

Before the lady signed the contract, she felt that it was necessary to **confer** with her lawyer. ⋯→ 그 여자는 계약서에 서명하기 전에 변호사와 의논할 필요가 있음을 느꼈다.

The visiting dignitaries from Indonesia will hold a press **conference** tomorrow morning. ⋯→ 인도네시아에서 방문한 고위층 인사들이 내일 아침 기자회견을 열 것이다.

object v. 반대하다, 이의를 제기하다 n. 물건, 대상, 목표
dissent v. 의견을 달리하다 n. 의견차이, 이의
protest v. 이의를 제기하다, 항의하다, 단언[주장]하다 n. 항의, 단언
contest v. 논쟁하다, 겨루다 n. 경연, 논쟁
defy v. 거부[반항]하다

061 | 간청/요청하다, 설득하다

solicit

v. 간청하다, (물건 등을 사라고) 끈질기게 권유하다

solicitation n. 간청, (물건을 사라는) 권유

We were severely reprimanded by our manager for **soliciting** orders from the elderly. ···→ 우리는 나이든 사람들에게 주문을 권유한 것 때문에 부장에게 호되게 질책 받았다.

request

v. 청하다, 요구하다   n. 요구, 요망

as requested 요청 받은 대로

We **request** you to send us a copy of your car catalog. ···→ 귀사의 자동차 카탈로그 한 부를 저희에게 보내주시기 바랍니다.

convince

v. …에게 납득시키다

I tried to **convince** the police that I was an innocent bystander, but they would not listen. ···→ 나는 결백한 구경꾼이라는 것을 경찰에게 납득시키려고 애썼지만, 경찰은 귀기울이지 않았다.

persuade

v. 설득하다

persuasion n. 설득

They have not been able to **persuade** him to transfer into our division yet. ···→ 그 사람들은 아직 그 남자가 우리 사업부문으로 옮기도록 설득할 수가 없었다.

enlist v. 도와달라고 호소하다
entreat v. 간청하다, 탄원하다
coax v. 구슬려서 …하도록 시키다

appeal v. 간청하다, 호소하다, 항소하다
        n. 간청, 호소
implore v. 간청하다, 탄원하다

062 | 추론/추정하다

assume

v. 추정하다, 떠맡다, 책임지다(undertake)

assumed a. 가장한, 임시의
assumption n. 인수, 가정, 억측

If we **assume** that all operating costs will remain fixed, the company s profitability should balloon next year. ⋯→ 모든 운영비가 고정된다고 추정한다면 회사의 수익율은 내년에 크게 증가할 것이다.

infer

v. 추론하다, 추측하다

The area director **inferred** from the letter that the project had been finished. ⋯→ 지사장은 편지로부터 그 프로젝트가 다 끝났음을 추론할 수 있었다.

construe

v. 해석하다, 추론하다, 설명하다

The defense lawyer **construed** the facts in a completely different way. ⋯→ 피고측 변호인은 완전히 다른 측면에서 사실을 해석했다.

deduce

v. 추론하다

deduction n. 추론, 공제
deductive a. 추리의, 연역적인. (↔ inductive 귀납적인)

It does not take a genius to **deduce** that the company is losing a lot of money. ⋯→ 회사가 많은 돈을 손해보고 있다는 것을 추론하는 데 특수한 재능이 필요한 것은 아니다.

More⁺⁺

presume v. 추측하다, 상상하다, …라고 생각하다
pretend v. …인 체하다

063 | 강제/유인하다

force

v. 강요하다 n. 힘, 세력, 효력, 군대

forcibly ad. 강제적으로, 강력히, 힘차게

Increased demand **forced** the company to hire more workers. ⋯→ 수요가 증가하여 그 회사는 직원들을 더 많이 채용하지 않을 수 없었다.

compel

v. 무리하게 시키다, 강요하다

compelling a. 강한 흥미를 돋우는

Your arguments **are** very **compelling** but I still disagree. ⋯→ 당신의 주장은 상당히 흥미를 돋우지만 나는 여전히 동의하지 않는다.

oblige

v. (부득이) 강요하다, 은혜를 베풀다

obligation n. 의무, 책임

If there is a mistake, the company will **be obliged** to refund the purchase price. ⋯→ 만약 실수가 있다면, 회사는 상품 구입가 환불의 의무를 질 것이다.

The company has an **obligation** to pay its employees on time every month. ⋯→ 회사는 매달 제 날짜에 직원들에게 급료를 지급해야 할 의무가 있다.

attract

v. (주의, 흥미 등을) 끌다, 당기다

attractive a. 매력적인, 주의를 끄는
attraction n. 사람의 마음을 끄는 것[장소]

The store lowered the prices on several items hoping to **attract** more customers. ⋯→ 고객을 더 유치할 요량으로 상점은 여러 제품의 가격을 낮추었다.

According to the show, Niagara Falls is one of America s most popular tourist **attractions**.

⋯→ 그 방송프로에 따르면 나이아가라 폭포는 미국에서 가장 인기있는 관광명소에 속한다.

entice

v. 유혹하다, 부추기다

enticing a. 매혹적인

We tried to **entice** the client by offering him more than he had expected. ⋯→ 우리는 기대한 것 이상을 제공함으로써 고객을 유인하려고 애를 썼다.

constrain

v. 강제하다, 구속하다

constraint n. 강제, 구속

The financial burden will **constrain** the company from further expansion. ⋯→ 재정적 부담으로 그 회사는 더 이상 확장이 불가능해질 것이다.

tempt

v. 유혹하다, 꾀다, ⋯할 생각이 나다

temptation n. 유혹

Without any serious opposition, the government will **be tempted** to sidestep meaningful reforms. ⋯→ 정부는 심각한 반대가 없다면 중요한 개혁을 피하고 싶어할 것이다.

allure

v. 꾀다, 유인하다 n. 매력, 유혹

The main **allure** of the motorcycle is the freedom you feel moving through space with nothing between you and the sensation of flying. ⋯→ 모터사이클의 가장 큰 매력은 마치 비행을 하듯이 아무것도 거칠 것 없이 공기를 가르고 지나갈 때 느끼는 해방감입니다.

More⁺⁺

lure v. (별로 안좋은 것을 하도록) 꾀다 n. 매혹, 혹하게 만드는 물건
impel v. 재촉하다, 몰아대다, 억지로 시키다

coerce v. 강제하다, 강요하다
seduce v. 부추기다, 꾀다, 유혹하다
induce v. 권유하다, 설득하여 ⋯하도록 시키다, 유발하다

064 | 지명/지정하다, 선택하다

appoint

v. 임명하다, 지명하다, 정하다

appointment n. 진료예약, 사업상의 약속, 임명, 지명

He will have to reschedule his **appointment** because he got very busy at the office. ···→ 그 사람은 사무실에 바쁜 일이 있어 약속을 재조정해야 할 것 같다.

choose

v. 고르다, 선택하다

They were hoping that she would make up her mind quickly and **choose** a dress. ···→ 그 사람들은 그 여자가 빨리 마음의 결정을 내려 옷을 선택하기를 바라고 있었다.

pick

v. 고르다, 데려오다, 나아지다

pick up 집어들다, 속력을 내다
        (cf. pick sby up ···를 차로 마중나가다, 태워오다)

He asked me where I wanted to eat, so I **picked** an Italian restaurant. ···→ 그 남자가 나에게 어디 가서 먹고 싶냐고 물어서 나는 이탈리아 음식점을 골랐다.

The airplane **was picking up** speed as it taxied down the slippery runway. ···→ 비행기는 미끄러운 활주로를 활주하면서 속도를 높였다.

prefer

v. 오히려 ···을 더 좋아하다

preference n. 선호, 선호하는 것

In taste tests conducted across America, most consumers **preferred** Pepsi Cola to Coca Cola. ···→ 미국 전역에서 행해진 시음 테스트에서 대부분의 소비자들은 코카콜라보다 펩시콜라를 선호했다.

select

v. 고르다, 뽑다　a. 고른, 정선한

selection　n. 선발(된 사람이나 사물)

The people who **were selected** for a promotion had met all of the company s predetermined criterion. ⋯▶ 승진에 선발된 사람들은 회사에서 사전에 결정해 놓은 기준에 모두 부합했다.

designate

v. 명명하다, 지정하다, 지적하다

designated　a. 지정된, 지명된
designation　n. 지정, 명칭

This area has **been designated** as a "fire lane" and must remain clear at all times. ⋯▶ 이 구역은 소방 통로로 지정되어 있으니 항상 비워 둬야 한다.

vote

v. 투표하다, 표결하다　n. 투표(권), 표결

Management has **voted** to completely remodel the interior of the headquarters building. ⋯▶ 경영진 은 본사 내부를 완전히 개조할 것을 표결했다.

065 | 수여/공급하다, 기증하다

award

v. 상을 주다, 지급하다   n. 상, 상품, 상금

The science department **was awarded** a grant from the university.····과학부는 대학으로부터 보조금을 지급받았다.

contribute

v. 기부[기여]하다, ···의 원인이 되다

contribution n. 기여, 기부

Only thirty-five percent of the people asked said they regularly **contribute** to a retirement fund. ····
응답자의 단 35%만이 정기적으로 퇴직 연금에 돈을 낸다고 말했다.

donate

v. 기부하다

donation n. 기증, 기부, 기증품, 기부금
donator n. 기부자, 기증자

Mr. Costello **donated** enough money to build a new wing on the hospital. ···· 코스텔로 씨는 병원에 새로운 동을 건설한 만큼의 돈을 기부했다.

grant

v. 수여하다, 승인하다   n. 보조금

take sth[sby] for granted ···을 당연하게 생각하다
granted (that ~) 가령 ···라고 치고, ···라고 하더라도

The Yorkshire Historic Society has provided a £200,000 **grant** to save the stained glass windows. ···· 요크셔 역사학회는 스테인드 글래스 창문을 보존하기 위해 20만 파운드의 보조금을 내놓았다.

They can go on the trip, **granted that** they complete their chores first. ···· 그 사람들이 먼저 일상적인 일들을 다 한다면 여행을 갈 수 있다.

provide

v. 제공하다

provider n. 공급자, 제공자
provided …을 조건으로, 만약 …이면
provision n. 법 조항, 공급, 예비, (pl.) (비축해놓은) 식량

We **provide** a wide range of services and back our products with a money-back guarantee. ⋯⋙
우리는 서비스를 광범위하게 해드리며, 제품 불만족시 환불을 보증합니다.

supply

n. 공급 v. 공급하다

supplier n. 공급자, 납품업체
supplies n. 공급품, 비품

Our old paper **supplier** no longer delivers so we switched to another company. ⋯⋙ 우리의 오랜 종이 납품업체가 더이상 납품을 하지 않아 우리는 다른 회사로 바꾸었다.

equip

v. (실력, 장비 등을) 갖추어 주다(~ with)

equipment n. 설비, 비품, 장비
fully-equipped a. 시설이 완비된

The office building **is equipped** with many different recreational facilities. ⋯⋙ 그 사무실 건물에는 많은 다양한 레크레이션 시설들이 갖추어져 있다.

furnish

v. (필요한 것을) 공급하다, (가구, 장치 등을) 갖추다

furnished a. 가구가 딸린

This apartment **is** comfortably **furnished**. ⋯⋙ 이 아파트는 편리하게 가구가 다 딸려있다.

More ++

bestow v. 주다   endow v. (재산을) 증여하다

066 | 예상/기대하다

anticipate

v. 예상하다

anticipation n. 예상, 기대

The election results were dramatically different than we had **anticipated**. ···→ 그 선거결과는 우리가 예상했던 것과는 완전히 달랐다.

suppose

v. 가정하다, 상상하다, 추측하다

supposedly ad. 아마, 소문으로는
be supposed to + V ···하기로 되어 있다

Why do you **suppose** the price of that computer dropped so much? ···→ 당신은 왜 컴퓨터 가격이 그렇게 많이 하락했다고 추정하십니까?

predict

v. 예측하다, 예보하다

predictable a. 예상할 수 있는

It is easy to **predict** the weather using today s sophisticated equipment. ···→ 오늘날의 고도로 정교한 장비를 사용하여 일기를 예측하기가 쉬워졌다.

forecast

v. 예상하다, (날씨를) 예보하다 n. 예상, 예보

We **forecast** that the company s net profit will nearly double this quarter. ···→ 우리는 이번 분기의 회사 순이익이 거의 2배가 늘 것으로 예상하고 있다.

More

expect v. 기대하다, 예상하다	**foretell** v. 예언하다
envision v. 상상하다, 계획하다	**prophesy** v. 예언하다
foresee v. 예견하다, 내다보다	**imagine** v. 상상하다, 짐작하다

067 | 기억하다, 기억/추억

recall

v. 생각나게 하다, 생각나다, 물건을 회수하다

The company **recalled** all of its color monitors due to a manufacturing defect. ···▶ 그 회사는 제조결함 때문에 자사의 컬러모니터를 모두 회수했다.

remember

v. 기억하고 있다, 생각해내다

Please **remember** to have your policy number handy when you file a claim with our office. ···▶ 우리 사무실에 지급 요청서를 제출하실 때에는 보험증권 번호를 바로 댈 수 있도록 준비하시기 바랍니다

remind

v. …에게 생각나게 하다

reminder n. 생각나게 하는 사람[것], 메모, 독촉장

The secretary posted a **reminder** that all employees must wear their ID badges tomorrow. ···▶ 비서는 모든 직원들이 내일 신분 증명 배지를 착용해야 한다는 메모 를 게시했다.

souvenir

n. 기념품

Souvenirs and other mementos are being sold on the first floor balcony. ···▶ 기념품과 기타 추억거리들이 1 층 발코니에서 판매되고 있습니다.

 More

token n. 표, 증거, (감정, 사건 등을) 상징하는 것
recollect v. 생각해내다, 회상하다

memorabilia n. 기억할 만한 사건
memento n. 기념물, 유품, 추억거리
keepsake n. 기념품, 유품

068 | 장식/장식하다, 가다듬다

decorate

v. 장식하다

decor n. 장식(실내장식, 무대장치)
decoration n. 장식

We were told to **decorate** the room with balloons and streamers. ⋯› 우리는 풍선과 색테이프로 방을 장식하라는 지시를 들었다.

frill

n. 가장자리의 주름장식, 허식, 불필요한 것
v. 가장자리에 주름장식을 달다

no-frill a. 불필요한 것을 제거한

The company is dedicated to providing our clients with **no-frill** shopping malls and discount outlets.⋯› 당사는 고객들에게 꼭 필요한 것만 갖춘 쇼핑몰과 할인매장을 제공하는 데 전념하고 있습니다.

ornament

n. 꾸밈, 장식, 장식품 v. 꾸미다, 장식하다

ornamental a. 장식의, 장식용의 n. 장식품

The groundskeeper is trimming the **ornamental** bush. ⋯› 공원 관리인이 장식용 관목을 다듬고 있다.

trim

v. 정돈하다, 자르다(prune; clip)

Profitability will increase next year as the company **trims** down its general and administrative expenses. ⋯› 회사가 일반관리비를 삭감하므로 내년에는 수익율이 증가할 것이다.

More

adorn v. 꾸미다, 장식하다
adornment n. 장식(품)

emblem v. 상징, 표상, 귀감
embellish v. 아름답게 하다, 장식하다

069 | 복사/복제하다, 복사물

copy

n. 유인물, 복사본, (책 등의) 부, 권 v. 복사[모방]하다

copier n. 복사기(= photocopier)
photocopy n. v. 복사(하다)
copycat n. 모방하는 사람
copyright n. 저작권, 판권
hard copy 인쇄 출력(물)

I was wondering if I could get a **copy** of *The New York Times*. ⋯ 「뉴욕 타임즈」 한 부만 주시겠어요?

All job applicants are requested to submit a certified **copy** of a college diploma. ⋯ 구직자들은 모두 대학당국에서 발행한 졸업증서를 제출해야 한다.

duplicate

v. 복사하다, 복제하다 n. 복제, 사본

The man received a **duplicate** bill from the gas company. ⋯ 그 남자는 가스 회사로부터 청구서 사본을 받았다.

reproduce

v. 재생하다, 재현하다, 번식하다

reproduction n. 재생, 재현, 번식
reproductive a. 생식의, 번식하는

Experimenting with mice, Dr. Lilly injected genetic material into the **reproductive** tract. ⋯ 릴리 박사는 쥐로 실험을 하면서 생식기 계통에 유전물질을 주입했다.

replica n. (예술작품 등의) 모사, 복제
clone n. 복제인간, 클론 v. 복제하다

070 | 배달/발송하다, 이동하다

deliver

v. 배달하다, (연설을) 하다, 아이를 낳다

If the items ordered add up to more than $100, then the company will **deliver** free of charge. ⋯→ 주문하신 품목의 합계가 100달러를 넘으면, 무료로 배달해 드릴 것입니다.

fetch

v. 가져오다, (상품이) ⋯에 팔리다

The secretary asked her assistant to run down to the supermarket and **fetch** some coffee. ⋯→ 비서는 보조사원에게 수퍼마켓에 가서 커피를 가져오라고 시켰다.

forward

v. 회송하다 a. 전방의 ad. 앞으로

Could you please **forward** my resume to the human resources department? ⋯→ 인사부로 제 이력서를 회송해 주시겠어요?

Our new telephone system will **forward** all of your office calls to your cell phone. ⋯→ 새로 설치한 전화시스템에서는 사무실로 오는 전화를 모두 휴대폰으로 돌려주게 됩니다.

convey

v. 나르다, 운반하다, (용건 등을) 전달하다

The feeling your logo **conveys** should be appropriate to your business. ⋯→ 귀사의 로고가 전달하는 느낌은 귀사의 사업에 적합한 것이어야 합니다.

relocate

v. 이전시키다

The company has decided to **relocate** its head office to Toronto. ⋯→ 그 회사는 토론토로 본사를 옮기기로 결정했다.

remit

v. (돈을) 송금하다, (빚 등을) 면제하다, 경감하다

Please **remit** your payment by check to our accounting department in order to avoid penalties.

⋯▶ 과태료를 피하시려면 저희 경리부에 수표로 요금을 보내십시오.

transfer

v. 이체하다,양도하다 n. 이동, 송금, 양도

transferable a. 양도할 수 있는
wire transfer 온라인 이체, 송금

Use your ticket to **transfer** between the subway and any bus in the system. ⋯▶ 본 교통 연결망에 해당하는 지하철과 버스는 승차권을 사용하여 갈아타십시오.

transport

v. 수송하다 n. 수송, 운송

transportation n. 수송, 수송기관

How local street market vendors obtain and **transport** their products is a tribute to personal initiative. ⋯▶ 지역 가판대 상인들이 물건을 어떻게 구입하여 운반하는가는 개인적인 독창성의 증거이다.

transmit

v. 전하다, 전파시키다

transmission n. 전송, 송신, 전달
transmitter n. 송신기, 전달자, 전도체

The data gathered at each scan **is transmitted** to our central computer. ⋯▶ 각 스캔에 모여진 자료는 중앙 컴퓨터에 전송됩니다.

send v. 보내다 (cf. sender 발신인)
hand v. 건네주다, 제출하다 n. 일, 도움

071 | 찾다/발굴하다

discover

v. 발견하다

The adopted children were trying to **discover** their roots. ···▶ 입양아들은 그들의 뿌리를 찾으려고 애썼다.

find

v. 찾다, 발견하다, 알다

find out 알아내다, 알게 되다
findings n. 습득물, 연구 결과
lost and found 분실물 보관소

We have to **find out** where the show is going to take place. ···▶ 우리는 그 공연이 어디서 열리는지 알아내야만 한다.

The **lost and found** is located on the third floor of the building. ···▶ 분실물 보관소는 건물 3층에 위치해 있다.

detect

v. 발견하다, 간파하다

detector n. 감지기, 탐지기
detective n. a. 탐정(의)

A lie **detector** was used to gauge the truthfulness of the defendant s testimony. ···▶ 거짓말 탐지기가 피고 증언의 정직도를 측정하기 위해서 사용되었다.

locate

v. 소재를 파악하다, 어떤 위치에 놓다

location n. 위치, 장소, 촬영지

The company **is located** on the corner of Lexington Av. and Third St. ···▶ 회사는 렉싱턴가와 3번가가 만나는 모퉁이에 위치해 있다.

retrieve v. 되찾다, 회수하다 n. 회복, 만회
unearth v. 밝히다, 폭로하다, 파내다

072 | 잡다/잡아채다/추출하다

catch

v. 잡다, 포획하다 n. 포획물

catch-all a. 포괄적인, 다목적의

When does the fishing boat arrive with the new **catch** of cod? ···→ 어선들은 언제 새로운 대구 어획량을 싣고 도착하는가?

capture

v. 붙잡다, 획득하다, 주의를 끌다 n. 생포, 포획

captive n. 포로 a. 포로의
captivity n. 사로 잡힘, 속박

The company decided to change its marketing strategy in order to **capture** the teenage market. ···→ 그 회사는 10대 시장을 공략하기 위해 마케팅전략을 바꾸기로 결정했다.

grab

v. 움켜잡다, 낚아채다 n. 부여잡는 것

I saw the man **grab** a watch and put it in his jacket pocket. ···→ 나는 남자가 손목시계를 낚아채서 자기 재킷 주머니에 넣는 것을 보았다.

extract

v. 추출[발췌]하다, 인용하다 n. 추출물, 인용

extraction n. 뽑아냄, 추출

The hot water **extracts** the caffeine instead of chemical solvent from the coffee beans. ···→ 뜨거운 물은 화학적 용매의 역할을 대신하여 커피콩에서 카페인을 추출한다.

More

grip n. 손으로 꽉 쥠, 통제력 v. 꽉 잡다	**seize** v. 꽉 쥐다, 체포하다, 파악하다
overtake v. 따라잡다, 만회하다	**pluck** v. 잡아뜯다, 움켜쥐다
clutch v. 꽉 잡다, 붙들다 n. (기계) 클러치	**extricate** v. (위험, 곤란에서) 구해내다

073 | 멈추다, 끝내다, 그만두다

quit

v. 그만두다, 끊다

I would rather **quit** my job than work for that miserable guy. ⋯▸ 저 끔찍한 남자 밑에서 일하느니 직장을 그만두는 게 낫겠다.

finish

v. 끝마치다, 완성하다

I wanted to put aside our differences so that we could **finish** the job. ⋯▸ 나는 우리가 그 작업을 마칠 수 있도록 우리의 견해차를 접어두길 바랬다.

stop

v. 멈추다, 방해하다

stoppage n. 중단, 정지, 파업
stop-and-go a. 가다서다 반복하는, 정체된

The police officer **stopped** the speeding car and issued the driver a number of traffic tickets. ⋯▸ 그 경찰관은 과속 차량을 정지시키고 운전자에게 여러장의 교통위반 딱지를 발급했다.

expire

v. 만기가 되다, 자격 등이 소멸하다

expiration n. 종료, 만료

My driver s license will **expire** at the end of the month. ⋯▸ 내 운전 면허증은 이달 말에 만료된다.

suspend

v. 중지하다, 연기하다, 매달리다

suspense n. 미결정, 불안

The ventilation fans **are suspended** from the ceiling. ⋯▸ 환풍기들이 천장에 매달려 있다.

resign

v. 사직[사임]하다, 계약 등을 파기하다

cf. retire v. 퇴직하다

After the director **resigned**, a seasoned professional was called in to lead the project development team. ⋯→ 이사가 사퇴한 후 숙련된 전문가가 사업개발팀을 이끌도록 영입되었다.

retreat

v. 물러서다, 손을 떼다,
n. 후퇴, 은퇴, (조용한 장소에서 갖는) 모임

A lot of stock brokers have begun to **retreat** from hotel investments. ⋯→ 증권 중개인들 다수가 호텔 투자에서 빠져나가기 시작하고 있다.

The office is closed because the whole department went to Florida to attend a **retreat**. ⋯→ 부서 전체가 플로리다에서 열리는 직원 연수회에 참석하느라 사무실은 닫혀 있다.

end

n. 목적, 목표, 결과 v. 끝나다

endless a. 끝없는, 무한한

Remember to press the pound sign to **end** each entry you make. Please enter your account number now. ⋯→ 입력을 할 때마다 잊지 말고 우물정자(#)를 누르십시오. 이제 계좌번호를 입력하십시오.

abort v. 낙태시키다[하다], (계획 등을) 중단하다 (cf. abortion 유산, 낙태, 실패)
terminate v. 끝내다, 종결하다, 마무리하다
halt v. 멈추다, 정지하다[시키다] n. 정지
cease v. 그치다, 중지하다 n. 중지

074 | 연기하다, 연장하다

defer
v. 연기하다
The man asked the IRS if he could **defer** the payment of his taxes until next year. ⋯→ 그 사람은 IRS에 다음해까지 그의 세금납입을 연기할 수 있는지 여부를 물었다.

postpone
v. 연기하다
The principal was forced to **postpone** the board meeting yesterday. ⋯→ 회장은 어제 이사회를 연기하도록 했다.

procrastinate
v. 미루다, 꾸물거리다
Women tend to **procrastinate** when it comes to saving for retirement. ⋯→ 여성들은, 퇴직 후 생활을 보장하는 저축을 하는 것은 자꾸 뒤로 미루는 경향이 있다.

linger
v. 오래 머무르다, 떠나지 못하다, 꾸물거리다
The strong scent of her perfume **lingered** in the air. ⋯→ 그 여자의 강한 향수 냄새가 공기 중에서 좀처럼 가시지 않았다.

loiter v. 빈둥거리다, 게으름 피우다
detain v. 못 가게 하다, 구류하다
retard v. 속력을 늦추다 n. 지체, 방해
delay v. 지연시키다, 지연되다 n. 지연

075 | …의 탓[공]으로 돌리다

attribute

v. …의 탓으로 돌리다(~ to)   n. 속성, 특질

attribution n. 속성
attributable a. …에 기인하는(~ to)

Analysts **attribute** the increase in earnings to the company s recent reorganization. … 분석가들은 소득의 증가가 회사의 최근 조직개편에 기인한다고 보고 있다.

credit

v. …에게 (공적을) 돌리다   n. 명예, 공적, 자랑거리

Several high ranking officials **credited** Mr. Smith for the company s successful Latin American expansion activities. … 몇몇 고위 임원들은 남미 지역에서 성공적인 사업확장의 공을 세운 스미스 씨를 치하했다.

owe

v. (명예, 성공 등을) …에 돌리다, 빚지다

I **owe** some money on a credit card and they keep pestering me by phone to pay them. … 신용카드 지불금액이 좀 있는데 전화로 갚으라고 난리다.

ascribe v. (원인, 결과 등을) …에 돌리다
impute v. (죄를) …에 전가하다

076 | (변화/어려움/문제 등을) 경험하다, 견디다

experience

v. 경험하다, 겪어서 알다 n. 경험

The centrifugal force that pilots **experience** can lead to an oxygen deficiency in the brain. ⋯➔ 조종사가 느끼는 원심력은 뇌에 산소 부족 현상을 생기게 할 수 있다.

encounter

v. …와 우연히 만나다 n. 만남, 조우(~ with)

If you **encounter** any problems in New York, feel free to call me at any time to help you. ⋯➔ 만일 뉴욕에서 어떤 문제가 생기면 언제든 제게 연락해 도움청하세요.

undergo

v. 겪다, (고난 등을) 견디다

The newcomers will **undergo** a rigorous training program. ⋯➔ 신참자들은 엄격한 훈련프로그램을 거칠 것이다.

suffer

v. (고통을) 입다, 받다, 괴로워하다, 앓다

The company will likely **suffer** a net loss of sixty-five thousand dollars. ⋯➔ 회사는 6만 5천 달러의 순손실을 입게 될 것 같다.

incur

v. (좋지 않은 결과에) 부딪치다, (손해를) 입다

We expect that the company will **incur** losses totaling more than one million dollars. ⋯➔ 우리는 회사가 총 백만 달러 이상의 손실을 보게 될 것으로 전망하고 있습니다.

bear

v. 나르다, 견디다, 가져오다, (열매나 이자를) 낳다

It will be a few years before the project in Vietnam begins to **bear** fruit. ⋯➔ 베트남에서 추진중인 프로젝트가 결실을 맺으려면 몇년 걸릴 것이다.

withstand

v. 견디다, 참다

Laboratory tests assure that the package will **withstand** transportation, storage and handling. ···› 실험실 테스트는 그 포장이 운송, 보관 및 취급을 잘 견딜 것임을 확인해주었다.

inflict

v. 가하다, 과하다

infliction n. (고통, 벌을) 가하는 것

The doctor tried not to **inflict** pain on the lady when he gave her an injection. ···› 의사는 그 여성에게 주사를 놓을 때 고통을 주지 않기 위해 노력했다.

weather

n. 날씨, 기후 v. 어려움을 견디다, 난관을 극복하다

inclement weather 궂은 날씨
weatherize v. (건물 등을) 기후에 내구성이 있는 구조로 만들다

Everybody at the company believed in the manager s ability to **weather** difficult situations. ···› 회사 직원들은 모두 그 부장에게 어려운 상황을 잘 헤쳐나갈 수 있는 능력이 있다고 믿었다.

survive v. 생존하다, 살아남다, 면하다, 견디다
tolerate v. 너그럽게 보아주다, 관대하게 다루다
face v. ···에 직면하다 n. 얼굴
stand v. 나타내다, 참다, 견디다 n. 매점, 가판점
endure v. 견디다, 참아내다

077 | 금지하다, 방해하다, 단념시키다

prevent

v. 막다, …을 못하게 하다

preventable a. 막을수 있는

The boy s mother did all she could to **prevent** her son from using drugs. ···→ 소년의 어머니는 아들이 마약을 복용하지 못하도록 자신이 할 수 있는 모든 것을 했다.

ban

v. 금지하다

The city of Los Angeles had decided to **ban** smoking in all public places. ···→ 로스엔젤레스 시는 모든 공공 장소에서 흡연을 금지하기로 결정했다.

forbid

v. 금하다, (법률 등으로) 금지하다

Running, boisterous or rough play or excessive noise **is forbidden** in the pool area, showers, or dressing rooms. ···→ 수영장, 샤워장, 탈의실에서 뛰거나 소란스럽게 하거나 거친 장난 혹은 지나친 소음을 내는 것은 금지되어 있습니다.

ground

v. 방해하다, 못하게 하다 n. 땅

A voice came over the radio and instructed the crew to **ground** the plane immediately. ···→ 무선통신을 통해 승무원들에게 즉시 비행기 이륙을 금지시키라는 지시가 내려졌다.

interrupt

v. 가로막다, 방해하다

interrupted a. 중단된, 가로막힌, (교통 따위가) 불통이 된

I m going to lock myself in my office for the entire day so I won t **be interrupted**. ···→ 나는 방해받지 않도록 하루종일 사무실에 틀어박혀 있을 것이다.

hamper

v. 방해하다, 제한하다

Avoid smoking when driving. Smoke s nicotine and carbon monoxide **hamper** night vision. ···▸ 운전중에는 흡연을 삼가하십시오. 흡연시의 니코틴과 일산화탄소가 야맹증을 유발시킵니다.

deter

v. 단념시키다, 방지하다(~ from)

The fact that our budget had been cut did not **deter** us from finishing the job. ···▸ 예산이 삭감되었다는 사실이 우리가 그 일을 완수하는 것을 단념시키지는 못했다.

frustrate

v. 꺾다, 헛되게 하다, 좌절시키다

frustration n. 좌절, 실패

It is easy to **frustrate** a worker by telling him that he is incapable of doing his job properly. ···▸ 일을 잘 하지 못한다고 직접 얘기하여 직원들을 좌절시키기란 쉽다.

depress

v. 낙담시키다, 저하시키다, 부진하게 만들다

depression n. 경기침체, 불황
depressed a. (기분이) 우울한, 의기소침한, (경기 등이) 부진한

If we keep our costs down, we will survive the current economic **depression**. ···▸ 비용을 계속 절감해 나가면 현 경기 침체에서도 살아남을 수 있을 것이다.

prohibit v. 금지하다, 불가능하게 하다
hinder v. 방해하다, 저지하다
dishearten v. 실망하게 하다
thwart v. 방해하다, 좌절시키다
interfere v. 방해하다, 간섭하다, (이해관계가) 충돌하다
divert v. ···으로 전환하다, 주의를 딴곳으로 돌리다

inhibit v. 억제하다, 금하다
discourage v. 낙담시키다, 방해하다
obstruct v. 막다, 방해하다
preclude v. 막다, 불가능하게 하다

078 | 제한하다, 억누르다

confine

v. 제한하다, 감금하다 n. 국경, 경계, 한계, 범위

confinement n. 제한, 감금
confine oneself to ···에 틀어박히다

The contract **confines** the company s responsibility for damages to an area of up to fifty kilometers. ···→ 그 계약서는 회사의 손해 책임을 50킬로미터 이내로 한정시키고 있다.

restrict

v. 제한하다, 금지하다

restriction n. 제한, 제약

This accident is a case in point of the need for stronger **restrictions** on gun ownership. ···→ 이 사고는 총기 소지에 대한 보다 강력한 규제가 필요하다는 것을 보여주는 적절한 예이다.

restrain

v. 제지하다, 억누르다

restraint n. 제지, 억제

The manager tried to **restrain** his secretary from shredding the important documents. ···→ 부장은 비서가 중요한 서류를 폐기 처분하지 못하게 하려고 했다.

suppress

v. (감정) 억누르다, (반란) 진압하다, (정보) 차단하다

I had an instinctive reaction to punch him, but I **suppressed** it. ···→ 나는 본능적으로 그 사람을 한대 치고 싶었지만 참았다.

More⁺⁺

limit v. 제한[한정]하다 n. 한계, 제한
repress v. (욕망, 감정 등을) 억제하다

oppress v. 억압하다, 탄압하다
quell v. 진압하다, (공포 등을) 억누르다

079 | 사과하다/용서하다

apologize

v. 사과하다(~ to a person for a fault)
apology n. 사과
He **apologized** for not being able to make it today.
···▸ 그 남자는 오늘 못 오는 것에 대해 사과했다.
We **apologize** for any inconvenience this may
cause. ···▸ 이로 인해 야기될 모든 불편에 대해 사과드립니다.

excuse

v. 용서하다, 사과하다, 변명하다 n. 변명, 해명, 구실
What **excuse** did Sean give you for being late?
···▸ 션은 늦은 것에 대해 어떤 변명을 하던가요?

forgive

v. 용서하다
Do you think he has **forgiven** me? ···▸ 그 사람이 나를
용서했을 것 같나요?

More⁺⁺

condone v. 용서하다, 묵과하다

080 | 화나게하다, 괴롭히다, 당황케하다

upset

v. 뒤집어 엎다, 당황하게 하다 a. 혼란한
n. 전복, 혼란
The soccer match was quite a surprise because
the underdog **upset** the favorite. ···▶ 그 축구경기는 약체
팀이 인기 팀을 눌렀기 때문에 너무나 놀라웠다.

embarrass

v. 무안하게 하다, 난처하게 하다
embarrassment n. 낭패, 당황
In order to avoid political **embarrassment**, the
diplomats were extremely careful in their
treatment of the situation. ···▶ 정치적 곤혹을 피하기 위해,
외교관들은 그 상황 처리에 각별히 주의했다.

bother

v. 괴롭히다
Avoid wearing contact lenses when your
allergies are **bothering** you. ···▶ 알레르기로 힘들 때는 콘
택트 렌즈를 착용하시 마시오.

disrupt

v. 혼란스럽게 만들다, 방해하다, 붕괴시키다
Even without your noticing it, stress can take its toll
- locking tension laden muscles and **disrupting**
physical and mental processes. ···▶ 여러분이 알지도 못하
는 사이에 스트레스는 피해를 주어서 긴장에 시달리는 근육을 경직시키
고 육체적, 정신적 신진대사를 방해합니다.

disturb

v. 방해하다, 저해하다, 막다
disturbance n. 소동, 방해, (기상) 난류
Please do not **disturb** us when we are in the
conference room. ···▶ 회의실에 있는 동안 방해하지 말아주세요.

harass

v. 괴롭히다, 귀찮게 굴다

sexual harassment 성희롱

Although the boss told her secretary to stop **harassing** the clients, she just wouldn t let up. ⋯➔ 사장이 비서에게 고객들을 그만 괴롭히라고 지시했는데도 그 여자는 기세를 누그러뜨리려 하지 않았다.

offend

v. 감정을 상하게 하다, 불쾌하게 만들다

The sales manager asked me to construe it in a way that our client would not **be offended**. ⋯➔ 영업 부장은 내게 우리의 고객이 기분 상해 하지 않을 만한 방법으로 그것을 설명하라고 요청했다.

irritate

v. 짜증나게 하다, 초조하게 하다

irritation n. 화, 짜증

When someone treats you unfairly, or tries to take advantage of you, it can trigger **irritation** or even rage. ⋯➔ 누군가가 당신을 부당하게 대우하거나 이용해먹 으려 든다면 그것은 짜증, 또는 분노까지도 촉발시키는 것이 될 수 있다.

annoy v. 성가시게 굴다, 짜증나게 하다
agitate v. 동요시키다, 흔들다, 휘젓다
humiliate v. 자존심을 상하게 하다
pester v. 들볶다, 못살게 굴다
baffle v. 당황하게 하다
vex v. 초조하게 하다, 성가시게 굴다
incense v. 몹시 화나게 하다
mortify v. 굴욕을 느끼게 하다, (감정을) 억제하다
plague v. 괴롭히다, 귀찮게 하다 n. 페스트, 전염병
unsettle v. 뒤흔들다, 동요시키다, 불안하게 하다
humble v. 비하하다, 콧대를 꺾다 a. 겸손한, 보잘 것 없는

insult v. 모욕하다 n. 모욕, 무례
affront v. 모욕하다, 무례한 언동을 하다
disgrace v. 망신주다 n. 불명예, 망신
irk v. 지루하게 하다
molest v. 괴롭히다, 못살게 굴다
exasperate v. 매우 화나게 하다
heckle v. 야유하다, 힐문하다

081 | 불평/비난하다

accuse

v. 고소하다, 비난하다

the accused 피고인

It should be noted that **the accused** tried to contact the police when he found the body. ⋯ 피고인이 시체를 발견했을 때 경찰에 연락하려고 했다는 사실에 주목해야 한다.

blame

v. 비난하다, ⋯의 탓으로 돌리다 n. 비난

be to blame 비난받아 마땅하다

The manager did not want to **blame** his secretary for her big mistake. ⋯ 부장은 큰 실수를 저지른 것에 대해 비서를 책망하려 하지 않았다.

complain

v. 불평하다, 하소연하다

complaint n. 불평, 고소

Most people who **complain** about back problems do not exercise enough. ⋯ 요통을 호소하는 대부분의 사람들은 운동을 충분히 하지 않는다.

criticize

v. 비난하다

critical a. 비판적인, 결정적인, 중대한
critic n. 비평가 a. 비판적인

My father never liked it when my mother **criticized** his behavior. ⋯ 아버지는 어머니가 자기 행동을 비난하는 것을 좋아하지 않는다.

condemn v. (강하게) 비난하다   censure v. 비난하다, 책망하다
impeach v. 탄핵하다, 비난하다   reprimand v. 질책하다, 꾸짖다
charge v. 비난[고발]하다, (요금을) 청구하다 n. 고발[고소], 청구액

082 | 피하다/삼가다

avert

v. (위험 등을) 피하다, 막다

We **averted** a potentially disastrous situation this morning by calling the authorities. ⋯➔ 우리는 오늘 아침 관계 당국에 전화를 해서 큰 재난이 잠재된 상황을 벗어났다.

avoid

v. 피하다

We tried to **avoid** having a hassle at the airport.
⋯➔ 우리는 공항에서 말다툼을 피하기 위해 노력했다.

circumvent

v. 회피하다

In order to **circumvent** the new import tax, we have decided to fill all orders before July 1st. ⋯➔ 새로운 수입세를 피하기 위해, 7월 1일 전에 모든 주문을 이행하기로 결정했다.

escape

v. 달아나다, 벗어나다

Whenever Lori wanted to **escape** the pressures of her job, she would register for a cooking course at a local culinary arts school. ⋯➔ 로리는 일의 중압감에서 벗어나고 싶을 때마다 근처 요리학원의 요리강좌에 등록했다.

evade v. (공격 등을) 피하다, 모면하다
hedge v. 울타리를 치다, 손해를 막다 n. 울타리, 방지책, 장벽
elude v. (위험 등을) 교묘하게 벗어나다, 피하다
equivocate v. 얼버무리다
abstain v. 기권하다, 삼가다, 절제하다
bypass v. 우회하다, 회피하다 n. 우회로

083 | 거부/거절하다, 부정/부인하다

deny

v. 부인하다, 부정하다

denial n. 부인, 부정

The company spokesperson would not confirm the rumor or **deny** it. ···→ 회사의 대변인은 그 소문을 확인도 부인도 하지 않을 것이다.

refuse

v. 거절하다, 거부하다

The owner of the bookstore **refused** to sell hard-core magazines in his shop. ···→ 그 서점의 주인은 가게에서 선정적인 잡지를 파는 것을 거절했다.

reject

v. 거절하다, 받아들이지 않다

The plan was given a lot of reconsideration, but it **was** still **rejected**. ···→ 그 계획에 대해서는 사람들이 재고를 많이 했지만 기각됐다.

repel

v. 거절하다, 쫓아버리다

repellent a. 혐오감을 주는, 불쾌한 n. 구충제

Power attracts money and powerlessness **repels** it. ···→ 권력이 있으면 돈이 모이고 권력이 없으면 돈이 도망간다.

More

disapprove v. 찬성하지 않다, 승인하지 않다
repudiate v. 거절하다, 부인하다
veto v. 거부하다, 반대하다 n. 거부권
rebuff v. 거절하다, 방해하다 n. 거절

084 | 해체/해산하다, 내쫓다

dismiss

v. 해고하다, 해산시키다

dismissal n. 해고

For many employers, wrongdoing, not poor performance, is grounds for immediate **dismissal**. ⋯→ 많은 고용주들에게 있어서는, 일을 못하는 것이 아니라 비리를 저지르는 것이 즉각적인 해고의 원인이 됩니다.

evacuate

v. 대피시키다, 제거하다

evacuation n. 배출, 대피, 철수

When you hear the alarm, follow the fire drill procedures for your department and **evacuate** the premises as quickly as possible. ⋯→ 부서 소방훈련 절차에 따라 가능한 한 즉시 구내에서 대피하시오.

exclude

v. 제외하다

exclusive a. 배타적인, 독점적인 n. 독점
exclusively ad. 배타적으로

The boys **were excluded** from the games due to their poor attendance record. ⋯→ 그 소년들은 저조한 출석률 때문에 경기 참가에서 제외되었다.

disband

v. (조직을) 해체하다, 해산하다

Management has decided to **disband** the obsolete production facility and build a new one in Indonesia. ⋯→ 경영진은 낡은 생산시설을 없애고 인도네시아에 새로운 공장을 건설하기로 결정했다.

expel v. (권리, 자격 등을 박탈하여) 쫓아내다

085 | 버리다/제거하다, 무효로하다

abandon

v. 버리다, 단념하다

The oil company has **abandoned** its exploratory well in the Cabot Wildlife Refuge. ···→ 그 정유회사는 캐벗 야생동물 보호구역에서 유정 탐사를 하는 것을 포기했다.

discard

v. 버리다

The doctor asked the patient to **discard** the needle into the waste basket. ···→ 의사는 환자에게 주사 바늘을 쓰레기통에 버려달라고 했다.

remove

v. 제거하다

The workers at the power plant had to **remove** the toxic waste. ···→ 발전소 직원들은 독성폐기물을 제거해야 했다.

dispose

v. 처분하다(~ of), 배치하다

disposal n. 처분, 처리

Please **dispose** of all sanitary products by placing them in the bin located under the seat. ···→ 모든 위생용품들은 좌석 밑에 놓인 통에 담아서 처리해주십시오.

cancel

v. 취소하다

Please inform the other members that tonight s meeting will **be canceled**. ···→ 오늘밤 회의가 취소되었음을 다른 회원들에게 알려주십시오.

void

v. (계약 등을) 무효로 하다 a. 무익한, 쓸모없는

You d better contact the manufacturer; we don t want to **void** the warranty. ···▶ 제작회사에 연락해보는 게 좋겠어요. 품질보증을 무효로 하고 싶지는 않아요.

negate

v. 부정하다, 무효로하다

negation n. 부정, 부인, 취소.
negative a. 부정적인, 소극적인 n. 부정적 요소

The terms of this limited warranty **are negated** if the product is used for commercial purposes. ···▶ 이 유한보증서의 조건은 상품이 상업적 목적으로 사용되면 무효화된다.

The **negative** impact would be tremendous. ···▶ 부정적인 영향이 막대할 것이다.

eliminate

v. 제거하다, 삭제하다

We **eliminated** the fears that we had about the deal. ···▶ 우린 거래에 관해 갖고 있던 두려움을 없앴다.

erase v. 지우다, 삭제하다
delete v. 삭제하다, 지우다
skip v. 건너뛰다, 빼먹다
jettison v. 투하하다, 내버리다
rescind v. 무효로 하다, 폐지하다
annul v. 무효로 하다, (명령 등을) 취소하다
nullify v. (법적으로) 무효로 하다, 파기하다

086 | 파괴하다, 황폐시키다, 무너지다

ruin

v. 붕괴하다, 망치다

The construction company s reputation **was ruined** when the bridge collapsed. ···→ 그 건설회사의 명성은 다리가 붕괴됐을 때 망쳐졌다.

catastrophe

n. 대참사, 큰 재앙, 파국

After the **catastrophe**, most of the people with homes near the nuclear reactor were given money to help them relocate. ···→ 재난 이후에 원자로 근처에 사는 대부분의 사람들에게 이주 자금이 지급되었다.

collapse

v. 무너지다[무너뜨리다] n. 붕괴, 와해

She put so much strain on her lower back that she **collapsed**. ···→ 그 여자는 허리에 너무 많은 중압을 받아 쓰러지고 말았다.

devastate

v. 황폐화시키다, 유린하다

devastating a. 황폐화시키는, 압도적인
devastation n. 유린

The two parenting style can produce **devastating** long-range consequence to the children. ···→ 두가지의 양육 방식을 병행하는 것은 장기적으로 자녀들에게 파괴적인 결과를 가져올 수 있다.

More

destroy v. 파괴하다
destruct v. 파괴하다
demolish v. 헐다, 파괴하다, 붕괴시키다
wreck v. 조난시키다, 파괴하다 n. 난파, 조난, 파멸
ravage n. 파괴, 손해, 피해 v. 파괴하다, 약탈하다

087 | 사기치다/속이다, (법, 권리 등을) 침해하다

intrude

v. 침입하다, 강요하다, 참견하다

intruder n. 침입자

The president asked the security guard to restrain the **intruder** from leaving the building.
···▸ 사장은 경비원에게 침입자가 건물에서 벗어나지 못하도록 제지할 것을 부탁했다.

violate

v. 위반하다, 어기다

violation n. (법률 등의) 위반

The company needs to explain why it is a **violation** of the copyright laws. ···▸ 그 회사에서는 그것이 왜 저작권법 위반인지 이유를 설명해야 한다.

invade

v. 침략하다, 침입하다, (권리 등을) 침해하다

invader n. 침략자

Weeds can **invade** an open space from seed mixed in with debris. ···▸ 부스러기들에 섞인 씨앗들로부터 자라난 잡초들이 공지를 침범할 수 있다.

More⁺⁺

cheat v. 속이다, 사취하다, 바람피우다 n. 사기, 부정행위
deceive v. 속이다, 기만하다
betray v. 배반하다, 밀고하다
delude v. 속이다, 현혹하다
swindle v. 속이다, 사취하다
infringe v. 위반하다, 침해하다
encroach v. 침략하다, 침해하다
trespass v. 침입하다, (권리 등을) 침해하다

088 | 자산/재산/소유

assets

n. 자산, 재산, 자질

The consultant told the president that a large percentage of the company s **assets** are tied up in accounts receivable. ⋯➡ 그 컨설턴트는 사장에게 그 회사 자산 중에서 미수금 계정에 묶여있는 비율이 많다고 말했다.

capital

n. a. 자본(의), 수도, 대문자(의)

capitalization n. 자본화

The company s working **capital** is quite low after they lost so much money in the stock market. ⋯➡ 주식시장에서 엄청난 돈을 잃어서 그 회사의 운용 자금은 아주 조금밖에 없다.

equity

n. 주식, 소유권, 자본

A balance sheet lists the company s assets, liabilities, and owner s **equity** at the end of an accounting period. ⋯➡ 대차대조표에는 그 회사의 회계기간 말의 자산, 부채 및 자기 자본이 기입된다.

property

n. 재산(특히 부동산), 소유물, 소유권

My parents retired and leased out their **property** in the city so they could move to the country. ⋯➡ 우리 부모님은 퇴직한 후 시골로 가려고 도시에 있던 집을 세 놓았다.

resources

n. 자원, 자산, 자질

We were forced to allocate some of our division s **resources** to a different department. ⋯➡ 우리는 다른 부서에 우리 부서의 재원을 배분해야만 했다.

possession

n. 재산, 소유물

It is important to adequately insure the contents of your home, such as furniture, clothing, and other personal **possessions**. ···▶ 가구나 의류, 그 외의 개인 소유물과 같은 집안의 물건들을 적절한 보험에 가입시키는 것은 중요한 일이다.

wealth

n. 부, 재산

She was in a position to possess a lot of **wealth**, but she declined. ···▶ 그 여자는 막대한 부를 소유할 지위에 있었으나, 쇠락했다.

belongings

n. 재산, 소지품

Hundreds of residents fled south, carrying their **belongings** in bundles on their heads. ···▶ 수백 명의 거주자들이 가재도구를 꾸려 머리 위에 이고는 남쪽으로 달아났다.

holdings n. 보유물, 소유재산, 채권
effects n. 동산, 개인자산, 소유물

089 | 가격/계산/비용

bill

n. 계산서, 지폐 v. 청구서를 보내다

billing costs 청구 비용
past-due billings 수납일이 경과한 청구

Please pay all overdue **bills** by the end of the month. ···▶ 월말까지 기한이 지난 청구 금액을 모두 납부해 주십시오.

cash

n. 현금 a. 현금의 v. 현금으로 바꾸다

cashier n. 출납원
cash a check 수표를 현금으로 바꾸다
cash flow 현금 유출입
cash-strapped 돈이 쪼들리는

This company is so strapped for **cash** that we need to sell stock. ···▶ 이 회사는 너무 자금에 쪼들리기 때문에 우리는 주식을 팔아야 한다.

charge

n. 요금, 청구금액, 비용
v. (상품, 서비스 등의) 대가로 일정액을 청구하다

charge fines to …에게 벌금을 부과하다
charge a fee[bill] to sby's account …의 계좌로 청구하다
charge to sby's credit card 신용카드로 결제하다

You will **be charged** the fee of ten dollars to your account. ···▶ 당신 앞으로 요금 10달러를 달아놓겠습니다.

cost

n. 가격, 원가, 비용 v. …의 비용이 들다

cut costs 비용을 절감하다
cost-conscious 원가에 민감한
cost-effective 비용효과적인

Supplies such as paper and toner **cost** about 10 cents per copy. ···▶ 복사 한장을 하는 데 드는 용지와 토너의 비용은 10센트이다.

rate

n. 비율, 가격 v. 평가하다, 등급을 매기다

exchange rate 환율(換率)
interest rates 금리

We do not expect any further **interest rate** hikes. ⋯→ 우리는 금리가 더 오를 것이라고는 기대하지 않는다.

fare

n. 요금, 교통요금

The bus **fare** has been raised in order to keep it in line with inflation. ⋯→ 물가상승에 발맞추기 위해 버스요금이 인상됐다.

fee

n. 요금, 수수료, 입장료

contingency fee 승소시 변호사 수임료
late filing fee 제출이 늦은 서류에 부과되는 연체료

We should find out how much the franchise **fee** is before we decide on a location. ⋯→ 장소를 결정하기 전에 연쇄점 가맹비가 얼마나 되는지 알아야 한다.

price

n. 가격, 값, 시세 v. 값을 매기다

pricing n. 가격책정
pricey a. 비싼
priceless a. 대단히 귀중한

The company I work for has decided to keep its **prices** down this year. ⋯→ 내가 다니는 회사는 올해 제품의 가격인상을 억제하기로 결정했어.

toll

n. 통행료, 사용료, 대가

toll-free a. 무료의, 요금을 물지 않는
tollgate n. 통행료 징수소

All customers living outside of greater metropolitan Toronto should use our **toll-free** number. ⋯→ 토론토 및 주변도시 이외의 지역에 거주하는 고객들은 모두 우리의 무료 장거리 전화를 이용하도록 하십시오.

overhead

n. 일반적인 비용, 총경비   a. 머리 위의, 총경비의
Annual membership dues will rise 20% next year to help offset rising **overhead** costs. ···▶ 간접비상승에 대한 비용을 충당하기 위해 연회비가 내년에 20% 오를 것이다.

expenditure

n. 지출, 소비
All managers have been asked to evaluate their departments and identify areas in which **expenditures** could be lowered. ···▶ 모든 부장들은 부서를 평가해 지출를 줄일 수 있는 부문을 규명하라는 요청을 받았다.

expense

n. 지출, 비용, 소요경비
Our employees feel that when it comes to research, we should spare no **expense**. ···▶ 우리 직원들은 연구에 관한한 경비를 아끼지 말아야한다고 생각한다.

quotation

n. 인용, 시세, 견적서, 주식시세표
quote v. 시세를 매기다, 주가 상장표
cost quotation 가격시세표
The man called his broker to get a price **quote** on one of the stocks he bought last week. ···▶ 그 남자는 중개인에게 전화해서 지난주에 매입한 주식들 중 하나에 대한 시세를 물었다.

rebate

v. 환불하다, 환불해주다   n. 환불
Automobile companies are currently competing for buyers by offering cash **rebates**. ···▶ 자동차 회사들은 현재 현금환불제도를 채택하여 구매자들을 차지하려는 경쟁을 하고 있다.

defray

v. (비용을) 지불하다, 부담하다
The company will **defray** the expenses of your children s education. ···▶ 회사에서 자녀교육비를 부담할 겁니다.

090 | 부피/많음

bulk

n. 대량, 대부분 a. 대량으로 판매하는

bulk production 대량 생산

We buy office supplies in **bulk** because they are cheaper that way. ⋯ 우리는 사무용품을 대량으로 구입 했는데 그렇게 구입하는 것이 더 저렴하기 때문이다.

majority

n. 대부분, 대다수, 과반수

A **majority** of the stockholders voted to retain the current directors. ⋯ 대다수의 주주들은 현 이사들을 유임시키는 데 표를 던졌다.

volume

n. 부피[크기], 대량, 책

Volume discounts are one of the best ways to save money when buying in large quantities. ⋯ 대량 구입을 할 때 돈을 절약할 수 있는 가장 좋은 방법 중의 하나는 대량 구입에 따른 할인을 받는 것이다.

bundle

n. 묶음, 꾸러미 v. 묶다

The newspapers were stacked neatly into three equal **bundles**. ⋯ 신문을 세개의 똑같은 다발로 말끔하게 쌓아 올렸다.

magnitude

n. 크기, 중요함

The charity cannot rely on volunteers for work of this **magnitude** and importance. ⋯ 그 자선단체는 이렇게 규모가 크고 중요한 일을 자원봉사자들에게 의지해서는 안된다.

091 | 이익/가치/몫/소득

profit

n. 이익, 영리 v. 이익을 내다

profitability n. 수익성
profit and loss 이익과 손실, 손익(損益)
We calculated the **profit and loss** for this year s
financial report, and it doesn t look good. ···→ 올해 재
무 보고서에 올릴 손익을 계산해보니 만족스러워 보이지 않는다.

benefit

n. 혜택 v. ··· 에게 이롭다

fringe benefits 복리후생(비)
Union and management officials continue to be
in deadlock over wage increases and **benefit**
payments. ···→ 노조와 경영간부들은 임금인상과 복리후생비 지급에
관해 계속해서 교착상태에 있다.

revenues

n. (총)수입

Last year s annual **revenues** were four million
dollars more than a year ago. ···→ 작년의 연간소득액은 1
년 전보다 4백만 달러가 더 많았다.

dividend

n. 배당금

The president of the corporation told the
shareholders that it was not feasible for the
company to continue paying out **dividends**. ···→
그 회사의 사장은 주주들에게 회사가 계속해서 배당금을 지급하는 것은
가능한 일이 아니라고 말했다.

earnings

n. 일해서 번 돈, 수입, (회사의) 수익

Growth in **earnings** will negate losses incurred
from rising financing costs. ···→ 소득의 증가는 자금조달 비
용의 상승으로 초래된 손실을 상쇄할 것이다.

income

n. 수입, 소득

I had to pay an exorbitant fee last year because I was late filing my **income** tax return. ⋯ 나는 작년에 소득세 신고서를 늦게 제출해서 엄청난 벌금을 지불해야 했다.

share

n. 지분, 주식 v. 분배하다, 나누다

shareholder n. 주주 (cf.shareholders' meeting 주주총회)

The new marketing strategy was adopted in an attempt to capture additional market **share**. ⋯ 시장 점유율을 더 확보하기 위해 새로운 마케팅 전략이 채택되었다.

value

n. 가치, 가격 v. 값을 치다, 평가하다

valuation n. 평가
valuables n. 귀중품
valuable a. 귀중한 (cf. invaluable 매우 소중한)

Home insurance is just one of a number of ways to protect your **valuables**. ⋯ 가정보험은 바로 여러분의 귀중품을 보호해주는 여러 방법들 중의 한 가지입니다.

worth

a. ⋯의 가치가 있는 n. 가치, 재산

Investors expect that the company will be **worth** at least $67 million when trading begins. ⋯ 투자가들은 거래가 성사되면 그 회사는 적어도 육천 칠백만 달러의 가치가 있으리라 예상한다.

bonus n. 보너스, 상여금
premium n. 상금, 할증금, 보험료, 할부금

perquisite n. 부수입, 팁
boon n. 혜택, 이익

092 | 상품/제품

commodity

n. 상품, 일용품

Commodity prices have increased dramatically over the past several months. ⋯▸ 지난 몇달 동안 일용품 가격이 급격히 증가했다.

goods

n. 상품

consumer goods 소비재

Most consumer **goods** sold in the US are made outside of North America. ⋯▸ 미국에서 팔리는 소비재는 대부분 북아메리카 이외의 지역에서 제조된다.

Consumer goods are the first items affected by high inflation rates. ⋯▸ 소비재는 높은 물가 상승률에 가장 먼저 영향을 받는 품목이다.

product

n. 제품, 생산(고)

The company offers a wide range of **products** to suit the needs of every carpenter. ⋯▸ 그 회사는 어떤 목수의 욕구도 충족시킬 수 있는 광범위한 제품을 내놓는다.

We need to promote more environmentally-friendly **products**. ⋯▸ 더욱 환경친화적인 상품을 홍보할 필요가 있어.

inventory

n. 재고(품)

take (an) inventory 재고조사하다

We need to stop and **take inventory** of how much we have left over before we continue to sell. ⋯▸ 물건을 파는 걸 멈추고 남은 수량이 얼마인지 재고조사를 해봐야겠어요.

items

n. 품목, 항목

The new regulation will serve to slow down the amount of money that the citizens are spending on luxury **items**. ···▶ 새로운 규정은 시민들이 사치품에 소비하는 금액을 줄이는 데 기여할 것이다.

merchandise

n. 상품, v. 거래하다

You will find only high-quality **merchandise** being sold in the Galleria Mall. ···▶ 갤러리어 쇼핑 센타에서는 품질이 우수한 상품만 판매한다는 것을 알게 될 것입니다.

The owner had decided to retire, so the store was going out of business and selling all of its **merchandise**. ···▶ 소유주가 은퇴하기로 결정했기 때문에 가게는 영업을 그만두고 모든 재고품들을 팔고 있었다.

stock

n. 저장, 재고, 동식물의 족(族), 주식
v. 들여놓다, 보관하다

The distributor **is stocking** the shelves with cheese and cold cuts. ···▶ 도매업자가 치즈와 저민 고기를 선반에 쌓아두고 있다.

093 | 원형/예

prototype

n. 원형, 전형, 견본, 시제품

The new car was released to the public after their success with the **prototype**. ···→ 새로운 모델의 시제품을 만들어 테스트한 결과 만족스럽자 그 차가 출시되었다.

example

n. 보기, 예, 모범 v. 예[본보기]가 되다

We had to cite several **examples** before they understood what we meant. ···→ 그 사람들이 우리의 진의를 이해하기까지, 우리는 몇 가지 예를 인용해야만 했다.

model

n. 모형, 모델, 모범

The car that he offered us was a stripped-down **model** that was relatively inexpensive. ···→ 그 사람이 우리에게 제공한 자동차는 불필요한 장비를 모두 제거해서 상대적으로 값이 싼 것이었다.

standards

n. 표준, 기준

The fire marshal decided to fine the company for its inadequate safety **standards**. ···→ 소방서장은 안전수칙 위반을 이유로 그 회사에 벌금을 부과하기로 결정했다.

original n. 원형, 원작 a. 최초의, 원래의, 독창적인
precursor n. 선구자, 전조
archetype n. 원형(prototype), 전형
paradigm n. 이론적 틀, 인식체계, 모범

094 | 비/비율

fraction

n. (수학에서의) 분수, 파편

The options discussed in this chapter are only a small **fraction** of what is actually available. ···▶ 이 장에서 논의되는 선택사항들은 실제로 가능한 것들 중 작은 부분에 불과하다.

percentage

n. 백분율, 비율, 일정액

The auctioneer got paid a **percentage** of the total sales figure for the day. ···▶ 경매인은 그 날의 총판 매액의 일정액을 수수료로 받았다.

proportion

n. 비율, 균형, 몫

Society now faces a situation where a large **proportion** of the population is growing older. ···▶ 현재 사회는 인구의 대부분이 노령화되어가고 있는 상황에 직면해 있다.

ratio

n. 비, 비율

Our bank analyst believes that the dishonored bill **ratio** decreased 0.12% in May, falling to its lowest level in 32 months. ···▶ 우리 은행의 분석가는 5월에 어음 부도율이 0.12% 하락하여 32개월 만에 최저치로 떨어졌다고 믿고 있다.

095 | 증명서/권한

certificate

n. 증서, 증명서

gift certificate 상품권
certificate of deposit 양도성 예금증서
certification n. 증명(서), 인증(서)

Just present this discount **certificate** when making your purchase and you will receive 15% off. ⋯→ 물품을 구입하실 때 이 할인권을 제시하시기만 하면 15%의 할인을 받을 수 있습니다.

copyright

n. 저작권

He said that this disc is **copyright**-protected, so I don t think you should copy it. ⋯→ 그 남자가 이 디스크는 저작권을 보호받고 있다고 했어. 그러니까 네가 그것을 복사해선 안 될 것 같애.

patent

n. 특허(품) a. 특허의 v. 특허를 얻다

patent law 특허법

Our company has obtained the exclusive use of the **patent** until the year 2005. ⋯→ 우리 회사는 2005년까지 그 특허에 대한 독점 사용권을 획득했다.

deed

n. 행위, 증서, 권리증

draft a deed 증서를 작성하다
deed of title 부동산 권리증서
deed of transfer 양도증서
deed of trust 신탁증서

The **deed** of transfer was found in the new safe that was recently installed in his office. ⋯→ 그 양도증서는 최근 그 남자의 사무실에 새로 설치한 금고에서 발견됐다.

license

n. 면허(장) v. 면허를 내주다

In order to pass the driver s examination and receive a driver s **license**, you must obey all road signs. ···▶ 운전 면허 시험에 통과하여 면허를 받으려면 도로 표지의 지시사항을 모두 준수해야 한다.

manuscript

n. 원고, 친필원고

The editor was not sure if he would have the time to look over the **manuscript**. ···▶ 편집자는 그 원고를 검토할 시간이 있을지 확신이 서지 않았다.

credential

n. 신임장, 자격 증명서

In my field, **credentials** are very important. Therefore, after looking at several other programs, I decided to get an advanced degree at the Burnfield Academy. ···▶ 내 분야에서 자격증은 매우 중요하다. 그러므로 몇몇 다른 프로그램들을 살펴본 후에 나는 번필드 아카데미에서 고급학위를 얻기로 결정했다.

voucher

n. 증서, 상품권

complimentary voucher 무료 교환권

You can redeem your **voucher** for a round-trip ticket at any JAL ticket office. ···▶ 어느 일본항공 티켓 사무실에서든 귀하의 상환권을 왕복 비행기표로 교환하실 수 있습니다.

diploma n. 졸업증서, 학위 증명서   **transcript** n. 성적증명서
trademark n. 등록상표 v. 상표를 붙이다   **document** n. 서류, 문헌
piracy n. 저작권 침해, 도용
charter v. 전세내다, 특권을 주다 n. 특허(장), 전세계약

096 | 지역/구역/인근/주변

area

n. 지역, 범위

The government has stopped issuing building permits for that **area** of town. ⋯ 정부는 그 지역에 대해 건축허가증 발급을 중지시켰다.

district

n. 지역, 지구

Which city had the highest non-central business **district** vacancy rate during the fourth quarter? ⋯ 사사분기 동안 비도심 상업지구의 사무실 비임대율이 가장 높았던 도시가 어디죠?

sector

n. 부문, 분야, 지구

Privately held companies in Korea are increasingly becoming part of the public **sector**. ⋯ 한국의 사기업들이 점점 공공 부문을 담당하고 있다.

zone

n. 지대, 지역

Please park your car in the legal parking **zone** the next time you visit our office. ⋯ 향후 우리 사무실 방문시에는 법정 주차구역에 주차해주시기 바랍니다.

territory

n. 영역, 세력권, 관할구역

My sales **territory** is Argentina and Chile. I visit the area every three or four months for about two weeks at a time. ⋯ 제 영업 지역은 아르헨티나와 칠레입니다. 저는 3, 4개월마다 한번에 약 2주씩 그 지역에 갑니다.

adjacent

a. 인접한(next to; beside)

The attorney s office was situated **adjacent** to a large playground. ···→ 그 변호사 사무실은 큰 운동장에 인접한 곳에 위치해있었다.

proximity

n. 근접, 인근(nearness in place or time)

The convention center includes two fully-equipped hotels in close **proximity**. ···→ 컨벤션 센터는 인근에 완전하게 설비가 갖추어진 두 군데의 호텔을 갖추고 있다.

county

n. 군(郡)

The warden at the **county** jail claimed that he was quitting because he had had it with the convicts. ···→ 군 교도소 소장은 재소자들에게 질렸기 때문에 그만둘 것이라고 했다.

premise

n. 전제 (pl.) 건물이 딸린 토지, 구내

We designed our product on the **premise** that consumers demand quality. ···→ 우리는 소비자들이 양질의 상품을 요구한다는 전제에서 상품을 고안했다.

region n. 지역, 영역
precinct n. 구역, 지역, (pl.) 구내
domain n. 소유지, 영토, 세력범위
vicinity n. 근처, 부근

realm n. 범위, 영역
borough n. 자치구
sphere n. 범위, 영역, 천체
environs n. (도시의) 주위, 근교

097 | 도시(의)

civic

a. 시의, 도시의

civil a. 시민의, 문명의, 정중한, 민간의

The man felt that it was his **civic** duty to report the accident that he witnessed yesterday. ···→ 그 남자는 어제 목격한 사고를 신고하는 것이 자신의 시민된 도리라고 느꼈다.

local

a. 특정 지역의

He makes extra money by selling photographs of community events to the **local** newspaper. ···→ 그는 지역신문에 그 지역에서 벌어진 사건들의 사진을 팔아 돈을 더 번다.

municipal

a. 시의, 자치도시의

You should go to the **municipal** building and pick up an application.···→ 시청에 가서 신청서를 가져와야 한다.

public

n. 공중, 대중 a. 공공의, 공개의

publication n. 발표, 출판
publicity n. 평판, 홍보 (cf. publicist 홍보 담당자)
publicly ad. 공식적으로, 공공연히
notary public 공증인

The **public** transportation system in Japan is considered to be the best in the world. ···→ 일본의 대중교통 체계는 세계최고로 간주된다.

More⁺⁺

community n. 지역사회, 공동체
urban a. 도시의
metropolitan a. 수도권의, 대도시의

098 | 대안/선택

alternative

n. 대안, 양자택일 a. 대신의, 양자택일의
The Prime Minister prefers train travel as an **alternative** to flying when he has extra time. ···▸ 수상은 시간적 여유가 있을 때 비행기를 타는 것 대신 기차여행을 선호한다.

option

n. 선택사항, 선택권
optional a. 임의의, 선택의 (cf. opt 선택하다)
at one's option ···의 마음대로
They gave me the **option** of finishing the job by Friday or quitting. ···▸ 그들은 내게 그 작업을 금요일까지 끝내든지 아니면 그만두든지 하라는 선택권을 주었다.

chance

n. 기회, 가망, 가능성
If we don t stop in Geneva to meet with Mr. Gruber on this trip, we may not get another **chance**. ···▸ 이번 여행에서 제네바에 들러 그루버 씨를 만나지 못하면 또 기회를 얻기는 힘들 지도 모른다.

choice

n. 선택, 선택권
choose v. 선택하다
have no choice but to + V ···하지 않을 수 없다
The company **has no choice but to** bring in a trouble-shooter to handle the situation. ···▸ 그 회사는 문제해결 전문가를 영입하여 현 상황에 대처할 수 밖에 없다.

opportunity

n. 좋은 기회
A business **opportunity** like this will not come along again for decades. ···▸ 이와 같은 사업기회는 수십년 안에 두번 다시 오지 않을 것이다.

099 | 세부/부분

part

n. 부분, (pl.) 부품 v. 나누다, 분리하다

component parts 구성요소
defective parts 결함이 있는 부품
worn-out parts 수명이 다한 부품
recycled parts 재활용 부품

All defective **parts** must be returned to the manufacturer within one week. ⋯ 결함있는 부품들은 모두 1주일 내에 제조회사에 반환되어야 한다.

portion

n. 한조각, 일부, 부분 v. 나누다, 분배하다

Be sure to fill out the identification **portion** of the declaration form. ⋯ 신고서 양식의 신원확인란을 반드시 작성해 주십시오.

component

n. 구성요소, 성분 a. 구성하는

The **components** we use in our computers are state-of-the-art and made in the USA. ⋯ 우리가 컴퓨터에서 사용하는 부품들은 미국산으로 최첨단의 것이다.

article

n. 물건, 품목, (계약 등의) 조항, 기사

The **article** informed us of the fact that US treasury bills are auctioned every Thursday morning at 10:00. ⋯ 그 기사는 美 재무부 단기채권이 매주 목요일 오전 10시에 경매에 부쳐진다는 사실을 알려 주었다.

detail

n. 세부사항, 자세한 정보

detailed a. 상세한
in detail 상세히
go into detail 상술하다
Call your local dealers for **details**. ···→ 상세한 사항에 대해 인근지역 판매인에게 전화주십시오.

factor

v. ···의 요소를 감안하다, 계산에 넣다 n. 요소, 요인
When determining a product s selling price, it is very difficult to accurately **factor** in all of the costs involved in producing a product. ···→ 제품의 판매가를 결정할 때, 제품생산과 관련된 모든 비용들을 정확히 계산에 넣는 것은 매우 어렵다.

aspect

n. 외관, 국면, 양상
The project manager is responsible for all **aspects** of product development. ···→ 그 프로젝트 담당자는 제품개발의 모든 부문에 대해 책임을 지고 있다.

ingredient

n. 성분, 재료, 구성요소
Sugar is the main **ingredient** in some juice drinks. ···→ 설탕은 몇가지 주스음료의 주성분이다.

trivia

n. 사소한 일, 평범한 일
Contestants for the **trivia** contest are already in training for competition this summer. ···→ "잡학상식" 컨테스트의 참가자들은 이번 여름에 있을 시합에 대비해 한창 훈련중이다.

100 | 부족하다, 빚

lack

v. 부족하다 n. 부족

Our employees seem to **lack** the motivation necessary to do a good job. ···▸ 우리 직원들은 일을 잘하기 위해 필수적인 자극이 부족하다.

debt

n. 부채, 빚

debtor n. 채무자
bad debt 회수가능성이 없는 대부금

If sales don t start picking up soon, our company is going to run into **debt**. ···▸ 조만간 판매가 늘지 않으면 우리 회사는 빚을 지게 될 것이다.

loan

n. 대부(금), 융자(금) v. 빌려주다

loan portfolio 대출금융자산
loan commitment 대부약정

Two months after they were married, the young couple went to the bank to apply for a **loan**. ···▸ 결혼 2개월 후, 그 젊은 부부는 융자를 신청하러 은행에 갔다.

deficit

n. 적자, 부족액

Our reports show that Canada has been experiencing a trade **deficit** for the last six months. ···▸ 우리 보고서에 의하면 캐나다는 지난 6개월 동안 무역적자를 겪고 있다.

deficiency

n. 결핍, 결함, 영양부족

A **deficiency** was detected in the manufacturing process and production was halted temporarily. ···▸ 제조과정에서 결함이 발견되어서 생산이 일시적으로 정지되었다.

shortage

n. 부족, 결핍, 결함

We had to let go of three more workers this month due to a cash **shortage**. ···▶ 우리는 자금부족으로 인해 이달에 직원을 세명이나 더 해고시켜야만 했다.

liability

n. 책임, 부담, (pl.) 부채

It s a good idea to take out a **liability** insurance policy if you are the driver of a motor vehicle. ···▶ 자동차 운전자라면 책임보험을 드는 것이 좋다.

mortgage

n. 저당 v. 저당잡히다

Most first-time home buyers expect to carry a **mortgage** for at least fifteen to twenty years. ···▶ 처음으로 집을 구입하는 사람들 대부분은 최소한 15 내지 20년 정도의 담보대출을 얻고자 한다.

arrears

n. 연체(금)

The sole proprietor found himself ten months in **arrears** with respect to record tax payments. ···▶ 그 개인 사업자는 레코드 세금납부와 관련하여 열달간의 연체금이 있다는 것을 알았다.

More

debit n. 차변 v. 차변에 기입하다, 외상으로 달다 (cf. debit card 직불카드)

101 | 관세/세금

custom

n. 관습, (pl.) 관세 a. 맞춘, 주문한

customize v. 주문 제작하다
custom-made a. 맞춤의, 주문품의

The company had to pay a hefty **customs** duty on the products it imported. ⋯ 그 회사는 수입 상품들에 대해 관세를 엄청나게 많이 물어야만 했다.

levy

v. (세금 등을) 부과하다, 징수하다

The government has decided to **levy** an import tax on all electronic goods manufactured in Japan. ⋯ 정부는 일본산 전자제품에 대해 모두 수입세를 부과하기로 결정했다.

tax

n. 세금 v. 세금을 부과하다

taxation n. 과세, 징세 (cf. taxpayer 납세자)

The recent decline in retail sales has been blamed on the recent **tax** increase. ⋯ 최근의 소매 판매액 감소는 최근의 세금 증가 탓으로 돌려졌다.

duty

n. 의무, 세금, 관세

duty-free 면세의

The prices at the **duty-free** shop are not much better than the prices in the mall. ⋯ 면세점의 물건 가격은 쇼핑 센터에 비해 그리 싸지 않다.

tariff

n. 관세 v. 관세를 부과하다

One way to avoid paying import **tariffs** is to declare that you will be leaving with the item that you are bringing into the country. ⋯ 수입관세를 회피하는 한 방법은 입국시 반입 물품을 출국시 반출한다고 신고하는 것이다.

102 | 경우/상황

circumstance

n. 상황, 처치, 환경
Under the **circumstances**, his reaction was
understandable and predictable. ···▸ 그 상황에서는 그
의 반응이 이해할 만하고 예상할 수 있는 것이었다.

condition

n. 상태, 상황, 사정, (pl.) 조건
The weather **conditions** in Miami were excellent
all week. ···▸ 마이애미의 날씨는 일주일 내내 정말 좋았다.

happening

n. (우연히 일어난) 사건
I just wanted to get through the day without
another disaster **happening**. ···▸ 나는 그저 또 다시 엄청
난 일이 벌어지지 않고 그 하루가 끝나기를 바랐다.

status

n. 상태, 지위
Product availability may be affected by
inventory **status**. ···▸ 제품 입수여부는 재고상태의 영향을 받을
것이다.

situation n. 상황, 입장, 위치　　　　**case** n. 경우, 사건, 사례, 소송사건
event n. 사건, 행사　　　　　　　**incident** n. 사건
occasion n. 경우, 특별한 일　　　**instance** n. 보기, 실례
occurrence n. 발생, 사건

103 | 법령/규정/원칙

law

n. 법률

bylaw n. 규칙, 조례, 내규   lawsuit n. 소송, 고소
outlaw v. 법적 보호를 받을 권리를 빼앗다

The company s **bylaws** state the vote must pass unanimously. ····회사내규상, 투표는 만장일치로 통과돼야 한다.

regulation

n. 규정, 법규, 규제

The rules and **regulations** of the contest are denoted in small print on the back of the entry form. ···· 경기의 규칙과 규정은 가입용지의 뒷면에 작은 활자체로 표시되어 있다.

constitution

n. 구성, 구조, 헌법

constitutional a. 헌법상의, 조직상의
constituent n. 선거권자, 구성요소

The politician walked around shaking hands with his **constituents**. ···· 그 정치인은 그의 선거구민들과 악수를 하면서 돌아다녔다.

code

n. 암호, 규약

safety codes 안전수칙   zip code 우편번호

The **code** of ethics within this corporation requires all employees to work as a team. ···· 회사직원들은 모두 하나의 팀에 속한 일원으로 일해야 한다는 사내윤리규범이 있다.

principle n. 원리, 원칙
ordinance n. 법령, 조례
decree n. 법령, 명령, 판결
       v. (법령으로) 포고[판결]하다

mandate v. 권한을 위임하다 n. 위임
mandatory a. 위임의, 강제의
statute n. 법령, 법규
edict n. 포고, 칙령

104 | 경향

trend

n. 경향, 추세 v. 향하다, 기울다

trend line (판매동향) 추세선
trendy a. 최신 유행의
trendsetter n. 유행을 선도하는 사람

Many technical analysts simply follow **trend** lines and do not look at fundamentals. ···▶ 전문 분석가들 중에는 단순히 추세선을 주시할 뿐 기업의 근본적인 요건을 보지 않는 사람들이 많다.

fad

n. 일시적 유행[열광]

People usually follow at least one silly **fad** while they are in high school. ···▶ 사람들은 대개 고등학교 다닐 때 적어도 한번쯤은 어리석은 유행을 따른다.

propensity

n. 경향, 성향

Most overweight people have an inherent **propensity** to eat large amounts of food. ···▶ 비만인 사람들 대부분은 많은 양의 음식을 섭취하는 성향을 타고 났다.

priority

n. 우선[중요] 사항, 우선권, 긴급사항

Our first **priority** is to make sure that the product gets delivered on time. ···▶ 우리의 최우선 사항은 상품이 확실히 제시간에 배달되도록 하는 것이다.

More⁺⁺

tendency n. 경향, 추세
preference n. 선호(하는 물건), 특혜, 우선권
rage n. 분노, 격렬, 대유행
penchant n. 경향, 강한 기호

105 | 능력/특징

capability

n. 능력, 수완, 적응력

The workers at our Indonesian plant are extremely versatile in their **capabilities**. ⋯▶ 우리 인도네시아 공장의 직원들은 매우 다재다능하다.

capacity

n. 수용량, 수용능력, (생산) 시설, 능력, 역할

in one's capacity as ⋯의 자격으로
be filled to capacity 꽉 차다

The company has plans to increase its annual production **capacity**. ⋯▶ 회사는 연간생산용량을 늘릴 계획이다.

potential

n. 잠재력 a. 잠재적인

potentially ad. 잠재적으로

We think that our new line of clothing has the **potential** to take the market by storm. ⋯▶ 우리의 가을 의류 신상품들이 시장을 강타할 잠재력을 가지고 있다고 생각한다.

proficiency

n. 능숙, 능란

The employees were sent out to attend an intensive computer **proficiency** training session. ⋯▶ 직원들은 강도높은 컴퓨터 숙련 연수에 참가하느라 파견되었다.

feature

n. 특징, 특색 v. ⋯의 특징을 이루다

feature film 일반적인 극영화
safety feature 특수 안전장치

She had several distinguishing **features** that made her easy to recognize. ⋯▶ 그 여자는 쉽게 알아볼 수 있는 몇가지 두드러진 특징들이 있었다.

quality

n. 품질 a. 품질이 좋은

qualification n. 자격
qualify v. 자격을 주다
disqualify v. 자격을 박탈하다

The new restaurant offers service and **quality** at an affordable price. ···▸ 새 레스토랑은 비싸지 않은 가격에 양질의 음식과 서비스를 제공한다.

characteristic

a. 특색을 이루는, 특징적인 n. 특성, 특색

characterize v. ···의 특색을 이루다, ···의 특성을 묘사하다

We were not surprised at his behavior as it was **characteristic** of him. ···▸ 우리는 그것이 그의 특징이었기 때문에 그의 행동에 놀라지 않았다.

Courtesy **is characterized** by good manners and a sensitivity to other people. ···▸ 예의바름은 다른 사람들에 대한 공손한 예절과 민감성으로 특징지워진다.

ability n. 능력, 기량
competence n. 능력, 권한
exercise v. (힘, 능력 등을) 쓰다, 발휘하다
aptitude n. 기질, 습성, 재능
trait n. 특성, 특징

skill n. 솜씨, 기술
talent n. 재능, 소질
exertion n. 노력, 분발
flair n. 재능, 능력, 성향
merit n. 장점, 공로

106 | 전망/예상

perspective

n. 전망, 시각, 관점

Our long-term **perspective** on the company is quite bright.···› 장기적인 안목에서 그 회사는 전망이 매우 밝다.

prospect

n. 전망, 예상, 기대

Our fundamental analysis of the company indicates strong future **prospects**. ···› 그 회사에 대한 우리의 기초 분석은 회사가 앞으로 크게 번창할 것을 보여준다.

viewpoint

n. 견해, 관점, (어떤 것이) 보이는 지점

The Inquirer welcomes *Letters to the Editor* and *Citizen s* **Viewpoint** columns from readers.
···› 『인콰이어러』 지는 '편집자에게 보내는 편지'와 '시민의 견해' 란에 독자 여러분들의 참여를 환영합니다.

More than two hundred volunteers counted whales from coastal **viewpoints** last year. ···› 200 명 이상의 지원자들이 지난 해 해안전망대에서 고래들의 숫자를 세었다.

landscape

n. 조경, 풍경 v. 조경공사를 하다

landscaper n. 조경사
retail landscape 소매업계의 상황

Today s competitive **landscape** is filled with innovation and change. ···› 오늘날의 경쟁 풍속도는 기술혁신과 변화로 가득하다.

outlook

n. 조망, 경치, 예측, 견해

The weather **outlook** for the Caribbean and South Florida is stormy this season. ···› 이번 철에 캐리브해안과 남부 플로리다 지역의 기상은 폭풍이 잦을 것이다.

107 | 대리인

agent

n. 대리인, 대리점, 중매인

agency n. 대리점

Call your travel **agent** now and ask about the La Pacifica. ···▸ 거래하시는 여행사 직원에게 지금 전화하셔서 라 패서피카 호에 대해서 문의하십시오.

representative

n. 대표자, 대행자 a. 대표[대리]하는

represent v. 나타내다, 대표하다
representation n. 표현, 묘사, 대표
sales representative 판매원, 영업사원

You can place your order right over the phone with one of our account **representatives**. ···▸ 저희 의 고객 담당자에게 전화로 즉시 주문하실 수 있습니다.

Please contact your **representative** in order to receive your free gift. ···▸ 경품을 받으려면 담당자에게 연락하 세요.

dignitary

n. 고관

dignify v. 위엄있게 보이게 만들다
dignified a. 위엄있는   dignity n. 위엄, 존엄

The **dignitary** from America showed up for his meeting with the Japanese press one hour late.
···▸ 미국에서 온 고위층 인사는 일본 기자들과의 회견에 한 시간 늦게 나타났다.

delegate n. 대리인, 대표, 사절
deputy n. 대리인, 대표자
        a. 대리의, 부의

proxy n. 대리(인), 대리투표
surrogate n. 대리인 a. 대리의, 대용의
envoy n. 사절, 외교관

108 | 명부

list

n. 목록 v. 목록을 만들다, 주식을 상장하다

client list 고객 명부
checklist 대조표, 점검표
price list 정가표, 가격 목록

The staff apologized for omitting his name from the **list** of registered applicants. ···→ 그 직원은 등록된 참가자 명부에서 그의 이름을 빠뜨린 것에 대해 사과했다.

roster

n. (등록) 명부

The company posted the **roster** of the employees who had been chosen to participate in the golf tournament. ···→ 회사는 선발된 골프시합 참가 직원들의 명단을 게시했다.

slate

n. 후보자 명부 v. 예정하다, 후보자 명부에 등록하다

The walk-in registration **was slated** to begin at 4:00 p.m. on the third Friday of the month. ···→ 즉석등록은 이번 달 3째주 금요일 오후 4시에 시작하는 것으로 예정되어 있었다.

roll n. 명부, 목록 v. 구르다, 굴러가다

109 | 차이/상이/다름

difference

n. 의견의 차이, 분쟁 v. 차이를 짓다

Let s get together this weekend and try to resolve our **differences** on this assignment. ···→ 이번 주말에 모여 이 업무에 관한 우리의 의견 차이를 해결하자.

distinction

n. 구별, 특성, 탁월, 특징

distinctive a. 독특한, 특이한
distinct a. 별개의, 뚜렷한, 다른, 독특한

She had trouble making a **distinction** between left and right. ···→ 그 여자는 좌우를 구분하는 데 곤란을 겪었다.

discrepancy

n. 어긋남, 모순

The pay **discrepancy** between the foreman and office manager was swiftly resolved. ···→ 현장 감독과 사무실 관리자의 임금 불일치는 신속하게 해결되었다.

discord n. 불일치, 의견충돌 v. 일치하지 않다
disparity n. 불균형, 불일치
divergence n. 일탈, 의견의 차이
deviation n. 탈선, 일탈, 편향

110 | 직원

crew

n. 팀, 조, 반

maintenance crew   정비반
ground crew   지상 근무조
work crew   작업반

A **crew** has been clearing that spot all day. ⋯▸ 한
작업 팀이 온종일 그 장소를 치우고 있었다.

The work **crew** is resurfacing the asphalt road.
⋯▸ 작업반이 아스팔트 길의 포장을 새로 작업하고 있다.

personnel

n. (전)직원, 사람들, 인사부서

Can you direct me to the **personnel** office? ⋯▸
인사부가 어디에 있는지 알려주시겠어요?

official

n. 공무원, 임원 a. 공무상의, 관청의

The talks between company **officials** and labor
representatives were disorganized and
unsuccessful. ⋯▸ 회사 임원들과 노동자 대표들간의 대화는 혼란
스웠고 성공하지 못했다.

staff

n. 직원(들)

Companies that are poorly run will usually have
a high turnover rate among their **staff**. ⋯▸ 경영이 부
실한 회사들은 보통 직원들의 이직률이 높다.

subordinate

n. 부하직원 a. (지위 등이) 낮은

A manager s first responsibility is to facilitate
the success of his/her **subordinates**. ⋯▸ 관리자의
최우선 과제는 부하직원들의 성공을 돕는 것이다.

111 | 꾸리기/짐

pack

n. 꾸러미, 한 상자 v. 짐을 싸다

I think it would be prudent to **pack** rain gear before we go camping. ···→ 캠핑가기 전에 우천 장비를 챙기는 것이 신중한 일일 것이다.

packet

n. 한 묶음, 한 다발

If you ll look in your conference **packet**, you ll find a red wristband, which you must wear throughout the weekend. ···→ 여러분이 가지고 계신 회의자료 세트 속을 들여다 보시면, 빨간 손목 밴드가 들어 있는 데 여러분은 그것을 주말 내내 차고 계셔야 합니다.

package

n. 꾸러미, 소포, 포장(용기) v. 상품을 포장하다

Since no one answered the door, the driver left the **package** with a neighbor. ···→ 집에 아무도 없어서 기사는 소포를 이웃집에 두었다.

parcel

n. 꾸러미, 소포, 소하물 v. 나누다

The clerk assured his boss that the **parcel** was sent to the immigration office by mail. ···→ 그 사무원은 자신의 상사에게 그 소포를 우편으로 이민국 사무실에 보냈다고 확실히 말했다.

carton n. 판지상자, 한 상자 분량

112 | 명명하다

entitle

v. …자격을 주다, 제목을 붙이다

cf. title n. 제목, 직함 v. 제목을 달다

Workers who are laid off **are entitled** to unemployment compensation. …→ 해고된 직원들은 실업 수당을 받을 자격이 있다.

The identification badge displayed the name of the employee and his job **title**. …→ 신분 증명 배지에는 종업원 이름과 직책이 나타나 있다.

label

n. 라벨, 꼬리표 v. 라벨을 붙이다, 분류하다

The **labels** of chemical drain cleaners contain multiple warnings and precautions. …→ 배수관 청소용 화학 세제의 라벨에는 복잡한 경고문과 주의사항이 적혀있다.

name

v. 이름을 붙이다, 임명하다 n. 이름, 명성

brand name n. 상표

be named to succeed …직(職)을 승계하도록 지명되다

I expect that the chairman s son will **be named to succeed** the president next week. …→ 내 예상엔 다음 주 회장 아들이 사장의 후임으로 지명될 거야.

mark

n. 표시, 기호, 점수 v. 표시하다

There is no price **marked** on this item, can you tell me what the price should be? …→ 이 제품에는 가격 표시가 없는데 얼마인지 알려주시겠습니까?

113 | More TOEIC Words You Should Know

afford

v. …할 여유가 있다

affordable a. (가격이) 적당한, 비싸지 않은

We can t **afford** to miss any potential business opportunities in China. ⋯▸ 우리는 중국에서의 그 어떤 잠재적인 사업기회도 놓칠 수 없다.

balance

n. 균형, 수지, 잔고 v. 균형을 맞추다

The minimum **balance** needed to maintain an account at this bank is $5,000. ⋯▸ 이 은행에서 계좌에 남겨두어야 하는 최소한의 예금 잔액은 5천 달러이다.

line

n. 제품군, 생산라인, 전화(선) v. 줄서다, 안감을 대다

The foreman was often seen walking around the assembly **line** giving safety tips to the workers. ⋯▸ 공장장이 조립라인을 돌아다니며 근로자들에게 안전수칙을 알려주는 모습이 자주 눈에 띄었다.

We **lined** up at the ballot box in order to cast our votes. ⋯▸ 우리의 한 표를 행사하기 위해 투표소에 줄을 섰다.

formulate

v. 공식화하다, 제조하다

formula n. 식, 공식, 방식

ProCare shampoo has **been** specially **formulated** to bring new luster to your hair s natural beauty. ⋯▸ 프로케어 샴푸는 모발의 자연적 아름다움에 새로 윤기를 더해주도록 특별히 제조되었습니다.

track

n. 흔적, 진로 v. 추적하다

fast track 출세가도
inside track (승진 등에서) 유리한 위치

That guy is definitely on the **fast track** after his promotion last month. ⋯▸ 지난 달에 승진한 다음부터 그 사람은 완전히 출세가도를 달리고 있다.

shift

v. 이동하다, 바꾸다 n. 변화, 근무교대, 교대조

We have to be at work before the **shift** changes to make sure everyone gets to order a new uniform. ⋯▸ 새 유니폼을 모두 확실히 주문할 수 있도록 우리는 근무조가 바뀌기 전에 출근해야 한다.

release

v. 공개하다, 발표하다 n. 발표, (신제품) 출하

The young Canadian author has just **released** the second edition of his book. ⋯▸ 그 젊은 캐나다인 작가는 자신이 집필한 책의 두번째 판을 내놓았다.

The company plans to **release** its new car design at the automobile show. ⋯▸ 그 회사는 자동차 쇼에서 새로운 차 디자인을 공개할 계획이다.

courtesy

n. 예의바름, 호의, 무료

courtesy telephone 무료전화
courtesy of ⋯가 제공한

Could you tell me where the **courtesy phone** is? ⋯▸ 무료 전화기는 어디에 있습니까?

company

n. 회사, 동석, 교제 v. 함께하다

A accompanies B A가 B를 따라가다, 바래다 주다

In order to move up in the **company**, you should have an MBA. ⋯▸ 승진하려면 경영학 석사 학위가 있어야 한다.

audit

n. 회계감사(보고서) v. 회계감사하다

auditor n. 회계감사관, 감사
annual audit reports 연례 회계감사 보고서

The bank hired an independent **auditor** to check the accuracy of its financial records. ···▸ 그 은행은 재무기록들의 정확성을 점검하려고 외부에서 회계감사관을 고용했다.

base

n. (물리적) 기초, 기반 v. 기초를 형성하다

basis n. 원칙, 기준, 근거 (base보다 추상적인 기본이나 기준)
basic a. 기초적인
basically ad. 기본적으로

The company boasts one of the largest customer **bases** in the world. ···▸ 그 회사는 세계에서 고객층이 제일 넓 다고 자랑한다.

Most bakeries make deliveries on a daily **basis** since their products spoil quickly. ···▸ 대부분의 제과점 은 제품이 빨리 상하기 때문에 하루 단위로 배달을 한다.

range

n. 범위 v. ···의 범위에 걸치다

range from A to B A에서 B의 범위에 이르다

Discounts will **range** up to 30%, and a percentage of every sale will go directly to the Miami Youth Orchestra. ···▸ 할인은 최고 30%에 이르며, 판 매의 일정 비율은 마이애미 청소년 오케스트라에 직접 돌아가게 될 것 입니다.

course

n. 진로, 순서, 교육과정

in the course of ···의 동안(during)
course of action 행동방침

The managers had a meeting to plan the company s next **course of action**. ···▸ 관리자들은 회 사의 다음 행동방침을 계획하기 위해 모임을 가졌다.

board

n. 위원회 v. (탈것에) 타다, 하숙시키다

board of directors 이사회

We ll discuss the plan at the **board** meeting this afternoon. ⋯▸ 오늘 오후 중역회의에서 그 계획에 관해 논할 예정입니다.

In order to **board** the ship, you must have a valid passport and a ticket. ⋯▸ 승선하기 위해서는 합법적인 여권과 표가 있어야 합니다.

lease

v. 빌리다, 임대하다 n. 차용계약

lessor n. 임대인 (cf. lessee 임차인)
sublease v. 재임대하다
leasehold a. 임차한, n. 정기임차권 (cf. leaseholder 임차인)

Upon expiration of this contract, the **lessor** will return the deposit to the **leaseholder**. ⋯▸ 이 계약의 만료시, 임대인은 임차인에게 보증금을 되돌려 준다.

write

v. 쓰다, 기록하다

underwrite v. 일괄 인수하다, 서명하다
underwriter n. 보험업자

I think I ll **write** a check and have you mail it today. ⋯▸ 수표를 발행해서 오늘 그것을 우편으로 부칠게.

The securities company decided to **underwrite** the company s IPO. ⋯▸ 그 증권회사는 그 회사의 최초공개주식을 인수하기로 결정했다.

foster

v. 맡아 기르다, 육성[촉진]하다

Many Mexican companies have been restructuring to help **foster** growth and employment. ⋯▸ 멕시코에는 성장과 고용을 촉진하려고 구조조정을 단행하고 있는 기업들이 많다.

patron

n. 후원자, 지지자, 고객

As the room is already filled to capacity, we ll have to ask all of the **patrons** waiting in the hall to go home. ···▸ 장소가 이미 만원이어서 우리는 홀에서 기다리는 모든 고객들에게 댁으로 돌아가 달라고 해야 할 것이다.

comment

n. 논평, 해설 v. 비평하다, 주석을 달다

The spokesperson for the winning candidate declined to **comment** on the allegations of voter fraud. ···▸ 승리후보의 대변인은 투표비리 주장에 대한 논평을 거부했다.

treat

v. 대우[대접]하다, 치료하다 n. 한턱

treat an illness 질병을 치료하다
treatment n. 취급, 치료, 처리

The fund manager decided to **treat** the research department to lunch. ···▸ 그 전문 주식투자가는 연구부서에 점심을 대접하기로 결정했다.

I decided to **treat** myself to a steak and lobster dinner. ···▸ 나는 스테이크와 바닷가재 요리를 먹기로 결정했다.

term

n. 기간, 용어, (지불 · 가격 등의) 약정, (pl.) 조건

negotiate the terms 조건을 협상하다
terms and conditions 계약조건

The company hired a lawyer to negotiate the **terms** of the contract. ···▸ 회사는 계약조건을 협상하려고 변호사를 고용했다.

serve

v. 봉사하다, 임기 동안 근무하다

serve time 임기동안 근무하다, 복역하다
service n. 서비스 (제공회사) v. 수리하다, 편리하게 하다
service the debt 부채를 갚다
customer service 고객지원(부서)

There s a little restaurant on the highway that **serves** a great all-day breakfast. ⋯▸ 간선도로에 종일 맛있는 아침메뉴가 제공되는 작은 레스토랑이 있다.

Please wait while I connect you through to a **customer service** representative. ⋯▸ 고객 서비스 담당자에게 연결시켜드릴 동안 기다려주시기 바랍니다.

recommend

v. 추천하다, 권하다

recommendation n. 추천, 제안
letter of recommendation 추천장

Most medical professionals **recommend** that everyone have an annual check-up. ⋯▸ 의료 전문가들은 대부분 모든 사람들이 매년 정기 건강진단을 받을 것을 권장한다.

odds

n. 차이, 다툼, 불화, 가망성, 승산, 확률

odd n. 홀수 a 튀는, 이상한, 색다른, 특별한
odds-on (선거 등에서) 당선이 확실한, 승산이 있는

In spite of what you may think, the **odds** are against our team in the semi-final match this year. ⋯▸ 네가 어떻게 생각할 지 모르지만, 우리 팀은 올해 준결승 전에서 이길 가망이 없는 것 같다.

infrastructure

n. 하부구조, (사회의) 기반이 되는 시설, 기간산업

The lack of **infrastructure** in China continues to pose a huge problem. ⋯▸ 중국의 기간시설의 부족은 계속해서 심각한 문제를 야기시키고 있다.

follow

v. (지시, 전례 등을) 따르다

following a. 다음의 n. 다음에 말하는 것
follow-up a. 뒤따르는, 후속의 n. 후속조치, 후속권유장

To speed up the processing of passengers, please be ready with the **following**. ⋯▸ 승객들의 탑승 절차 속도를 빠르게 하기 위해 다음 사항을 미리 준비해주시기 바랍니다.

draw

v. 끌다, 당기다, 얻다　n. 이목[인기]를 끄는 것

main draw　주된 매력
drawback　결점, 장애

Cellular telephones have proven to be a new **draw** for the telecommunications industry. ···→ 휴대폰은 원거리 통신 사업의 새로운 수입원이라는 것이 판명되었다.

The only **drawback** you can see about this house is the size of the lot. ···→ 당신이 이 집에 대하여 발견할 수 있는 유일한 결점은 대지의 크기이다.

bottom

n. 밑바닥, 최하　v. 최저 가격이 되다

bottom line　순이익(net profit), 최종 결과
hit bottom　최악의 바닥 시세에 이르다
bottom out　하락에서 벗어나 다시 상승하기 시작하다

It seems that his company has finally **hit bottom** and will have to go bankrupt. ···→ 그 사람이 운영하는 회사는 마침내 최악의 상태를 맞이해 파산하지 않을 수 없을 것 같다.

career

n. 평생 종사하는 전문 직업　a. 직업적인

begin one's career　전문 직업에 처음으로 발을 내딛다
career advancement　직업적인 출세

She got her first big **career** break when she married into that family. ···→ 그 집으로 시집가면서 그 여자는 처음으로 오랫동안 일하지 않는 공백 기간을 가졌다.

client

n. 의뢰인, (의사, 변호사 등의 기술적인 서비스를 받는) 고객

consumer　n. 소비자
customer　n. (상점 등의) 단골손님, 거래처

When allocating shares in IPOs, we give priority to our largest **clients**. ···→ 저희는 IPO로 주식을 할당할 때, 주요 고객에게 우선권을 드립니다.

deserve

v. …할 가치가 있다

deserved a. 당연한.
deserving a. …할 만한(~ of)

The manager **deserved** a reward for his hard work and perseverance. ⋯→ 부장은 근면과 인내력으로 표창받을 만했다.

lead

v. …로 이끌다, 야기하다(~ to), 살아가다

lead to sales 판매를 촉진시키다
sales leads 잠재고객명단
leading a. 지도적인, 주요한, 주역의

Being overweight can often **lead** to a variety of health disorders.⋯→ 비만은 종종 각종 건강이상을 가져올 수 있다.

task

n. 직무, 일

task force 특별 전담반, 대책 위원회

To accomplish a **task**, one must be very resolute in their actions and not waste time. ⋯→ 임무를 완수하기 위해서는 자신의 행동에 대한 결연한 의지가 있어야 하고 시간을 낭비하지 않아야 한다.

edition

n. (개정, 증보 등으로 새로 발행한) 판

version n. 판, 버전, (원형에 대한) 개조

The second **edition** of the *Daycon Travel Guide* was published in the previous year. ⋯→ 『데이콘 여행 안내서』의 제2판은 작년에 출판되었다.

breed

v. 사육하다

The article stated that it was illegal to breed dogs without a **breeder**'s license. ⋯→ 그 기사에는 사육자격증 없이 개를 기르는 것이 불법이라고 명시되어 있었다.

identify

v. 확인하다, 증명하다, 식별하다

identification n. 신원증명, 신분확인, 신분증
identity n. 동일함, 동일성, 신원

One of the special features of this new cell phone is that you can **identify** the caller before you answer the phone. ⋯ 새로 나온 이 핸드폰의 특수기능에는 전화를 받기 전 전화를 건 사람이 누군지 알 수 있는 것도 있습니다.

All passengers waiting to board the bus should have their tickets and **identification** ready for inspection. ⋯ 버스에 탑승하기 위해 대기중인 승객은 모두 검사에 대비하여 승차권과 신분증을 꺼내놓고 있어야 합니다.

mention

v. 언급하다

Daniel **mentioned** that his car was in the shop and asked if we could take mine instead. ⋯ 대니얼은 차가 정비소에 있다면서 그 대신에 우리가 내 차를 타도 될 지 물었다.

transition

n. 변천, 추이

The company s **transition** period is expected to last about six months. ⋯ 회사의 과도기는 약 6개월간 지속될 것으로 예상된다.

touch

n. 연락 v. 접촉하다, 도달하다, 감동시키다

touchy a. 다루기 힘든, 성마른
touching a. 감동시키는, 가여운

How can I get in **touch** with him? ⋯ 그분하고 연락할 수 있는 방법이 없을까요?

ride

v. 차를 타다 n. (말, 자동차 등의 탈 것을) 타는 것

My car is being repaired all day long tomorrow and I m going to need a **ride** to work. ⋯ 내 차는 내일 하루종일 수리를 받아야 하니까 출근할 때 좀 태워줬으면 좋겠어.

solution

n. 해결, 해법, 용액

The **solution** to the problem was not as easy as we had hoped. ···▶ 문제 해결은 기대했던 것만큼 쉽지 않았다.

party

n. (계약 등의) 당사자, 정당

third party 제3자
the parties concerned
(어떤 사건이나 일에 개입 · 연루된) 당사자들

We ll meet the other **party** in the contract talks tomorrow. ···▶ 우리는 내일 계약협상에서 상대편을 만날 것이다.

level

n. 수준, 수평 a. 수평인, 고른 v. 평평하게 하다

The CPI is the market s best measure of inflation at the consumer **level**. ···▶ 소비자물가지수는 소비자가 느끼는 시장의 인플레이션 정도를 가늠하는 최상의 수단이다.

practice

v. 실행하다, (의사 · 변호사가) 개업하다 n. 연습, 개업

practice law 변호사 일을 하다
practitioner a. 개업의 n. 개업 변호사
sole practitioner 단독 개업자

The law firm has expanded its **practice** to include personal injury litigation. ···▶ 그 법률 사무소는 개인상해 배상소송도 다루도록 업무 범위를 확장하였다.

privilege

n. 특권, 특혜, 권리 v. 특권을 주다

The **privilege** of driving is one of our most taken for granted **privileges**. ···▶ 운전권은 가장 당연시되는 권리의 하나이다.

supplement

v. 보충하다, 추가하다 n. 보충, 부록

supplementary a. 보충의, 추가의

As structural engineering students, we must take

many field trips to **supplement** our in-class
studies. ⋯➔ 구조 공학을 배우는 학생인 우리는 실내학습을 보완하
기 위해서 야외 견학교육을 많이 해야 한다.

pose

v. ⋯의 원인이 되다(be the cause of) n. 자세
The company fired the desk clerk because a
senior manager felt that he **posed** a serious risk
to the firm s security. ⋯➔ 한 상급 관리자가 접수계원이 회사안
전에 심각한 위험을 초래한다고 느꼈기 때문에 회사에서는 그 접수계원
을 해고했다.

point

n. 핵심, 요지 v. 지시하다, 지적하다
pointless a. 무의미한, 요령없는
point of view 관점   case in point 적절한 예
point of no return 돌이킬 수 없는 상태
Our main **point** of contention can be found in
the contract s opening paragraph. ⋯➔ 우리의 주된 논
쟁점은 계약서의 첫 단락에 있다.

render

v. 언도하다, 집행하다
The judge took three hours to think about the
case before he **rendered** his verdict. ⋯➔ 판사는 평결
을 내리기 전에 그 소송에 대해 3시간이나 생각했다.

impact

v. 충돌하다, 영향을 주다 n. 충돌, 영향(력)
The **impact** of the government s new policy will
be felt for many years to come. ⋯➔ 정부의 새로운 정책
의 영향은 앞으로 수년 동안 느끼게 될 것이다.

exceed

v. 넘다, 초과하다
excess n. 과다, 초과, 과도 a. 제한 초과의, 여분의
excessive a. 과도한, 지나친
excessively ad. 과도하게, 지나치게

Excessive sleep can cause fatigue. ⋯ 과도한 수면은 피로를 가져올 수도 있다.

deteriorate

v. 악화되다(worsen)

deterioration n. 악화

The flight is still on schedule even though the weather has **deteriorated**. ⋯ 날씨가 나빠졌지만 비행기는 여전히 운항될 예정이다.

damage

n. 손해, 손실(harm)

These ceramics **are** easily **damaged** if they are exposed to extreme temperatures. ⋯ 이 도자기들은 극한 기온에 노출되면 쉽게 파손될 것이다.

expert

n. 전문가(specialist) a. 숙달된, 전문가의, 노련한

expertise n. 전문 지식, 전문 기술

She had a lot of **expertise** in the field of microbiology. ⋯ 그 여자는 미생물학 분야에 관해서 많은 전문 지식을 가지고 있었다.

respond

v. 대답하다, 반응하다

response n. 응답, 반응

The auto parts industry must be flexible in order to **respond** to auto manufacturers. ⋯ 자동차 제조업자들의 요구에 부응하기 위해 자동차 부품산업은 융통성이 있어야 한다.

settle

v. 해결하다, 정리하다, 정착하다, 청산하다

The company has decided to **settle** the dispute out of court for one million dollars. ⋯ 그 회사는 백만 달러로 법정 밖에서 분쟁을 해결하기로 결정했다.

clean

a. 깨끗한 v. 세탁하다, 청소하다

cleaning n. 세탁, 청소
come clean 죄를 인정하다

The teacher was angry at him and assigned him the job of **cleaning** the toilets. ⋯ 선생님은 그 학생에게 화가 나셔서 화장실 청소를 시키셨어.

express

v. 표현하다, 나타내다 a. 급행의

The customers have **expressed** satisfaction with the quality of our products and our service. ⋯ 고객들은 저희 제품과 서비스의 질에 만족을 표시했습니다.

stack

v. 쌓아올리다 n. 다량, 쌓아놓은 더미

The chairs **were** folded and **stacked** in a closet under the stairs. ⋯ 의자들을 접어서 계단 밑 벽장 안에 쌓았다.

slip

n. (가늘고 긴) 종이조각, 전표
v. 미끄러지다, 미끄러져 넘어지다

reservation slip 예약전표
withdrawal slip 인출 청구서
deposit slip 입금표

The bank manager asked the customer to fill out a **deposit slip** before leaving the branch. ⋯ 은행 지점장은 고객에게 입금표를 쓰고 가라고 했다.

subject

n. 주제, 학과 v. 지배하다
a. ⋯되기 쉬운, 조건으로 ⋯을 필요로 하는

Most foreigners conducting business in the United States are **subject** to a 15% withholding tax. ⋯ 미국에서 사업을 하는 외국인들 대부분이 15%의 원천징수세의 과세 대상이 된다.

sort

n. 종류 v. 분류하다

That **sort** of behavior is quite prevalent in our field of work, I m sorry to say. ⋯ 이런 말 해서 미안하지만, 그런 행동은 우리 업계에서는 꽤 흔한 일입니다.

spot

n. (특정한) 장소, 현장

spot check 임의추출검사, 불시점검
spotlight n. 집중조명등, 세인의 주목

I can t believe they are having a **spot check** at three o clock in the afternoon. ⋯ 오후 3시에 불시점검을 하다니 말도 안돼.

resist

v. 저항하다, 반대하다

resistant a. 저항하는, ⋯에 대한 저항력이 있는

Glass **resists** scratching better than plastic, but plastic weighs less. ⋯ 유리는 플래스틱보다 긁힘에 대한 내성이 강하지만 플래스틱이 무게가 덜 나간다.

field

n. 활동분야, 현장 v. 질문에 적절히 응대하다

field an offer 제의에 적절히 응대하다
field a question 질문에 응대하다
field-test 신제품 실지 테스트(하다)
field trips 견학여행, 현장답사

Many of the students attending this program have never been taken on **field** trips. ⋯ 이 프로그램에 참석한 학생들 중에는 전에 현장답사를 해본 경험이 전혀 없는 사람들이 많았다.

cover

n. 덮개, 표지 v. 덮다, 포함하다, 부담하다

coverage n. (보험 등의) 보상 범위
cover letter 커버레터(자기 소개서)
cover-up n. (범죄 등의) 은폐

The policy does not **cover** losses arising out of

riots or acts of God. ···→ 그 보험은 폭동이나 자연재해로 인한 손실을 보상하지 않는다.

fill

v. 넣다, 채우다, (기재사항을) 적어넣다

refill v. 다시 채우다, 리필하다 n. 리필, 다시 채워넣는 것

The restaurant allowed its customers to get free **refills** of their drinks. ···→ 그 레스토랑은 손님들이 음료 수를 무료로 리필할 수 있도록 하였다.

fix

v. 정하다, 고정하다, 수리하다

I asked the computer repairman to give me an estimate before he **fixed** the keyboard. ···→ 컴퓨터 수리하는 사람에게 자판을 고치기 전에 견적서를 뽑아 달라고 했다.

average

n. 평균, 보통 a. 평균의 v. 평균을 내다

Most medical school students **average** about six hours of sleep per night. ···→ 대부분의 의과대학 학생 들은 밤에 평균 약 6시간 동안 잠을 잔다.

agenda

n. (회의의) 안건, 정책, 할 일

conference agenda 회의 의제
on the agenda 안건에 올라와 있는

The president asked his secretary to check what was on the **agenda** for the meeting. ···→ 사장 은 비서에게 회의 안건으로 무엇이 올라왔는지 확인하라고 했다.

borrow

v. 빌리다

Do you think I could **borrow** your car tomorrow evening? ···→ 내일 저녁 당신의 차를 빌릴 수 있을까요?

clear

v. 깨끗이 치우다, 처리하다, (세관을) 통과하다
a. 깨끗한, 명백한
We waited in line for three hours to **clear** customs in Rome. ⋯ 우리는 로마에서 세관을 통과하는 데 3시간 동안 줄을 서서 기다려야 했다.

allege

v. 주장하다, 단언하다, (법정에서) 진술하다
alleged a. 추정된.
allegedly ad. 소문에 의하면
allegation n. 주장(statement), 진술

We will **allege** that on October 7, 2004, John Smith killed his wife. ⋯ 우리는 2004년 10월 7일, 존 스미스가 그의 아내를 죽였다고 진술할 것이다.

The prosecution **alleged** that the killer wore only one glove while committing the robbery. ⋯ 검찰당국은 그 살인자가 강도질을 하면서 장갑을 한쪽만 꼈다고 주장했다.

comfort

n. 위로, 안락 v. 위로하다, 안락하게 하다
comfortable a. 기분좋은, 위안의
comfortably ad. 기분좋게, 안락하게

There is nothing more pleasing than relaxing in the **comfort** of your own home. ⋯ 자신의 집에서 편안하게 휴식을 취하는 것보다 더 기분좋은 일은 없을 것이다.

summon v. (증인 등을) 소환[소집]하다

input n. v. 투입(하다), 입력(하다)
  (↔ output)

behave v. 예절바르게 행동하다

loss n. 손실

state v. 진술하다, 말하다
  n. 상태, 지위, 국가, 주(州)

memorandum n. 사내 공지문

chapter n. (책의) 장(章), 한 시기

minute n. 순간, 분, (pl.) 의사록

subscribe v. 서명하여 동의하다,
  (신문 등을) 정기구독하다

summarize v. 요약하다

advantage n. 유리한 입장, 장점, 우위

tenure n. (교수 등의) 종신재직권,
  (부동산, 지위 등의) 보유기간

grasp v. 움켜잡다, (요점 등을) 파악하다

impasse n. 막다른 골목, 난국

deadlock n. 막다른 골목, 교착상태

stalemate n. 궁지

consequence n. 결과

abuse n. 학대, 악용, 욕설
  v. 학대하다, 악용하다, 욕하다

trauma n. 정신적인 상처, 충격

injury v. 상해, 손해, 모욕

suspect n. 용의자 v. …라고 짐작하
  다, 의심스럽게 여기다

immunity n. (책임, 의무 등의) 면제,
  (병에 대한) 면역성

acquaintance n. 아는 사람, 면식이
  있음 (cf. acquaint 소개하다)

console v. 위로하다, 달래다

soothe v. 달래다, (고통 따위를) 덜다

recover v. 되찾다, 회복하다

charity n. 자비, 박애, (pl.) 자선, 자선기
  금, 자선단체

feedback n. 피드백, 반응, 조사결과

species n. 종류, 종(種)

mode n. 방법, 양식, 유행하는 스타일

dread v. 두려워하다
  (cf. dreadful 아주 지독한)

liquidity n. 유동성

prestige n. 위신, 명성

aggravate v. 악화시키다, 괴롭히다

imprint v. 누르다, 찍다, 마음에 각인시
  키다

invoke v. 기원하다, 호소하다

queue n. 줄, 열 v. 줄을 서서 기다리다

stripe n. 줄무늬

bow v. 고개숙이다, 인사하다, 굴복하다
  n. 고개를 숙임, 활, 곡선

dictate v. 명령하다, 구술하다,
  받아 쓰게 하다

immerse v. 담그다, 열중[몰두]시키다

vacancy n. 공석, 빔
  (cf. vacant 빈, 공석중인)

impression n. 인상, 느낌, 영향

means n. 수단, 재산

labor n. 노동, 노고 v. 노동[노력]하다

poll n. 여론조사, 투표, 투표결과
  v. 여론조사하다

114 | TOEIC에 자주 나오는 형용사, 부사들

accurate

a. 정확한, 정밀한 (↔ inaccurate 부정확한, 틀린)

accurately ad. 정확하게, 정밀하게

The reports are updated twice daily, so the information should be **accurate**. ···→ 보고는 매일 두번 갱신되므로 그 정보는 정확한 것으로 간주된다.

due

a. 만기가 된, 도착예정인 n. 지급금, 부과금

overdue a. 지급기한이 지난, 늦은
be due to + V ···할 예정이다
due to + N ···때문에

The shareholders meeting was cancelled **due to** a power failure. ···→ 주주총회가 정전으로 취소되었다.

The outline was **due** on Friday, but my professor gave me an extension. ···→ 그 개요는 금요일날까지 였지만 교수님이 일정을 늦추어 주셨다.

available

a. 사용가능한, 남아있는, 쓸모있는

availability n. 이용가능성, 유효성

Courtesy airport shuttle, fax, and concierge service are **available**. ···→ 무료 공항 왕복버스, 팩스 그리고 안내인 서비스를 이용하실 수 있습니다.

The new product line will be **available** from the end of the fourth quarter. ···→ 신제품군이 4/4분기 말부터 상품화될 것이다.

reliable

a. 의지가 되는, 믿음직한, 확실한(↔ unreliable)

reliability n. 신빙성, 확실성

Information received through the Reuters News Agency is known to be quite **reliable**. ···→ 로이터 통

신사를 통해 받은 정보는 꽤 신빙성이 높다고 알려져 있다.

substantial

a. 실질적인, 많은, 풍부한
n. (pl.) 실체가 있는 것, 요점, 대의, 본질
substantially ad. 실체상, 본질상
substance n. 물질, 실질, 요지, 실체

The bonus that management gave the workers was quite **substantial**. ⋯▸ 경영진이 근로자들에게 준 보너스는 꽤 큰 액수였다.

The paint we used was made of a very sticky **substance**. ⋯▸ 우리가 사용한 페인트는 매우 끈적끈적한 물질로 만들어졌다.

regular

a. 규칙적인, 정기의, 정규의(↔ irregular 불규칙한)

regularly ad. 정기적으로
regulatory a. 규제하는(controlling), 단속하는(monitoring)
regulate v. 규정[통치]하다, 조절하다
regulative a. 규정하는, 단속의
regulations n. 규정

The company uses **regular** plastic to package its products. ⋯▸ 그 회사에서는 제품을 포장하는 데 표준 플라스틱을 사용한다.

The company s **regulatory** board will meet to discuss the matter. ⋯▸ 회사의 규제위원회가 그 문제를 토론하기 위해 소집될 것이다.

adequate

a. 적당한, 충분한

adequately ad. 충분하게
inadequate a. 불충분한, 부적당한

His report is **adequate** for now, but it lacks some details. ⋯▸ 그 사람의 보고서는 현재로서는 충분하지만 몇 가지 상세한 사항이 누락되어 있다.

definite

a. 명확한, 뚜렷한

definitely ad. 확실히, 틀림없이
indefinite a. 불명확한, 일정하지 않은

As a matter of fact, the president has spoken to me about it, but nothing is **definite** yet. ···▶ 사실 사장님이 내게 그것에 대해 얘기해 왔지만 아직 아무것도 명확하지는 않다.

My wife **definitely** deserves to be taken on a vacation. ···▶ 우리 집사람은 분명히 휴가를 받을 만한 자격이 있다.

absolutely

ad. 절대적으로, 정말로

absolute a. 확실한, 절대의

The service that we received while aboard the luxury yacht was **absolutely** fabulous. ···▶ 우리가 호화요트에 승선해서 받았던 서비스는 너무나도 굉장했다.

current

a. 현재의, 현행의 n. 흐름, 경향, 전류

currently ad. 일반적으로, 지금
currency n. (화폐의) 통용, 통화

The company experienced a 35% increase in its **current** assets. ···▶ 그 회사는 현 자산의 35%가 증가되었다.

appropriate

a. ···에 적합한(~ for)

inappropriate a. 부적당한

He drinks too much and his manners are **inappropriate**. ···▶ 그 남자는 너무 술을 많이 마셔서 태도가 흐트러졌다.

intensive

a. 집중적인, 철저한

intensively ad. 철저하게 intense a. 격렬한, 심한

The supervisor has been under **intense** pressure to improve quality control. ···▶ 주임은 품질관리를 개선하라는 큰 압박을 받고 있었다.

approximately
ad. 대략, 대강
approximate a. 대략의 v. 가까워지다, 근접하다
Approximate waiting times for this ride are posted on the blue sign at the park entrance. ⋯ 이 기구를 타는 데 걸리는 대략적인 대기 시간은 공원 입구의 파란색 안내판에 게시해 놓았습니다.

exceptional
a. 의례적인, 예외의
exceptionally ad. 대단히, 특별히
The band performed **exceptionally** well despite the poor weather conditions. ⋯ 그 밴드는 악천후에도 불구하고 매우 좋은 공연을 펼쳤다.

thorough
a. 완전한, 철저한
thoroughly ad. 철저히, 완전히
The police searched the house **thoroughly**, but could not find the murder weapon. ⋯ 경찰은 집을 샅샅이 뒤졌지만 살인에 사용된 무기를 찾아내지는 못했다.

apparently
ad. 명백히
apparent a. 명백한, 뚜렷한
Although Mr. Cameron thought he had made himself clear to his secretary, it was quickly **apparent** that he had not. ⋯ 카메론 씨는 자기 생각을 비서에게 확실히 이해시켰다고 생각했지만, 그러지 못했다는 것이 곧 명백해졌다.

remarkable
a. 주목할 만한, 현저한
The company is expected to post **remarkable** growth in net profit this year. ⋯ 회사는 올해 순 이익에 있어 놀랄만한 성장을 기록할 것으로 예상된다.

effective

a. 유효한, 효과적인

cost-effective a. 비용대비 효과적인
effective immediately 지금부터 효력이 있는
effectively ad. 효과적으로
effect n. 결과, 영향, 재산

Listening carefully and taking notes is an **effective** way to learn something. ⋯ 자세히 듣고 필기를 하는 것은 뭔가를 배우는 데 효과적인 방법이다.

significant

a. 중대한, 의미심장한, 현저한

significantly ad. 중대하게, 상당히

Our company recently went through a series of **significant** changes in how we do business. ⋯ 우리 회사는 최근 사업 시행 방법상의 일련의 중대한 변화를 겪었다.

tremendous

a. 엄청난, 거대한

tremendously ad. 엄청나게

The winds were of hurricane strength, and caused **tremendous** damage throughout the city. ⋯ 허리케인급의 강풍이었기 때문에 도시 전역에 엄청난 피해를 불러왔다.

vulnerable

a. 민감한(~ to), ⋯에 걸리기 쉬운(susceptible)

Seniors are more **vulnerable** to medication-related problems. ⋯ 노년층은 약물관련문제에 더욱 취약하다.

Wearing a protective suit makes one less **susceptible** to disease. ⋯ 보호복을 입는 것은 질병에 감염될 확률을 줄여준다.

irrelevant

a. 부적절한, 무관계한(↔ relevant)

It is **irrelevant** what I think; the boss never listens to anyone s opinion. ⋯ 내 생각은 상관도 없다. 사장은 다른 사람의 의견은 절대로 안 듣는다.

versatile

a. 다용도의, 다재다능한

According to an article in the newspaper, the store has a **versatile** array of news products. ···▸
신문기사에 의하면 그 상점은 다양한 품목의 신제품들을 구비하고 있다.

previous

a. 이전의, 사전의(prior; preceding)

previously ad. 전에는, 사전에

The director spoke to the audience during the **previous** showing of the movie. ···▸ 감독은 영화의 시사회 동안에 청중들에게 얘기했다.

eventually

ad. 드디어, 결국은

eventual a. 최후의
uneventful a. 평범한, 사건이 없는

The tragedy served as the catalyst that would **eventually** devastate the entire family. ···▸ 그 비극은 결국 가족 전원을 황폐화시킨 촉매로 작용했다.

popular

a. 대중적인, 인기있는, 유행인

popularity n. 인기, 대중성, 유행

Because of his incredible **popularity**, the station decided to give the singer a spot on the variety program. ···▸ 그 가수의 엄청난 인기 때문에 방송국은 이 사람을 버라이어티 쇼에 출연시키기로 결정했다.

immediately

ad. 즉시, 바로

immediate a. 임박한, 머지않은

Studies show that packaging is the second most important feature leading to sales, ranking **immediately** after brand name prestige. ···▸ 연구에 의하면 포장은 판매로 직결되는 두번째로 중요한 특징으로 명성있는 상표명 바로 다음의 위치를 차지한다.

volatile

a. 동요가 심한, 변덕스러운(unstable; changeable)

The foreign currency exchange in Tokyo has been a very **volatile** market for the past few weeks. ···▸ 도쿄의 외환거래소는 지난 몇 주 동안 매우 변동이 심한 시장이었다.

official

a. 공식적인 n. 공무원

officially ad. 공식적으로

Our firm will comply with the new regulatory policies until we receive **official** notice that we are exempt from doing so. ···▸ 우리 회사는 공식 면제 통보를 받을 때까지 새로운 규제정책을 준수할 것이다.

proper

a. 적절한, 특유의

properly ad. 적절히, 당연히, 똑바로
improper a. 무가치한, 하찮은

My mother told me that my behavior was not **proper** for a young gentleman. ···▸ 어머니는 내게 내 행실이 신사로서 적합하지 않다고 말씀하셨다.

overall

a. 전부의, 종합적인(total; general)
ad. 전체적으로, 일반적으로

The **overall** cost of goods sold is considerably less than it was. ···▸ 판매된 상품의 전체비용은 전보다 훨씬 적다.

positive

a. 긍정적인, 확신하는, 단정적인(optimistic; sure)

positively ad. 정말로, 긍정적으로

Nothing is more important in business than creating a **positive** first impression. ···▸ 긍정적인 첫인상을 만들어 내는 것이 비즈니스에서는 가장 중요하다.

remote

a. 먼, 외딴(far; isolated), (가망 등이) 희박한

There is a **remote** possibility that the war in Iraq will cause the deal to fall through. ⋯➔ 이라크에서의 전쟁이 그 거래를 그르칠 가능성은 희박하다.

primary

a. 주요한, 1차적인(chief; main)

primarily ad. 처음에는, 주로, 본래는
prime a. 첫째의, 최초의 n. 전성기
primary color 원색
primary care 병원의 1차 진료

Location usually determines the **primary** value of a home. ⋯➔ 입지는 보통 주거의 가장 중요한 가치를 결정한다.

state-of-the-art

a. 최첨단의

top-of-the-line a. 최고급품의
stripped-down a. 필요없는 장비를 모두 제거한
run-down a. 낡아빠진
man-made a. 인조의, 인공의

Most home photocopiers are small, **stripped-down** machines with a minimum of controls and fancy features. ⋯➔ 대부분의 가정용 복사기는 최소한의 제어장치와 멋진 특징을 갖춘 작고, 불필요한 장비를 제거한 기계들이다.

Our major goal is to study the effects of **man-made** chemicals on the ozone layer. ⋯➔ 우리의 주요 목표는 인공 화학물이 오존층에 미치는 영향에 대해 연구하는 것이다.

flexible

a. 유연한, 융통성 있는(elastic; changeable)

flexibility n. 유연성

She is a **flexible** person who doesn't mind working long hours when there is an important project to finish. ⋯➔ 그 여자는 중요한 일을 끝내야 하면 야근도 마다하지 않는 융통성있는 사람이야.

lucrative

a. 돈벌이가 되는, 이윤을 남기는

After a few years as an artist, I decided to get involved in something more **lucrative**. ···▸ 나는 몇 년 동안 그림을 그리다가 좀 더 돈벌이가 되는 일에 뛰어들기로 결심했지.

major

a. 주요한, 전공의 n. 전공

Spending a lot of money on frivolous items is a **major** sign of depression. ···▸ 쓸데없는 물건에 많은 돈을 쓰는 것은 우울증의 주된 신호이다.

critical

a. 비판적인, 결정적인

critically ad. 비판적으로, 결정적으로

She is always so **critical** about everything that I like doing. ···▸ 그 여자는 항상 내가 하고 싶어하는 모든 것에 대해 너무 비판적이다.

permanent

a. 영구한, 불멸의

permanently ad. 항구적으로

The temporary adjustment will do for now, but we should find a **permanent** solution. ···▸ 일시적 조정이 지금으로서는 효과가 있지만, 영구적인 해결책을 찾아야 한다.

extreme

a. 굉장한, 극도의

extremely ad. 대단히, 몹시, 극단적으로

My son was accepted by an **extremely** prestigious university. ···▸ 내 아들은 아주 유명명문대학에 들어갔다.

equivalent

a. 동등한, …에 상당하는(~ to) n. 동등한 것, 등가물

equivalence n. 같음, 등가(물)

The money that I received was **equivalent** to three month s pay. ···▸ 내가 받은 돈은 석달치 월급에 상당했다.

subsequent

a. 뒤의, 그 이후의(following; successive)

subsequently ad. 그 후, 계속해서

Subsequent to the release of his new movie, John became very sick and went into a coma.
⋯→ 존은 그의 신작 영화 개봉 직후에 몹시 아파서 혼수 상태에 빠졌다.

vigorous

a. 활발한, 강력한, 단호한(energetic; dynamic)

vigorously ad. 왕성하게
invigorate v. 원기를 돋구다, 북돋다

More **vigorous** exercise is better than less **vigorous** exercise for increased longevity in men.
⋯→ 사람의 수명을 연장시키는 데는 좀더 격렬한 운동이 낫습니다.

valid

a. 근거가 확실한, 유효한

validate v. 유효하게 하다, 확인하다
invalid a. 무효의, 쓸모없는

This promotional membership will remain **valid** for a period of 10 days. ⋯→ 이 판촉용 회원권은 10일 동안 유효합니다.

adverse

a. 역의, 반대되는

adversely ad. 반대로

Analysts have begun to speculate whether the company president s colorful past is **adversely** affecting the price of the stock. ⋯→ 분석가들은 사장의 화려한 경력이 주가에 불리하게 영향을 미칠지에 대해 조망하기 시작했다.

illegible

a. 읽기 어려운, 불명료한(↔ legible 읽기 쉬운)

illiterate a. 무식한, 문맹의(↔ literate)
literal a. 문자의, 어구에 충실한
literally ad. 글자그대로

There is a "No Parking" sign posted along the street, but it is **illegible**. ⋯➔ 거리를 따라 '주차금지' 라는 게시가 붙어있지만 읽기가 어렵다.

meticulous

a. 매우 신중한, 세세한

meticulously ad. 너무 세심하게

He was an extremely hard worker and he always kept **meticulous** records. ⋯➔ 그 남자는 매우 건실한 일꾼이며 항상 세심한 기록을 해둔다.

voluntary

a. 자발적인, 고의의

volunteer n. 지원자 v. 지원하다

Please understand that helping to organize the company picnic is strictly **voluntary**. ⋯➔ 회사 야유회 준비를 돕는 것은 완전히 자발적인 것이라는 것을 이해해 주십시오.

further

a. 그 이상의 ad. 게다가, 더욱이

Sunday s matinee performance will be postponed until **further** notice. ⋯➔ 일요일 낮 공연은 추후 통지가 있을 때까지 연기될 것이다.

vital

a. 생생한, 절대로 필요한

vitally ad. 참으로

A well-educated workforce is the most **vital** component of a modern economy. ⋯➔ 충분한 교육을 받은 노동력은 현대 경제의 가장 중요한 구성요소이다.

incredible

a. 믿을 수 없는, 엄청난(↔ credible)

The layout of the company s new industrial complex is absolutely **incredible**. ⋯➔ 그 회사의 새로운 산업단지 설계는 정말로 엄청난 것이다.

legal

a. 합법적인, 법률상의(↔ illegal)

legally ad. 정당하게, 법률적으로(↔ illegally)

Legal problems began occurring as soon as the owner of the company sold his design rights. ⋯⋯
회사 소유주가 의장권을 매각하자마자 법적 문제들이 발생하기 시작했다.

mutual

a. 서로의, 공통의

mutually ad. 서로, 상호간에   mutual respect 상호 존경

A mediator helped the two parties come to a **mutual** agreement. ⋯⋯ 중재자가 양측이 상호 합의에 도달하는 것을 도왔다.

sharp

a. 날카로운 ad. 정각

sharply ad. 날카롭게, 급격하게
sharpen v. 날카롭게 하다

Hong Kong s low tax regime stands out **sharply** against other Southeast Asian countries. ⋯⋯ 홍콩의 낮은 세금 제도는 다른 동남아시아 국가들에 비해 현저하게 두드러진다.

The presentation begins at seven o clock **sharp**. ⋯⋯ 설명회는 7시 정각에 시작한다.

temporary

a. 일시의, 임시의

temporarily ad. 일시적으로, 임시적으로

Temporary workers at the factory earn less money than workers in other countries. ⋯⋯ 그 공장에서 근무하는 임시직원들은 다른 나라의 노동자들보다 돈을 더 적게 번다.

controversial

a. 논쟁을 야기하는, 논쟁의

controversy n. 논쟁

The theory of evolution is still quite a **controversial** theory. ⋯⋯ 진화론은 여전히 꽤나 논란이 분분한 이론이다.

exorbitant

a. 터무니없는, 과대한, 부당한, 엄청난(excessive; unreasonable)

exorbitance n. 과도, 부당
exorbitantly ad. 터무니 없게

They paid an **exorbitant** amount of money for the painting on the wall. ⋯ 그 사람들은 벽에 페인트칠을 하는 데 엄청난 돈을 지불했다.

consecutive

a. 연속적인, 잇따른(successive)

consecutively ad. 연속적으로

The pages should be **consecutively** numbered. ⋯ 그 페이지들은 일련 번호를 매겨야 한다.

compatible

a. 양립하는, 호환성의, 적합한(↔ incompatible)

That software is **compatible** with our computer, isn t it? ⋯ 저 소프트웨어는 우리 컴퓨터하고 호환이 되는 거지, 응?

relentless

a. 가차없는, 잔인한

relentlessly ad. 집요하게, 끊임없이

She had been **relentlessly** campaigning for her daughter s release from prison. ⋯ 그녀는 딸의 석방을 위해 집요하게 운동을 벌여왔다.

imperative

a. 강제적인, 절대 필요한(urgent; essential)

It is **imperative** that you answer all the reporters questions at tomorrow s seminar. ⋯ 당신은 내일 세미나에서 기자들의 질문에 전부 대답해야 한다.

mandatory

a. 의무적인, 필수의

You must undergo a **mandatory** physical examination before you enter the army. ⋯ 군대에 들어가기 전에 반드시 의무적인 신체 검사를 받아야 한다.

imminent

a. 절박한, 급박한

Although the workers in the company have worked hard to keep it afloat, we feel that bankruptcy is **imminent**. ⋯▶ 회사의 직원들이 파산하지 않으려고 열심히 일했지만 우리는 파산이 임박했음을 느낀다.

unprecedented

a. 전례없는

The judge s decision to convict the defendant was **unprecedented**. ⋯▶ 그 피고인에게 유죄를 선언한 판사의 결정은 전례없는 것이었다.

fabulous

a. 멋진, 굉장한(superb)

We had a **fabulous** time dancing, eating, and drinking at the party last night. ⋯▶ 우리는 어젯밤 파티에서 춤추고 먹고 마시며 멋진 시간을 보냈다.

inevitable

a. 불가피한, 피할 수 없는

We must all accept ill fortune as an **inevitable** part of life, difficult as it may be. ⋯▶ 어렵겠지만, 우리 모두 불운을 삶의 불가피한 일부로 받아들여야 한다.

elaborate

a. 공들인, 정교한 v. 정성들여 만들다, 상세히 설명하다

elaboration n. 공들여 함, 고심, 노작, 역작

We asked the professor to **elaborate** on the point that he had just made. ⋯▶ 우리는 교수님께 방금 말씀하신 부분을 자세히 설명해 줄 것을 부탁했다.

unparalleled

a. 견줄 데 없는, 전대 미문의

The **unparalleled** protection provided by our newly designed computer case make transporting your laptop effortless. ⋯▶ 새로 디자인된 컴퓨터 케이스가 제공하는 뛰어난 보호 기능은 여러분의 랩탑 컴퓨터 수송을 수월하게 해드립니다.

feasible

a. 실행할 수 있는, 타당한, 가능한

After carefully considering all the micro and macro economic data, I feel that it is not a **feasible** outcome. ···▸ 모든 미시·거시적인 경제 자료들을 신중하게 검토하고 나서, 나는 그것은 타당성 있는 결과가 아니라고 생각했다.

distinct

a. 별개의, 뚜렷한, 다른, 독특한

distinction n. 구별, 특성, 탁월, 특징
distinctive a. 독특한, 특이한

We decided to commercialize a **distinct** product so that we could increase our profitability. ···▸ 우리는 수익성을 증가시키기 위해서 차별화된 상품을 시장에 내놓기로 결정했다.

assorted

a. 다채로운, 조화를 이룬

assortment n. 구색을 갖춰놓은 것

The managing director was admired by his colleagues for his **assorted** collection of golf clubs. ···▸ 전무이사는 다양하게 수집해놓은 골프 클럽들로 동료들에게서 찬사를 받았다.

alike a. 비슷한 ad. 마찬가지로

thriving a. 번영하는, 성장하는(growing fast; prosperous)

profound a. 깊은, 심오한 (ad. profoundly)

spectacular a. 구경거리의, 눈부신, 장관의 (ad. spectacularly)

commonplace n. 상투적인 말[일] a. 평범한, 진부한

particular a. 특정한, 특수한, 꼼꼼한 (ad. particularly 특히, 특별히)

prudent a. 신중한, 세심한 (ad. prudently)

rigorous a. 준엄한, 혹독한(demanding; harsh) (ad. rigorously)

sole a. 단독의, 독점적인 (ad. solely 혼자서, 다만, 오로지)

viable a. 실행가능한(workable; practical) (ad. viably)

ambiguous a. 두가지 뜻으로 해석가능한, 모호한 (ad. ambiguously)

keen a. 예리한, 예민한, 열중인

brief a. 잠시의, 간결한, n. 적요, 개요 (ad. briefly 간단하게)

private a. 개인적인, 민간의 n. 병사, 사병 (ad. privately)

complex a. 복잡한, 합성의 n. 합성물, 복합단지

easy a. 쉬운, 편안한 (ad. easily)

ethical a. 윤리적인

free a. 자유로운, 무료인 (ad. freely)

hectic a. 몹시 바쁜

massive a. 크고 무거운, 육중한, 대량[대규모]의 (ad. massively)

multiple a. 복합의, 다양한(having many parts or elements)

savvy a. 정통한, 약은, 사리를 이해한

past a. 지나간, 과거의 n. 과거 prep. …지나서

precise a. 정밀[정확]한(exact; definite) (ad. precisely 정밀하게, 바로, 틀림없이)

rapid a. 빠른, 민첩한 (ad. rapidly)

special a. 특별한, 고유의 (ad. specially 특별히; especially 특히)

terrific a. 굉장한, 엄청난, 아주 멋진

urgent a. 긴급한, 다급한 (ad. urgently)

exquisite a. 절묘한, 세련된, 격렬한 (ad. exquisitely)

outright a. 노골적인, 솔직한, 철저한 (ad. outrightly)

routine a. 일상의, 정기적인 n. 일상적인 일, 판에 박힌 일 (ad. routinely)

compulsory a. 강제적인, 의무적인

desolate a. 황량한, 쓸쓸한 v. 황폐하게 만들다

valuable a. 귀중한 n. (pl.) 귀중품

invaluable a. 매우 귀중한

valueless a. 무가치한, 하찮은.

eloquent a. 의견 등을 명확하게 표현하는, 달변인 (ad. eloquently)

erratic a. 불규칙적인, 변덕스러운

frivolous a. 천박한, 사소한

graphic a. 사실적인, 생생한 (ad. graphically 그림을 보는 것 같이 생생하게)

incessant a. 끊임없는

indigenous a. 토착의, 그 지역 고유의

intricate a. 복잡한, 난해한 (ad. intricately)

profuse a. 아낌없는, 후한, 풍부한 (ad. profusely 아낌없이, 풍부하게)

replete a. 가득 찬(~ with), 충만한, 포식한

strenuous a. 정력적인, 격렬한(laborious; vigorous) (ad. strenuously)

studious a. 공부에 힘쓰는, 열심인 (ad. studiously)

sturdy a. 억센, 튼튼한, 건장한

tentative a. 시험삼아 하는, 자신없는 (ad. tentatively 시험적으로, 임시로)

thrifty a. 검소한, 절약하는

frivolous a. 시시한, 하찮은, 경솔한 (ad. frivolously)

upbeat a. 낙관적인, 상승세의, 경쾌한

willful a. 계획적인, 제멋대로의, 외고집의 (ad. willfully)

preceding a. 이전의, 전술한(previous; above-mentioned)

void a. 무익한, 쓸모없는 v. 계약 등을 무효로 하다 (ad. voidly)

final a. 마지막의, 결정적인 (ad. finally 최후로, 드디어)

professional a. 직업의, 전문의 n. 전문가 (ad. professionally 직업상, 전문적으로)

sure a. 확신하는, 틀림없는 (ad. surely 확실히)

terrible a. 무서운, 가혹한, 대단한 (ad. terribly 무시무시하게, 지독하게, 몹시)

virtual a. 허상의, 가상의 (ad. virtually 사실상, 실질적으로)

portable a. 휴대용의 (ad. portably)

stylish a. 유행의, 맵시있는

detrimental a. 해로운, 불리한

outspoken a. 솔직한, 거리낌없는, 기탄없이 말하는

pertinent a. 적절한, 관계있는

Supplements

1 | TOEIC에 자주 나오는 다의어

2 | TOEIC에 자주 나오는 혼란어

3 | TOEIC에 자주 나오는 복합어

4 | TOEIC에 자주 나오는 약어

5 | TOEIC에 자주 나오는 구분해야 할 명사/형용사

1 | TOEIC에 자주 나오는 다의어

account

1| 차지하다
2| 거래, 건
3| 예금계좌
4| (부기) 계정

1| Rental income **accounted** for just 3% of the firms overall revenues last quarter. ⋯→ 임대료 수입은 지난 사분기 동안 회사의 총수입의 3%만을 차지했다.

2| The sales manager was determined to land the new **account** in Hong Kong. ⋯→ 영업부장은 홍콩에 새로운 거래선을 트기로 결정했다.

3| Please let me know your bank **account** number before you leave for Japan. ⋯→ 일본으로 떠나시기 전에 제게 당신의 은행 계좌번호를 알려주시기 바랍니다.

4| Money owed to another company for services received is recorded on the balance sheet as an **account** payable. ⋯→ 타 회사에 지불할 서비스 대금은 대차대조표 상에 지불계정으로 기록된다.

credit

1| 신용거래
2| 예금잔고
3| 학점, 이수단위
4| 크레디트(출판물·영화·TV 프로 등의 자료 제공자에 대한 치사)

1| The lady working at the cash register said that I could purchase this sweater on **credit**. ⋯→ 금전 등록기 앞에서 일하는 여자는 이 스웨터를 외상으로 구입할 수 있다고 말했다.

2| The passbook stated that the company had a **credit** balance of less than one million dollars. ⋯→ 장부를 보면 그

회사의 은행잔고는 1백만 달러 이하였다.

3| If Mary studies very hard this summer, she will probably earn enough **credits** to graduate in the fall. ···→ 메리는 올여름 아주 열심히 공부한다면, 가을에 졸업하기에 충분한 학점을 딸 수 있을 것이다.

4| We stayed in the theater for ten minutes after the movie ended in order to see the **credits**. ···→ 우리는 크레디트를 보기 위해 영화가 끝난 후에 10분 동안 극장에 남아 있었다.

board

1| 위원(회), 중역(회)
2| (탈것에) 타다
3| 하숙시키다

1| The **board** of directors will hold their annual meeting this Friday morning. ···→ 이사회는 이번 금요일 오전 연례회의를 개최한다.

2| How long will it be until we can **board** the plane at gate 7? ···→ 7번 게이트에서 출발하는 비행기에 언제쯤 탑승할 수 있을까요?

3| If you do not have enough money to stay in a hotel, you can get a room in a **boarding** house. ···→ 호텔에 투숙할 만한 돈을 가지고 있지 않다면, 하숙집에 방을 하나 빌리면 된다.

run

1| 생산라인의 가동
2| 은행의 예금인출 사태
3| 입후보하다, 출마하다
4| (열이) 나다, 병에 걸리다

1| The company will extend the production **runs** of several of the more popular products that it manufactures. ···→ 회사는 좀 더 인기상품들 다수의 생산라인가동을 늘릴 것이다.

2| It will be hard to avoid a **run** on the bank if the public finds out how much money we lost last quarter. ···→ 우리

의 지난 분기 손해액을 사람들이 알게 된다면 예금인출사태를 피하기 매우 힘들 것이다.

3| The president of our company has decided to **run** for office in the upcoming federal election. ⋯▸ 우리 회사의 사장은 다가오는 연방선거에 출마하기로 결정했다.

4| Sometimes the child may **run** a fever, or fluid may drain from the ear. ⋯▸애들은 가끔 열이 오르고, 귀에서 진물이 나오기도 한다.

honor

1| 존중[칭찬]하다
2| 받아들이다
3| (수표 · 어음을) 지급하다

1| The crippled athlete **was honored** for his courage and strength at the Special Olympics. ⋯▸ 그 지체장애 선수는 특별 올림픽 대회에서 용기와 강한 의지로 표창을 받았다.

2| A ruling by the California State Court forced the company to **honor** its agreements. ⋯▸ 캘리포니아 주법원의 판결은 그 회사가 합의를 받아들이도록 만들었다.

3| It is common courtesy for a bank to **honor** a check from a valued customer. ⋯▸ 은행이 우수고객의 수표에 대해 지급하는 것은 일상적인 통례이다.

post

1| 우편
2| 지위, 직책
3| 게시하다
4| (이윤, 손실 등을) 내다, 스코어를 기록하다

1| You can purchase a money order from the **post** office if the bank is closed. ⋯▸ 은행이 문닫으면 우체국에서 우편환을 구입할 수 있다.

2| A man called our office this morning and inquired about the vacant **post**. ⋯▸ 어떤 남자가 오늘 아침 우리 사무실에 전

화해서 비어있는 일자리에 대해 문의했다.

3| The manager told his secretary to **post** the job opening on the bulletin board in the main lobby. ···▶ 부장은 비서에게 중앙 로비의 게시판에 일자리 공고를 붙이라고 했다.

4| The company is expected to **post** revenues in excess of one billion dollars this fiscal year. ···▶ 그 회사는 올 회계년도에 10억 달러 이상의 소득을 기록할 것으로 예상되고 있다.

trade

1| 무역
2| 업계, 동업자
3| 매매

1| Market trends indicate that the KOSPI should rebound if the **trade** deficit narrows. ···▶ 시장동향은 무역적자 폭이 좁아진다면 한국종합주가지수(KOSPI)가 재반등하리라는 것을 암시한다.

2| Overhead projectors are handy and have largely replaced blackboards at **trade** conventions. ···▶ 오버헤드 프로젝터는 간편해서 업계 회의에서는 칠판 대신 거의 대부분 이것이 사용된다.

3| It appears as though the shares **were traded** at a discount on purpose. ···▶ 주식이 고의로 할인돼 거래된 것처럼 보인다.

yield

1| 굴복하다
2| 수확, 농작물, 산출하다
3| 투자수익, 이율

1| The Colombian guerrillas **yielded** to the awesome force of the US Air Force. ···▶ 콜롬비아 반군은 미 공군의 엄청난 화력에 항복했다.

2| The Ministry of Agriculture expects that California grape growers will experience an abundant crop **yield** this year. ···▶ 농무부는 올해 캘리포니아 포도 재배업자들이 풍작을 거둘 것으로 예상하고 있다.

3| The government has set the **yield** on this year s Canada Savings Bond at 5.75% per annum. ⋯▸ 정부는 올해의 캐나다 저축채권의 이율을 연 5.75%로 정했다.

utility

1| 유용, 유익
2| (수도, 가스, 교통기관 등의) 공익사업
3| 실용품

1| The study proved that using gold as a conductor in computer chips has no practical **utility** value.⋯▸ 컴퓨터 칩에 금을 전도체로 이용하는 건 아무런 실용가치가 없다는 게 연구결과 증명되었다.

2| Public **utilities** such as gas, water, and electricity are tightly regulated by the government. ⋯▸ 가스, 수도 및 전기같 은 공공사업은 정부의 강력한 규제를 받는다.

3| The boy was given a part-time job cleaning up the school s **utility** room every evening. ⋯▸ 그 소년은 매일 저녁 학교의 다용도실을 청소하는 시간제 일자리를 얻었다.

transfer

1| 옮기다
2| 이동하다, 전근하다
3| 돈을 온라인으로 이체하다
4| 갈아타다

1| The secretary was asked to **transfer** all the files from the boxes on the floor into the filing cabinet.⋯▸ 비서는 바닥 에 놓인 상자에 들어 있던 모든 파일들을 파일 정리함으로 옮기라는 말을 들었다.

2| We told that most of our New York operation would **be transferred** to Chicago next month. ⋯▸ 우리는 대부분의 뉴욕 경영본부가 다음달 시카고로 이전될 것이라고 말했다.

3| The wire **transfer** was sent to the wrong bank so the check bounced.⋯▸ 온라인이체가 타은행으로 잘못 보내져 수표가 부도났다.

4| In order to get to the Town Center by subway, you must **transfer** at Kennedy station. ···▶ 지하철로 타운 센터에 가려면 케네디 역에서 갈아타야 한다.

gear

1| 기어, …에 기어를 넣다
2| 준비를 갖추다
3| 장비, 특수 목적의 의류

1| The pilot sat back in the seat and lowered the landing **gear** as he approached the runway. ···▶ 조종사는 활주로에 접근하면서, 의자에 깊숙이 앉아 착륙 기어를 낮췄다.

2| The director of the company informed me that getting my MBA would **gear** up my chances of a promotion. ···▶ 그 회사의 이사는 내게 MBA 취득이 승진가능성을 높여줄 거라 알려주었다.

3| It is not safe to tour the factory without wearing protective **head gear**. ···▶ 머리 보호장비를 착용하지 않고 공장을 둘러보는 것은 안전하지 못하다.

cast

1| 던지다
2| 투표하다
3| 출연배역
4| 깁스

1| The fisherman looked pleased as he stood on the pier and **cast** his line into the lake. ···▶ 그 낚시꾼은 부두에 서서 호수에 낚시대를 던지며 즐거워 하는 듯했다.

2| All union members must **cast** their votes by 3:00 on Friday afternoon. ···▶ 모든 조합원들은 금요일 오후 3시까지 투표해야 한다.

3| According to the program, the **cast** is made up entirely of African natives. ···▶ 그 프로그램에 따르면, 출연배역은 모두 아프리카 원주민들로 구성되어 있다.

4| The doctor told the patient to come back in three weeks to take the **cast** off. ⋯ 의사는 환자에게 3주 후에 깁스를 풀러 다시 오라고 했다.

application

1| (컴퓨터) 응용프로그램
2| 신청, 지원, 신청서
3| apply: 바르다, 붙이다
4| apply to: …에 적용시키다

1| According to the user s manual, the software **application** must be run with Windows XP. ⋯ 사용자 설명서에 따르면, 그 소프트웨어 응용프로그램은 윈도우 XP와 함께 실행되어야만 한다.

2| The Cancer Research Institute **applied for** grant money that was offered by several pharmaceutical companies. ⋯ 암 연구소는 여러 제약회사들이 제공하는 보조금을 신청했다.

3| A dressing **was applied to** the wound and the leg was bandaged and put into a cast. ⋯ 상처에 약을 바르고 다리에 붕대를 감아 깁스를 했다.

4| A late payment charge will **be applied to** all accounts that are more than 30 days overdue. ⋯ 연체료는 만기 30일 이상 경과된 모든 계좌에 적용될 것이다.

contract 계약(하다), 외주보내다(~ out), (병에) 걸리다

I ll ask our attorney to put a draft **contract** together for your review. ⋯ 우리 변호사에게 계약서 초안을 작성하게 하여 당신이 검토할 수 있게 하겠습니다.

While on vacation, Kathy **contracted** the flu and had to spend three days in bed. ⋯ 케이시는 휴가중 독감에 걸려 3일간 몸져 누워 있어야 했다.

line 품종, (상품의) 종류, 생산공정의 배열, 공정선

The workers on the production **line** were getting tired of waiting for their replacements to show. ···→ 생산라인의 근로자들은 교대 근무자들이 나타나기를 기다리느라 진력이 났다.

The designer will bring out her new **line** sometime during the fall season.···→ 디자이너는 가을 중에 자신의 신상품들을 선보일 예정이다.

balance 균형, 예금잔고, 수지, 차액

The man walked up to the teller and asked her to look up his account **balance**.···→ 남자는 창구직원에게 예금잔액을 조회해달라고 했다.

return 되돌아 가다, 반환(하다), 소득세 신고서

The tax **return** was filled out, signed, and mailed to the IRS on the 20th of this month. ···→ 소득세신고서는 이번 달 20일에 작성하고, 서명해서 국세청으로 우송했다.

policy 정책, 방침, 보험증서

The premium paid on a life insurance **policy** usually rises as the years go on and becomes very expensive. ···→ 생명보험에 지불되는 보험료는 대개 해가 바뀔수록 더 오르고 아주 비싸진다.

land 땅, 토지, 착륙하다, (직업·계약 따위를) 손에 넣다

One of the best ways to **land** a job in finance is to have a lot of connections. ···→ 금융분야에서 일자리를 얻기 위한 가장 좋은 방법 중의 하나는 많은 인맥을 갖는 것이다.

lead 이끌다, 야기하다, 예비고객 명단

My manager took me aside and told me that developing good **leads** is the key to successful selling. ···→ 부장은 나를 한쪽으로 불러내어 좋은 고객명단을 발굴하는 것이 성공적인 판매비결이라고 말했다.

connection   관계, 연고, 거래처, 단골

Let me call up some of my **connections** in New York and see if I can get you a job. ⋯⋙ 내가 뉴욕의 거래처들 몇군데에 전화해서 당신에게 일자리를 구해줄 수 있을지 알아보겠습니다.

contact   ⋯와 연락하다, 거래자, 중개인, 지인(知人)

Let me call some of my **contacts** in Washington to see if they can get you an appointment with the president. ⋯⋙ 워싱턴 지인들 중 몇에게 전화해, 당신을 사장과 만나게 해줄 수 있을지 알아보겠습니다.

develop   개발하다, 사진을 현상하다, 병에 걸리다

If you want to receive crisp, clear pictures, you should avoid using one-hour **developing** shops. ⋯⋙ 또렷하고 선명한 사진을 받으려 한다면, 1시간 현상점을 이용하지 마십시오.

The doctors at the hospital suspected that the lady **was developing** breast cancer. ⋯⋙ 그 병원의 의사들은 그 여자에게 유방암이 진행중인 것을 감지했다.

toll   (교통사고의) 희생자, 장거리 전화료, 통행료

Just call **toll-free** now to subscribe, and get any four books on cassette for ninety-nine cents. ⋯⋙ 지금 무료전화로 신청만 하시면 카세트에 담긴 4권의 책을 99센트에 드립니다.

The **toll** charge on the George Washington Bridge is 4 dollars per trip. ⋯⋙ 조지 워싱턴 다리의 통행료는 매 통행시 4달러이다.

carry   (일을) 진행시키다, 가지고 있다, 휴대하다, (상품을) 팔다

According to the advertisement in the paper, the store **carries** many different kinds of Italian pasta. ⋯⋙ 신문광고에 따르면, 그 상점은 여러 종류의 다양한 이태리 파스타를 팔고 있다고 한다.

grace 우아함, (지급) 유예

The law requires that insurance policies contain a 15 day **grace** period for unpaid premiums. ···→ 보험증권은 미지급 보험료에 대한 15일간의 유예기간을 포함시켜야 한다고 법으로 규정되어 있다.

mature 성숙한, (지형이) 장년기의, 만기가 되다

The company s convertible bond holdings in XYZ Corp. will **mature** sometime in 2009. ···→ 그 회사의 XYZ 사(社)에 대한 전환사채(社債) 지분은 2009년 중으로 만기가 될 것이다.

outlet 전기콘센트, 판매대리점

The factory **outlet** was famous for its deep discounts. ···→ 그 공장 직영점은 할인을 많이 해주는 것으로 유명하다.

note 메모, 어음, 증권

The accountant told his assistant to go to the bank and pick up the promissory **note**. ···→ 회계사는 비서에게 은행에 가서 어음을 받아오라고 했다.

overhead 머리 위의, 경상비, 간접비

Fixed costs such as rent, insurance, and property taxes made up most of the company s **overhead**. ···→ 임대료, 보험료, 재산세같은 고정비용들이 회사 간접비의 대부분을 차지한다.

proceed 계속하여 행하다, (pl.) 수익

All of the **proceeds** from the fashion show will be donated to the Sick Children s Foundation. ···→ 그 패션쇼의 모든 수익금은 어린이 환자 재단에 기부될 것이다.

quotation 인용, 시세, 시가

The broker called down to his floor trader and asked him for a current **quotation** of the market index. ⋯ 중개인은 매장 증권거래인에게 전화하여 시장지수의 현 시세견적을 요청했다.

retreat 그만두다, 손을 떼다, 연수회

The president will not be available for questioning this weekend as he is attending winter **retreat** in the mountains. ⋯ 사장은 산에서 열리는 겨울 연수회에 참가하기 때문에 이번 주말 공청회에 참가할 수 없을 것이다.

season 계절, 단련하다, 양념으로 간을 맞추다

Some of the tastiest dishes in the world **are seasoned** with freshly ground rosemary leaves. ⋯ 세계에서 가장 맛있는 음식들 중 몇가지는 갓 같은 로즈마리 잎으로 양념을 한다.

solid 견고한, 도금한 것이 아닌

The store clerk was told to inform the customer that the wristwatch was made out of **solid** gold. ⋯ 점원은 고객에게 그 손목시계는 순금이라는 사실을 얘기하라는 지시를 받았다.

weather 날씨, 역경을 헤쳐나가다

Because the company was carefully managed, it was able to **weather** its economic problems last year. ⋯ 그 회사는 신중하게 경영되었기 때문에 작년에 경제적 문제점들을 잘 이겨낼 수 있었다.

stand 나타내다(~ for), 노점, 매점

The magazine **stand** is located behind the elevators on the fourth floor of the building. ⋯ 잡지 판매대는 그 건물 4층의 엘리베이터 뒤에 위치해 있다.

instrument 도구, 악기, (투자)증서

The teacher told the students to practice their **instruments** as much as possible. ···▸ 교사는 학생들에게 가능한 한 악기 연습을 많이 하라고 말했다.

Many of the **instruments** that were originally designed for institutional traders only are now being traded by individuals as well. ···▸ 본래 기관투자가용으로 만들어진 많은 투자증서들을 현재는 일반인들도 거래하고 있다.

treat 다루다, 대접하다, 치료하다

This medicine is used to **treat** infections. Shake well before taking a dose. ···▸ 이 약은 염증치료에 쓰입니다. 잘 흔들어 복용하십시오.

party 잔치, 정당, (계약·소송의) 당사자

The dispute clause states each **party** must submit its arguments in writing for final arbitration. ···▸ 분쟁조항은 최종 중재를 위하여 분쟁당사자들이 각자의 입장을 서면으로 제출해야 한다고 규정하고 있다.

brace 대비하다, 부목(副木), 치열교정기

The study showed that most survivors of diving accidents end up paralyzed or in a neck **brace**. ···▸ 연구에 따르면 대부분의 다이빙 사고 생존자들은 결국에는 마비가 되거나 목에 부목을 대게 된다고 나타났다.

call for 요구하다, (일기예보가) ···로 예보하다(look for)

The weather forecast for today **calls for** light rain in the morning and sunshine in the afternoon. ···▸ 오늘 일기예보에 의하면 아침에는 비가 조금 오고 오후에 햇빛이 날 것이라고 한다.

catch 따라잡다, (물고기·사냥감 따위를) 잡다, 포획하다, 포획물

The fishing boats come back into the harbor in the

evening and the fishermen sell their **catch**. ⋯ 어선들이 저녁
에 항구로 돌아오고 어부들은 잡아들인 생선들을 판다.

concession 양보, 구내매점

The **concession** stand will be closed during the
Christmas holidays, but will reopen on January 3rd. ⋯ 구
내매점은 크리스마스 휴일동안 문을 닫지만 1월 3일 다시 열 것이다.

ground 지반, 이륙을 불가능하게 하다, 외출금지시키다

The plane **was grounded** due to unusually bad
weather at Pearson International Airport in Toronto. ⋯ 토
론토 피어슨 국제공항의 이상 악천후로 인해 비행기가 이륙하지 못했다.

One of the best ways to punish a boy without using
violence is to **ground** him for a few days. ⋯ 폭력을 사용하지
않고 사내아이를 벌주는 가장 좋은 방법의 하나는 며칠간 외출 금지시키는 것이다.

shy 수줍은, 부족하여

The newspaper reported that Michael Smith s time in the
100 meter race was just **shy** of the world record. ⋯ 그 신문
은 100미터에서 마이클 스미스의 기록이 세계 기록을 약간 밑돌 뿐이라고 보도했다.

complimentary 칭찬의, 무료의

Management at the casino gave the players two
complimentary room vouchers each. ⋯ 카지노의 경영진은 도
박객들에게 각각 두 장의 무료 숙박권을 주었다.

deed 행위, 증서, 권리증

The real estate agent was supposed to go down to the
registrar s office and pick up the **deed**. ⋯ 부동산 중개업자는 등
기 사무소로 내려가서 권리증을 가져오도록 되어 있었다.

screen 화면, 심사하다

The FBI is famous for thoroughly **screening** its potential agents before offering them a position. ⋯→ FBI는 장래의 요원을 채용하기 전에 철저하게 심사를 하는 것으로 유명하다.

trust 신뢰, 신탁

The law states that the money must be held in **trust** until the plaintiff reaches eighteen years of age. ⋯→ 원고(原告)가 18세에 이를 때까지 그 돈은 신탁에 맡겨야 한다고 법에 명시되어 있다.

book 책, 예약하다

You will receive a rebate of up to 20% if you **book** your travel plans through a licensed travel agency. ⋯→ 인가된 여행사를 통해 여행일정을 예약하면, 최고 20%까지 환불받을 것이다.

plant 공장, 심다

My father woke up early every day last week in order to **plant** vegetables in his garden. ⋯→ 우리 아버지는 정원에 야채를 심기 위해 지난 주 매일 일찍 일어나셨다.

default 컴퓨터의 기본값, (채무) 불이행, 이행하지 않다

By failing to pay his rent for three months, the man **defaulted** his down payment to the bank. ⋯→ 그 남자는 석달 동안 임대료를 지불하지 않아서, 은행에 예치한 돈을 잃었다.

conflict 갈등, 견해충돌, (약속이) 겹치다(~ with)

I will not be able to attend the luncheon as it **conflicts** with a previously scheduled appointment. ⋯→ 앞서 잡힌 약속과 겹쳐서 나는 그 오찬에 참석할 수 없을 것이다.

company　회사, 사귐, 동석, 함께하다

I would have fallen asleep at the wheel if Jean hadn t been around to keep me **company**. ···▶ 진이 내 옆에서 말동무를 해주지 않았다면, 난 아마 운전중에 곯아 떨어졌을 것이다.

leg　다리, 한 구간, 장거리 비행의 한 노정

The transpacific **leg** of the tour will stop in Hong Kong, Thailand, and Korea. ···▶ 여행의 태평양 횡단 비행노정에서는 홍콩과 태국, 그리고 한국에 기착할 것이다.

sort　종류, 약간, 조금(sort of), 분류하다

The firemen spent all day **sorting** through the wreckage of the plane that crashed into the Florida everglades. ···▶ 소방관들은 종일 플로리다 소택지에 추락한 비행기의 잔해를 뒤지면서 보냈다.

real　실제의, 부동산의, 물적인

In order to raise the cash, the couple had to refinance the **real** estate they owned. ···▶ 현금을 조달하기 위해서 그 부부는 자신들이 소유하고 있던 부동산을 저당잡혀 돈을 마련해야 했다.

complex　복잡한, 콤플렉스, 건축 단지, 복합체

Construction of the new Sogo sports **complex** is slated for completion in late October. ···▶ 신(新) 소고 스포츠 단지는 10월말에 완공될 예정이다.

route　도로, 노선, (전화를) 돌리다

The salesman told his secretary to **route** all of his important calls to his hotel room in Vienna. ···▶ 판매원은 그의 비서에게 모든 중요한 전화를 비엔나의 자기 호텔방으로 돌려달라고 했다.

impression 인상, 각인, 압인

The locksmith asked his assistant to run back to the truck and make an **impression** of the key. ···→ 열쇠공은 조수에게 트럭으로 뛰어가서 열쇠의 본을 떠오라고 시켰다.

hardware 컴퓨터의 하드웨어, 철물

The carpenter called up the **hardware** store and placed an order for three hundred pounds of cement. ···→ 목수는 건자재 철물점에 전화하여 시멘트 300파운드를 주문했다.

sole 유일한, 단독의, 발바닥, 밑창

It is important that you remove the dirt from the **soles** of your shoes before entering the dance studio. ···→ 댄스 스튜디오에 들어가기 전에 신발 밑창에서 흙을 털어내는 것이 중요하다.

outfit 회사, 복장

The newspaper reported that many of the workers felt they were working for a dishonest **outfit**. ···→ 그 신문은 많은 근로자들이 부정직한 회사를 위해 일하고 있다고 느낀다고 보도했다.

Beginning next weekend, all employees will be permitted to wear casual **outfits** to work on Saturday. ···→ 다음 주말부터 모든 직원들은 토요일에는 평상복 입는 것이 허용될 것이다.

contingent 부정(不定)의, 불확정의, …에 달려있는

The real estate contract states that a **contingent** fee must be paid to the agent. ···→ 부동산 계약서에는 중개업자에게 성공사례금을 지불해야 한다고 명시되어 있다.

The new policy states that delivery of the goods is **contingent** upon payment being received in advance. ···→ 새로운 지침에는 선불로 대금지급이 이루어져야 상품이 인도된다고 명시하고 있다.

courtesy 예의바름, 호의, 무료

When attending a wedding, you must always try to be kind and show some **courtesy**. ···→ 결혼식에 참석할 때는 언제나 친절하고 어느 정도의 예의를 보이도록 노력해야 한다.

The secretary told her husband that the tickets for the show were **courtesy** of her boss. ···→ 비서는 남편에게 그 공연의 입장권들은 그녀의 상사가 제공해준 것이라고 말했다.

2 | TOEIC에 자주 나오는 혼란어

┌ **compliment** 칭찬, 칭찬하다 (cf. complimentary 칭찬의, 무료의)
└ **complement** 보충물, 보완하다 (cf. complementary 보충하는)

┌ **tab** 꼬리표, 계산서, …로 장식하다, 표로 만들다
│ **tap** (수도)꼭지, 가볍게 두드리다, 개척[이용]하다
└ **tip** 비결, 묘책, 기울기, 뒤집어엎다

┌ **deduce** 추론하다 (to reach a conclusion by reasoning)
└ **deduct** 공제하다, 빼다 (to take away an amount or part from a total)

┌ **stationary** 정지된, 움직임이 없는 (standing still; not moving)
└ **stationery** 문구류 (materials for writing)

┌ **precede** …에 앞서다, 선행하다 (to come or go before something)
└ **proceed** 나아가다, 계속 진행하다 (to go on to do something)

┌ **overdo** 혹사시키다 (to do something in a way that is too extreme)
└ **overdue** 지급기한이 지난, 연체된 (not paid, delivered, or returned by the due date)

┌ **through** …을 통과하여, 끝까지
└ **thorough** 철저한, 완전한

┌ **species** 종류, 종
│ **specific** 특유한, 상세한 점, (pl.) 명세서
└ **specify** 상술하다, 일일이 이름을 들어 말하다

┌ **cite** 인용하다
└ **site** 위치, 장소

remain 남다, (pl.) 잔액, 유물
reminder 메모, 독촉장
remainder 나머지, 잔여

rational 이성적인, 합리적인 (reasonable and sensible)
rationale 근거, 이유, 원리 (underlying reasons)

adopt 채택하다, 양자로 삼다 (to choose or take as one's own)
adapt 적응시키다, 번안하다 (to make fit for a particular need or condition)

council 회의, 의회
counsel 의논, 조언, 조언하다, 권하다
consul 영사

affect 영향을 미치다 (to influence or cause a change in)
　　　　 ···인 체하다 (to imitate, often in a pretentious manner)
effect 결과, 효과

principal 주요한, 교장
principle 원칙, 원리

attain 도달하다, 달성하다 (to achieve a goal or desired state, usually
　　　　 with effort)
pertain 속하다, 관계하다 (to relate to something or have relevance,
　　　　 reference, or a connection to it)

retain 보류하다, 보유하다 (keep something in position; to keep
　　　　 possession of something)
sustain 유지하다, 계속하다 (to manage to withstand something and
　　　　 continue doing something in spite of it)

altar 제단
alter 변화시키다, 변화하다

personal 개인의
personnel 전직원, 인원

eminent 저명한 (superior in position, fame, or achievement)
imminent 임박한 (about to happen or threatening to happen)

contend 다투다, 주장하다
content 만족하는, 만족시키다, (pl.) 내용

command 명령하다, 지배하다
commend 칭찬하다, 권하다

discrete 별개의 (completely separate and unconnected)
discreet 분별있는, 신중한 (careful to avoid embarrassing or upsetting others)

lesson 학과, 수업, 가르치다
lessen 줄다, 감소하다

besides 그밖에 (moreover), …외에도 (as well)
beside …의 곁에 (next to or at the side of)

descent 하강, 혈통
decent 버젓한, 단정한

instinct 본능
distinct 별개의, 뚜렷한

lay 누이다, 놓다
lie 눕다, 거짓말하다

raise 올리다, 일으키다
rise 오르다

stature 키, 신장 (the standing height of somebody or something)
statue 상 (carved or cast figure of a person or animal, especially one that is life-size or larger)
statute 법령 (a law established by a legislative body)

suit 소송, 정장 한벌
suite (호텔 등의) 스위트룸

unit 단위
unite 결합하다

versatile 재주가 많은, 다용도의
volatile 변하기 쉬운, 휘발성의

reward 보수, 보답하다
award 상, 수여하다

certify 증명하다, 보증하다 (to state or confirm that something is true or correct)
verify 진실임을 증명하다, 확인하다 (to prove that something is true)
ratify 재가하다, 비준하다 (to formally approve something)

infer 추론하다 (to conclude from evidence or premises)
refer 참고하다 (to direct to a source for help or information)
confer 의논하다 (to discuss something with somebody),
수여하다 (to give honor or title to somebody)

replace 대신하다
displace 바꾸어놓다, 대신하다
misplace 잘못두다, 둔곳을 잊다

assure 보증하다 (to give honor or title to somebody to overcome somebody's doubt or disbelief about something)
ensure 보장하다 (to make something certain: to make sure that something will happen)
insure 보험계약하다 (to cover something with insurance)

capital 수도, 대문자, 자본
capitol (미) 국회의사당

moral 도덕상의
morale 사기

savvy 정통한, 경험있고 박식한
divvy 분할, 배분, 나누다, 분배하다

concur 일치하다, 동의하다 (to have the same opinion or reach agreement on a specified point)
recur 재발하다, 되풀이하다 (to happen or appear once again or repeatedly)

❀잠깐! 문장 속에서 확인

1. I needed to **(verify, certify)** some facts so I went to the library to look them up.

> ⋯⋯ certify는 어떤 사실이나 서류 등을 공식적으로 올바름을 확인해주는 것으로 여기서는 도서관에 가서 어떤 것이 사실임을 확인하거나 확실히 해두는 것을 말하는 것으로 verify가 와야 한다.

2. The payroll clerk forgot to **(deduce, deduct)** tax from my paycheck this week.

> ⋯⋯ 경리부 직원(payroll clerk)이 잊어버린 건 봉급(paycheck)에서 세금을 추론하는 (deduce)게 아니라 공제하는(deduct) 것이다.

3. To **(assure, ensure)** accurate information, the newspaper reporter insisted on conducting the interview himself.

> ⋯⋯ 정확한 정보(accurate information)를 '보장하는' 것은 ensure.

4. The company s translator has a good **(commend, command)** of the English language.

> ⋯⋯ commend는 「칭찬(하다)」는 뜻이고 여기서는 뭔가 「통제하고 지배하여 자유롭게 구사(한다)」라는 의미의 command가 와야 한다.

5. Our seminar will be the one **(preceding, proceeding)** the presentation about workplace safety.

> ⋯⋯ 「우리 세미나가 다른 발표(presentation)에 앞서 시작된다」는 의미로 그냥 앞으로 나아간다는 의미의 proceeding보다는 시간상 앞서 간다는 preceding이 적절하다.

6. Unfortunately, the amount of information one can **(retain, pertain)** diminishes as one gets older.

> ⋯⋯ 나이가 들어감에 따라 보유할 수 있는 정보의 양이 줄어들 수 밖에 없는 현실을 언급한 것으로 to keep or continue to have something의 의미인 retain이 들어갈 자리.

7. The stewardesses brought the man his **(complementary, complimentary)** meal.

> ⋯⋯ 한끝 차이로 다른 단어가 되어버리는 경우. complementary는 「보충의」, 「보완하는」 이라는 의미. 여기서는 「칭찬의」, 「무료의」라는 complimentary가 와야 한다.

3 | TOEIC에 자주 나오는 복합어

safety feature 안전장치

safety precaution 안전예방
safety devices 안전 장치

The plane comes with a number of unique **safety features**. ···▸ 그 비행기에는 독특한 특수 안전장치가 많이 딸려 있다.

expiration date 만기일

The **expiration date** on this milk is tomorrow, so maybe we shouldn t buy it. ···▸ 이 우유는 유통기한이 내일로 사지 않는 게 좋겠다.

top priority 최우선

Please give this assignment **top priority** this week, as it must be completed before the weekend. ···▸ 이 문제를 금주의 최우선 사항으로 해주십시오. 주말이 되기 전에 끝내야 하니까요.

performance appraisal 인사 고과

job performance 업무성과

If you feel that you should be considered for a promotion, you ought to request a **performance appraisal** in writing. ···▸ 당신이 승진대상자라고 생각한다면, 서면으로 실적평가를 요구해야 한다.

profit margin 이윤, 한계 수익점

A distributor s income is derived from three sources: retail **profit margins**, monthly network discounts, and yearly bonuses. ···▸ 유통업자의 수입은 다음 세가지 소득원에서 얻어지는 것입니다. 즉, 소매 이윤, 매달 유통업체에게 할인해 주는 것, 그리고 연간 보너스입니다.

sales figures 매출액

Sales figures for December will be available in early January. ···▸ 12월의 총판매액은 1월초에 알 수 있다.

marketing strategy 판매 전략

The company decided to change its **marketing strategy** in order to capture the teenage market. ⋯→ 그 회사는 10대들의 시장을 확보하기 위해 마케팅 전략을 바꾸기로 결정했다.

employee[staff] productivity 직원 생산성

A consultant was called in to help increase **employee productivity**. ⋯→ 직원의 생산성 증대를 도울 컨설턴트가 초빙되었다.

bottom line 총결산, 요점

The **bottom line** is that we have to make more money before the IRS finds out what we are doing. ⋯→ 결론은 국세청에서 우리 일을 알아차리기 전에 돈을 더 많이 벌어들여야만 한다는 사실이다.

listed company 상장회사

He didn t know who to call, so he checked the directory for a **listed company** in his immediate area. ⋯→ 그 남자는 누구에게 전화해야 할 지 몰라서 인근 지역에 있는 상장회사 명부를 조사했다.

exclusive rights 독점권

The author was given **exclusive rights** to the story, and is going to write a novel next year. ⋯→ 그 작가는 그 이야기에 대한 독점권을 얻어 내년에 소설을 쓸 예정이다.

disposable income 가처분 소득

Because of their jobs, their **disposable income** allows them to live a very comfortable lifestyle in the city. ⋯→ 그 사람들은 돈을 많이 버는 직업을 가지고 있어서 자신들의 가처분 소득으로 이 도시에서 아주 안락하게 생활할 수 있다.

fiscal year 회계년도

We expect the company will post an after-tax profit of more than one million dollars this **fiscal year**. ⋯→ 우리는 회사가 올 회계년도에 세금을 떼고도 백만 달러가 넘는 이윤을 기록할 것으로 예상한다.

complimentary beverage 무료 음료

Complimentary beverages and snacks will be offered to all passengers flying with United Airlines. ···▶ 음료와 스낵이 유나이티드 항공을 이용하는 승객들에게 모두 무료로 제공될 것이다.

annual audit 연례 회계감사

The company publishes **annual audit** reports every March. ···▶ 회사는 매년 3월에 연례 회계감사 보고서를 공시한다.

certified mail 등기우편

The money order was sent by **certified mail** to guarantee delivery.···▶ 우편환은 배달을 확실히 하려고 등기우편으로 보냈다.

commercial bank 시중은행, 상업은행

Texas International Bank is a mid-sized **commercial bank** that conducts most of its activities along the US-Mexico border and in the Republic of Mexico. ···▶ 텍사스 국제은행은 영업을 대부분 미국과 멕시코의 국경지대 및 멕시코에서 하고 있는 중간 규모의 상업은행입니다.

survey results 조사결과

I just received the **survey results** and I m not too sure we should publish them. ···▶ 지금 막 조사 결과를 받았는데 그것을 발표해야 하는지 정말 확신이 서질 않는다.

regular customer 단골손님

The old Polish man was a **regular customer** of the pastry shop. ···▶ 그 나이든 폴란드 남자는 페이스트리 과자가게의 단골손님이었다.

financial activities 재정활동

The company s **financial activities** were made public in a report written by the CFO. ···▶ 회사의 재정 활동은 최고 재무 책임자가 쓴 보고서에 공개되었다.

assembly line 생산 조립 라인

The manager decided that he would conduct periodic spot checks of the products that were produced using the **assembly line**. ⋯→ 그 책임자는 조립라인에서 생산된 제품을 주기적으로 임의추출 검사를 실시하기로 결정했다.

consumer goods 소비재

Consumer goods have been the main focus of this company over the past year. ⋯→ 소비재는 이 회사가 지난 한 해 동안 가장 중점을 뒀던 부분이다.

advertising agency 광고 대행사

The marketing director hired an **advertising agency** to help him with publicity. ⋯→ 마케팅 이사는 홍보 분야에서 도움을 얻기 위해 광고 회사를 고용했다.

economic power 경제력

The country s **economic power** has diminished rapidly over the past few years. ⋯→ 그 나라의 경제력은 과거 몇 년 사이에 급격히 감소했다.

legal aid 무료 변호사

The **legal aid** came forward, and shared with us her views on the case at hand. ⋯→ 무료 변호사가 나서서 현재 재판에 걸려있는 건에 대한 자신의 견해를 우리에게 들려주었다.

road construction 도로건설

I m sorry I m late, traffic was slower than usual because of **road construction**. ⋯→ 늦어서 죄송합니다. 도로건설 공사 때문에 보통 때보다 길이 막혔어요.

account information 회계정보
volume purchase 대량구매
bank account 예금계좌
customer satisfaction 소비자만족
health benefits 건강보험 급부금
side effect 부작용
maintenance service 유지관리 서비스
currency fluctuation 통화 변동
customs regulation 통관 규정
customer loan 소비자 대출
production facilities 생산설비
sales strategy 판매전략
advertising strategy 홍보전략
book keeping[keeper] 회계[경리]
information[service] desk
　　　　　　　　　 안내 데스크
toll collection 통행료 징수
flight attendant 승무원
installment payment 할부금
maternity leave 출산휴가
insurance coverage 보험 적용범위
maintenance crew 시설 관리 직원
maximum[top] secret 극비
product recognition 제품 인지도
attendance record 출석율
heating equipment 난방장치
allergy symptoms 알러지 증상
export documents 수출서류
negotiation process 협상과정
renovation plan 개혁안, 혁신계획
sports complex 종합 체육관
sensitivity program 감성 프로그램

baggage allowance 수하물 허용중량
exhibition booths 전시 부스
idea exchange 의견교환
service contract 서비스 계약
voter registration 투표인 등록
seat availability 잔여석
customer loyalty
　　　　　(제품에 대한) 고객충성도
home improvement 주택개량
emergency exit 비상구
sales projection 예상 매출액
sales tax 영업세
work performance 직무수행
safety standards 안전규정
hotel reservation 호텔예약
prescription medicines[drug]
　　　　　　 의사의 처방이 필요한 약
fierce competitiveness 치열한 경쟁
maximum rate 최대속도, 최대비율
protective clothing 보호복, 방화복
spending habits 소비습관
environmental standards 환경기준
raw materials 원료
written consent 서면동의
personal belongings 개인 소지품
additional charge 추가요금
administrative staff 관리직원
advanced nation 선진국
developing nation 개발도상국
full amount 전액
medical benefits 의료보험 혜택
institutional investor 기관 투자가

4 | TOEIC에 자주 나오는 약어(略語)

temp	temporary worker	임시 직원
FY	fiscal year	회계연도
OEM	original equipment manufacturing	주문자 상표에 의한 생산
TM	trademark	상표
FRB	Federal Reserve Board	연방 준비 제도 이사회
ID	identification	신분증, 신원확인
FAQ	frequently asked questions	자주 나오는 질문
CEO	Chief Executive Officer	최고 경영자
CPA	Certified Public Accountant	공인회계사
M&A	mergers and acquisitions	인수 · 합병
P&L	profit and loss	손익(損益)
CD	certificate of deposit	양도성 예금 증서
APR	annual percentage rate	연이율
PIN	personal identification number	비밀번호
NYSE	New York Stock Exchange	뉴욕 증권거래소
IRS	Internal Revenue Service	(미) 국세청
VAT	value-added tax	부가가치세
a.k.a	also known as	일명(一名) …인
ASAP	as soon as possible	가능한 한 빨리
DOA	dead on arrival	(병원에) 도착시 사망
FYI	for your information	참고용
IOU	I owe you	약식 차용증서
vet	veterinarian / veteran	수의사 / 재향군인
pix	pictures	사진

int'l	international	국제적인
prep	preparatory (school)	美 사립 명문고
ETA	estimated time of arrival	도착 예정 시간
POW	prisoner of war	전쟁포로
MIA	missing in action	전투 중 실종된 자
ABS	anti-lock brake system	차량의 잠금방지 제동장치
PTA	parent teacher associations	사친회
ESL	English as a Second Language	제 2언어로서의 영어
ELT	English Language Teaching	영어 교수
B&B	bed and breakfast	민박집
ad	advertisement	광고
CPI	consumer price index	소비자 물가 지수
Inc.	incorporated	주식회사의
Ltd.	limited	유한회사의
D.A.	district attorney	지방 검사
FDA	Food and Drug Administration	식품 · 의약품국
C	Celsius	섭씨
F	Fahrenheit	화씨
VP	Vice President	부통령, 부사장
co-op	cooperative	협동조합
P.O.	post office	우체국
avg.	average	평균, 보통
Av(e).	Avenue	…가(街)
Blvd.	Boulevard	…대로(大路)
Rd.	Road	…로(路)

※ 도시 간 도로명에 많이 쓰이며 도심내 거리는 주로 St.(Street).

grad	graduate	졸업생
prof	professor	교수
MVP	most valuable player	최우수 선수
AP	Associated Press	연합통신

bldg	building	건물
fl.	floor	층(層)
lab	laboratory	실험실
assn.	association	협회, 조합
dept.	department	부(서)

hdqrs.	headquarters	본사
co.	company	회사
AWOL	absent without leave	무단 결근[이탈]
B.A.	Bachelor of Arts	문과의 학사학위
B.S.	Bachelor of Science	이과의 학사학위

ext.	extension	(전화의) 내선(內線)
attn.	attention	…앞. 편지나 문서의 수신자를 밝히는 말
SEC	Securities and Exchange Commission	증권거래 위원회
co-ed	co-educational (school)	남녀공학(의), 남녀공학에 다니는 여학생
HBO	Home Box Office	프로그램을 주문할 수 있는 케이블 TV 방송사

drive-thru	drive-through	차에 탄 채 구경 또는 구입할 수 있게 되어있는
BLT	bacon, lettuce, and tomato (sandwich) 베이컨과 양상추, 토마토를 넣은 샌드위치	
PBJ	peanut butter and jelly (sandwich) 땅콩 버터와 젤리를 넣은 샌드위치	
BYOB	bring your own bottle 주류(酒類)는 각자 지참(파티 초대장 등에서)	
R.S.V.P	Répondez s'il vous plait 참석 여부를 알려주시기 바랍니다(Reply, if you please라는 뜻의 불어)	

GMAT   Graduate Management Admission Test
美 경영대학원 진학시험
※ 「법과 대학원」은 LSAT(Law School Admissions Test), 「일반 대학원」은 GRE(Graduate Record Examination), 「대학」은 SAT(Scholastic Aptitude Test)를 친다.

TESOL   Teaching English to Speakers of Other Languages
비영권 사람들을 위한 영어교수법

soho   small office / home office
(집을 사업장 삼아 시작하는) 소규모 사업체

MBA   Master of Business Administration   경영학 석사
※ 「문과 석사」는 M.A.(Master of Arts), 「이과 석사」는 M.S.(Master of Science).

PGA   Professional Golfers' Association   프로 골퍼 협회
※ 한편 「여자 프로 골퍼 협회」는 LPGA(Ladies Professional Golf Association).

WASP   White Anglo-Saxon Protestant
앵글로색슨계 백인 신교도들
※ 美 정계, 재계 등 곳곳에서 요직을 차지하며 특권층을 형성하고 있다.

NASDAQ   National Association of Securities Dealers Automated Quotations   美 증권업 협회(NASD)의 컴퓨터 주식거래 시스템

● 잠깐! 문장 속에서 확인

1. An **MBA** does not guarantee you a good job upon graduation.
⋯⋯ 경영학 석사학위가 졸업과 동시에 좋은 직업을 보장하지는 않는다.

2. Annika Sorenstam became the first woman to shoot a 59 in an **LPGA** tournament.
⋯⋯ 애니카 소렌스탐은 LPGA 대회에서 59타를 친 최초의 여성이 되었다.

3. Mr. Smith was hired as the **VP** of the sales department after the **FY** came to a close.
⋯⋯ 스미스씨는 그 회계년도가 끝난 후 영업담당 부사장에 기용되었다.

4. John Smith, **a.k.a.** Paul Brown, was last seen in Tokyo.
⋯⋯ 폴 브라운으로도 알려진 존 스미스는 도쿄에서 마지막으로 목격되었다.

5. She had no money to pay the bill so she left an **IOU**.
⋯⋯ 그 여자는 청구서를 지불할 돈이 없었기 때문에 간단한 차용증서를 남겼다.

6. According to the airport attendant, the **ETD** of the flight is in about 25 minutes.
⋯⋯ 공항 직원의 말에 따르면, 그 비행기는 25분쯤 후에 출발할 예정이에요.

7. For lunch, I could go for a really big **BLT** with lots of mustard.
⋯⋯ 점심으로 난 겨자를 잔뜩 넣은 아주 큰 BLT 샌드위치가 먹고 싶어.

8. Because the deadline is quickly approaching, please respond to this urgent request **ASAP**.
⋯⋯ 마감일이 코앞에 닥쳤으니 이 긴급 요청에 가능한 한 빨리 답해주세요.

9. I regret to inform you that your son was brought to the hospital **DOA**. ⋯⋯ 아드님이 병원 도착시 이미 사망해 있었다는 사실을 알려드리게 되어 유감으로 생각합니다.

10. All products sold by our company are produced on an **OEM** basis. ⋯⋯ 우리 회사가 판매한 모든 제품들은 주문자 상표 생산방식에 의해 생산되었다.

5 │ TOEIC에 자주 나오는 구분해야 할 명사/형용사

● 명사형이 2개다!

- **time** 시간
- **times** 시대

- **economy** 경제
- **economics** 경제학

- **base** 기초
- **basics** 기초원리
- **basis** 기준, 근거

- **procedure** 순서, 절차
- **proceeds** 수익

- **application** 신청
- **appliance** (가정용) 전기기구

- **protective** 보호물
- **protection** 보호

- **registry** 등기부
- **registration** 등록(서류)

- **moral** 교훈, 도덕
- **morale** 사기

- **condition** 조건, 상태
- **conditioner** 냉·난방 장치

- **placement** 배치
- **place** 자리

- **clothes** 옷, 의복
- **cloth** 천, 헝겊

- **percent** 퍼센트
- **percentage** 비율

- **device** 장치
- **devices** 책략

- **excellency** 각하(경칭)
- **excellence** 우수, 탁월

- **technique** 기술, 기교
- **technicality** 전문성

- **facility** 솜씨, 용이
- **facilities** 편의시설

- **issue** 발행, 결과, 논점
- **issuance** 발급, 급여

- **realism** 현실주의
- **reality** 현실(성)

- **segment** 단편
- **segmentation** 분할

- **friendship** 우정
- **friendliness** 친절

- **potential** 잠재적 가능성
- **potency** 힘, 효능

- **observance** 준수
- **observation** 관찰

- **creation** 창조
- **creativity** 창조성
- **creature** 생물, 창조물

- **editorial** 사설, 논설
- **editor** 편집위원
- **editing** 편집

- **object** 물건, 목적
- **objective** 목적, 목표
- **objection** 반대

사람명사 vs. 사물명사

- **representative** 대표자
- **representation** 설명, 진술

- **statistician** 통계학자
- **statistics** 통계

- **graduate** 졸업자
- **graduation** 졸업

- **visitor** 방문객
- **visit[visitation]** 방문

- **companion** 동료, 상대
- **company** 회사, 동행

- **developer** 개발자
- **development** 개발

- **engineer** 기술자
- **engineering** 공학, 기술

- **chemist** 화학자
- **chemistry** 화학

- **recipient** 수납자, 수령인
- **reception** 수령, 접대, 환영회

- **prosecutor** 검사
- **prosecution** 기소

- **winner** 우승자
- **winning** 우승

- **illustrator** 삽화가
- **illustration** 삽화

translator 번역가
translation 번역

journalist 저널리스트
journalism 신문, 잡지 업계

assembler 조립공
assembly 집회, 국회

president 의장
presidency 의장직, 주재

owner 주인
ownership 소유권

intellectual 지식인
intellect 지성

distributor 배급업자
distribution 분배, 배분

consultant 상담자
consultation 상담, 자문

electrician 전기공
electricity 전기, 전기학

supervisor 관리자
supervision 관리, 감독

resident 주민
residence 거주

accountant 회계사
account 회계, 계정

author 저자, 창시자
authorization 권한, 공인

authorities 당국
authority 권위

manufacturer 제조업자
manufacture 제조

applicant 지원자
application 신청, 지원

advisor 충고자
advice 충고, 조언

campaigner 운동가
campaign 조직적인 운동

rival 경쟁자, 적수
rivalry 경쟁, 대항

subscriber 구독자
subscription 구독

borrower 차용인
borrowing 차용

missionary 전도사, 주창자
mission 임무

- **innovator** 혁신자
- **innovation** 혁신

- **consumer** 소비자
- **consumption** 소비

- **supporter** 지지자, 후원자
- **support** 지지, 후원

- **adventurer** 모험가
- **adventure** 모험

- **patron** 보호자, 단골 손님
- **patronage** 보호, 찬조

- **agriculturalist** 농업가
  (=agriculturist)
- **agriculture** 농업

- **person** 사람
- **personality** 개성

- **photographer** 사진사
- **photograph** 사진

- **moderator** 중재자
- **moderation** 절제, 중용

- **donator** 기부자
- **donation** 기부, 증여

- **founder** 창립자
- **foundation** 창립, 기초

- **patient** 환자
- **patience** 인내

- **member** 회원
- **membership** 회원자격

- **attendant** 안내원
- **attendee** 출석자
- **attendance** 출석

- **interviewer** 면접자
- **interviewee** 피면접자
- **interview** 면접

● 동일 어원에서 파생한 비슷한 형태의 형용사

┌ **intense** 격렬한
└ **intensive** 집중적인

┌ **continual** (끊겼다가 또) 계속되는
└ **continuous** (끊임없이) 계속되는

┌ **additional** 추가적인
└ **additive** 덧셈의

┌ **economic** 경제(상)의
└ **economical** 절약하는

┌ **secret** 비밀의
└ **secretive** 숨기는

┌ **healthful** 건강에 좋은
└ **healthy** 건강한

┌ **likely** 있음직한
└ **likable** 호감이 가는

┌ **ingenious** 독창적인
└ **ingenuous** 순진한

┌ **whole** 모든
└ **wholesome** 건강에 좋은

┌ **incredible** 믿을 수 없는, 놀라운
└ **incredulous** 의심많은

┌ **childish** 어리석은
└ **childlike** 순진무구한

┌ **respectable** 존경할만한
│ **respectful** 공손한
└ **respective** 각각의

TOEIC 필수 Idioms

Track 24 | 동사별 동사구
Track 25 | Be 동사구
Track 26 | 전치사구

01 동사별 동사구

■ get

get away from …에서 벗어나다

She wanted to **get away from** the rat race of New York so she took a vacation. ⋯→ 그 여자는 뉴욕의 치열한 경쟁에서 벗어나기를 원했기 때문에 휴가를 얻었다.

get hold of …을 얻다, …와 연락이 되다

I m dying to **get hold of** those reports, so that I can understand why so many people quit their jobs at that company. ⋯→ 나는 그 보고서들을 손에 넣고 싶어 죽겠어. 왜 그렇게 많은 사람들이 그 회사를 그만두었는지 알 수 있게 말이야.

get in touch with …와 연락하다

If you **get in touch with** the manager, please ask him to call me down on the trading floor. ⋯→ 부장과 연락이 되면 거래장으로 내게 전화를 달라고 해요.

get used to …에 익숙해지다

get accustomed to …에 익숙해지다

I need to **get used to** the new operating system that is running on my computer. ⋯→ 내 컴퓨터에 작동하고 있는 새로운 운영체제에 익숙해질 필요가 있다.

get together 모이다, 모으다, 잘 정리하다

Why don t we **get together** on Saturday to discuss the

recent trends in the market. ⋯▸ 토요일에 만나서 시장의 최근 동향에 대해 논의하는 게 어떻겠어요?

get through   빠져나가다, 통과하다

We just wanted to **get through** the day without another disaster happening.⋯▸ 우리는 또 다른 피해 없이 그 하루를 끝내기를 바랐다.

get along   지내다, 나아가다

get along with   ⋯와 사이좋게 지내다

Recently, I have found that I really do not **get along with** my wife s parents. ⋯▸ 최근에 나는 장인 · 장모님과 잘 지낼 수가 없다는 것을 알게 되었다.

get back to   ⋯로 되돌아가다

They need to **get back to** the basics in order to be a successful company again. ⋯▸ 다시 성공적인 회사가 되기 위하여 그들은 기본으로 돌아갈 필요가 있다.

get involved in   ⋯에 관련되다

We kept telling her not to **get involved in** that kind of business. ⋯▸ 우리는 그 여자에게 이런 종류의 일에 연루되지 말라고 계속해서 말했다.

get ready to[for]   ⋯에 대비하다

The broker told his clients to **get ready for** a downturn in the market. ⋯▸ 중개인은 고객에게 시장의 침체를 대비하라고 했다.

get in the way   방해되다

Do not let your lazy friends **get in the way** of your success; if you hang around with losers, you will become a loser. ⋯▸ 너의 게으른 친구들이 너의 성공을 방해하게 놔두지 말아. 패배자들과 어울리면 너도 패배자가 될 거야.

get sth p.p. …을 ~해놓다

Let s **get it done** Thursday so we can inspect it
ourselves before the weekend. ⋯▶ 목요일에 끝내서 주말까지는 우
리가 직접 검사할 수 있도록 합시다.

get sby to + V …에게 ~을 하게 하다

I ll **get my secretary to** put the sales reports together
for the presentation next Monday. ⋯▶ 비서를 시켜서 다음 월요일
의 발표회에 필요한 영업보고서를 준비하라고 하겠습니다.

More⁺⁺

get free 벗어나다
get a headache[disease] 두통[병]에 걸리다
get[have] one's fill of …을 잔뜩 먹다
get[be] posted in …에 대한 최신 정보를 알다, …에 게시되다
get rid of …을 제거하다, …에서 벗어나다
get ahead of …의 앞으로 가다, (상대를) 능가하다
get better 병세가 좋아지다
get going 가다, 시작하다
get sth straight …을 제대로 정리하다, 바로잡다

■ give

give out 배포하다, 나눠주다

The management at the company decided to **give out**
a special bonus. ⋯▶ 회사의 경영진은 특별 보너스를 나눠주기로 결정했다.

give away 처분하다, 남에게 주다

Our cat had kittens and we **gave away** the ones that

we couldn t afford to keep. ⋯⇢ 우리 고양이가 새끼를 낳았는데 기를 수 없는 새끼들을 남에게 주었다.

give a ride[lift]   차에 태워가다

have a ride 차를 타다
need a ride to ⋯하는 차편이 필요하다
share a ride home 함께 타고 집에 가다

She had to **give me a lift** home because I drank too much and I couldn t drive. ⋯⇢ 나는 너무 많이 마셔서 운전할 수 없었기 때문에 그 여자가 나를 집까지 태워주어야만 했다.

give it a second thought   다시 생각하다

After **giving it a second thought**, we decided that we should take the trip. ⋯⇢ 다시 생각 좀 해본 후에, 우리는 여행을 가기로 결정했다.

give rise to   ⋯을 일으키다

Speculation about the president s involvement in the bribery scandal has **given rise to** many debates. ⋯⇢ 사장의 뇌물 스캔들 연루에 대한 추측으로 많은 얘기가 오가고 있었다.

give priority to   ⋯에 우선권을 주다

take priority 우선권을 가지다
have priority over ⋯보다 우선권이 주어지다

I had to **give priority to** Miss Johnson because she is the new chairwoman. ⋯⇢ 존슨 씨는 새로 취임한 회장이어서 그 여자에게 우선권을 주어야 했다.

give (sby) a hand   도와주다

She wanted me to **give her a hand** rearranging the furniture in her room. ⋯⇢ 그 여자는 자기 방에 있는 가구들을 재배치하는 걸 내가 도와줄 것을 바랐다.

give it a try 시도해보다

She was willing to **give it a try**, but I was apprehensive about it.····→ 그 여자는 기꺼이 시도해 보려 했지만 난 그것에 대해서 염려가 되었다.

give a reason 이유를 말해주다
give a presentation 발표하다
give a lecture 설교하다, 잔소리하다

give over to 넘겨주다, 맡기다
give up 포기하다

■ come

come down with (병 등에) 걸리다

Bill **came down with** a cold and called in sick. ····→ 빌이 감기에 걸려서 출근하지 못하겠다고 전화했어요.

come up with 찾아내다, 생각해내다

We d better **come up with** a good plan soon! ····→ 빨리 좋은 계획을 생각해 내야겠군요!

come across 우연히 만나다, …라는 인상을 주다

I prepared a speech so that I wouldn t **come across** as being stupid. ····→ 멍청해 보이지 않으려고 연설을 준비했다.

come close to …할 뻔하다, 거의 …하게 되다

Although we **come close to** the competition in terms of sales, they beat us by a few dollars. ····→ 우리는 매상 면에서는 경쟁사에 근접했지만 몇 달러 차이로 경쟁사가 앞선다.

come in 유행하다, 안에 들어가다

The fashion consultant at the department store said that platform shoes would **come in** again. ···▶ 백화점의 패션 컨설턴트는 창이 두꺼운 구두가 다시 유행할 것이라고 했다.

come with ···에 딸려나오다, 부속되어 있다

The new and improved Dustbuster vacuum **comes with** its own rechargeable battery. ···▶ 기능이 향상된 더스트버스터 진공청소기 신제품은 자체 충전배터리가 달려 있다.

come to think of it 생각해보니

Come to think of it, I shouldn t be doing this much work for such little pay. ···▶ 생각해보니, 난 그런 박봉을 받고 이렇게 많은 일을 해선 안된다.

come over ···에 들르다

Sally invited her neighbor to **come over** for a cup of coffee. ···▶ 샐리는 이웃에게 커피 한 잔 하러 들르라고 했다.

come about 발생하다

How did this dangerous situation **come about**? ···▶ 어쩌다 이렇게 위험한 상황이 벌어진 거지?

come to an end 끝장나다

bring to an end / put an end to ···을 끝내다

The way things have been going, it looks like their relationship will probably **come to an end** soon. ···▶ 돌아가는 상황으로 봐서 아마 그들의 관계가 곧 끝날 것 같다.

come to ···하게 되다, ···에 달하다

The bill for the repairs to the house should **come to** about $550.00. ···▶ 집수리 비용이 약 550달러에 달할 것이다.

come to + V ···하게 되다
come[be] from ···출신이다
come in better (수신이) 더 잘되다
come out (결과를) 낳다
come out of ···에서 나오다, 곤경에서 벗어나다

come + V ···하러 오다
come by 들르다, 손에 넣다
come along 잘 해나가다, 동의하다
come to terms with 감수하다

■ go

go for ···을 가지러가다, ···을 얻으려 애쓰다

제품 + go for ···의 값으로 팔리다
go for it 최선을 다하다

My friends kept urging her to **go for** it, but she felt that it was inappropriate. ···▶ 나의 친구는 계속해서 그녀에게 노력해보라고 재촉했지만 그녀는 그것이 부적당하다고 느꼈다.

go along (with) 앞으로 나아가다, 동행하다, 찬성하다

Although I do not agree with the feasibility of your plan, I ll **go along with** it anyway. ···▶ 나는 네 계획의 실현가능성에 동의하지는 않지만 어쨌건 따르기로 했다.

go into effect (새 법이) 실시되다

give effect to (법칙, 규칙을) 실행에 옮기다
be in effect 실시되다

We were not quite sure when the new law was going to **go into effect**. ⋯ 언제 그 새로운 법이 효력을 발할지는 불확실하다.

go on with (또는 to+ V) 계속 ⋯하다

I heard that the janitor at my elementary school **went on to** become the Mayor of the city. ⋯ 내가 나온 초등학교의 수위아저씨가 시장이 되었다는 얘기를 들었다.

go well with ⋯와 잘 어울리다

I think it would be a good idea to ask my wife what **goes well with** this suit. ⋯ 무엇이 이 정장과 잘 어울릴지를 아내에게 물어보는 것이 좋을 것 같다.

go over 검토하다

I think you should first **go over** the report before you criticize it. ⋯ 보고서를 비판하기 전에 넌 먼저 그것을 자세히 검토해봐야 한다고 생각해.

go beyond 능가하다

He is so patriotic that he would probably **go beyond** the call of duty to serve his country. ⋯ 그 남자는 애국심이 강해서 나라를 위해 군복무 하는 데 있어 의무로 요구되는 것을 아마 능가할 것이다.

go through 통과하다, 경험하다   go ahead 계속하다
시간명사 + to go 남은 ⋯시간   go on 해나가다, (일이) 일어나다
go[leave] for the day 퇴근하다   go + V (= go to + V) ⋯하러가다
go to the trouble 사서 고생하다
go easy on ⋯을 적당히[조심해서] 하다
go off (일이) 행해지다, (경보가) 울리다, (총이) 발사되다

■ be

be in charge of …을 담당하다, 책임지다

Who **is in charge of** public relations? ⋯→ 누가 홍보책임자입니까?

be into …에 관여하다, …을 좋아하다

They **re** really **into** going out for drinks on Fridays. ⋯→ 그 사람들은 금요일마다 술마시러 가는 걸 정말 좋아한다.

be of interest 흥미가 있는 사항[사물]이다

lose interest in …에 흥미를 잃다

He wanted to go to the science exhibition because it **was of interest** to him. ⋯→ 그 남자는 과학 전시회에 관심이 있어서 가고 싶어했다.

be of service to …에 소용이 되다

The staff was kind and kept asking if they could **be of service**. ⋯→ 그 직원들은 친절했고 도울 것이 없는지를 계속 물었다.

be a party to …에 관계하다

No matter what anyone says, **I m not a party to** that kind of dishonest behavior and would never condone it. ⋯→ 누가 뭐라고 하든 간에 나는 그런 부정직한 행동에 관여되어 있지 않으며, 또한 그러한 일을 용인하지 않겠다.

be about to + V 막 …하려고 하다

They **are about to** board the plane. ⋯→ 그 사람들은 막 비행기를 타려하고 있다.

be on the increase 증가 일로에 있다

increase (up) to …까지 증가하다

The management team hoped that the number of patrons would **be on the increase** next year. ⋯▸ 경영진은 내년에는 고객의 수가 증가하기를 바랬다.

be in need of ⋯이 필요하다

We **are in need of** a customer service manager who speaks both English and Korean. ⋯▸ 우리는 영어와 한국어 둘 다 할 수 있는 고객 서비스 담당자가 필요하다

be in line with ⋯와 일치하다

The company s estimate seems to **be in line with** our previous earnings forecast. ⋯▸ 그 회사의 추정치는 우리가 전에 예측했던 소득 수준과 일치하는 것 같다.

be of help 유용하다, 도움이 되다
be under contract 계약을 맺은 상태에 있다
be under control 통제되고 있다
be in control (of) (⋯을) 관리하고 있다
be after ⋯을 따르다, ⋯의 뒤를 쫓다
be in time for 시간에 맞추어 가다
be at odds with ⋯와 의견이 대립하다

▪ have

had better + V ⋯하도록 해

You d better finish that report before the end of the day or the boss will be angry. ⋯▸ 오늘이 가기 전에 저 보고서를 완성하도록 해. 안 그러면 사장님이 화내실 거야.

have[be] done with …을 끝내다, …을 처리하다

Fran, when do you think you can **be done with** that report? ⋯▸ 프랜, 그 리포트 언제 끝마칠 수 있니?

have sby + V …에게 …을 시키다

have sth p.p. …을 ~의 상태가 되도록 하다

The teacher **had me run** down to the infirmary and page the school nurse. ⋯▸ 선생님은 나를 시켜 양호실로 빨리 가서 양호 선생님께 호출하도록 했다.

have something to do with …와 관계가 있다

have to do with …와 관계가 있다

Most violent crimes in big cities are gang related or **have something to do with** drugs. ⋯▸ 대도시 폭력 범죄의 대부분은 폭력배와 관련이 있거나 아니면 마약과 연관되어 있다.

have no choice but to + V …할 수 밖에 없다

We **have no choice but to** hire another worker. ⋯▸ 우린 다른 직원을 고용할 수 밖에 없다.

have a hunch 예감이 들다

I **have a hunch** that they are buying up shares as we speak. ⋯▸ 그 사람들이 우리가 얘기하는 것처럼 주식을 살 거라는 예감이 들어.

have got to + V …해야만 한다(= have to)

I m late for my doctor s appointment. **I ve got to** go now. ⋯▸ 병원 예약시간에 늦어서 지금 가봐야 돼.

have yet to + V 아직 …해야 한다

have trouble ~ing …에 곤란을 겪다
have (close) ties with …와 친분이 있다
have had it 끝장이다, 질렸다
have no idea 모르다
Rumor has it that …라는 소문이다
have enough to …하는 것이 고작이다
have been around 경험이 풍부하다
have one's day 때를 만나다, 전성기를 누리다
            (cf. make one's day …를 유쾌하게 하다)
have a look at …을 훑어보다
have a chance 기회를 갖다
have an effect on …에 영향을 미치다
have a close call 위기상황을 가까스로 모면하다
have sth at one's fingertips …을 잘 알고 있다

■ do

do a good job 잘해내다

I patted him on the shoulder to let him know he **did a good job.** ···→ 일을 잘했다는 걸 알려주려고 그 사람 어깨를 가볍게 두드려 주었다.

do one's best 최선을 다하다

try one's best 전력을 다하다

The lady **did her best** to explain the letter from the lawyer in business terms. ···→ 그 여자는 변호사가 보낸 편지를 비즈니스 용어로 설명하는데 최선을 다했다.

do well on 잘하다

All of the teachers expect my daughter to **do well on** her test. ···→ 모든 선생님들은 내 딸이 시험을 잘 치를 것이라고 기대한다.

do sby a favor …의 부탁을 들어주다
do justice to 바르게 나타내다, 정확히 처리하다
do for a living 생계를 위해 일하다
do the training 훈련을 하다
do's and don't's 해야 할 것들과 하지 말아야 할 것들
do sby good …에게 득이 되다
do one's duty 의무를 다하다
do with …을 처분하다, …을 참다

■ make

make sure 확실히 하다

make sure to + V[that ~] 반드시 …하도록 하다

You should **make sure** that you back up all of your data. ⋯▸ 반드시 너의 모든 자료를 백업시켜야 한다.

Make sure you switch on the alarm system before you leave tonight. ⋯▸ 오늘밤 퇴근 전에 반드시 경보시스템을 작동시켜 놓으세요.

make up 차지하다

Sales from the automobile service division **made up** 35% of the company s total operating revenue. ⋯▸ 자동차 서비스부의 매출은 회사 전체 영업소득의 35%를 차지했다.

make up for …을 보상하다

Buoyant sales of canvass shoes **made up for** poor sales of shoes with leather uppers. ⋯▸ 캔버스화의 판매상승은 가죽신발의 판매 저조를 벌충했다.

make no difference　차이가 없다

It **makes no difference** to me where we go for dinner.
···→ 어디가서 저녁을 먹든 난 상관없어.

make do with　···로 그럭저럭 때우다

My mother always told me that I should **make do with** what I had and not be greedy. ···→ 어머니는 항상 내게 내가 가진 것으로 지내며, 욕심을 부려서는 안된다고 말씀하셨다.

make sense　말이 되다, 앞뒤가 맞다

Although he did not **make sense** at the time, I later realized what he was saying. ···→ 그 당시에는 그 사람을 이해할 수 없었지만, 나는 후에 그 사람의 말이 무슨 소리였는지 깨달았다.

make an effort　노력하다

The president **made an effort** to meet with each of the managers every week. ···→ 그 사장은 매주 부장들을 각각 만나기 위해 노력했다.

make it　성공하다, 도착하다
make out　이해하다, 업무를 수행하다
make a living　생계를 이어가다
make a mistake　실수를 저지르다
make up one's mind　결심하다
make fun of　···을 놀려대다
make[strike] a bargain　거래를 맺다
make time　서두르다, 시간을 내다
make sby + V　···를 ~하게 시키다
make a list of　···을 표로 작성하다
make a commitment to + V　···에 마음을 쏟다, 약속하다
make much of　···을 중요시하다 (cf. make little of　···을 얕보다)

■ take

take on (일 · 책임 따위를) 떠맡다

She had to **take on** the role of a mother for her three step children. ⋯⋯➤ 그 여자는 3명의 의붓자녀들을 위해 어머니의 역할을 받아들여야만 했다.

take time on + N 시간을 들여 신중하게 하다

take time in ~ing[to+V] 시간을 들여 신중하게 하다

The manager of the advertising department wanted us to **take our time on** the project. ⋯⋯➤ 홍보부장은 우리가 그 사업을 시간을 들여 천천히 하기를 원했다.

take ~ into consideration ⋯⋯를 참작하다

The school **took** the fact that the student was a recent immigrant **into consideration**. ⋯⋯➤ 학교에서는 그 학생이 최근에 이민왔다는 사실을 참작했다.

take away 제거하다, 치우다

They had to **take away** the water cooler at the office because it was defective. ⋯⋯➤ 그 사람들은 사무실에 있는 냉수기가 하자가 있기 때문에 치워야만 했다.

take in 끌어들이다, 옷을 줄이다

The man took his trousers to the tailor and had the waist **taken in** a few inches. ⋯⋯➤ 그 남자는 바지를 재단사에게 가져가서 허리를 몇 인치 줄여달라고 했다.

take steps 조처를 취하다

We **are taking steps** to resolve the conflict between management and labor. ···▸ 우리는 노사간의 갈등을 해결하기 위한 조처를 취하고 있는 중이다.

take turns 교대로 하다

We wanted to **take turns**, but we decided that it wouldn't be a good idea. ···▸ 우리는 교대로 하기를 원했지만, 그것이 좋은 생각이 아니라고 결론지었다.

take notice of …에 주목[주의]하다

give notice of …을 통지하다

We need to **take notice of** any potential problems on the assembly line and report them immediately. ···▸ 우리는 생산라인에 어떤 잠재적 문제거리라도 예의주시해서 즉시 그것들을 보고해야 한다.

take advantage of …을 이용하다

The employees asked how they could **take advantage of** the group discount rate. ···▸ 그 직원들은 단체할인 요금을 이용할 수 있는 방법을 물었다.

take place 발생하다
take part in 참여하다
take over 양도받다, 떠맡다
take sby to + 장소 …를 ~로 데려가다
take risks …위험을 감수하다
take a break 휴식을 취하다
take off 벗다, …에서 제거하다, 손을 놓다
take sth for granted …을 당연하게 여기다

take pride in …을 자랑하다
take back 도로찾다, 취소하다
take A for B A를 B로 오해하다
take after …을 닮다, 본받다
take notes 기록하다
take a look at …를 주시하다
take out 보험에 들다

■ put

put in + 시간명사　…에 시간을 투자하다

In total, I **put in** more than 200 hours of community work last year. ⋯ 나는 작년에 지역사회 업무에 총 200시간 이상을 보냈다.

put together　모으다, 준비하다, 종합 · 편집하다

We ll have to **put together** a proposal by the end of the week. ⋯ 우린 이번 주말까지 제안서를 짜야만 할거야.

Our marketing team has **put together** a short presentation for you to view. ⋯ 우리 판매팀은 여러분이 참관하실 수 있도록 간단한 설명회를 마련했습니다.

put sth in order　정돈하다

Give me a few days to have my lawyers **put the papers in order**. ⋯ 내 변호사들이 그 서류들을 정리할 수 있도록 며칠만 주세요.

put on hold　(통화) 대기 상태에 놓여지다

I **was put on hold** for an hour and a half by a customer service representative. ⋯ 어떤 고객서비스 직원이 날 1시간 반동안이나 전화를 끊지 않고 기다리게 만들었다.

put off　연기하다(postpone)

The staff meeting had to **be put off** due to a power failure. ⋯ 직원회의는 정전 때문에 연기되어야만 했다.

put forth　내밀다, 발휘하다

Although he **put forth** his best effort, Frank did not win the dance competition. ⋯ 프랭크는 최선의 노력을 다했지만, 춤경연대회에서 우승하지 못했다.

put into practice 실행에 옮기다

I think that after all of our discussions, it s time to **put our ideas into practice** and see how they work. ···→ 논의는 많이 했으니, 이제 우리의 아이디어를 실행에 옮겨서 그게 얼마나 효과가 있는지 알 아봐야할 때라고 생각합니다.

put up with ···을 참다

put it 표현하다(express)

put aside 제쳐놓다

put in for ···에 신청[응모]하다

put sby through a telephone call ···에게 전화를 연결시키다

put on 입다, ···인 척하다, 부과하다

put up 내걸다

put sth behind 잊다

put out 불을 끄다

put away 비축하다, 치워두다

■ run

run low on ···이 부족하다

run out of ···가 다 떨어지다

If you take the car to New York, you have to make sure you don t **run low on** gas. ···→ 차를 가지고 뉴욕에 가려면, 연료가 모 자라지 않도록 확인해야 한다.

run across 우연히 만나다

run into ···을 우연히 만나다

If you attend many business conferences, you will begin to **run across** the same people. ···→ 사업상의 회의에 많이 참석하다 보면 전에 보았던 사람들이랑 마주치게 될 거야.

run a business 경영하다

In order to **run a business** successfully, you should have determination, intelligence, and some money. ⋯ 성공적으로 사업을 하기 위해서는 결단력, 지식 그리고 약간의 자금을 가지고 있어야 한다.

run for ⋯에 입후보하다

The labor union s top representative will **run for** political office in the fall. ⋯ 노조 위원장은 가을에 정치권에 입후보할 것이다.

run a check 조사하다, 확인하다

The private investigator called his friend at the FBI and asked her to **run a check** on a license plate. ⋯ 그 사립 탐정은 FBI에 있는 자기 친구에게 전화하여 자동차 번호판 하나를 확인해 달라고 부탁했다.

run a fever 열이 나다
run on the bank 은행에 예금을 찾으려고 몰려들다
run errands for ⋯의 심부름을 가다
run a great risk of 큰 모험을 무릅쓰다
run the slide show 슬라이드를 돌리다
run down 뛰어내려가다, 쓰러뜨리다, 점차 쇠퇴하다

■ set

set forth 출발하다, 시작하다

They **set forth** to revolutionize the industry with their radical new designs. ⋯ 그 사람들은 급진적인 새 디자인으로 그 업계에 혁신을 일으키기 시작했다.

set up (일정 등을) 정하다, 세우다

Why don t you **set up** a meeting with her today? ⋯⋅ 오늘 그녀와 회의를 잡도록 하지.

set out to + V ⋯하기 시작하다

He **set out to** create the most sophisticated software program ever developed. ⋯⋅ 그 남자는 지금까지 개발된 것 중에서 가장 정교한 소프트웨어 프로그램을 만들기 시작했다.

set aside 따로 떼어놓다

I **set aside** some money to cover the cost of my daughter s education. ⋯⋅ 딸의 교육비를 감당하기 위해 얼마간의 자금을 떼어 두었다.

set sby up with ⋯에게 지급하다

The company **set us up with** an apartment and gave us everything else that we needed. ⋯⋅ 그 회사는 우리에게 아파트를 제공하고 그 밖에 우리가 필요로 하는 모든 것을 주었다.

set a date (약속 등의) 날짜를 잡다   **set back** 좌절시키다, 되돌리다
set the record 기록을 세우다 (cf. beat the record 기록을 깨다)

■ turn

turn in 제출하다, 잠자리에 들다

The teacher told us to **turn in** our papers at the end of the period. ⋯⋅ 그 선생님은 학기말에 논문을 제출하라고 우리에게 말했다.

I think I will **turn in** early tonight. ···▸ 오늘 일찍 잠자리에 들 생각이야.

turn A into B A를 B로 바꾸다, 변화시키다

People who try to **turn** lead **into** gold are called alchemists. ···▸ 납을 금으로 변하게 하도록 애쓰는 사람은 연금술사라고 불린다.

turn down 거절하다

I wanted to **turn down** the offer, but the salary they were offering was too good to pass up. ···▸ 나는 그 제안을 거절하고 싶었지만 그들이 제공하는 월급은 거절하기에는 너무 괜찮았다.

turn out ···으로 판명되다

The police informed us that the suspect they had arrested **turned out** to be an innocent bystander. ···▸ 경찰은 그들이 체포했던 용의자는 무고한 구경꾼이었음이 밝혀졌다고 우리에게 알려왔다.

turn away 외면하다.
turn off 끄다 (cf. turn on 켜다)
turn + 나이 ···가 넘다

turn into ···을 변화하다
turn up (힘·속력·세기를) 높이다
turn around 돌아보다, 방향을 바꾸다

■ keep ■

keep ~ing 계속 ···하다

It seems that bad luck just **keeps pouring** down on the company. ···▸ 악운이 계속해서 그 회사를 짓누르는 것 같았다.

keep abreast of ···에 대한 최신 정보를 알다

I want to **keep** him **abreast of** any new developments that occur over the next few days. ···▶ 나는 다음 며칠에 걸쳐 일어날 새로운 개발에 대한 최신정보를 그에게 알려 주기를 원한다.

keep in contact with ···와 계속 연락하다

lose contact with ···와의 접촉[연락]이 두절되다
be in contact with ···와 접촉하고 있다 (↔ be out of contact with)

We need to **keep in contact with** our sales representatives by cellular telephone, as it is the fastest way of communication. ···▶ 우리는 영업직원과 휴대폰으로 연락해야 한다. 왜냐하면 그게 가장 빠른 연락방법이기 때문이다.

keep track of ···을 놓치지 않고 따라가다

lose track of ···을 놓치다

It s difficult to **keep track of** our records when we don t file them properly. ···▶ 기록들을 적절하게 정리 · 보관하지 않으면 그 기록들에 대해 제대로 알고 있기란 어렵다.

keep up with ···에 뒤떨어지지 않다

We must **keep up with** current technology in order to be competitive. ···▶ 우리가 경쟁력을 유지하기 위해서는 최신 기술을 부지런히 쫓아가야 한다.

keep sby company ···와 동행하다, 같이 있어주다

enjoy sby company ···와 즐겁게 놀다

I d like to go over and **keep her company** while her parents are away. ···▶ 걔네 부모님이 안계신 동안 가서 같이 있어주려고 해.

keep ~ afloat 파산하지 않다

The old manager was blind to the changes that needed to be done in order to **keep** his business **afloat**. ···→ 노령의 경영자는 사업이 도산하지 않도록 하는데 필요한 변화에 깜깜 무소식이었다.

keep away from ···에서 떨어지다, ···을 멀리하다

She told the man to **keep away from** her, and threatened him with physical harm. ···→ 그 여자는 남자에게 자기에게서 떨어지라고 하며 신체적인 해악을 가하겠다고 위협했다.

keep eyes on ···을 주시하다   keep in mind 명심하다
keep sby posted ···에게 근황을 알리다   keep A off B A를 B에서 떼어놓다
keep sth from ~ing ···에게 ~못하게 하다
keep one's fingers crossed ···을 위해 행운을 빌다

■ call

call for ···를 불러오다, ···을 요구하다, 날씨가 ···일 것이다

They received my message and they were wondering what it was that I had **called for**. ···→ 그 사람들은 내 메시지를 받고 내가 무엇 때문에 전화했는지 궁금해 했다.

The labor union will **call for** a walkout unless management agrees to their terms. ···→ 노조는 경영진이 자신들의 요구조건에 응하지 않는다면 파업을 할 것이다.

call in 부르다, 회수하다, 전화를 해오다

She **called in** with a lot of excuses about why she can t

make it in this morning. ⋯→ 그 여자는 전화로 오늘 아침 출근하지 못한
이유에 대해 변명을 늘어 놓았다.

call in sick 전화로 병결을 알리다

She told me that Bill **called in sick** this morning. ⋯→ 그 여
자는 내게 빌이 오늘 아침에 아파서 결근한다는 전화를 했다고 말해 주었다.

call it a day 하던 일을 일단 마치다

After working a twelve-hour shift, the foreman decided
to **call it a day** and go home. ⋯→ 12시간 교대조로 일하고 나서 공장
장은 일을 마치고 집에 가기로 결정했다.

call off 취소하다

The manager of the planning department had to **call off**
his dinner engagement with the reporter. ⋯→ 기획부장은 기자와
의 저녁식사 약속을 취소해야만 했다.

be on call 전화대기하다   call up 전화하다
call back ⋯에게 회답의 전화를 걸다, 다시 전화하다
call on ⋯를 방문하다, ⋯에게 부탁하다

■ work

work on ⋯에 관한 일을 하다

I went into the office early to **work on** the daily report. ⋯→
나는 일일보고 작업을 하기 위해 일찍 사무실로 들어갔다.

work around the clock 하루종일 일하다

If we **work around the clock** for the next three days, we might meet the deadline. ⋯⟶ 앞으로 사흘간 쉴새없이 일한다면 마감일을 맞출 수 있을 것이다.

work out 결국 ⋯이 되다, 운동하다

The manager does not believe that the contract with the Chinese government will **work out**. ⋯⟶ 그 관리책임자는 중국 정부와의 계약이 성사되리라고 믿지 않는다.

work overtime 초과근무하다   **work for** ⋯를 위해 일하다
be at work 출근하다 (cf. at work 직장에서, 일하고, 작동하고)

■ look

look forward to ⋯을 기대하다

We **look forward to** having you visit our facility in the spring. ⋯⟶ 당신이 봄에 우리 공장시설을 방문하게 되기를 기대합니다.

look over ⋯을 훑어보다

The editor was responsible for **looking over** the entire magazine before it went to print. ⋯⟶ 그 편집자는 인쇄에 들어가기 전에 잡지 전부를 검토할 책임이 있다.

look for ⋯을 찾다, 날씨가 ⋯로 예상된다

The manager asked the secretary to stay late and **look**

for his missing report. ⋯▸ 부장은 비서에게 늦게까지 남아 잃어버린 보고
서를 찾을 것을 요구했다.

look into ⋯을 조사하다

The private investigator said that he would **look into**
the matter. ⋯▸ 그 사립탐정은 그 문제를 조사하겠다고 말했다.

look after 돌보다, 보살피다
look around 둘러보다
look closely at 자세히 보다, 관찰하다
look like ⋯인 것 같아 보이다, ⋯와 비슷하다

look up (사전에서 단어를) 찾다
look out 내다보다

■ leave

leave for + 장소 ⋯로 출발하다

leave from ⋯에서 출발하다

The bus is scheduled to **leave for** the airport at 6:00 this
evening. ⋯▸ 그 버스는 오늘 저녁 6시에 공항으로 출발하기로 예정되어 있다.

be on leave 휴가중

He s on leave beginning tomorrow.⋯▸ 그 사람은 내일부터 휴가야.

leave behind 남겨두고 떠나다

The little girl was crying because she had **left** her doll
behind in the fire. ⋯▸ 그 어린 소녀는 화재 속에 인형을 두고 나왔기 때문
에 울고 있었다.

leave out 빠뜨리다, 제외하다

The manager asked the applicants not to **leave out** where they went to high school. ···→ 그 관리자는 지원자들에게 출신 고등학교를 빠뜨리지 말라고 요청했다.

leave sby alone ···를 내버려 두다
leave a message 메시지를 남기다

▪ bring

bring in 영입하다, 수입이 생기다

bring in new business 거래처를 새로 만들어내다

We were told that the only way to salvage the company would be to **bring** professionals **in** to help. ···→ 회사를 구하는 유일한 길은 전문가를 영입하여 도움을 청하는 것이라고 들었다.

The company will likely **bring in** profits of more than 100 million dollars next fiscal year. ···→ 회사는 다음 회계년도에 아마도 100만달러 이상의 이윤을 낼 것 같다.

bring out 발표하다, 출시하다

The designer will **bring out** her new line sometime during the fall season. ···→ 디자이너는 가을시즌에 자신의 신상품들을 선보일 예정이다.

bring up 기르다, 가르치다, (화제·토픽을) 꺼내다

The young manager decided not to **bring up** the most recent problem at the board meeting. ···→ 그 젊은 부서 책임자는 이사회에서 가장 최근의 문제를 제기하지 않기로 결정했다.

bring to an end 끝내다
bring back 다시 시작하다, 반납하다
bring about 일으키다 (cf. bring about a jump in inflation 인플레이션의 급등
　　　을 초래하다)
bring on 가져오다, (나쁜 결과를) 초래하다, (화제를) 꺼내다

■ lay

lay off 정리해고하다

We re going to have to **lay off** at least ten people.
⋯⋯→ 최소한 10명은 해고를 하게 될 거야.

lay claim to ⋯의 소유권을 주장하다

The company **laid claim to** an abandoned steel mill
100 miles north of the city. ⋯⋯→ 회사는 도시에서 북쪽으로 100마일 떨
어진 곳에 방치된 제강소에 대한 소유권을 주장했다.

lay the blame on ⋯에 책임을 전가하다

The bad student tried to **lay the blame on** his sister,
but the teacher did not buy his story. ⋯⋯→ 그 불량 학생은 책임을
자신의 누이에게 씌웠지만 선생님은 그 학생의 이야기를 믿지 않았다.

lay aside 떼어두다

We had to **lay aside** enough money to cover our rent,
heat, and hydro expenses each payday. ⋯⋯→ 우리는 매 봉급날
마다 임대료, 난방비 그리고 수도세를 지불할 만큼의 충분한 돈을 떼어 두어야 했다.

lay down 내려놓다, 기공하다
lay it on thick 과장하다
lay to rest 잠재우다, 가라앉다

■ check

check in 체크인 하다, 출근부를 찍다
....
The company requires us to **check in** at work each morning for security purposes. ⋯▸ 우리 회사는 보안상의 이유로 직원들에게 매일 아침 출근했다는 것을 알리게 하는 제도를 실시한다.

check out 셈을 치르고 나가다, 확인하다
....
A consultant was hired to **check out** whether the company was operating efficiently. ⋯▸ 그 회사가 효율적으로 운영되고 있는지를 확인하기 위해 컨설턴트가 고용되었다.

check over 철저하게 조사하다
....
We sent the manuscript to the editing department to have it **checked over** for mistakes. ⋯▸ 우리는 실수가 있는지 확인하기 위해 원고를 편집부에 넘겼다.

check on …을 조회하다, 확인하다
....
After the couple got home, they went upstairs to **check on** their kids. ⋯▸ 부부는 집에 도착해서 아이들이 괜찮은지 확인하려고 윗층으로 올라갔다.

■ follow

follow suit   남이 하는대로 따르다

Most oil companies are expected to **follow suit** and lower petrochemical prices. ⋯ 석유회사들은 대부분 다른 회사가 한 것에 따라 석유화학제품 가격을 내릴 것으로 전망된다.

follow sby's example   ⋯의 전례를 따르다

We expect you to **follow Geff s example**. ⋯ 우리 생각에는 네가 제프의 전례를 따랐으면 해.

follow up   후속조치를 취하다

It was necessary to **follow up** the report with an investigation of the incident. ⋯ 보고서에 그 사건에 대한 조사보고를 첨가해야만 했다.

follow the directions 지시를 따르다
follow up on ⋯을 이해하다
follow up A with B A에 B를 덧붙이다

■ meet

make ends meet   수지를 맞추다

The president told us that his company was having a difficult time trying to **make ends meet**. ⋯ 사장은 회사가 수지 균형을 이루는데 어려움을 겪고 있다고 우리에게 말했다.

meet one's expectation …의 예상과 일치하다

As long as the sales figures **meet my expectations**, I will give everyone a bonus at Christmas. ···▶ 판매액이 내 예상과 맞기만 한다면, 크리스마스에는 모든 사람에게 보너스를 주겠다.

meet the needs of 욕구를 충족시키다

We hope that our seminar will **meet the needs of** the people who enrolled. ···▶ 우리는 이 세미나가 등록한 사람들의 욕구를 충족시킬 수 있길 바란다.

meet a deadline 마감시간을 맞추다

It ll be hard to **meet this deadline**, but we ll try. ···▶ 이번 마감일을 맞추는 것은 어려울테지만 우린 노력할거야.

meet the challenge 도전에 직면하다
meet the expenses 비용을 감당하다
meet with …와 만나다

■ hand ■

hand in 건네주다, 제출하다

Did you forget to **hand in** your time sheet again? ···▶ 작업시간표를 제출하는 걸 또 잊었나요?

hand out   나눠주다

I was asked to **hand out** the memo pertaining to office rules and regulations. ⋯⋙ 나는 사무실 규칙과 규정에 관한 회람을 나누어 주라는 요청받았다.

hand over   건네주다, 양도하다

We had to **hand over** the keys to our apartment when we got evicted. ⋯⋙ 우리는 아파트에서 쫓겨나면서 열쇠를 넘겨야 했다.

■ file

file for bankruptcy   파산신청을 하다

One more year like this and we ll have to **file for bankruptcy**. ⋯⋙ 이렇게 일년 더 지나면 우리는 파산신청을 해야 할 것이다.

file an insurance claim   보험을 청구하다

The fastest way to get money from your insurance company after an accident is to **file an insurance claim** right away. ⋯⋙ 사고가 난 후에 보험회사로부터 가장 빨리 돈을 받으려면 즉시 보험금을 청구해야 한다.

file a lawsuit against   ⋯에 대해 소송을 제기하다

I heard that he **filed a lawsuit against** the doctor due to malpractice. ⋯⋙ 나는 그 남자가 의료사고에 대해서 그 의사에게 소송을 제기했다고 들었다.

■ cut ■

cut back on (생산 · 비용 등을) 줄이다

Americans should **cut back on** their fat intake if they want
to be healthy. ···▶ 미국인들은 건강을 유지하고자 한다면 지방섭취를 줄여야 한다.

cut (the) corners (비용 · 노력 · 시간을) 절감하다.

Our budget was slashed so we had to **cut the corners**
on a lot of projects. ···▶ 우리의 예산이 삭감되었기 때문에 우리는 많은 프
로젝트 비용을 줄여야 했다.

cut down on (수량 · 활동 등을) 줄이다

It s important that people **cut down on** the amount of
alcohol that they drink.···▶ 사람들이 마시는 술의 양을 줄이는 것이 중요하다.

cut a figure 두각을 나타내다   cut it out 그만두다
cut out 잘라내다, 분리하다, 옷을 재단하다   cut off 중단하다

■ clear ■

clear out ···을 처리하다

Sometimes, we have to lower prices in order to **clear
out** inventory. ···▶ 어떤 경우에는 재고를 처리하느라 가격을 낮춰야만 하는
때가 있다.

clear up (날씨 · 건강 등이) 좋아지다, 문제가 해결되다

It was up to the executives to **clear up** any problems with the labor union. ⋯ 노조의 문제들을 해결하는 것은 경영진에게 달려있었다.

clear the way 길을 터주다, …을 가능하게 하다, 수월하게 만들다.

The police officers had to **clear the way** so the cavalcade could pass through. ⋯ 경찰관들은 기마대가 지나갈수 있도록 길을 터주어야만 했다.

make oneself clear 분명히 표현하다

That needs to be mailed today. Do I **make myself clear**? ⋯ 그건 오늘 부쳐야 하는데요. 내 말이 무슨 얘긴지 알겠어요?

clear one's throat 목소리를 가다듬다
clear the accident 사건을 해결하다

■ fill

fill in 써 넣다, 적어 넣다

The man was told to sit down in the lounge and **fill in** the necessary forms. ⋯ 그 남자는 휴게실에 앉아서 필요한 서류를 작성하라는 말을 들었다.

fill out (서식의) 빈 곳을 채우다, 작성하다

She was asked to **fill out** a registration form and then take it to the front desk. ⋯ 등록서식을 작성해 접수대에 제출하라는 요구를 받았다.

fill it up 기름을 가득 넣다

Could you **fill it up** with super-unleaded gasoline, please? ···→ 고급 무연 기름으로 좀 넣어줄래요?

fill in on 자세한 지식을 알려주다
have one's fill of ···은 이제 지겹다 (cf. eat/drink one's fill 배불리 먹다)
fill an order 주문대로 처리하다

▪ hold ▬▬▬▬▬▬▬▬▬▬

hold on to[onto] ···을 붙잡고 있다, 매달리다

We are trying to **hold onto** the leading sales position, but it is not an easy task. ···→ 우리는 판매상의 주도적인 위치를 고수하려 했지만 쉬운 일이 아니다.

hold off 연기하다, 피하다

The company has decided to **hold off** on its stock split for a few months. ···→ 그 회사는 몇달동안 주식분할을 연기하기로 결정했다.

hold up 연기하다, ···을 막다

Trucks are supposed to use the loading dock so they don t **hold up** traffic. ···→ 트럭은 교통을 막지 않도록 하역장을 이용하게 되어 있다.

hold back 연기하다, 억제하다	**hold it!** 그만해!
hold out for …을 끝까지 주장하다	**hold on** 기다리다, 계속하다

■ let ■

let alone + 명사 …은 말할 것도 없고

The manager told the reporters that earnings, **let alone sales**, would not rise this fiscal year. ···▶ 경영자는 올 회계년도에 판매는 말할 것도 없고 소득도 크게 감소할 거라고 기자들에게 말했다.

let go of 놓아주다, 해고하다

We had to **let go of** three more workers this month due to cash shortages. ···▶ 우리는 자금부족으로 인해 이달에 세명의 직원을 더 해고시켜야만 했다.

let in 들여보내다

Mr. Danaka is waiting outside your office to meet you. Do you want me to **let him in?** ···▶ 다나카 씨가 사무실 밖에 만나러 와계십니다. 들어오게 할까요?

let up 그만두다, 줄어들다

Although their father told them to stop screaming, the kids wouldn t **let up**.. ···▶ 아버지가 소리 좀 그만 지르라고 말했는데도 아이들은 그치지 않았다.

let on 비밀을 누설하다
let sby in on …를 참여시키다
let sby down …을 실망시키다

■ care

care for …을 좋아하다, 돌보다, 염려하다

I do not **care for** eating in expensive restaurants or going to lavish night clubs. ⋯→ 나는 고급 레스토랑에서 식사하고 사치스러운 나이트 클럽에 가는 것을 좋아하지 않는다.

care to + V …하고자 하다

If you would **care to** take a seat in the lounge, we ll have a table for you as soon as one is available. ⋯→ 라운지에 앉기를 원하신다면 자리가 나는 대로 즉시 자리를 준비해드리겠습니다.

take care of …를 돌보다, …을 처리하다

They needed to **take care of** some business before leaving the office. ⋯→ 그들은 사무실을 떠나기 전에 처리해야 할 사무가 몇 가지 있다.

couldn't care less 전혀 개의치 않다

I told her about my ex-wife, but she **couldn t care less**. ⋯→ 나는 그녀에게 내 전처에 대해 말했지만 그녀는 전혀 개의치 않았다.

■ hang ■

hang out [with]   시간을 보내다, …와 어울리다

Boy, it s hot today. I think I ll go to the mall and **hang out** where it s nice and cool. ···▶ 이야, 오늘 정말 더운데. 쇼핑몰로 가서 멋지고 시원한 데서 시간을 보내야겠어.

hang on to   …에 매달리다

You should **hang on to** those penny stocks because they ll be worth some money someday. ···▶ 그 저가(低價)주들을 계속 붙잡고 있어야 돼. 나중에 꽤나 값이 나갈 테니까.

hang up   전화를 끊다, 옷걸이에 옷을 걸다

If you try to call and get a busy signal, please **hang up** and try again in a few minutes. ···▶ 전화를 걸었는데 통화중 신호가 나오면 수화기를 내려놓고 잠시 후 다시 걸어 보십시오.

hang around with …와 어울리다
hang in there 곤란한 상황을 견디다
get the hang of …의 요령을 터득하다

■ head ■

head for   …로 향하게 하다

Let s **head for** the bar, I need a drink! ···▶ 술집에 갑시다, 한 잔 해야겠어요!

head off 가로 막다

The police tried to **head off** the criminal at the entrance to the bridge. ···→ 경찰은 그 다리 입구에서 범죄자를 저지하려고 애썼다.

head up 주재(主宰)하다, ···로 향하다

The manager informed his staff that he would **be heading up** the project in Indonesia. ···→ 부장은 자신이 인도네시아에서 벌이는 사업을 지휘하게 될 것이라고 부원들에게 알렸다.

head out ···로 향하다
head over to + V ···하러 가다

■ deal

deal with ···과 거래하다, ···을 처리하다

The job is difficult as she must **deal with** young children and teenagers. ···→ 그 여자는 어린 아이들과 10대들을 다루어야 했기 때문에 그 일은 힘이 든다.

close[cut] a deal 계약을 체결하다

If you can t **close a deal**, you don t belong on our team of sales associates. ···→ 거래를 마무리 지을 수 없다면 당신은 우리 영업팀의 팀원이 될 자격이 없습니다.

■ hit

hit bottom 최악의 사태에 빠지다

She **hit bottom** when her husband was killed in a car crash last autumn. ⋯▸ 그 여자는 지난 가을에 남편이 자동차 사고로 사망한 뒤 최악의 상태에 빠졌다.

hit the books 열심히 공부하다

The students were so busy **hitting the books** that they had no time for any fun. ⋯▸ 학생들은 공부에 바빠서 놀 시간이 없었다

hit the road 여행을 떠나다, 출발하다

Well, it s time to **hit the road** if we want to get to your mother s house by dark. It s a long drive. ⋯▸ 자, 어두워질 때쯤 당신 어머니 찾아뵈려면 지금 출발해야 돼. 먼 거리잖아.

hit it off 금방 마음이 통하다
hit on 생각해내다, ⋯한 생각이 떠오르다
hit the spot 더할 나위없이 좋다

hit the ceiling 몹시 화가 나다
hit the hay[sack] 잠자리에 들다

■ stand

stand a chance 승산이 있다

The weight lifter didn t **stand a chance** against all of the stronger contestants. ⋯▸ 그 역도 선수는 온통 자기보다 강한 경쟁자들과 겨루어야 했기에 승산이 없었다.

stand for ···을 나타내다, ···에 찬성하다

The general told his assistant that POW **stands for** prisoner of war. ···▶ 장군은 자신의 보좌관에게 POW는 전쟁포로를 의미한다고 말했다.

stand out 두드러지다

If you want to **stand out** at your company, you have to be a hard worker. ···▶ 회사에서 두각을 나타내고 싶으면 열심히 일해야 해.

stand to reason 이치에 맞다
stand up for ···을 옹호하다

■ tune ■

stay tuned 계속 시청[청취]하다

Stay tuned for more details on this tragic story of the death of a mother and her son. ···▶ 모자(母子)의 죽음에 관한 이 비극적인 이야기에 대해 좀더 자세히 보시려면 채널 고정하십시오.

tune in / stay tuned in (라디오, TV의) 주파수를[채널을] 맞추다

The radio announcer told the listeners to **tune in** next week. ···▶ 라디오 아나운서는 청취자에게 다음주에 그 방송을 다시 들어달라고 말했다.

be in tune with …와 조화를 이루다

I think my mother has always really **been in tune with** my way of thinking, because she knows me better than anyone. ⋯→ 엄마는 나랑 언제나 생각이 잘 통하는 것 같다. 그 누구보다 나를 잘 알고 있으니까.

tune up 엔진을 정비하다, 악기를 조율하다

I just spent a lot of money getting this car **tuned up**.
⋯→ 이 차 엔진을 정비하느라고 돈을 엄청 쏟아부었다구.

■ carry

carry forward[over] 차기로 이월하다, 계속 진행해 나가다

I d like to ask you to **carry forward** with the rest of the project, even though I won t be available to assist further.
⋯→ 나는 앞으로 더 도와줄 수가 없지만 당신이 이 사업건의 나머지 부분을 계속 진행해 주었으면 좋겠습니다.

carry on 계속하다

cf. carry – on 휴대용의

The executives were hoping that their next meeting would **carry on** in the same optimistic fashion. ⋯→ 중역들은 차기 회의도 마찬가지로 긍정적인 방향으로 열리기를 바라고 있었다.

carry out 임무를 수행하다, 실어 내다

The manager is responsible for making sure that all of the difficult tasks **are carried out** properly. ⋯→ 관리자는 어려운 업무들이 모두 원활하게 수행되도록 해야할 책임이 있다.

■ break ■

break away 도망하다, 벗어나다.

He said that he had to **break away** from the monotony of his life and go traveling. ⋯▸ 그 남자는 자신의 단조로운 삶에서 벗어나 여행을 가야 한다고 말했다.

break ground (공사나 계획 등을) 착공하다, 시작하다

I heard that they are going to **break ground** on their new assembly plant today. ⋯▸ 오늘 새 공장 건설공사를 착공할 거라고 들었다.

break off 그만두다, 약속을 취소하다.

She asked me if I wanted to **break off** our engagement and start seeing other people. ⋯▸ 그 여자는 내게 우리 약혼을 파기하고 다른 사람과 데이트하고 싶은지 물었다.

break out (사건이) 돌발하다
break into ⋯에 침입하다

break up with ⋯와 결별하다

■ pull ■

pull off (어려운 일을) 해내다

I really want to get a raise at work, but I m not sure I ll be able to **pull it off** until a later time. ⋯▸ 회사에서 월급을 올려주면 정말 좋겠는데, 나중에나 올려받을 수 있을 것 같애.

pull out 빠져 나오다, 손을 떼다

When the market started to spiral downward, investors began to **pull out** and a huge panic settled over the financial industry. ┈┈▸ 주식시장이 급전직하로 폭락하기 시작하자 투자자들이 손을 떼기 시작하여 금융업계가 거대한 공황에 빠졌다.

pull over 차를 길가로 붙이다

The truck **pulled over** to the side of the road to let the other cars pass. ┈┈▸ 트럭은 다른 차들이 지나가도록 도로 반대편에 차를 붙여 댔다.

pull into[out of] ┄로 들어오다[나가다]
pull back 물러나다, 후퇴하다

pull up (차가) 멈추다, 멎다
pull down 내리다

■ know

know better than to + V ┄할 만큼 어리석지 않다

He should **know better than to** leave the front door unlocked when he s not here. ┈┈▸ 그 남자는 외출할 때 현관문을 잠그지 않을 정도로 바보짓은 하지 말아야지.

know by heart 외우다

learn by heart 외우다

The actor was so professional that he **knew** his lines **by heart** after reading the script only once. ┈┈▸ 그 남자는 아주 직업적인 배우였기 때문에 한번만 대본을 읽고 나면 자신의 대사를 암기했다.

know of …에 대해 알고 있다

I **know of** a good place where you can go to relax and nobody will bother you. ···→ 당신이 긴장을 풀 수 있고 누구도 너를 성가시게 하지 않을 좋은 장소를 나는 알고 있다.

■ see

see if …인지 알아보다

Did you call the appliance store to **see if** the new freezer was in? ···→ 가전 제품 판매점에 새 냉동고가 들어왔는지 전화로 알아봤어?

see to it that ~ …하도록 하다

They asked me to **see to it that** the documents were mailed on time. ···→ 그 사람들은 그 서류가 제 때에 우송되도록 신경쓰라고 나에게 요구했다.

see a doctor (의사에게) 진찰을 받다

If your coughing persists for more than one week, you should **see a doctor**. ···→ 일주일이 넘어도 계속 기침이 나면 의사에게 진찰을 받아야 한다.

■ wait

wait for 기다리다

I didn t want to **wait for** the bus so I hailed a taxi and went home. ···→ 나는 버스를 기다리고 싶지 않아 택시를 불러 집으로 갔다.

wait on 시중을 들다, …할 때까지 기다리다

The receptionist was angry that she had to **wait on** the president and serve him coffee. ···▸ 그 접수계원은 사장 시중을 들고 그에게 커피를 갖다드려야 했기 때문에 화가 났다.

can't wait to + V 빨리 …하고 싶다

I can t wait to finish the book I m writing so that I ll have some time to enjoy my life. ···▸ 난 이 책을 빨리 끝내고 내 생활을 좀 즐길 시간을 갖고 싶다.

wait and see 관망하다
wait until …까지 기다리다

wait in line 줄서서 기다리다

■ catch

catch up with …를 따라잡다

We re going to have to **catch up with** our competition if we are to stay in business. ···▸ 업계에서 살아남으려면 우리 경쟁업체를 따라잡아야 할 거야.

catch a cold 감기에 걸리다

The girl **caught a** dreadful **cold** while watching the soccer game. ···▸ 그 여자애는 축구 경기를 관전하다가 아주 지독한 감기에 걸렸다.

catch a flight 비행기를 타다

I m sorry I can t meet with you on Friday as I m supposed to **catch a flight** to Montreal. ···▸ 미안한데 몬트리올 비행기를 탈 거라서 금요일날 널 만날 수가 없어.

■ find

find fault with ···을 비난하다

Although I tried very hard, I could not **find fault with** any part of her report. ···▸ 나는 무진 애를 썼지만 그 여자의 보고서의 어느 한 부분도 트집잡을 만한 데가 없었다

find out (진상을) 알아내다

We were asked to **find out** what was wrong with the car s engine. ···▸ 그 차의 엔진에 무슨 문제가 있는지 찾아달라는 요청을 받았다.

find one's way back to 길을 되돌아 찾아오다

After being lost, the boys **found their way back to** the campground using their compasses. ···▸ 길을 잃은 후, 그 소년들은 나침반을 사용하여 야영지로 돌아오는 길을 찾았다.

■ show

show up (회의 · 모임에) 모습을 드러내다

Did Mr. Clark ever **show up** for his twelve o clock appointment? ···▸ 대체 클라크 씨는 12시 약속에 얼굴을 내밀기나 했나요?

show off 자랑해보이다, 드러내다

He s a very good water skier, but I think that he **shows off** too much. ⋯→ 그 사람은 수상스키를 매우 잘타지만 나는 그 남자가 너무 잘난척하는 것 같다.

show around 안내하며 돌아다니다

I hope there will be some time for me to **show you around** the city. ⋯→ 앞으로 너한테 시내 구경시켜줄 시간이 났으면 좋겠어.

■ step

step into ⋯에 들어가다, 끼어들다

I had to **step into** the booth so that I could conduct my business in private. ⋯→ 은밀히 일을 수행하기 위해 부스에 들어가야 했다.

step up 증가시키다, ⋯로 다가가다

Please **step up** to the counter. Do you have anything to declare? ⋯→ 카운터 앞으로 다가와 주십시오. 신고할 물품이 있으십니까?

take steps 조처를 취하다

We **are taking steps** to resolve the conflict between management and labor. ⋯→ 우리는 노사간의 갈등을 해결하기 위한 조처를 취하고 있는 중이다.

More

step aside[down] 사직하다, 물러나다
step on it 속도를 내다, 서두르다

■ use ■

used to + V 전에는 …했지만 지금은 아니다

The president **used to** run five miles each morning before he had heart surgery. …▸ 사장은 심장 수술을 받기 전에는 매일 아침 5마일을 달리곤 했다.

get used to …에 익숙해지다

The janitor had to **get used to** chairs being placed along the corridors of the building. …▸ 수위는 건물의 복도를 따라 의자가 죽 놓여져 있는 것에 익숙해져야만 했다.

make use of …을 이용하다

The firm **made use of** the spare room in the basement by converting it into a storage space. …▸ 그 회사는 지하실의 빈 공간을 창고로 바꿔 사용했다.

■ fall ■

fall on (날짜가) …에 해당하다

New Year s Day **falls on** a Sunday, so Monday, January 2nd will be taken as a holiday. …▸ 새해 첫날이 일요일이기 때문에 1월 2일 월요일을 휴일로 한다.

fall behind 뒤쳐지다

We ll have to supervise things closely to be sure we don t **fall behind**. …▸ 우리는 매사를 꼼꼼히 감독하여 일정에 뒤쳐지지 않도록 해야 한다.

fall asleep 잠들다

He must have been really tired, or he wouldn t have **fallen asleep** at the wheel. ···→ 그 남자는 정말 무척 피곤했음에 틀림 없다. 그렇지 않았다면 운전중에 잠들지 않았을 것이다.

fall through 실패하다	**fall apart** 산산조각이 나다
fall short of 기대치에 이르지 못하다	**fall back on** ···를 믿대[의지하다]

■ pick

pick out 고르다, 선택하다, 분간하다

The old man was having a difficult time **picking out** an interesting magazine from the magazine stand. ···→ 그 노인 은 잡지 가판대에서 흥미있는 잡지를 고르는데 어려움을 겪고 있었다.

pick up 고르다, 차로 데려오다, (건강 등이) 좋아지다, (기술을) 습득하다

pick up a passenger 승객을 태우다
pick up speed 속력을 내다

My boss told me that I should go out shopping and **pick up** a few new suits. ···→ 우리 사장님은 내게 쇼핑하러 가서 양복을 새로 몇 벌 사도록 하라고 했다.

pick up sales 판매를 증진하다

Our office manager gave us an ultimatum; **pick up our sales** volume or find a new job. ···→ 우리 업무부장은 판매를 증진시 키거나 아니면 새 일자리를 알아보라며 우리에게 최후 통첩을 보냈다.

■ More Idioms You Should Know ■

account for 설명하다, (숫자를) 차지하다.

Sales of refrigeration units **account for** about 55% of the company s total operating revenue. ⋯→ 냉장기기의 판매는 그 회사의 전체 영업수익의 55% 정도를 차지한다.

end up + N[~ing] 결국 ···으로 끝나다

After much discussion of what to do, we **ended up going** to a movie. ⋯→ 무엇을 할 것인지 많은 의논끝에 결국 우리는 영화를 보러 갔다.

send away for ···을 우편으로 주문하다

If you **send away for** the book today, you will receive a 20% discount off the cover price. ⋯→ 만일 당신이 오늘 그 책을 우편으로 주문한다면 정가에서 20% 할인을 받게 됩니다.

figure out 계산하다, 이해하다

The boy claimed that the puzzle wasn t that difficult to **figure out**. ⋯→ 그 남자애는 퍼즐을 푸는 것은 그렇게 어렵지는 않다고 주장했다.

insist on ···을 주장하다

I had to **insist on** my friend not driving home after she had been drinking. ⋯→ 나는 내 친구에게 음주 운전해서 집으로 가지 말아야 한다고 주장해야만 했다.

inform A of B B에 관해 A에게 알리다

Our associate needs to **inform us of** changes to the agreement we signed. ⋯→ 우리 제휴사는 우리가 서명한 협정사항을 바꿀 시 우리 쪽에 알려주어야 합니다.

sign up for …에 등록하다

The university students were told to **sign up for** the trip to the World Series. ⟶ 그 대학생들은 월드 시리즈 관람 여행에 등록하라는 말을 들었다.

complain about …에 대해 불평하다

Our father asked us not to **complain about** the way our mother was behaving. ⟶ 아빠는 우리에게 엄마의 행동에 대해서 불평하지 말라고 했다.

replace A with B A를 B로 교체하다

The company decided to **replace** its head **of** research with the vice president of sales. ⟶ 그 회사는 연구팀장을 판매담당 부사장으로 교체하기로 결정했다.

commit oneself to …에 전념하다

devote oneself to …에 헌신하다
devote to …에 헌신하다.
brace oneself for …에 대한 마음의 준비를 하다

It is amazing how people blindly **devote themselves to** religious causes. ⟶ 사람들이 맹목적으로 종교적 운동에 몸을 바치는 것을 보면 놀랍다.

The stewardess told the passengers to **brace themselves for** a rough landing. ⟶ 그 승무원은 승객에게 비행착륙에 대비하라고 말했다.

동사 + oneself + 전치사형 Idioms

treat oneself to …을 즐기다	absent oneself from …을 빠지다
pride oneself on …에 자부심을 가지다	avail oneself of …을 이용하다
limit oneself to 자신을 …에 제한시키다	suit oneself 자기 마음대로 하다

approve of ···에 찬성하다

disapprove of ···을 찬성하지 않다

We don t **approve of** pirating software, just like every other software company. ···▸ 다른 소프트웨어 회사들과 마찬가지로 우리도 소프트웨어 해적행위에는 반대라구.

deposit A with B A를 B에게 맡기다

The man went to the hotel to **deposit** his passport **with** the concierge at the front desk. ···▸ 남자는 호텔로 가서 프런트의 안내 직원에게 여권을 맡겼다.

focus on ···에 집중하다

They didn t have time to worry about anything as they had to **focus on** the job at hand. ···▸ 그들은 곧 일에 집중을 해야했기 때문에 다른 것을 걱정할 시간이 없었다.

count on ···을 의지하다, 기대하다

He knew that he could **count on** me to get the job done properly. ···▸ 그 남자는 나를 신뢰했기에 내가 그 일을 제대로 할 수 있다는 것을 알고 있었다.

The approval **rests on** whether we decide to contribute to a slush fund. ···▸ 승인은 우리가 뇌물자금에 기부를 해야할지를 결정하는 것에 달려있다.

depend on ···에 의지하다
bank on ···에 의존하다.
hinge on ···에 달려 있다
rely on ···에 의지하다, ···을 신뢰하다
rest on 의지하다, 기초를 두다, 책임이 있다

search for　…을 찾다

They have **been searching for** the client s house since about ten o clock this morning. ⋯▶ 그들은 오늘 아침 약 10시경부터 계속 고객의 집을 찾고 있다.

consult with　…와 상담하다

My parents wanted to **consult with** their lawyers before they signed the contract. ⋯▶ 내 부모님은 그 계약에 서명하기 전에 변호사와 의논하기를 바라셨다.

consider A (as) B　A를 B로 간주하다

rate A as B　A를 B로 평가하다
regard A as B　A를 B로 간주하다

I would like you to **consider** the job **as** an important test of your skills. ⋯▶ 이 일을 당신의 능력을 시험하는 중요한 기회로 여겼으면 합니다.

provide A with B　A에게 B를 제공하다

present A with B　A에게 B를 주다
supply A with B　A에게 B를 공급하다
furnish A with B　A에게 B를 제공하다
stock A with B　A를 B로 채우다
equip A with B　A에게 B를 갖추어 주다

I have to **provide** you **with** all of the details before you leave for Paris. ⋯▶ 나는 네가 파리로 떠나기 전에 상세한 내용을 모두 알려주어야 한다.

Seven family-owned businesses have **been presented with** a State Family Business of the Year Award. ⋯▶ 일곱 개의 가업(家業)기업이 올해의 주(州) 가업기업 상을 받았습니다.

owe to　…에게 빚지다

I **owe** most of my financial success **to** strong work ethic. ⋯▶ 내가 거둔 경제적 성공은 대부분 내 직업윤리가 튼튼하기 때문이었다.

range from A to B 범위가 A에서 B에 이르다

The models we carry in our showroom **range** in price **from** $40,000 **to** $180,000. ···→ 우리가 전시장에 전시해놓은 차들은 가격이 4만에서 18만 달러에 이르는 것들이다.

remind A of B A에게 B를 생각나게 하다

remind of ···에게 생각나게 하다

She **reminded** me **of** a woman who worked here before. ···→ 그 여자를 보니 전에 여기에서 일했던 사람이 생각났다.

point out 지적하다

I tried to **point out** that his calculations were slightly off, but he was too stubborn to listen. ···→ 나는 남자가 한 계산에 다소 오류가 있다는 것을 지적하려고 했지만, 그 사람이 워낙 완고해서 내 말에 귀기울이지 않는다.

derive from ···에서 파생하다

The English word *canine* **is derived from** the Latin root *canem*. ···→ 영어단어인 canine(개)은 라틴어 어근인 canem에서 파생되었다.

require sby to + V ···에게 ~하라고 요구하다

The law **requires** me **to** inform the authorities if you leave. ···→ 법에 따라 당신이 떠나면 난 당국에 알려야 된다.

동사 + A + to + V형 Idioms
expect sby to + V ···가 ~할 것으로 예상된다
force sby to + V ···에게 ~하라고 강요하다

might as well …하는 것이 낫다

If you re going to be at the drugstore, you **might as well** pick up some Aspirin. ⋯ 만일 약국에 갈거면 약간의 아스피린을 사도록 해.

allow for 고려하다

We have **allowed for** two additional clerks to be hired in next year s budget. ⋯ 내년 예산에서 직원 두사람의 추가를 감안해 넣었다.

compare to …에 비유하다

The crime rate is extremely high in this city as **compared to** last year. ⋯ 이 도시의 범죄율이 작년에 비해 무척 높다.

fix up 고치다, 수리하다, 날짜를 정해주다

You can finish the cover letter, while I **fix up** the report. ⋯ 내가 레포트를 고치는 동안 커버레터를 마무리해라.

prevent ~ from ~ing …가 ~하는 것을 막다

The airport authorities tried to **prevent** the hijacked aircraft **from** landing. ⋯ 공항 당국은 납치된 항공기가 착륙하지 못하도록 하려 했다.

She **talked** me **into** signing another contract. ⋯ 그 여자가 나를 설득해서 또 다른 계약에 서명하도록 했다.

동사 + A + 전치사 + B 형 Idioms
prefer A to B B보다 A를 선호하다
tell A from B A와 B를 구별하다
credit A with B B에 대한 공을 A에게 돌리다
charge A with B A에게 B를 싣다, (의무 등을) 지우다
deduct A from B B에서 A를 공제하다
connect A to B B에게 A를 연결시키다
talk A into ~ing …하도록 설득하다

cash in on ···을 이용하다

The man used an inside tip to **cash in on** the underdog at the race track. ···▸ 그 남자는 내부 정보를 이용해서 경마에서 우승확률이 적은 말에 걸어 돈을 땄다.

cannot help but + V ··· 하지 않을 수 없다

help + O + V ···가 ~하는 것을 돕다
help oneself to + V 스스로 ···하다
help A with B A가 B하는 것을 돕다

I feel bad about this, but you **can t help but** get impatient with his self-pitying attitude. ···▸ 나도 그건 안됐다고 생각하지만, 그 사람이 스스로 연민에 빠져있는 모습은 참을 수가 없어.

sort out 구분하다, 문제를 해결하다

rule out (규정에 따라) 제외하다, 금지하다
single out 골라내다

The directors have a lot of things to **sort out** before the annual shareholder s meeting tomorrow. ···▸ 이사들은 내일 열릴 연례 주주회의에 앞서 할 일이 많이 있다.

need to + V ···할 필요가 있다, 해야 한다

don't need to + V ···할 필요는 없다

We **need to** pay the rent before the end of the month. ···▸ 우린 이달 말 전에 임대료를 내야 한다.

동사 + to + V형 Idioms

manage to + V 겨우 ···하다	vote to + V ···하기 위해 투표하다
attempt to + V ···해보려고 시도하다	expect to + V ···하리라 기대하다
aim to + V ···할 작정이다, ···하려고 애쓰다	have to + V ···해야 하다

dispose of …을 처분하다, 처리하다

Hospitals ask nurses to be careful when **disposing of** used needles. ⋯ 병원은 간호사들에게 사용한 주사기 처리시 주의할 것을 요구했다.

drop by (불시에) 들르다

stop by …에 잠깐 들르다

The manager asked his secretary to **drop by** the passport office on her way home. ⋯ 관리자는 비서에게 집에 가는 도중에 여권 사무실에 들르라고 했다.

prepare for …을 준비하다

provide for …에 대비하다, 부양하다

The men were in the process of **preparing for** the worst case scenario. ⋯ 남자들은 최악의 상황에 대한 준비를 하고 있다.

The man was a good father and husband and always **provided for** his family. ⋯ 그 남자는 좋은 아버지와 남편이었고 항상 가족을 부양했다.

belong to …에 속하다

The documents appear to **belong to** the sister of the vice-president of the company. ⋯ 그 서류들은 그 회사 부사장의 여동생의 것으로 보인다.

동사 + to + N[~ing]형 Idioms

lead to …로 이끌다
appeal to …에게 호소하다, 흥미를 끌다
link to …에 연결하다
succumb to …에 굴복하다
come to …에 이르다, (총액이) …에 달하다

respond to …에 반응하다
stick to …에 집착하다
adhere to …을 고수하다
decline to …을 거절하다
listen to …을 듣다

abound with ⋯로 풍부하다

The camp site **abounds with** wild flowers, trees, and animals of all sorts. ⋯→ 캠핑 장소에는 온갖 종류의 야생화, 나무, 그리고 동물들이 많다.

capitalize on ⋯을 이용[활용]하다

They hope to **capitalize on** the lack of public housing by building two housing complexes. ⋯→ 그 사람들은 저소득층용 공공주택이 부족하다는 것을 이용하여 주택단지를 두개 개발하려고 한다.

agree on ⋯에 대해 의견을 같이하다

agree to + V ⋯하는 것에 동의하다
agree with sby ⋯의 의견에 동의하다

It seems that we can never **agree on** anything that has to do with our new client. ⋯→ 새 고객에 관한 일이라면 우리는 절대로 의견을 같이 할 수 없는 것 같다.

cope with ⋯에 대처하다

It was difficult for him to **cope with** the loss of his wife, but he is fine now. ⋯→ 그 남자는 아내를 잃은 것을 이겨내기가 힘들었지만 이제는 괜찮다.

differ from ⋯과 다르다

The courses offered at the main campus **differ from** the courses offered at satellite campuses. ⋯→ 본교에서 제공되는 수업은 분교에서 제공되는 수업과는 다르다.

try out for size 시험삼아 ⋯해보다

try one's hand at 시험삼아 ⋯해보다

Why don t you **try** this job **out for size**, and if you don t like it you can always quit. ⋯→ 이일이 마음에 드는지 한번 일해보지 그래? 맘에 안들면 언제든지 그만둘 수 있잖아.

specialize in …을 전문으로 하다

The student decided to **specialize in** epidemiology. ⋯ 그
학생은 전염병학을 전문 분야로 삼기로 결심했다.

track down …을 추적하다

I need you to **track down** the name of the person who
filed this complaint so that we can negotiate with them. ⋯
이런 불만사항을 제기한 사람의 이름을 추적해서 그 사람과 협상을 해주었으면 한다.

last for …(기간) 동안 지속하다

According to the newscast, the rain is expected to **last
for** a few more days.⋯뉴스보도에 의하면 비는 며칠 더 내릴 것으로 예상된다.

mix up 잘 섞다, 혼란시키다

cf. mix-up 혼란

There was a **mix-up** at the post office and my mail was
sent to Manila. ⋯ 우체국에서 혼란이 생겨 내 우편물이 마닐라로 보내졌다.

peer into …을 자세히 보다

Before opening the door you should always **peer into**
the peep-hole. ⋯ 문을 열기 전에 현관문 구멍으로 항상 자세히 봐야 한다.

plan on …을 계획하다

Well, if you re not busy this Saturday, **plan on** coming
on our rafting trip. ⋯ 그럼 이번 주 토요일에 바쁘지 않으면 래프팅 타러
가는 데 같이 가요.

prop up 지지하다, 보강하다

The nurse s job was to **prop up** the incapacitated
patients whenever they asked. ⋯ 간호사의 일은 그들이 요구할 때마
다 몸이 불편한 환자들을 도와주는 것이다.

tamper with (서류를) 함부로 변경하다, (가구를) 만져 놓다

The mechanic told my mother not to **tamper with** the car s engine. ⋯▸ 기계공은 나의 어머니에게 차의 엔진에 함부로 손대지 말라고 말했다.

wear out 다 써버리다, 닳아 없어지게 하다

Our boy used to **wear out** almost everything that we gave him. ⋯▸ 우리 아들은 우리가 준 거의 모든 것을 닳아 없어지게 하곤 했다.

move up 승진[출세]하다

In order to **move up** the corporate ladder, you must have drive and ambition. ⋯▸ 기업에서 출세하기 위해서는 출세욕과 야망이 있어야 한다.

rake in 돈을 긁어 모으다

The article claimed that all participants would **rake in** a lot of money. ⋯▸ 그 기사는 참가자는 모두 돈을 많이 긁어 모았다고 주장했다.

stay up all night 밤을 새워 일하다

I wanted to **stay up all night**, but I was so tired that I fell asleep. ⋯▸ 나는 밤을 새고 싶었지만 너무 피곤해서 잠이 들었다.

shape up 구체화 하다, (컨디션을) 좋게 하다

If we **shape up** the system, everything in the office will be much more efficient. ⋯▸ 만일 그 체계를 구체화시킨다면 사무실 내의 모든 일이 훨씬 더 능률적이 될 것이다.

strive for ⋯을 얻으려고 애쓰다

The young girl was told to **strive for** the top score in the LSAT. ⋯▸ 그 젊은 아가씨는 열심히 노력해서 법률학교 입학시험에서 최고의 점수를 얻으라는 말을 들었다.

wrap up 완성하다

We ll **wrap up** the presentation with a brief survey and then we will field some questions. ⋯▸ 우리는 간단한 여론조사로 그 발표를 종결시키고 난 후 질문을 받을 것이다.

date back to ⋯로 거슬러 올라가다

Drinking to someone s honor **dates back to** medieval France. ⋯▸ 축배를 드는 행위의 기원은 프랑스의 중세시대로 거슬러 올라간다.

recover from ⋯에서 회복하다

The man was sent to the hospital so that he could **recover from** pneumonia. ⋯▸ 남자는 폐렴을 치료하려고 병원에 입원했다.

watch for ⋯을 주시하다, 경계하다.

The police were asked to **watch for** strange characters loitering around the main stadium. ⋯▸ 경찰에게 주경기장 주위에서 배회하는 이상한 사람들을 경계하라고 했다.

print out 프린터로 출력하다

They couldn t **print out** the report because the power was off. ⋯▸ 전기가 나갔기 때문에 리포터를 출력할 수가 없었다.

(would) be better off ⋯하는 편이 좋을 것 같다

You **would be better off** e-mailing this letter than faxing it. ⋯▸ 이 편지를 팩스로 보내기보다는 이메일로 보내는 게 나을 것이다.

back up 정체시키다, 백업하다
bargain for 예상하다
clean out 깨끗하게 하다
bear sth in mind ⋯을 명심[유의]하다
compete with[against]
　　　　　　　⋯와 경쟁하다
think better of 고쳐 생각하다
(cf. think less of ⋯을[를] 경시하다)
blow up 망치다
buy off ⋯을 매수하다
line up 일렬로 늘어서다
deem as ⋯로 간주하다
deprive of ⋯을 박탈하다
lose[save] face 체면을 잃다[세우다]
graduate from ⋯를 졸업하다
impose on ⋯을 부과하다
stop short of ⋯을 그만두다
level with ⋯에게 솔직히 털어놓다
tip off ⋯에게 정보를 제공하다
jump at ⋯에 달려들다
iron out 다림질하다, 원활하게 하다
live up to ⋯에 따라 행동하다
phase out 점차 없애다
pop up 별안간 나타나다
sell off 처분하다, 매각하다
settle down 정착하다
spell out 한자 한자 쓰다[읽다]
spin off 부수적으로 파생시키다
tear down 헐다, 부수다
move into ⋯로 이사하다, 입주하다
prevail on ⋯을 설득하다
aim at ⋯을 겨냥하다

brush off 무시하다, 털어내다.
burst into 갑자기 ⋯하기 시작하다
cast off 포기하다
change into ⋯으로 전환하다
chat with ⋯와 잡담하다
die from ⋯로 죽다
dig up 발굴하다, 캐내다
dip in ⋯에 담그다
gain ground 확고한 기반을 쌓다
invest in ⋯에 투자하다
instruct on ⋯에 대해 가르치다
throw a party 파티를 열다
tie the knots 결혼하다
vote for ⋯에게 투표하다
lose one's way 길을 잃다
lie with ⋯에게 책임이 있다
lock out ⋯에서 내쫓다, 공장폐쇄하다
lose out 실패하다
mop up 닦아내다
poke around ⋯에 대해 꼬치꼬치 캐다
pop sth into ⋯에 찔러 넣다
pour down 억수같이 퍼붓다
reach for 손 · 발을 뻗치다
retire from ⋯에서 은퇴하다
shop around 찾아 헤매다
shut down 정지시키다, 폐쇄하다
speak out 거리낌 없이 털어 놓다
tear out 찢어내다.
touch down 착륙하다
touch off 발사하다, ⋯의 발단이 되다
translate into ⋯로 번역하다.
wrestle with ⋯에 전력을 다하다

02   Be 동사구

be advised to + V   …하라는 권고를 듣다

Customers **are advised to** pay off their credit cards before the due date. ⋯→ 고객들에겐 마감일 전에 신용카드대금을 결제하라고 권고한다.

(be) available for +N [to+V]   …에 손이 비어있다, 이용가능하다

Is she **available to** perform an operation in the emergency room? ⋯→ 그 여자가 응급실에서 수술을 집도할 수 있을까?

be appropriate for+N [to+V]   …에 적당하다

be suitable for …에 적합하다

A suit and tie would **be appropriate to** wear to a formal dinner. ⋯→ 양복에 넥타이는 공식 만찬에 입고 가기에 적절할 것이다.

be able to + V   …할 수 있다

be unable to + V …할 수 없다
be capable of …을 할 수 있다

I honestly didn t think that he **was capable of** committing such an act. ⋯→ 솔직히 그 사람이 그런 행동을 저지를 수 있다고 생각하지 않았었다.

be designed to + V   …하기로 의도되다, 예정되다

The advertorial **was designed to** target teenagers with emotional problems. ⋯→ 그 기사성 광고는 감정에 호소하는 문제들을 가지고 10대들을 겨냥하도록 고안되었다.

be accompanied by[with] …을 동반[수반]하다

They **are accompanied by** their colleagues from the head office in Switzerland.⋯▶ 스위스본사로부터 온 직원들이 그를 데리고 다닌다.

be due to + V …할 예정이다

(be) due to + N ⋯때문에
be due by + 날짜 ⋯까지 만기다
be due over + 기한 기한이 ⋯넘게 연체되다
be due in ⋯에 도착 예정이다, ⋯내에 만기가 되다

She **is due to** deliver her baby at about seven o clock this evening. ⋯▶ 그 여자는 오늘 저녁 7시쯤에 아기를 분만할 예정이다.

The company s bankruptcy **was due to** misappropriation of funds. ⋯▶ 그 회사가 파산한 것은 자금 횡령 때문이었다.

Due to the inclement weather, the annual company picnic will be postponed. ⋯▶ 궂은 날씨로 인해, 연례 회사 야유회는 연기될 것이다.

The sum of $500 is owed on your account and this amount **is due in** two weeks. ⋯▶ 귀하의 계정에 500달러가 입금되기로 되어 있는데, 2주내에 들어갈 것입니다.

Payment for the goods ordered **is due** in advance of shipment. ⋯▶ 주문상품의 대금결제는 선적전에 이루어져야 한다.

The information girl told the man that the bus **was due** in five minutes. ⋯▶ 안내원은 남자에게 버스가 5분 안에 도착할 예정이라고 말했다.

be sure to + V 반드시 …하다

Be sure to double-check the alarm system before you leave tonight. ⋯▶ 오늘 밤 나가기 전에 반드시 경보장치를 다시 한번 점검해.

be aware of …을 깨닫다

be conscious of ⋯을 알아차리다, 인식하다

His lawyer asked him if he **was aware of** the laws in New York. ⋯▶ 그의 변호사는 그가 뉴욕에서 시행되는 법들을 알고 있는지를 물었다.

be eligible for+N[to+V] ···에 적당하다, 알맞다

As a student, Ed **is eligible for** discounts to museums and theaters. ···▶ 에드는 학생자격으로 박물관과 극장의 할인적용을 받는다.

be responsible for ···에 책임이 있다

The billing department **is** also **responsible for** collecting overdue accounts. ···▶ 경리부서는 지급기한이 지난 계좌의 대금을 회수하는 업무도 담당한다.

be eager to + V 간절히 ···하고 싶어하다

He seems **eager to** learn. ···▶ 그 사람은 배우는 데 열심인것 같아요.

be concerned about ···을 걱정하다

be worried about ···에 대해 걱정하다
be anxious about ···때문에 초조해하다

He **is concerned about** his upcoming promotion. ···▶ 그 남자는 다가오는 승진 때문에 걱정을 하고 있다.

be scheduled to + V[for+N] ···(하기)로 예정되어 있다

Our flight to Atlanta **was scheduled to** arrive at 2:30. ···▶ 아틀랜타 행 비행편은 2시 30분에 도착 예정되어 있다.

The alarm clock **was programmed to** go off at precisely four o clock. ···▶ 그 알람시계는 정각 4시에 울리도록 맞춰져 있었다.

More⁺⁺

be meant to + V ···할 작정이다. ···하려고 생각하다
be intended to + V ···할 예정이다. ···하려고 만들어지다
be programmed to + V ···하도록 예정되어 있다, 계획되어 있다
be expected to + V ···할 것으로 예상되다

be enthusiastic about …에 열광하다

be wild[crazy] about …에게 푹 빠지다
be ecstatic at …에 도취되다
be interested in …에 흥미가 있다

The children **were enthusiastic about** meeting with the lead singer of the band. ⋯➙ 아이들은 그 밴드의 리드싱어를 만나는 것에 대해 열광했다.

She **was wild about** the actor starring in the new action movie. ⋯➙ 그 여자는 새 액션영화의 주연배우에게 푹 빠졌었다.

be filled with …으로 가득 차다

be full of …로 가득차다
be covered with …로 뒤덮이다
be inundated with …로 넘쳐나다

The pastry **was filled with** a cream stuffing. ⋯➙ 그 페이스트리는 크림으로 속이 채워져 있다.

be committed to …에 전념하다

be dedicated to …에 바치다, 헌납하다

The company **is committed to** dealing fairly with other organizations. ⋯➙ 그 회사는 다른 기업체와 공정하게 거래하는 것을 원칙으로 삼고 있다.

be compared to[with] …와 비교되다

be commensurate with …에 비례하다

We will most likely fall short **compared to** last term. ⋯➙ 지난 기간과 비교해서 판매량이 떨어질 것 같다.

(be) complete with ···을 갖춘

The car comes **complete with** power steering, power brakes, and air conditioning. ···▶ 그 차는 동력 핸들, 파워 브레이크 그리고 에어컨을 완비하고 있다.

be honored for ···에 대해 표창받다

be honored by ···에 의해 존경받다

The marketing manager **was honored for** his revolutionary ideas. ···▶ 영업부장은 혁신적인 아이디어로 상을 받았다.

be subject to + N ···을 받기 쉬운, ···에 걸리기 쉬운

Because of graphic violence, the movie will probably **be subject to** a high rating. ···▶ 생생한 폭력묘사 때문에 그 영화는 아마 시청률이 높을 것이다.

be accustomed to + V ···에게 익숙해지다(= get used to)

be used to + V ···하는 데 사용되다
be used up 다 써 버리다, 바닥나다

The manager told us that we d soon **be accustomed to** the way things worked. ···▶ 책임자는 우리에게 곧 일이 돌아가는 방식에 익숙해질 거라고 말했다.

The photocopy paper **was** all **used up** and there was no more in the storage room. ···▶ 복사용지가 다 떨어졌고, 창고에도 여분이 없었다.

be compatible with ···와 양립하다, ···에 호환되다

The engineer was not sure that the two systems would **be compatible with** each other. ···▶ 기술자는 그 두 체계가 서로 양립할 수 있을지 확신할 수가 없었다.

be supposed to + V ···하기로 되어 있다, 예상되다

The little boy had no idea what he **was supposed to** do with the medicine.··→ 그 어린 소년은 그 약을 어떻게 해야할 지 몰랐다.

be required to + V ···해야 한다

be required of ···에게 ~이 요구된다
be obliged to + V 어쩔 수 없이 ···하다
be forced to + V 억지로 ···하다

Attention to difficult tasks will **be required of** you if you accept the job. ··→ 네가 그 일을 받아들이면 여러모로 힘든 임무가 주어질 것이다.

be busy with ···으로 분주하다

be tied up 한데 묶다, 꼼짝 못하다

Mr. Sanders **is** too **busy with** other work right now. ··→ 샌더스 씨는 지금 다른 일로 아주 바쁘십니다.

be good at ···에 능숙하다, 재능이 있다

He enjoys that sort of work and **he s** very **good at** it. ··→ 그 사람은 이런 종류의 일을 즐기고 또 굉장히 잘 합니다.

be accused of ···로 고발되다

The woman told us that the two men **were accused of** first degree murder. ··→ 그 여자는 우리에게 그 두사람이 일급살인으로 고발되었다고 말했다.

be cautious about ···에 대해 조심하다

The lady at the department store told the students to **be cautious about** how much money they spent. ··→ 백화점에 있는 숙녀는 학생들에게 그들이 얼마나 많은 돈을 쓰는지를 주의하라고 말했다.

be entitled to + N ···의 자격이 있다

She felt that she **was entitled to** a large portion of the proceeds. ···▶ 그 여자는 수익금의 많은 부분을 받을 자격이 있다고 생각했다.

be pleased with ···에 기쁘다, 만족하다

be satisfied with ···에 만족하다
be delighted with ···을 기뻐하다.
be happy with[about] ···으로 행복해 하다

The boss **was pleased with** all of the hard work that we put into the presentation. ···▶ 사장은 설명회에 우리가 들인 그 모든 노력에 만족했다.

be sold out 매진되다

All the tickets **were sold out** before the band was even in town. ···▶ 그 밴드가 도시에 오기도 전에 표가 매진되었다.

be fed up with ···에 질리다

be tired of ···로 지치다, 신물이 나다

I **was so fed up with** my boss that I told him off and quit my job. ···▶ 나는 사장에게 너무 질려서 한바탕 해대고는 회사를 그만두었다.

You must **be tired of** always doing the dirty work for him. ···▶ 너는 분명 항상 그 사람 대신 지저분한 일을 하는 데 싫증이 났을 것이다.

be likely to + V ···하기 쉽다

be unlikely to + V 좀처럼 ···하지 않다
be apt to + V ···하기 쉽다
tend to + V ···하는 경향이 있다

We **are likely to** lose everything on the hard drive. ···▶ 하드 드라이브에 있는 모든 게 날아갈 것 같은데.

be visible to ···에게 보이다

The lady didn t realize that her scar **was visible to** the audience. ···▶ 그 여자는 자신의 흉터가 청중에게 보인다는 것을 깨닫지 못했다.

be disposed to + N ···에 익숙하다, ···의 경향이 있다

be disposed to + V ···하고 싶은 마음이 내키다

I m disposed to sunny climates, which is why I am so confused to be living in Seattle. ···▶ 나는 일조량이 많은 기후에 익숙하기 때문에 시애틀에서 사는 것에 적응이 잘 안된다.

be based on ···에 근거하다

This figure **is based on** data from a survey with a very low response rate. ···▶ 이 수치는 답변률이 매우 저조한 설문조사로부터 얻은 자료에 기초해 있다.

be encouraged to + V ···하라는 권고[격려]를 받다

Visitors who wish to stay at the lodge **are encouraged to** call ahead to check on possible vacancies. ···▶ 산장에서 묵으려는 손님들은 미리 전화해서 빈 방이 있는지 확인하시는 것이 좋겠습니다.

be designated to + V ···하기로 지정되다

He has **been designated to** be a project manager. ···▶ 그 남자는 프로젝트 매니저로 지정되어있다.

be desperate to + V ···하기 위해 부산하다, ···에 필사적이다

The Better Business Bureau **was desperate to** find a new VP before the annual shareholders meeting. ···▶ 사업개선협회는 연례 주주회의가 열리기 전에 새 부회장을 선출하려고 무척 부산했다.

be equal to + N …과 같다

Women in America are considered to **be equal to** men in most respects.··→ 미국 여성들은 모든 면에서 남자들과 동등하게 간주된다.

be famous for …로 유명하다

be notorious for …로 악명이 높다

The restaurant down the street **is famous for** its Chinese dishes. ··→ 시내에 있는 그 레스토랑은 중국음식으로 유명하다.

The artist **was famous for** his photographs of the Eiffel Tower. ··→ 그 예술가는 파리의 에펠탑을 찍은 사진으로 유명했다.

be popular with …에게 인기가 있다

What part of the program has **been** especially **popular with** farmers? ··→ 특히 프로그램의 어떤 부분이 농부들에게 인기가 있는가?

be hard on …에게 심하게 굴다

be hard at 열심히 …하다
be hard to + V …하기 힘들다, 어렵다

The teacher was reprimanded by the principal for **being** too **hard on** her students. ··→ 그 선생은 학생들에게 너무 심하게 했기 때문에 교장으로부터 문책받았다.

The old lady noticed that the man **was hard at** work behind his desk. ··→ 그 노부인은 남자가 책상앞에 앉아 열심히 일하고 있는 것을 발견했다.

be bound to + V …할 예정이다, …하지 않을 수 없다

be bound by[to] …에게 속박되다
(be) bound for …행(行)의

The company **was bound to** honor the credit note that a manager had issued fifteen years ago. ··→ 그 회사는 경영자가 15년 전에 발행한 어음을 받아 줄 예정이었다.

The plane **was bound for** the Kennedy International Airport in New York. ⋯→ 이 비행기는 뉴욕의 케네디 국제공항행이다.

He didn t want to get married because he didn t want to **be bound to** a woman. ⋯→ 그 남자는 여자에게 구속받기를 원하지 않았기 때문에 결혼을 원치 않았다.

be engaged in ⋯에 종사하다, 참가하다(= engage oneself in)

be engaged to sby ⋯와 약혼한 상태다

Apparently, he **is engaged to** somebody from the United Kingdom. ⋯→ 그 남자는 영국사람과 약혼했다고 한다.

They **are engaged in** high level talks with the Food and Drug Administration. ⋯→ 그 사람들은 美 식품의약국과 강도높은 담화를 하고 있다.

be the most sought-after 가장 인기가 있다

Gallagher **is the most sought-after** producer of quality packaging in the world. ⋯→ 갤러거는 세계적으로 우수한 포장재 제조업체로 가장 인기가 높다.

be touted as ⋯라고 일컬어지다

She **was touted as** the fastest woman alive by the *New York Times*. ⋯→ 「뉴욕타임즈」誌는 그 여자를 지구상에 존재하는 가장 빠른 여자라고 칭했다.

be well off 유복하다

The girl came from a family that was known to **be well off**. ⋯→ 그 여자애는 유복한 것으로 알려진 집안 출신이다.

(be) keen on ⋯에 열중한, ⋯을 매우 좋아하는, 하고싶은

I m **keen to** try snowboarding before I get too old. ⋯→ 너무 늙기 전에 스노우보드를 타보고 싶어.

be upset about ···으로 화가 나다

He **is upset about** the way that the boss spoke to him.
⋯→ 그 사람은 사장이 자신에게 했던 말투 때문에 매우 화가 났다.

be opposed to + N ···에 반대이다

be contrary to + N ···에 반(反)하다

He didn t think that she would **be opposed to** being a
homemaker. ⋯→ 그 남자는 그녀가 주부가 되는 것을 반대하지 않을 것이라고
생각했다.

be skeptical about ···에 회의적이다

The teacher **was skeptical about** whether the students
would show up for the track meet. ⋯→ 선생님은 육상 경기 대회에
학생들이 나타날지에 대해 회의적이었다.

be caught in traffic 교통혼잡에 오도가도 못하다(=be held up~)

be caught in a shower 소나기를 만나다

Becky **was held up in traffic** and, as a result, was late to
work. ⋯→ 베키는 교통이 꽉 막혀서 결국 회사에 지각하였다.

be blind to + N ···을 깨닫지 못하다

We **are** often **blind to** the damage that smoking causes.
⋯→ 우리는 종종 흡연이 초래하는 피해를 깨닫지 못하는 경우가 있다.

be related to + N ···와 관계가 있다

be linked to + N ···와 관련짓다, 결부하다

I **was** closely **related to** the man who died in the car
wreck. ⋯→ 나는 차사고로 죽은 그 남자와 아주 가까운 사이였다.

be located to + N ···에 가까이 있다

be located in ···에 위치하다

The hospital **is located** next to the big shopping mall on 42nd Street. ···▶ 병원은 42번가의 커다란 쇼핑몰 옆에 위치해 있다.

be proud of ···을 자랑스러워 하다

take pride in / pride oneself on ···에 자부심을 갖다

They wanted us to **be proud of** them so they studied very hard all weekend. ···▶ 우리가 자신들을 자랑스러워 해주기를 바래서 애들은 주말내내 아주 열심히 공부했다.

be exposed to + N ···에 노출되다

It s estimated that three hundred people have **been exposed to** the disease.···▶ 300명이 그 질병에 노출됐던 것으로 추정된다.

be essential for ···에 가장 중요하다
be assured of 확인하다, 확신하다
be exempted from ···을 면제 받다
be qualified for ···의 자격이 있다
be cut out for ···에 제격이다
be set for[to+V] ···에 대한 준비가 되다
be known for ···로 알려져 있다
be crucial for 중대하다
be dangerous to ···에 위험하다
be easy to + V ···하기 쉽다
be open to ···에 개방되다
be made of ···으로 이루어지다
be attached to ···에 부속하다
be careful to + V ···하도록 조심하다
be permitted to + V ···해도 된다

be asked to + V ···하라는 요구를 받다
be cleared of ···에서 벗어나다
be enclosed (in) with ···과 함께 동봉되다
be faced with ···에 직면하다
be limited 제한되다
be released from ···에서 풀려나다
be akin to ···에 가깝다
be avid about ···에 대해 욕심내다
be central to ···에 중심적이다
be conductive to ···로 이끌다
be attractive to ···에게 인기가 있다
be wrong with ···에 이상이 있다
be loyal to ···에 충성하는

03 전치사구

as of + date ···일 현재로

effective immediately 지금부터 효력이 있는
effective only after ···의 경우에만 효력이 있는

The new law will ban smoking in public offices **as of September 1st, 2004.** ···→ 그 새로운 법은 2004년 9월 1일부로 관공서에서 흡연을 금할 것이다.

first thing in the morning 아침에 제일 먼저

first of all 무엇보다도 먼저
in the first place 맨먼저

Okay, I ll call him **first thing in the morning.** ···→ 좋아. 아침 일찍 우선 그 사람에게 연락하도록 할게.

by the way 그런데

by way of ···의 대신으로, ···할 목적으로
by the time ···무렵에

Oh, **by the way,** can you suggest a good restaurant in the area? ···→ 참, 그런데, 그 부근의 괜찮은 레스토랑을 한 군데 추천해주겠어요?

in addition to ···에 더하여

to boot 게다가
not to speak[mention] of 게다가
in(to) the bargain 게다가, 더욱이
at that 게다가, 더욱이

In addition to the charges filed yesterday, the prosecution has decided to add two more. ···→ 어제 기록된 혐의 이외에도 검찰은 두개 이상을 추가하기로 결심했다.

on[upon] delivery 배달시

on[upon] request 요청시

The contract states that the fee must be paid **upon delivery** of the goods. ···▸ 계약서 상에는 요금이 물건배달시에 지불되어야 한다고 명시되어 있다.

at the end of ···의 말에

The manufacturer s warranty expires **at the end of** the month. ···▸ 그 제조업자 보증서는 이달 말에 만료가 된다.

such as ···와 같은, 이를테면

to name a few 조금만 예를 들면
as follows 다음과 같이
Name it 먹고[갖고] 싶은 걸 말해보라

Pain management drugs **such as** aspirin are popular because one does not need a prescription to buy them. ···▸ 아스피린과 같은 진통제는 처방전없이 살 수 있기 때문에 인기가 잇다.

on one's way ···가 오는 중인

on the way to ···로 가는 도중에

The nurse told the patient that the doctor was **on his way**. ···▸ 간호사는 환자에게 의사가 오고 있다고 말했다.

for the time being 당분간

for a moment 잠시 동안
for a while 잠시 동안
for some time 잠시, 얼마간

We will have to make do with what we have **for the time being**. ···▸ 우리는 당분간 우리가 가지고 있는 것으로 임시변통해야 한다.

this past year 작년

in the past 과거에, 종래
in the past six months 지난 6개월간
in those days 그 당시에는
over the past decade 지난 10년에 걸쳐

The company posted record sales and improved its productivity **this past year**. ⋯▸ 그 회사는 지난 한해 동안 기록적인 판매를 기록했으며 생산성을 향상시켰다.

The level of technology employed in everyday jobs has ballooned **over the past decade**. ⋯▸ 일상적인 일에서 사용되는 기술의 수준은 지난 10년간에 걸쳐 급속히 팽창되었다.

this time of year 연중 이맘때

rest of the day 남은 하루
these days 요즈음
all day long 하루종일
later in the day (그날 중으로) 나중에, 그날 늦게.

I guess it is pretty hectic **this time of year**. ⋯▸ 매년 이맘때는 정말 정신 없는 것 같아요.

They ll be coming over a little **later in the day** to see how much we ve accomplished. ⋯▸ 그 사람들은 우리가 얼마나 많이 해냈는지 보기 위해 오후 약간 늦게 올 것이다.

from now on 지금부터

up to ⋯에 이르기까지
up to now 지금까지
for now 지금으로서는

They said that they would try to be more cautious **from now on**. ⋯▸ 그 사람들은 앞으로는 보다 더 조심하도록 노력하겠다고 말했다.

The situation has been fine **up to now**, but I don t know what will happen in the long run. ⋯▸ 상황이 지금까지는 좋았으나 장기적인 안목에서 볼 때 무슨 일이 발생할지 모른다.

to date 지금까지(= until now)

To date, I have received three offers of marriage, and have turned down all of them. ⋯⋯▸ 지금까지 나는 청혼을 세번 받았는데, 세번 모두 거절했다.

all over the world 전 세계에 걸쳐

all around 도처에
throughout the world 세계 전역에서
far and wide 도처에
from coast to coast 전국적으로

I d like to travel **all over the world**, but I don t have much time or money. ⋯⋯▸ 나는 세계일주를 하고 싶지만 시간도 돈도 많지 않다.

around the clock 하루종일

around the corner 모퉁이를 돌아서
around here 이 근처에

The record shop is just **around the corner** on your left hand side. ⋯⋯▸ 레코드 가게는 네 왼편 모퉁이 돌아서 바로이다.

The nurses and doctors worked **around the clock** to save the little girl. ⋯⋯▸ 간호사와 의사는 그 여자아이를 살리기 위해 하루 온종일 일했다.

in advance 미리, 선불로

Please pay **in advance** at the garage for all automobile part purchases.⋯⋯▸ 모든 자동차 부품 구입시에는 정비소에서 선불을 내주십시오.

inasmuch as ⋯이므로

now that ~ ⋯이므로

Inasmuch as my lawyer says I will probably lose anyway, I ve decided to settle. ⋯⋯▸ 내 변호사가 나는 어쨌든 질거라고 말했기 때문에, 합의를 하기로 결정했어요.

Now that the vacation is over, most students will have to go back to school. ⋯⋗ 방학이 끝났으므로 대부분의 학생들은 학교로 돌아가야만 할 것이다.

on a daily basis 하루단위로, 매일

on a monthly basis 한달 단위로

Subsequent issues of *Investor s Guide* will be sent to you **on a monthly basis** from now on. ⋯⋗ 지금부터 계속 「투자 가이드」의 속간호가 매달 배달될 것입니다.

across the country 전국적으로

across the street 길 건너의
across the world 전 세계에
across-the-board 전반적으로

They ll never forget riding their bicycles **across the country**. ⋯⋗ 그 사람들은 자전거로 전국을 일주했던 기억을 결코 잊지 못할 것이다.

as far as I'm concerned 나에 관한 한

as far as I know 내가 아는 한
as good as ⋯와 마찬가지의, ⋯에 못지않는
as long as ⋯하는 한은
as soon as ⋯하자 마자
as well as ⋯뿐만 아니라, ⋯와 마찬가지로
not that I know of 내가 알고 있는 한

I told her that **as far as I m concerned**, she could leave and I wouldn t care. ⋯⋗ 나는 그 여자에게 나로서는 그녀가 떠나도 좋고 괘념치 않겠다고 말했다.

We decided to eat dinner at home **as well as** watch a DVD. ⋯⋗ 우리는 집에서 DVD를 보고 저녁식사를 하기로 결정했다.

on business 사업차

on a business trip 출장차
on leave 휴가로

Where do you have to visit while you are here **on business this week?** ⋯ 이번 주에 사업차 여기에 있는 동안 어디를 방문해야 하나요?

in good faith 선의로

Both sides pledged to continue negotiations **in good faith** until a settlement was reached. ⋯ 양측은 합의에 이를 때까지 선의로 협상을 계속할 것을 서약했다.

prior to ⋯보다 전에, 먼저

above all 무엇보다
to begin with 우선

Coffee and tea will be served **prior to** the annual shareholders meeting. ⋯ 커피와 차가 연례 주주회의가 시작되기 전에 나올 것이다.

on and off 이따금

We had been dating **on and off** for about five years before we got married. ⋯ 우리는 결혼하기 전 약 5년 동안 데이트를 하다 말다 했다.

as usual 여느 때처럼

as ever 여느 때와 같이

As usual, we went to have lunch and then relaxed for about an hour. ⋯ 여느 때처럼 우리는 식사후 약 한시간 동안 휴식을 취했다.

regardless of ⋯와 상관없이

I prefer white wine to red wine **regardless of** what I m eating. ⋯ 저는 뭘 먹든지 간에 적포도주보다 백포도주가 더 좋아요.

so as to + V ⋯하기 위해

so as not to + V ⋯하지 않도록

in order to + V ···하기 위하여

We went to the sauna after we worked out **so as to** relax
and cool down. ···→ 우리는 운동 후에 푹 쉬면서 몸을 풀려고 사우나에 갔다.

A public auction will be held on the weekend **in order
to** raise money for the hospital. ···→ 병원기금을 마련하기 위해 주말
에 경매가 열릴 것이다.

not only A but also B A뿐만 아니라 B도 ···하다

both A and B A와 B 둘 다
either A or B A와 B 둘 중 하나는 (cf. neither A nor B A도 B도 아니다)
between A and B A와 B 둘 중에서

Not only do we get a holiday, **but** we get paid for it as
well. ···→ 우리는 휴가 뿐 아니라 휴가 보너스도 받는다.

until further notice 추후 통지가 있을 때까지

on such short notice 사전에 충분한 예고없이, 급히

All employees will have to refrain from smoking in the
entranceway **until further notice**. ···→ 전 직원은 추후 통지가 있을
때까지 출입구에서 금연해야 할 것이다.

as yet 아직까지

The contract was faxed to the client; however, there
has been no response **as yet**. ···→ 그 계약서를 팩스로 고객에게 보
냈지만 아직까지 아무런 반응이 없다.

on account of ···때문에, ···를 위하여

owing to ···때문에
due to ···으로 인하여, ···에 기인하여
because of ···때문에

We were late **on account of** the horrendous traffic in
the city. ···→ 우리는 도시의 엄청난 교통체증으로 인해 늦었다.

for more[further] information (on) 상세한 정보를 얻으려면

for one's reference …의 참고를 위하여

If you or your business would like to sponsor any of next year s dance performances please contact the box office **for more information**. ⋯→ 여러분 개인이나 회사가 내년도 댄스공연들 중 하나를 후원하고자 하신다면, 매표소에서 보다 상세한 정보를 얻으시기 바랍니다.

in part 부분적으로, 얼마간

in half 반으로

The material in this issue may not be reproduced in whole or **in part** without the permission of the publishers. ⋯→ 이 발행물의 내용은 발표자들의 허가 없이 전체 또는 일부를 복사해서는 안된다.

at the cost of …을 희생하여

at the risk of …의 위험을 무릅쓰고
at no cost 희생없이, 공짜로
at all costs 어떤 대가를 치르고서라도
at any rate 어쨌든
in any case 어떤 경우든

At the cost of losing a friend, I decided to tell the police exactly what I saw. ⋯→ 친구를 한명 잃는 대가를 치르면서 나는 경찰에게 내가 본 것 그대로를 말하기로 결정했다

in turn 번갈아, 다음에는

in use 사용중인

If you ll substitute for me next week, I ll work for you **in turn** in the future. ⋯→ 다음 주에 나를 대신해 주면, 다음번에는 내가 네 대신 일해줄게.

instead of …의 대신에

on behalf of …의 대신으로
in place of …의 대신에 (cf. in one's place …를 대신해서)

in lieu of   …대신에

On behalf of the president and his staff, I wish you all a very merry Christmas. ⋯▶ 사장과 직원들을 대표해서 여러분 모두 즐거운 크리스마스를 보내시길 바랍니다.

I went **in place of** her because she suddenly felt ill. ⋯▶ 그 여자가 갑자기 아팠기 때문에 나는 그 여자를 대신했다.

no way   조금도 …않다

not in the least   전혀 …아닌
not at all   전혀 …않다
at all   전혀
not even   …조차도 ~않다
not every   모두가 …한 것은 아니다
in the least   조금도

Not every husband has an affair with another woman.
⋯▶ 남편이라고 해서 모두 다른 여자와 바람을 피우는 건 아니다.

in exchange for   …대신, …와 교환으로

in favor of   …을 위해, …에 찬성하여
in need of   …이 필요한
in front of   …의 앞에
in possession of   …을 소유하고
in preparation for   …에 대비하여

Small companies **in need of** legal advice should contact the Small Business Legal Center. ⋯▶ 법적 조언이 필요한 중소기업은 중소기업법률센터에 연락해야 한다.

ahead of schedule   예정보다 빨리

behind schedule   예정보다 늦게
on schedule   예정대로

We can t afford to fall **behind schedule** this year or we will lose a lot of money. ⋯▶ 금년에 우린 일정보다 늦어져서는 안된다. 그렇게 되면 우리는 큰 돈을 잃게 될 것이다.

The bus to Boston will not be running **on schedule** today due to poor weather conditions. ⋯→ 보스톤 행 버스는 오늘 악천후로 인해 예정대로 운행되지 않을 것입니다.

according to ⋯에 따르면

According to the contract, the packages will be delivered to you at your request. ⋯→ 계약서에 의하면 소포는 요청한 대로 귀하에게 배달될 것입니다.

in an effort to ⋯를 위한 노력의 일환으로

The sales manager offered an incentive bonus **in an effort to** pick up sales. ⋯→ 영업부장은 판매를 증진시키기 위한 노력의 일환으로 장려금제도를 제안했다.

on time 정각에, 시간대로

in time 때 맞춰, 조만간

The boss prides himself on always being **on time** for his meetings. ⋯→ 사장은 언제나 회의에 정시에 참여하는 것에 대해 자랑스러워했다.

while you're at it 그것을 하는 김에

in the meantime 그동안

In the meantime, we should be working on our individual assignments. ⋯→ 머지않아 우리는 우리의 개인적인 임무를 수행해야 한다.

all told 전부 합해서(= all together)

in all 총, 전부

All told, sales for this month add up to more than $300,000 dollars. ⋯→ 전부 합해서 이번달 매상은 총 30만달러 이상에 달한다.

as a matter of fact 사실

in fact 사실
in effect 사실상, 요컨대

I was told, **as a matter of fact**, that the company will be moving in a year or two. ⋯› 내가 듣기로 사실 그 회사는 일이년 후에 옮길 거라고 하던데.

in a row 일렬로

The guards lined up the prisoners **in a row** and shot them one at a time. ⋯› 간수들은 죄수들을 한줄로 세우고는 한 사람씩 쏘았다.

not A until B A해서야 비로소 B하다

not ~ without ⋯할 때마다 ~하다

He **cannot** write a report **without** making several grammar and spelling errors. ⋯› 그 사람은 보고서를 작성할 때마다 문법과 철자에서 몇 개씩 실수를 한다.

provided (that ~) ⋯을 조건으로, 만약 ⋯이면

on the condition that 만약 ⋯라면

The warranty extends to all worn-out parts, **provided that** they were not purchased more than three years ago. ⋯› 구매한 지 3년이 지나지 않았으면 수명이 다한 부품에 대해서도 모두 제품 품질보증이 적용된다.

after hours 폐점 후

after work 퇴근 후
after school 방과 후

Do you want to get together some night **after work**, or on the weekend? ⋯› 언제 퇴근 후 저녁에 만날까요, 아니면 주말에 만날까요?

in regard to …에 관해서는

in respect of …에 관해서는, …의 대가로
as for …로서는, …에 관해서는
in all respects 모든 점에서
with respect to …에 관하여
in[with] reference to …에 관하여
in terms of …의 관점에서
when it comes to …에 관한 한

He called yesterday **in regard to** the letter that you sent to his office. ⋯▸ 그 남자는 당신이 그의 사무실에 보낸 편지에 관해 어제 전화를 했다.

He took care of the wife, **as for** the husband, we still need to convince him. ⋯▸ 그 사람은 자기 아내를 돌보았다. 남편에 관해 말하자면 우리는 여전히 그 사람에게 확신을 줄 필요가 있다.

off duty 비번으로, 근무시간 외에

on duty 당번으로, 근무시간 중에

I was very lucky that there was an **off duty** officer at the party. ⋯▸ 그 파티에 비번의 경관이 있어서 난 아주 운이 좋았다.

in less than …이내에

less than …보다 적게, 덜

I need to get to the bus station **in less than** a half an hour. ⋯▸ 나는 30분 안에 버스 정류장에 도착해야 해.

at all times 언제든지

at any moment 당장에라도

Hard hats must be worn by everyone on the factory floor **at all times**, even visitors. ⋯▸ 방문객을 포함하여, 공장 내에서는 모두 항상 안전모를 착용해야 한다.

except for …을 제외하고

all but 거의(nearly, almost)
nothing but 다만 …뿐(only)

There will be no mail service **except for** express mail.
···→ 속달우편을 제외하고는 우편업무가 중단될 것입니다.

far from …에서 멀리, 조금도 …하지 않는

far away 멀리 떨어진
by far 단연

The lady told her son that the meal she just ate was **by far** the best food she had ever tasted. ···→ 그 부인은 지금 먹은 음식이 지금까지 맛보았던 음식 중에서 단연 최고였다고 아들에게 말했다.

for sure 확실히(= to be sure, surely)

sure thing 성공이 확실한 것, (감탄사) 물론이죠
no doubt 의심할 바 없이, 확실히
far and away 분명히

I really don t know **for sure**, but I m willing to give it a try. ···→ 확실히는 잘 모르겠지만, 노력을 해볼려구.

no longer 더이상 …않다

no more 더이상 …않다, …도 또한 아니다
no later than 늦어도 …이전에
little more than 불과 …인
not better than …에 불과한
not[nothing] much 거의 없는
nothing less than …과 다르지 않다
not less than 적어도

Remit membership fees by check in the special return envelope, postmarked **no later than** February 1. ···→ 회비에 해당하는 수표를 특별 반송 봉투에 넣어 늦어도 2월 1일까지는 우체국 소인이 찍히도록 보내주십시오.

off the top of one's head 즉석에서

off hand 즉석에서
on the spot 곧바로, 현장에서

The secretary told her boss that she did not know the number **off hand**, but that she could call information and get it. ···› 비서는 사장에게 지금 당장은 번호를 모르지만 안내계에 전화해서 알아낼 수 있다고 했다.

in case (that) ···의 경우에 대비해

in case of ···의 경우에
just in case 만일에 대비하여
in that case 그런 경우에는
in the event of 할 경우에는

We had to watch a film on safety **in case** an emergency occurred. ···› 우리는 위급상황 발생시 취해야 하는 안전수칙에 관해 통제하는 영화를 봐야 했다.

all the same 마찬가지인

all the time 줄곧(continuously)
all time 최고의
all the way 내내
all along 내내

The **all time** high score for a single player in one basketball game was 100 points. ···› 한 농구 경기에서 한 명의 선수가 기록한 최고득점은 100점이었다.

in the end 마침내, 결국에는

in the final analysis 결국, 최종적으로
after all 결국
at length 마침내
at the last minute 최후에
as a result of ···의 결과로
in the long run 장기적으로

The process was time-consuming, but it was well worth it **in the end**. ⋯→ 그 과정은 시간이 많이 들긴 했지만, 결국 그만한 가치가 있었다.

on the contrary 그 반대로

contrary to ⋯에 반하여
the other way around 반대로, 거꾸로
on the other side of ⋯의 반대 편에
on the other hand 다른 한편으로
in contrast to ⋯와는 대조적으로

On the contrary, he thinks that women should be paid equally. ⋯→ 그와는 반대로 그 사람은 여성도 남성과 똑같은 보수를 받아야 한다고 생각한다.

Contrary to what you all have heard, our company is in a position to post a profit his year. ⋯→ 당신이 들은 얘기와는 정반대로 우리 회사는 금년에 이익을 기록할 것이다.

under construction 공사중인

under discussion 논의 중인
under investigation 조사 중인
under repair 수리중인
under control 통제하여
under oppression 압제하에
under pressure 압박을 받고 있는
under way 진행중에

Although the situation quickly got out of hand, the officials soon had it **under control**. ⋯→ 상황이 빠르게 걷잡을 수 없이 되었지만 관리들은 곧 통제했다.

under no circumstances 어떤 경우에도 ⋯이 아닌

under the influence of ⋯의 영향으로
upon expiration of this contract 계약의 만료시
under the name of ⋯의 이름을 빌어
under warranty 보증받는

Under no circumstances are you to divulge this information to anyone. ⋯→ 어떤 경우에라도 이 정보를 다른 사람에게 흘려서는 안된다.

at best 기껏해야, 고작

at least 적어도
at most 기껏해야
at last 마침내

The lady estimated that the repair bill would amount to $30,000 **at most**. ⋯→ 그 여자는 수리비가 많아야 3만달러 일거라 추산했다.

free of ⋯이 면제된, ⋯이 없는

free of charge 무료로
for nothing 공짜로

The delivery is **free of charge** because your order is over a thousand dollars. ⋯→ 1,000달러 이상 주문을 하셨으니 운송비는 무료입니다.

(every) now and then 때때로

every other day 이틀에 한번씩
on occasion 이따금, 때에 따라서
for the most part 대개

We like to take a vacation **every now and then**, so we always plan ahead. ⋯→ 우리는 가장 가끔 휴가를 가는 것을 좋아한다. 그래서 우리는 항상 미리 계획한다.

She has decided to attend yoga classes with her mother **every other day**. ⋯→ 그 여자는 이틀에 한번씩 자기 어머니와 함께 요가강좌에 참석하기로 결정했다.

by oneself 혼자 힘으로, 직접

for oneself 스스로, 자기를 위하여
on one's own 자신이, 혼자 힘으로

The man was the type of individual who only did things **for himself**. ⋯→ 그 남자는 오로지 자신만을 위해 뭔가를 하는 타입의 사람이다.

from scratch 처음부터

This four-cheese ravioli is simple to prepare, but tastes like you spent all day making it **from scratch**. ···› 치즈 네개를 넣은 이 라비올리는, 준비하기는 아주 간편하지만 하루종일 처음부터 차근차근 공을 들여 만든 것과 같은 맛이 납니다.

in the middle of 한창 ···하는 중에

in the direction of ···의 방향에서
in the rear of ···의 뒤에
in the midst of ···의 한가운데에

We have a speaking engagement in New York this summer, **in the middle of** August. ···› 올 여름, 8월 중순경에 우리는 뉴욕에서 연설하기로 되어 있다.

on the whole 대체로

in general 일반적으로, 대체로
on most occasions 대체로, 보통
all in all 전반적으로 볼 때
as a rule 대개, 일반적으로
by and large 대체로

In general, we just follow the schedule and if we have extra time, we experiment. ···› 일반적으로 우리는 일정을 따르고 만일 여분의 시간이 있다면 시도할 것이다.

to say nothing of ···은 말할 것도 없고, ···은 고사하고

to say the least 에누리해서 말한다 해도
needless to say 말할 것도 없이
not to say ···은 말할 것도 없이

Needless to say, we are extremely pleased that he has decided to join us as our CFO. ···› 그 사람이 재무 책임자로 우리와 함께 일하게 되어 매우 기쁘다는 것은 두말할 필요도 없습니다.

by air 비행기로

by rail[ship] 기차로[배편으로]
by mail 우편으로
via air mail 항공우편으로

The catalogue will be sent to you **by mail** at the end of this month. ⋯→ 그 목록은 이달 말에 우편으로 보내 드리겠습니다.

in return 답례로

in return for[to] ⋯의 답례[회답]로
in reply to ⋯에 답하여
in response to ⋯에 응하여

They sent our family a thank you card **in return for** the wedding gift. ⋯→ 그들은 결혼 선물에 대한 보답으로 우리 가족에게 감사의 카드를 보냈다.

as if 마치 ⋯처럼

as it is 실제로는, 현 상태로도
as it were 말하자면

As it were, the hotel had no hot water and dirty bed sheets. ⋯→ 말하자면, 그 호텔에는 온수도 나오지도 않고 침대 시트도 더럽다.

in particular 특히

Is there anything **in particular** you re looking for?
⋯→ 특별히 찾으시는 거라도 있나요?

including ⋯을 포함하여

regarding ⋯에 대하여
concerning ⋯에 관하여

The price of the room is $95 a night, not **including** tax.
⋯→ 객실 사용료는 하룻밤에 세금 포함하지 않고 95달러입니다.

Please make sure that you get back to me **regarding** the

president s proxy. ···→ 사장의 대리권에 대해 나중에 꼭 다시 연락하십시오.

as part of ···의 일환으로

As part of my job description, I must clean the office every evening. ···→ 내 직무기술서의 일부로 매일 밤에 사무실을 청소해야 한다.

at the same time 동시에

at one time 한때는, 동시에
at a time 한번에

How is she able to hold down two jobs and raise a family **at the same time**? ···→ 그 여자는 어떻게 두 가지 직업을 가지고 있으면서 동시에 가족을 돌볼 수 있는 거죠?

last but not least 끝으로 중요한 말이 있는데

Last but not least, I d like to thank my wife for her support. ···→ 끝으로 옆에서 힘이 되어준 아내에게 고맙다는 말을 꼭 전하고 싶습니다.

to some extent 어느 정도까지, 다소

What he said was true **to some extent**, but it was greatly exaggerated. ···→ 그 사람 얘기는 어느 정도는 사실이지만 크게 과장되었다.

as expected 예상했던 대로

~ than expected 예상보다 (···하다)

The package arrived on Friday **as expected**. ···→ 소포는 예상대로 금요일에 도착하였다.

with confidence 자신을 갖고

with care 신중히

The box had a handle **with care** sticker on its side. ···→ 상자는 한쪽면에 취급주의 스티커가 있는 손잡이가 달려 있었다.

as much 그 만큼의, 똑같이

twice as much …의 두 배의
so much for 이로써 끝내다
this[that] much 그만큼, 여기까지는
It's not that much 그렇게 많은 …은 아니다

There was twice **as much** work to do after they returned from their business trip. ⋯▸ 그 사람들이 출장에서 돌아오니 업무량이 두 배가 됐다.

by accident[chance] 우연히

by chance 우연히
by mistake 실수로
on purpose 고의로

The defendant claims that he struck the lady over the head **by accident**. ⋯▸ 피고인은 그가 실수로 그 여자의 머리를 쳤다고 말했다.

in a nutshell 간단히 말해서

for short 요컨대
in brief 요컨대
in short 요컨대, 결국
in other words 바꾸어 말하면, 즉
that is to say 즉, 바꿔 말하면

The professor told the students that, **in a nutshell**, they had all failed the exam. ⋯▸ 교수는 학생들에게 한마디로 하자면 모두 시험에 떨어졌다고 말했다.

at one's convenience 편리한 때에

at one's disposal …의 재량에 맡겨
at one's option …의 마음대로
at its sole option 단독 결정으로
at one's request …의 요구에 의하여
at one's wits' end 어찌할 바를 모르는

The carpenter was told to fix the cabinet **at his convenience**.
⋯▸ 그 목수는 시간이 날 때 캐비닛을 고쳐달라는 얘길 들었다.

According to the contract, the package will be delivered to you **at your request**. ···› 계약서에 의하면 소포는 당신의 요청이 있을 시에 배달될 것이다.

in bulk 대량으로

in common 공통으로
in control 통제하는
in full bloom 만발하여

If you buy those items **in bulk**, you ll receive a substantial discount. ···› 그 제품을 대량으로 구입하면 대폭적인 할인혜택을 받을 수 있다.

They became friends immediately as they had so much **in common**. ···› 그 사람들은 많은 공통점을 지녔기 때문에 즉시 친구가 되었다.

in force 유효하여, 실시중

in demand 수요가 있는
in error 잘못되어
in progress 진행 중
in prospect 고려 중인, 예상되어

The old cosmetics line at the department store has always been **in demand**. ···› 백화점의 역사가 오랜 화장품들은 항상 수요가 있었다.

We ll keep that idea **in prospect**, and maybe it can be used in the future. ···› 우리가 그 아이디어를 계속해서 고려하면 향후에 쓸모가 있을지도 모른다.

in order 순서대로

out of order 고장나 있어
in line 정렬하여, 조화하여
in place 적소에, 적절한(out of place)
in stock 재고로 가지고 있는 (cf. out of stock 재고가 떨어져)

The program update must be loaded **in order** for it to run properly. ···› 그 프로그램의 업데이트는 제대로 작동하기 위해서는 순서대로 올려져야 한다.

The air conditioner has been **out of order** for two weeks.
···➔ 에어컨이 2주 동안이나 고장나 있다.

We have three Volvo station wagons **in stock** right now.
···➔ 우리는 현재 볼보 스테이션 왜건 3대를 재고로 가지고 있다.

no sooner than ···하자마자 곧 ~하다

hardly before ···하기가 무섭게, ···하자마자

He **no sooner** gets over a hangover **than** he s out drinking again with his friends. ···➔ 그 남자는 숙취에서 깨어나자마자 바로 또 친구들과 술마시러 나갔다.

at stake 위태로운

at issue 논쟁 중으로, 미해결의
in danger of ···의 위험에 처한
in jeopardy 위태로운

We realized that if we didn t call the police, our lives would be **at stake**. ···➔ 우리는 경찰을 부르지 않으면 목숨이 위태롭다는 것을 알았다.

for the first time 최초로

at first 처음에는

At first Frank was not happy about working weekends, but now he is used to it. ···➔ 프랭크는 처음엔 주말에 근무하는 거에 불만이었지만 지금은 익숙해졌다.

in person 직접, 몸소

It s nice to finally meet you **in person**!···➔직접 만나뵙게 되어 기뻐요.

in search of ···을 찾아

in anticipation of ···을 예상하고
in spite of ···에도 불구하고
with all ···이 있으면서도, ···함에도

The stock market continues to advance **in spite of** weak economic indicators. ⋯▶ 주식시장이 경제지수의 약화에도 불구하고 계속 상승세를 보이고 있다.

in transit   통과 중

in succession   계속하여
in practice   실제로는, 개업하여
in appearance   외견상

She had been **in practice** as a doctor for years when she decided to retire. ⋯▶ 그 여자는 은퇴하기로 결심했을 때 오랫동안 개업의로서 활동해왔었다.

in trouble   곤경에 처해, 고장나서

in a bind   곤경에 처한
upside down   거꾸로, 뒤죽박죽인

You ll be **in trouble** if it rains and you don t have an umbrella. ⋯▶ 비 오는데 우산이 없으면 곤란할거야.

on credit   외상으로

on sale   판매중인, 염가판매중인
on earth   세상에
on end   똑바로 서서, 연달아

I wanted to pick up some of the golf balls you had **on sale**. ⋯▶ 세일중인 골프공을 몇개 사고 싶은데요.

on the go   계속 움직이는, 끊임없이 활동하여

on the increase[decrease]   증가[감소]하여
on the move   활동하고 있는, 이동중의
on the rise   올라서

Unfortunately, I m always **on the go**, so catching me in the office is not easy. ⋯▶ 유감스럽지만 나는 항상 돌아다니기 때문에 사무실에서 나를 만나기란 쉽지 않다.

at a discount 할인하여

at reduced prices 할인가격으로
at a disadvantage 불리한
at a loss 어쩔 줄 몰라서, 난처하여
at a standstill 정지 상태에 있는

A: What was the name of the man you were just with?
B: I m **at a loss** right now. I can t seem to remember his name.
⋯⋯ A: 너하고 방금 함께 있었던 그 남자의 이름이 뭐지?
　 B: 당장은 곤란한데. 그 사람 이름이 떠오르지 않아.

by hand 손으로, 손수

by the hand 손을 잡고
on hand 마침 갖고 있는, 손 가까이에

All of the prints on display at the art gallery were
pressed **by hand**. ⋯⋯ 화랑에 전시품위의 지문들은 손으로 찍혔다.

There were several computers **on hand** for the interns
to use. ⋯⋯ 가까이에 인턴사원들이 사용할 몇대의 컴퓨터가 있었다.

by now 지금쯤은

at present 목하, 현재
at the present time 오늘날, 현재
right now 현재는

I thought the maintenance crew would have plowed the
parking lot **by now**. ⋯⋯ 나는 관리과 직원들이 지금쯤은 이미 주차장의 눈
을 치워 놓았을 것으로 생각했다.

in conjunction with ⋯와 함께, ⋯와 관련하여 ⋯와 연락하여

in connection with ⋯와 관련지어
in consequence of ⋯의 결과로
in consideration of ⋯을 고려하여
in confirmation of ⋯을 확인하여
in accordance with ⋯과 일치하여, 따라서

All members of the Association will receive a free copy **in conjunction with** their membership fees. ┈→ 협회의 모든 회원은 회비를 납부하시면 무료로 사본을 받아보실 수 있습니다.

in no time 곧, 금세

in no time at all 즉시, 곧
in a hurry 급히, 서둘러 (cf. in a moment 순식간에)
at once 즉시 (cf. all at once 갑자기)
before long 머지않아

If you want to send documents **in a hurry** you should send them by express mail. ┈→ 서류들을 급하게 보내시려면 속달우편으로 부쳐야 합니다.

in one's absence …의 부재중에

in one's day 한창 때에는 (cf. in one's turn …의 차례에)
in private 내밀히, 비공식으로 (cf. in secret 몰래)
off the record 비공식의
in question 문제의, 문제가 되는

Does anyone know anything about the ecology of the area **in question**? ┈→ 문제가 되고있는 그 지역 생태에 대해 뭐 좀 아는 사람있어요?

in the coming years 내년부터는

for three years running 3년간 계속

The president of our company has won the squash tournament **for three years running**. ┈→ 우리 회사 사장은 스쿼시 경기에서 3년 연속으로 우승했다.
Bill has been the top salesman **for ten years running**. ┈→ 빌은 10년 연속 최고 판매사원이야.

in the distance 먼 곳에

at a distance 어느 정도 거리를 두고
in the way 방해가 되어

by degrees 조금씩, 서서히
a little bit 약간, 조금

There is **a little bit** more work here than I expected, so I ll need more time. ···▸ 여기 일이 내가 생각했던 것보다 약간 더 많군요, 그래서 시간이 더 필요하겠어요.

more than ···보다 많은

more than enough 충분하고도 남는

We re having a closeout sale. Everything in the shop is **more than** 50% off.···▸ 폐점세일 중이어서 전상품을 50% 이상 할인하고 있죠.

next to ···옆에

near by 가까이에

The house is not very big, but it is situated on a fair piece of land **next to** the lake. ···▸ 그 집은 그다지 크진 않지만, 호수 옆의 꽤 넓은 부지에 자리잡고 있다.

on the basis of ···을 기초로 하여

I will select the best person available for the position **on the basis of** merit and ability. ···▸ 나는 개인의 업적과 능력을 기초로 하여, 그 직책을 맡을 가장 훌륭한 사람을 선발할 것입니다.

superior to ···보다 우월한, 나은

second to none 으뜸가는

The program he uses is **superior to** the one I use. ···▸ 그 사람이 사용하고 있는 프로그램이 내가 쓰는 것보다 낫다.

without knowing it 자기도 모르게

The man with the sleeping disorder claimed that he killed his wife **without knowing it**. ···▸ 수면 장애를 가진 그 남자는 의식하지 못한 상태에서 자기 아내를 살해했다고 주장했다.

APPENDIX

TOEIC 빈출 TOPIC 30

01 | **Company** 기업

02 | **Business Management** 경영

03 | **Production** 생산

04 | **Product** 상품

05 | **Office** 사무실

06 | **Job** 구인구직

07 | **Working** 직장생활

08 | **Pay** 급여

09 | **Communication** 의사소통

10 | **Meeting & Schedule** 회의

11 | **Marketing** 마케팅

12 | **Buying & Selling** 구매

13 | **Price** 가격

14 | **Payment & Delivery** 지불

15 | **Trade** 무역

16 | **Banking & Credit** 금융

17 | **Accounting** 회계

18 | **Finance** 자금

19 | **Tax & Insurance** 세금/보험

20 | **Law & Contract** 법률/계약

21 | **Car** 자동차

22 | **Traffic** 교통

23 | **Air Travel** 항공

24 | **Travel & Weather** 여행/날씨

25 | **House & Housing** 주택

26 | **Education & Family life** 가정

27 | **Food & Clothing** 음식/의복

28 | **Hospital** 의료

29 | **Having Fun** 여가

30 | **Media** 방송

Company (기업)

organization

조직, 기업, 단체

non-profit organization 비영리단체

As CEO, you should have a vision for the future of your **organization**. ⋯→ 최고경영자인 당신은 회사의 미래에 대한 비전을 가져야 합니다.

firm

회사(법률이나 금융서비스를 제공하는 소규모 회사)

law firm 법률회사
management consulting firm 경영컨설팅회사

The new clients came to us as a referral from a downtown law **firm**. ⋯→ 그 신규고객은 도심지에 있는 한 법률회사의 추천으로 우리를 찾아왔다.

business

사업, 회사

big business 대기업
small business 소규모 업체
small and medium-sized enterprise 중소기업
Small Business Administration (미) 중소기업청(SBA)
(business) entity 기업체(사업단위로서의 기업을 의미)

The boss decided to take out a loan and use the money to expand his **business**. ⋯→ 사장은 대출을 받아 그 돈으로 사업을 확장할 것을 결정했다.

The merger will create one of the most powerful **business** entities in the history of the world. ⋯→ 그 합병으로 세계 역사상 가장 강력한 기업체의 하나가 탄생할 것이다.

enterprise

기업, 기업심 (위험을 무릅쓴 새로운 사업을 의미)

state enterprise 국영기업
private enterprise 민간기업
entrepreneur 기업가(정신)

Now that mutual funds are legal, perhaps that would be a good prospective **enterprise**. ⋯⋯ 투자 신탁이 합법화 되었으니까 그 회사는 유망한 사업체가 될 것 같다.

service

서비스, (통신, 우편, 컨설팅 등 비제조 서비스를 제공하는) 회사

The property management company decided to find another mowing **service**, as the one they had used in the past was no longer in business. ⋯⋯ 그 부동산 관리회사는 과거에 이용했던 잔디깎기 용역회사가 문을 닫았기 때문에 다른 곳을 찾아보기로 결정하였다.

corporation

법인, 주식회사

incorporated 법인회사의, 주식회사의(회사명 뒤에 Inc.를 붙여 법인임을 표시)
public corporation 공기업

The president of Silson **Corporation** was honored for his civic and charitable activities. ⋯⋯ 실슨 주식회사의 사장은 공공 및 자선 활동으로 표창을 받았다.

partnership

공동, 협력, 조합, 합명(合名)회사

limited partnership 합자회사
unlimited partnership 합명회사
partner 합명[합자]회사의 소유주(회사의 이윤과 손실을 나눠가짐)

A limited **partnership** is a legal arrangement in which each **partner** is only liable for his or her initial investment. ⋯⋯ 합자회사는 각 파트너들이 그들의 최초의 투자에만 책임이 있는 법적 제도이다.

sole proprietorship

개인회사, 자영업(= individual proprietorship)
(기업 뿐만 아니라 상점, 비디오가게도 sole proprietorship이다.)

sole proprietor 자영업자(proprietor는 소유자, 경영자, 주인)
sole practitioner 개업의(開業醫), 개업변호사

It is important to understand exactly what you are personally liable for when you operate a business as a sole proprietorship. ···→ 자영업자로서 사업을 할 때는 자신이 개인적으로 책임져야 할 것이 무엇인지를 정확하게 파악하는 것이 중요하다.

public company

주식공개회사, 상장회사
(public은 공개한다[open to all persons]는 의미)

go public 주식을 공개하다
IPO 최초주식상장(initial public offerings)
privately held[owned] company
　　　주식비공개회사, 사기업(private company)

Executives at America s largest public companies see the economy cooling a bit in the coming year. ···→ 미국 최대 주식회사의 중역들은 내년에 경기가 다소 냉각될 것으로 내다보고 있다.

public utility

(가스, 수도 등의) 공익사업, 공공사업회사
(an organization that provides the public with such services as water, energy, transport, telecommunication)

public utility industry 공익사업
public utility rate 공공요금

Please line up at the second teller if you are here to pay your public utility bill. ···→ 공과금을 납부하시려면 두번째 창구직원 앞에 줄을 서 주시기 바랍니다.

holding company

지주회사

(자회사의 주식을 지배한도까지 보유한 경우)

parent company 모회사
subsidiary 자회사

The final decision on where to build must be made by the directors of the **parent company**.
⋯→ 건설 부지는 모회사의 이사들이 최종 결정해야 한다.

affiliate

계열회사, 가맹단체, 지부

We have an **affiliate** in every state to ensure customer satisfaction. ⋯→ 우리는 소비자 만족을 위해 모든 주(州)에 계열회사를 가지고 있다.

cooperative

조합(= co-op)

A ferocious land speculator with $9.1 billion in dud loans, Kizu Credit **Cooperative** is one of the most expensive bank failures to date. ⋯→ 91억 달러의 부실채권을 낸 지독한 부동산 투기업체, 키주 신용 조합은 지금까지 가장 큰 액수의 은행 도산 케이스의 하나이다.

headquarters

본사 (= head office, main office)

branch office 지사, 지점

The annual shareholders meeting will be held at company **headquarters** next year. ⋯→ 연례 주주 총회가 내년에는 본사에서 열릴 것이다.

field office

현장사무소

corporate office 법인사무실
regional office 지역사무소
liaison office 연락사무소
business office 사업소, 사업장

According to the map, the company s central **business office** is located on the 51st floor of the Sears Tower. ⟶ 지도에 의하면, 그 회사의 중앙 사업소는 시어즈 타워 51층에 위치해 있다.

bureau

사무국

travel bureau 여행사무국
visitor's bureau 여행자안내소
credit bureau 신용조사소
parking bureau 주차관리국
service bureau 서비스사무국

The **service bureau** will have one of its technicians visit our office. ⟶ 서비스국에서 기술자 한명을 우리 사무실에 파견할 것이다.

All company executives must purchase airline tickets through the company s **travel bureau**. ⟶ 모든 회사임원들은 그 회사 여행사무국을 통해서 항공티켓을 구입해야 한다.

start a business

회사를 세우다, 창업하다 (= create a company)

(start 대신 start up을 써도 된다)

articles of incorporation 회사정관(定款)
corporate law 회사법
corporate bylaws 회사 내규

John was tired of making money for others, so he **created a company** of his own. ⟶ 존은 다른 사람에게 돈을 벌어 주는 데 지쳐 자신의 회사를 설립했다.

start-up

신생기업(a business that is just beginning)

start-up cost 창업비
start-up 새로운 사업을 시작하다

Do you have enough money to **start up the company**? ⟶ 회사를 창업할 돈이 충분히 있습니까?

go out of business

파산하다, 폐업하다

(to be no longer able to operate as a business)

drive out of business 파산시키다
quit business 사업을 그만두다

Over 50% of all new food retailers **went out of business** last year. ⋯→ 작년에 새로 시작한 식품 소매업체 중 50%가 넘게 문을 닫았다.

We must lower our prices below our costs for a few months in order to drive our competitors **out of business**. ⋯→ 경쟁업체들을 업계에서 몰아내기 위하여 우리는 몇 달 동안 가격을 원가 이하로 내려야만 한다.

go bankrupt

파산하다, 도산하다(= go into bankruptcy)

file for bankruptcy 파산신청을 하다
insolvent 지급불능의, 파산한

The company s directors decided that it would be in their best interest to **file for bankruptcy**.
⋯→ 회사 이사들은 파산을 신청하는 것이 최선책일 것이라고 결정했다.

keep ~ afloat

파산하지 않다

Many small-time retailers have found an unlikely ally to help **keep them afloat**: the Internet. ⋯→ 소규모의 소매상인들은 예상치 못했던 동맹군을 만나 계속 사업을 할 수 있게 되었습니다. 동맹군이란 바로 인터넷이죠.

board of directors

이사회(group elected by stockholders to run a company)

(줄여서 board라 하기도 하며 또한 executive board라고도 함. 일반적으로 board는 「위원회」라는 의미로 Safety Board는 「안전위원회」, School Board는 「교육위원회」.)

board member 이사
boardroom 중역실

board meeting 중역이사회
sit on the board 중역이 되다

At its last meeting, the new **board of directors** voted to modify the club s fee structure. ⋯▸ 지난 번 회의에서 새로운 이사회는 클럽의 요금 체제를 수정하기로 가결했다.

Where will the annual **board meeting** be held this year? ⋯▸ 올해는 연례 이사회가 어디에서 열리게 되나요?

CEO

최고경영책임자 (Chief Executive Officer)

COO 최고업무집행자(Chief Operating Officer)
CFO 최고재무책임자(Chief Financial Officer)

We need to make sure that both the **CFO** and **CEO** are able to attend. ⋯▸ 최고경영책임자와 최고재무책임자 모두 참석하는 것을 확실히 해야 한다.

EVP

부사장 (Executive Vice-President)

vice president 부서담당 부사장
vice president of operation 영업부사장

The **executive vice-president** was called to speak at the shareholders meeting. ⋯▸ 부사장은 주주 회의에서 연설하도록 호명되었다.

director

이사

managing director 전무, 상무

The marketing **director** advised the president to keep end-user prices constant. ⋯▸ 마케팅 담당 이사는 사장에게 최종소비자 가격을 그대로 유지할 것을 충고했다.

auditor
회계감사관

audit 회계감사(하다)
corporate advisor 회사고문

The accounting department is relieved that the **audit** showed everything to be in order. ⋯→ 회계부 서에서는 회계감사 결과 모든 것이 순조롭다고 밝혀지자 안심했다.

management
(집합적) 경영진

top management 최고경영진
middle management 중간관리자층

Management is looking for a cost-efficient way to run their new division. ⋯→ 경영진은 새로운 부서를 운영 하는 데 효율적으로 비용을 쓰는 방식을 찾고 있다.

executive
회사의 간부

(corporate) officer 기업의 임원

Who is making the first presentation at the **executive** meeting on Tuesday? ⋯→ 화요일 중역 회의 에서 누가 첫번째 발표를 하죠?

administrator
관리자, 경영자, 행정관

administrative assistant 행정비서
administrative staff 관리직원
administration 관리, 경영

Part of the new **administrator** s job is to schedule and oversee part-time office staff. ⋯→ 신 임 관리자의 직무 중 하나는 임시 직원들의 일정을 짜고 감독하는 것이다.

A professional building provides offices with areas of **administrative** and communication services. ⋯→ 사무실 전용 건물에는 대개 각 사무실에 관리 및 통신 서비스를 위한 공간이 갖추어져 있다.

associate

동료, 공동경영자

The law firm has contemplated hiring an **associate** dedicated to the area of intellectual property rights. ···› 그 법률 회사는 지적 소유권 분야 전문의 파트너를 한명 고용하는 것을 심사숙고 했다.

manager

부장, 감독(자), 책임자

general manager 총지배인
office manager 사무실장, 소장
branch manager 지점장
construction manager 현장소장
shift manager 교대근무담당 매니저
section manager 부서장, 과장, 계장
project manager 프로젝트 매니저, 팀장
store manager 상점지배인, 창고지배인
sales manager 영업부장

Neither the secretary nor the **office manager** remembers where the key to the safe is kept. ···› 비서나 사무실장 누구도 금고 열쇠의 보관 장소를 기억하지 못한다.

Please consult with the **shift manager** if you have a problem with the cash register. ···› 금전등록기에 문제가 있으면 교대근무담당 매니저와 협의해 주십시오.

The **section manager** called all of his employees into the board room for a meeting. ···› 과장은 회의를 하기 위해 모든 부하직원들을 회의실로 불렀다.

The **project manager** is responsible for all aspects of product development. ···› 프로젝트 매니저는 제품개발의 모든 영역에 대해 책임을 지고 있다.

supervisor

감독, 주임(일선에서 감독하는 first-line manager)

superintendent 관리인, 감독자(usually a manager of a factory, department, or division)
superior 상사
immediate superior 직속상사

You should speak to a **supervisor** if you have a problem with the service at this hotel. ···▶ 호텔 서비스에 문제가 있다면 관리인에게 말하셔야 합니다.

All grievances pertaining to the operation of this plant should be given to a **superior** in writing and be signed. ···▶ 이 공장의 작업에 관련한 모든 불만사항은 자필 서명한 서면으로 상사에게 제출해야 한다.

division

(사업)본부, 부문(department보다 상위개념)

marketing division 마케팅본부
finance division 금융본부
production division 생산본부

The people working for the **sales division** were rewarded for their hard work. ···▶ 영업본부에서 일하는 사람들은 열심히 일한 대가를 보상받았다.

department

회사의 부서, 美 정부의 부서

human resources department 인사개발부
accounting department 회계부
housekeeping department (호텔의) 관리부
maintenance department 관리부(건물 유지·보수를 담당)
customer service department 고객서비스부
billing department 경리부

We ve had a bit of a shake-up over in the marketing **department**. ···▶ 우리 회사 마케팅 부서에 일부 개편이 있었다.

I ve scheduled our monthly meeting with the **maintenance department**. ···▶ 나는 관리부서와의 월례회의 약속이 있다.

section

과(課), (매장 등의) 코너

I ll transfer your call to the cosmetics **section**.
···▶ 전화를 화장품 코너로 돌려드리겠습니다.

Business Management (경영)

MBA	경영학 석사(Master of Business Administration)

business administration 경영

A successful candidate will possess a four-year college degree in **business administration**, international finance, or a closely related field.
···▶ 입사지원자는 경영, 국제금융, 또는 이와 밀접하게 관련된 분야의 4년제 대학 학위를 갖추어야 합니다.

management consultant	경영 컨설턴트

(someone who is paid to advise the management of a company about how to improve their organization and working methods.)

management system 경영체계
management rights 경영권
management strategy 경영전략
risk management 위기관리

He retired and took a position with the LA front office as a **management consultant**. ···▶ 그 남자는 은퇴하고 LA 본사의 경영 자문위원으로 들어갔다.

outsourcing	외부하청

outsource (인력, 부품 등을) 외부에 하청주다

Outsourcing now accounts for more than a third of most Japanese companies total manufacturing costs. ···▶ 외부 하청은 현재 대부분의 일본 회사들의 총 제조비용의 1/3 이상을 차지하고 있다.

turnaround specialist

기업재건 전문가(= turnaround manager)

(turnaround는 방향을 바꾼다는 기본 의미에서 출발해 안좋은 상황 등을 반전시키는 것, 부실기업을 회생시키는 것을 의미한다.)

troubleshooter 해결사, 조정자
crisis manager 위기관리자

Sporting Goods Supply Company has hired a **turnaround specialist** to help deal with unhappy creditors, but it may be too late. ···→ 스포츠용품 공급사는 불만을 품은 채권자들에 대처하기 위하여 기업재건 전문가를 고용하였지만 너무 늦은 감이 있다.

diversification

(경영) 다각화(多角化), 분산투자

While most investors realize that **diversification** minimizes the risk associated with fluctuating markets, many resist taking specification. ···→ 대부분의 투자가들은 투자의 다각화가 유동적인 시장과 관련된 위험을 최소화한다는 것을 알지만 많은 사람들이 이를 실행하는 것을 꺼려한다.

CI

기업이미지 통합전략 (Corporate Identity)

corporate culture 기업문화, 사풍(社風)

The company s orientation program helps newcomers adapt to its **corporate culture**. ···→ 회사의 오리엔테이션은 신입사원들이 기업문화에 적응할 수 있도록 도와준다.

corporate ethics

기업윤리(business ethics)

(ethics는 「윤리」, 「도덕」을 의미하며, 불가산명사로 (학문으로서의) 「윤리학」을 가리키기도 한다.)

Join us for a fascinating discussion on **business ethics** with Dr. Jerry Taber, today on the Noontime Report. ···→ 오늘 정오 리포트 시간에 제리 테이버 박사와 벌이는 기업 윤리에 대한 흥미진진한 토론에 참여하십시오.

corporate performance

기업의 영업실적

(performance는 「성과」, 「실적」을 의미)

The overall **corporate performance** of the company increased 6% after Mark implemented measures to improve efficiency. ⋯→ 마크가 효율성을 증진시키기 위한 조처들을 한 후 회사의 전반적인 영업실적이 6% 향상되었다.

operate offices

영업소를 운영하다

BC Cellular Inc. has just announced plans to **operate offices** in Russia and the Ukraine by early next year. ⋯→ BC 무선전화 주식회사는 내년 초 러시아와 우크라이나에 영업소를 개설할 계획을 막 발표했습니다.

downsize

감량경영을 하다, 기업을 축소하다

restructure the department 부서를 재편하다
time and motion study 직무시간 및 동작연구
span of control 통제범위, 관리자 1인이 감독가능한 근로자수

A rule of thumb is that most businesses grow and **downsize** in four-year cycles. ⋯→ 대개 대부분의 회사들은 4년 주기로 성장과 기업축소를 반복한다.

Using **time and motion studies** is one way to analyze and standardize work activities. ⋯→ 직무 시간 및 동작에 대한 연구는 직무활동을 분석하고 표준화하는 한 방법이다.

business leader

(업계의) 지도적 경영자

Forty-five percent of the **business leaders** surveyed still maintain that the economic power of the European Union (EU) will continue to expand during the next five years. ⋯→ 설문 대상 지도급 경영자들의 45%는 아직도 유럽연합(EU)의 경제력이 향후 5년 동안 지속적으로 확장될 것이라고 주장한다.

stiff competition

치열한 경쟁, 경쟁자

cut-throat competition 치열한 경쟁
competitor 경쟁자
competitiveness 경쟁력
competitive 경쟁력 있는
competitive salary 경쟁력 있는 급여
competitive price 경쟁력 있는 가격

Mr. James claims his company is better than the **competition** due to its high-quality products. … 제임스 씨는 자기 회사가 고품질 제품들로 경쟁사보다 우수하다고 주장한다.

Continuing education is crucial for keeping abreast of the changes in technology and staying **competitive** in business. … 지속적인 교육은 기술 변화에 뒤떨어지지 않고, 사업에서 경쟁력을 유지하는 데 긴요하다.

decision-making

의사결정(意思決定)

decision maker 의사결정자

This book will enhance your **decision-making** abilities for just about any financial question, problem, or situation. … 이 책은 모든 재무관련 의문 사항이나 문제점 혹은 상황에 관한 당신의 의사결정 능력을 향상시켜줄 것이다.

venture capital

모험자본

venture capitalist 모험적 기업
venture business 모험투자가

Walt s dream of transforming the area west of the river into a theme park will require substantial **venture capital**. … 강의 서쪽지역을 테마공원으로 바꾸려는 월트의 꿈은 상당한 모험자본을 필요로 할 것이다.

time framework	시간 편성 The publicity we will get will be enormous; however, I am concerned about the budget and **time framework**. ···▸ 우리는 광장한 명성을 얻게 되겠지만, 나는 예산과 시간 편성이 염려된다.
facility visit	공장 시찰, 시설물 견학 The managing director stopped into the main plant this afternoon during his weekly **facilities visit**.···▸전무이사는 오늘 오후 그의 주례 시설물 시찰 중 주 공장에 들렀다.
business community	재계, 실업계(= business world) (community는 이해관계, 문화, 국적 등을 공유하는 공동체, 집단, 사회를 말한다.) business confidence 기업정신(business mind) The professors at the Burnfield Academy have maintained important ties to the greater **business community**. ···▸ 번필드 아카데미의 교수진들은 보다 광범위한 재계와 중요한 유대 관계를 맺어왔다.
business connection	거래선, 단골, 사업상 알게된 知人 ("Connection" means people whom you know who can help you by giving you money, finding you a job, etc.) business contacts 거래선, 거래 중개자 business affiliation 사업상의 친분관계 The company had an exhibition booth at the trade show to generate new **business contacts**. ···▸ 회사는 새 거래를 트기 위해 전시회에 전시부스를 늘 마련해두었다.
do business with	···와 거래[사업]를 하다 expand one's business 사업을 확장하다 business expansion 사업확장

head up 일을 주재하다

The company is looking for partners in Asia and Europe to help it **expand its business** internationally. ⋯→ 회사는 그들 사업의 국제적인 확장을 도울 아시아와 유럽의 파트너를 찾고 있는 중이다.

The manager informed his staff that he would **be heading up** the project in Indonesia. ⋯→ 부장은 자신이 인도네시아에서 그 계획을 주재할 것이라고 부원들에게 알렸다.

business opportunity

사업기회

(Opportunity is a chance to do something, or an occasion when it is easy for you to do something.)

Although the proposal seemed to present a great **business opportunity**, Les was not interested in becoming involved. ⋯→ 그 계획안이 멋진 사업 기회를 줄 것처럼 보였지만, 레스는 그 계획 참여에 흥미가 없었다.

business district

상업지구

central business district 상업 중심지구 (↔ non-central business district)

Because of its location in the **central business district**, the apartment building was an extremely desirable place to live. ⋯→ 그 아파트는 중심 상업지역에 위치하고 있었기 때문에 주거지로서 매우 바람직했다.

business unit

사업체, 사업 단위

business line 업종(業種), 사업분야(= line of business)

The marketing and sales areas are going to be reorganized into a single **business unit**. ⋯→ 마케팅과 영업 부문은 단일 사업체로 재편될 것이다.

We need to call the telephone company to request the installation of a new **business line**. ⋯→ 우리는 전화회사에 전화해 새 업무용 전화를 설치해달라고 해야 한다.

business plan

사업계획

business year 사업연도(cf. fiscal year 회계연도)
business report 사업[영업] 보고서
business place 영업[사업]장

This year s **business plan** will include a detailed description of competing products in the marketplace. ⋯▸ 올해 사업 계획에는 시장에서 경쟁제품에 대한 상세한 기술이 포함될 것이다.

business day

(주말, 공휴일을 제외한) 영업일, 평일

business hour 업무[영업]시간
business phone 업무용 전화
opening time 개점시간(↔ closing time)
day-to-day conduct of business 일상적인 업무행위

Business hours on Saturday will be extended by two hours for the month of May. ⋯▸ 5월 동안 토요일의 영업시간이 2시간 더 연장될 것이다.

Oral communication plays an important role in the **day-to-day conduct of business**. ⋯▸ 구두 의사소통은 일상의 업무 수행에서 중요한 역할을 한다.

03 | **Production** (생산)

industry

산업, 재계, 업계(業界)

heavy industry 중공업
industry standards 업계 표준, 산업 규격
industrial accidents 산재(産災)
industrialist 실업가, 생산업자

Our software company has just celebrated its fifth year being the **industry** leader. ⋯ 우리 회사는 소프트웨어 업계의 선두 주자로서 5년 맞이 경축행사를 벌였다.

After undergoing rigorous evaluation, each new drive mechanism is rated against **industry standards**. ⋯ 엄격한 심사를 거친 후 각각의 신형 추진장치는 산업 규격에 따라 등급이 매겨진다.

infrastructure

사회간접자본, 기간 시설(철도, 도로, 상하수도 등 사회의 기간이 되는 시설)

Over the past decade, government expenditures on roadway **infrastructure** have declined. ⋯ 지난 10년간, 도로 기간시설에 대한 정부 지출은 감소되어 왔다.

trade association

동업단체, 무역단체
(an organization of business firms in a particular trade or field of work. * trade는 「동종업계」를 뜻한다)

trade magazine 업계지

The **trade association** will hold its annual Christmas banquet this Saturday at 5:00 p.m. ⋯ 그 동업단체는 이번 토요일 오후 5시에 연례 크리스마스 만찬을 열 계획이다.

manufacturer

생산자, 제조업자

shop floor 공장 작업현장, (집합적) 공장근로자 (=factory floor)
factory worker 공장근로자
manufacturing plant 제조공장
assembly plant 조립공장

As a **manufacturer**, our primary concerns are safety, durability, and quality. ···→ 제조사로서 저희의 가장 큰 관심사는 안전, 내구성, 그리고 품질입니다.

Workers will begin to install industrial air purifiers throughout the **manufacturing plant** next week. ···→ 근로자들은 다음주 공장 전역에 산업용 공기 정화기를 설치하기 시작할 것입니다.

facility

시설 또는 공장
(복수로 facilities가 되면 특정장소의 「부대시설」을 의미한다)

The company has decided to build a new production **facility** on a vacant site in Texas. ···→ 회사는 텍사스의 빈터에 생산공장을 신설하기로 결정했다.

production line

조립생산라인(= assembly line)

cf. product line 제품군

She is working on the **production line** on the factory floor. ···→ 그 여자는 공장의 생산 라인에서 일하고 있다.

iron foundry

제철소

steel mill 제강소

The workers were seen pouring steel in the **iron foundry**. ···→ 공원들이 주조장에서 철을 붓고 있는 모습이 보였다.

equipment

설비, 비품, 장비

office equipment 사무용품
construction equipment 건설장비

Financing the cost of replacing the old machines with modern **equipment** will not be easy. ⋯▸ 낡은 기계를 현대식장비로 교체하는 데 드는 비용을 대기는 쉽지 않을 것이다.

heavy equipment

중장비

(= heavy machine, heavy machinery)

All **heavy equipment** operators are required to have their licenses renewed before the May 30th deadline. ⋯▸ 모든 중장비 기술자들은 5월 30일 기한 이전에 면허증을 갱신하시기 바랍니다.

protective clothing

보호복

Workers handling toxic materials must wear **protective clothing** while on the job. ⋯▸ 독성 물질을 취급하는 근로자들은 작업장에서 반드시 보호복을 입어야 한다.

downtime

조업정지기간(= dead time, idle time)

shutdown 일시 작업중지, 공장폐쇄(하다)

Maintenance will be performed on third shift to minimize **downtime**. ⋯▸ 운휴시간을 최소로 줄이기 위해서 정비는 제 3교대 근무시에 실시될 것이다.

access panel

작동판

The men are opening up the **access panel** on the machine. ⋯▸ 사람들이 그 기계의 작동판을 열어젖히고 있다.

weight bearing capacity

내중력(耐重力)

(bear는 무게를 「지탱하다」라는 의미)

Pulley system will be used to test the **weight bearing capacity** of the high density plastic. ⋯▸ 고밀도 플라스틱의 무게 감당능력을 실험하기 위해 풀리 시스템이 이용될 것이다.

milling machine

프레이즈반(盤)
(금속이나 유리표면을 층으로 절삭하는 금속 절삭기계)

lathe 선반(旋盤), 선반으로 깎다

The worker stacked the sheets of metal beside the **milling machine**. ⋯▸ 인부들은 프레이즈반 옆에 금속판들을 쌓아 놓았다.

roll

두루마리, 롤러(원통형이나 둥글게 말린 것을 통칭)

spool 감개(철사, 필름, 레코드 테이프 등의 감개)

The woman s lubricating the **rollers** on the conveyor belt. ⋯▸ 여자가 컨베이어 벨트 롤러에 기름을 치고 있다.

The **spool** of fabric was sitting in the corner behind the sewing machines. ⋯▸ 섬유 감개는 재봉기계 뒤의 모퉁이에 놓여져 있었다.

loading ramp

선적(船積) 트랩 (ramp는 「경사로」를 의미)

down the ramp 경사로를 내려서

The spools are rolling **down the loading ramp**. ⋯▸ 철사감개들이 선적 트랩에서 굴러 내려오고 있다.

power tool

동력기구

You can speed up your jobs and maintain your high standards at the same time with Dynamo **power tools**. ⋯▸ 다이나모 동력 공구로 여러분의 작업 속도를 높이면서 동시에 높은 질을 유지할 수 있습니다.

job site

현장

construction site 공사장, 건설 현장

He wears a hard hat on the **job site**. ⋯▸ 그 남자는 작업장에서 안전모를 쓴다.

The workers are pouring cement at the **construction site**.⋯▸ 인부들이 공사장에서 시멘트를 붓고 있다.

break ground

기공(起工)하다, (땅을) 갈다, 착수하다

groundbreaking ceremony 기공식
building foundation 건축토대, 건물기초

The laborers are pouring the **building foundation**. ⋯▸ 인부들이 건물의 기초를 올리고 있다.

Before we **break ground**, it is important that we check to see if there are any power lines or telephone cables buried under the surface. ⋯▸ 땅을 갈기 전 지표 아래 송전선이나 전화선이 묻혀있는 지 조사하는 것이 중요해.

be under construction

공사 중이다

(be in the process of being constructed)

wear a hard hat 안전모를 쓰다

Hard hats must be worn by everyone on the factory floor at all times, even visitors. ⋯▸ 방문객을 포함한 공장 내의 모든 사람은 항상 안전모를 착용해야 한다.

level

수준기, 수평기, (땅을) 고르게 하다

The construction worker used a **level** to ensure that the ground floor was completely flat. ⋯▸ 건설 작업자는 1층이 완전수평을 이루었는지 확인하기 위해 수준기를 사용했다.

lumber

목재(木材)

lumber yard 목재 적치장

The man is putting the **lumber** into his pickup truck. ⋯▸ 남자가 자신의 픽업 트럭에 목재를 싣고 있다.

shipyard

조선소

Blackstone **shipyard** is more than 100 years old. ⋯▸ 블랙스톤 조선소는 100년이 넘었다.

lay a block wall

벽돌담을 쌓다

The masons **are laying a block wall**. ⋯▸ 벽돌공들이 벽돌담을 쌓고 있다.

blueprint

청사진, 설계도, 상세한 계획

Richard, have you had a chance to review the **blueprints** for the Bennett Shopping Mall? ⋯▸ 리처드, 베네트 쇼핑센터의 설계도들을 검토했나요?

raw materials

원료

resources 자원

To complete this project on time, we will need to order more **raw materials**. ⋯▸ 이 프로젝트를 시간에 맞춰 완결짓기 위해서는 추가로 원자재를 주문할 필요가 있을 것이다.

insulation

(대개 유리섬유) 단열재

insulate homes 집을 단열하다
insulating qualities 단열재료
fiberglass insulation 섬유유리단열재

Reduce your heating and cooling costs with Duraguard **insulation** products. ⋯▸ 듀라가드 유리섬유 단열 제품으로 여러분의 냉난방 비용을 줄이십시오.

dump truck

덤프 트럭

haul away (트럭으로) 운반하다
semitrailer 세미 트레일러 트럭
utility truck 공익사업용 트럭, 다용도 트럭

The **dump truck** is emptying its load. ···→ 덤프트럭이 짐을 부리고 있다.

There were a lot of **garbage trucks** hauling away the refuse that was left behind by the tornado. ···→ 토네이도가 지나간 뒤에 남긴 쓰레기들을 운반하기 위한 많은 쓰레기 트럭들이 있었다.

The man in the **utility truck** is changing the street light. ···→ 공익사업용 트럭을 탄 남자가 가로등을 갈아 끼우고 있다.

wheelbarrow

외바퀴 손수레

The **wheelbarrow** is an important invention. It allows people to carry extremely heavy loads that they normally couldn t carry. ···→ 외바퀴 손수레는 중요한 발명품이다. 그것은 사람들이 정상적으로 나를 수 없는 매우 무거운 짐들을 옮길 수 있도록 해준다.

crane

크레인, 기중기

bulldozer 불도저
cement mixer 시멘트 믹서, 레미콘
tractor 트랙터

The **crane** is lifting a beam to the top of the building. ···→ 기중기가 빔을 건물 위로 들어 올리고 있다.

The **cement mixer** is being emptied into the wheelbarrow. ···→ 시멘트 믹서가 손수레에 시멘트를 쏟아붓고 있다.

The **tractor** plowed the field before the farmer planted the seeds. ···→ 농부가 씨를 뿌리기 전에 트랙터로 밭을 갈았다.

forklift

지게차

pallet 깔판

One of the most difficult pieces of machinery to use in warehouses and factories is the **forklift**. ···→ 창고와 공장에서 사용되는 가장 다루기 힘든 기계류의 하나는 지게차이다.

handcar
핸드카

The part-time worker was told to load the **handcar** with wooden beams. ···▸ 그 시간제 인부는 핸드카에 목재 들보를 실으라는 지시를 받았다.

production run
생산라인 가동

production control 생산 조절
production batch 정량(定量)생산
producer 생산자(= manufacturer, supplier)
production capacity 생산능력

In order to complete the order by tonight, we will need 14 **production runs**. ···▸ 오늘밤까지 주문량을 끝마치기 위해서는 생산라인을 14번 가동해야 한다.

New product ideas are not tested through market research, but by selling the first **production batch**. ···▸ 신상품 아이디어들은 시장조사가 아닌 최초 생산량의 판매로 시험된다.

ergonomic
인간공학적인

ergonomic design 인간공학적 디자인

Ergonomic design techniques can make desks and work areas more conducive to maximum productivity. ···▸ 인간공학 디자인 기술은 책상과 작업공간을 보다 생산성 최대화에 직결되도록 만들 수 있다.

productivity
생산성

The seminar next month will focus on how to increase employee **productivity** at work. ···▸ 다음 달 세미나에서는 직원들의 작업생산성을 증대시키는 방법에 대해 집중적으로 다룰 것이다.

turnover
생산량

The company boasts the highest **turnover** rate of all domestic firms participating in the semiconductor industry. ⋯▸ 그 회사는 반도체 산업에 참여한 모든 국내 회사들 중 최고의 생산량을 자랑한다.

lead time

리드타임
(제품을 발주받고 납품되기까지, 혹은 제품계획 한 후 실제 생산작업 들어가기까지의 시간 등을 의미)

start-up time 조업개시시간
JIT(Just-In-Time) 적기의, 적기생산방식

This product requires a two-week **lead time** for production. ⋯▸ 이 상품은 생산을 위해 2주간의 리드 타임을 필요로 한다.

customize

주문제작하다

custom-made 주문품, 주문제작된
custom-order 특별 주문으로 만들다

If you want to get the best sound out of your stereo, you should **customize** the interior of your car. ⋯▸ 만약 스테레오 음향을 제일 잘 듣고 싶다면, 자동차 내부를 주문 제작해야 합니다.

More++

pulley 도르래
jackhammer 휴대용 소형 착암기
siding 건물 바깥 벽의 벽널, 판자벽
table saw 전기톱
fertilizer 비료
compressor 압축기
gravel 자갈
concrete 콘크리트
wrench 렌치
plow 쟁기, 제설기(snow plow), (쟁기로) 갈다
scaffold 비계(빌딩외곽 작업시 인부들이 딛는 발판)

sledgehammer 대형 쇠망치
weld 용접(하다) (cf. welder 용접공)
drainage pump 배수 펌프
ream 연(連)
generator 발전기(dynamo)
iron beam 철제들보
plywood 합판
winch 원치; 크랭크; (낚시용) 릴

04 Product (상품)

merchandise

(집합적) 상품, 거래하다

merchandising 판매, 거래
commodities 일용품, 상품(가공 이전의 원료나 농산품 등 모든
　　　　　　　종류의 상품을 뜻한다)
commodity exchange 상품거래소
consumer goods 소비재

The department store lowered the price on all **merchandise** during its annual sale. ⋯▸ 백화점은 연례세일기간중 모든 상품의 가격을 내렸다.

Consumer goods are the first items affected by high inflation rates. ⋯▸ 소비재는 높은 물가 상승률에 가장 먼저 영향을 받는 품목이다.

specifications

설계 명세서(= spec)

manual 제품 설명서
serial number 일련번호

BMC Corporation reserves the right to change product **specifications** at any time without notice.
⋯▸ BMC주식회사는 사전 경고 없이 언제라도 제품 명세를 변경할 권리를 갖습니다.

product line

제품라인
(동일계열의 관련성 높은 제품군으로, 「생산라인」을 뜻하는
production line과 구분 요망)

fall line 가을 상품군
newest line of clothing 새로운 의복류
lineup 제품군, 라인업
top-of-the-line 최고급품의

The store no longer carries the **product line**

that you are interested in. ⋯▸ 그 상점에선 당신이 구입하고 싶어하는 제품을 더 이상 취급하지 않아요.

Ford s new **lineup** of pickup trucks is the best the company has introduced in many years. ⋯▸ 포드의 새로운 픽업트럭군은 동사가 수년에 걸쳐 내놓은 것 중 최고의 것이다.

---

full-featured	전부 갖춘

no-frill 실질적인, 불필요한 것을 제거한
no-frill flight 불필요한 서비스가 없는 항공여행

The company is dedicated to providing our customers with **no-frill** shopping malls and discount outlets. ⋯▸ 당사는 고객들에게 꼭 필요한 것만 갖춘 쇼핑몰과 할인 매장을 제공하는데 전념하고 있습니다.

---

state-of-the-art	최신의, 가장 세련된

state-of-the-art technology 최첨단 기술
state-of-the-art camera equipment 최첨단 카메라장비
cutting-edge 최첨단의

For information on a **state-of-the-art** computer, in what section of the report should one look? ⋯▸ 최신형 컴퓨터에 대한 정보는 보고서의 어느 부분을 보아야 하는가?

---

staple	주요산물(주요 원자재 및 식료품 등 기본상품을 의미)

flagship 주력상품, 주력회사

According to the financial report, the company s **staple** is the production of cold-rolled steel sheets. ⋯▸ 재무보고에 따르면, 그 회사의 주상품은 냉간압연강판이다.

---

yield	수확량

catch 어획고(漁獲高)
harvest 수확
produce (집합적) 농산물 (cf. crop 농작물, 곡물)

Farmers at this year s corn grower s convention were all very happy about the good **yields**. ⋯ 올해 옥수수재배자 정기총회에서 농부들은 모두 전년의 풍작으로 매우 기뻐했다.

Every evening at about 6:00, the fishing boats empty their daily **catch** onto the shore. ⋯ 매일 저녁 6시경, 어선들은 일일 어획물들을 해안가에 부린다.

prototype

원형, 표준, 시제품
(제품생산에 앞서 설계에 맞춰 제작된 원형을 의미)

product development 제품개발

Ms. Rackstraw estimates that it ll take another two months to finish the passenger jet **prototype**. ⋯ 랙스트로 씨는 여객기 시제품을 마무리하는 데 2개월이 더 걸릴 것 이라고 예상하고 있다.

Product packaging is an integral part of **product development**. ⋯ 제품포장은 제품개발에 필수적인 부분이다.

component

구성하고 있는, 부품, 구성요소

replacement parts 교체품
wear and tear 소모, 마멸
worn out parts 마모된 부품

Fare increases shall be authorized to support the initial **replacement** of older vehicles. ⋯ 노후 차량의 초기 교체를 지원하기 위한 요금 인상이 승인될 것이다.

quality

품질, 성질, 품질이 좋은

be of poor quality 품질이 떨어진다
quality control 품질관리
TQM 전사적(全社的) 품질관리(Total Quality Management)
quality assurance 품질보증

The customers have expressed satisfaction with the **quality** of our products and our service. ⋯ 고 객들은 저희 제품과 서비스의 질에 만족을 표시했습니다.

field test

신제품을 실제로 써보고 테스트(하다)

spot check 임의 추출조사, 불시점검(하다)

The company s director approved the **field testing** of the new line of handguns. ⋯ 그 회사의 이사는 새로운 권총류의 현장테스트를 승인했다.

defective

결함이 있는, 결함상품(= lemon)

free from defects 결함이 없는
factory second 공장 불합격품

We guarantee that all our products will be **free from defects** for five years. ⋯ 저희는 저희 모든 제품들이 5년간 아무런 결함이 없을 것을 보증해드립니다.

The **factory seconds** were shipped to the outlet mall and sold at a deep discount. ⋯ 공장불합격품들은 대리점 쇼핑센터에 보내져서 헐값에 팔렸다.

warehouse

창고

warehouse receipt 창고증권
bonded warehouse 보관창고
depot 창고(depository)

The company sold the **warehouse** and moved all operations to a new location. ⋯ 그 회사는 창고를 처분하고 영업장소를 모두 새로운 곳으로 옮겼다.

storage room

저장실, 창고

storage space 보관공간
store up 저장하다, 비축하다 (store 저장, 보관)
take up space (창고 등의) 공간을 차지하다
shelf 선반 (cf. shelve 선반에 놓다)
pantry 식료품 저장실

We need to put these files into **storage**. They re taking up too much room in my office, and I hardly ever refer to them. ⋯ 이 서류들을 창고에 둬야겠어. 사무실 공간을 너무 많이 차지하는데 난 거의 그것들을 참조하지 않아.

The manager asked all of the workers to begin **storing up** the cotton sheets. ⋯ 부장은 모든 직원들에게 면 시트를 비축하기 시작하라고 했다.

be stacked

차곡차곡 쌓아올려지다
(stack은 가지런히 쌓아놓는 것을 말함)

be stacked to the ceiling 천장까지 쌓여져 있다
be stacked on ∼위에 쌓여져 있다
hoard 저장하다, 비축하다
pile 더미

The boxes **are stacked** on the counter in front of the man. ⋯ 남자 앞의 카운터에 상자들이 쌓여 있다.

container

컨테이너, 용기 (작은 용기도 포함)

bin 궤, 저장통 (cf. can 양철통)
barrel (중간 부분이 불룩한) 통
wooden crate 나무 크레이트
carrying case 운송용기
sack 마대, 자루
cardboard box 판자상자
large vat (양조, 염색용의) 큰 통

The **barrels** contain empty beverage containers. ⋯ 그 통에는 빈 음료수 용기들이 들어 있다

The equipment is being packed into the **crate**. ⋯ 장비가 크레이트 안에 담겨지고 있다.

get low (on)

(재고품 등이) 줄어들다(= be low, run low)

down (on) (재고, 잔고가) 부족하여

I have to hurry up and get to a gas station soon; I m **getting low on** gasoline. ⋯ 나는 서둘러서 주유소에 빨리 가야 해. 휘발유가 다 떨어져가거든.

take inventory

재고조사를 하다(inventory는 재고품, 재고목록)

inventory status 재고상황
clear out(=liquidate) inventory 재고품을 처리하다

I can t go golfing this Saturday. All warehouse personnel have to work overtime to **take inventory**. ···→ 나는 이번 토요일 골프를 치러갈 수 없어. 모든 창고 직원들은 재고 조사를 위해 야근을 해야 하거든.

Sometimes, we have to lower prices in order to **clear out inventory**. ···→ 때로 재고처리로 가격을 낮춰야 돼.

fragile

깨지기 쉬운

perishable 부패하기 쉬운
Do not bend 구부리지 말 것
This side up 뒤집지 말 것
Handle with care 취급주의

The dangerous cleaning chemicals carried a warning that said **handle with care**. ···→ 위험한 화학세제들은 '취급주의' 경고가 붙어 있다.

disposable

일회용의(사용 후 버릴 수 있는), 일회용품

disposable syringes 일회용주사기
disposable paper cups 종이컵
recycling 재활용
ecology 생태학

Disposable chopsticks are environmentally unfriendly. ···→ 일회용 젓가락은 환경 친화적이지 못하다.

industrial waste

산업폐기물

toxic waste 유독 산업폐기물
household[chemical] waste 가정 쓰레기[화학폐기물]
chemicals 화학제품
acid rain 산성비
oil-spill (해상의) 원유누출

We are building the world s most advanced **industrial waste** treatment center in Singapore.
···▸ 우리는 싱가포르에 세계 최첨단의 산업폐기물 처리 센터를 짓고 있다.

Chemicals used to eliminate pests can be dangerous to neighborhood pets or humans. ···▸
해충을 제거하는 화학제는 이웃의 애완동물이나 사람들에게 해로울 수 있다.

landfill
쓰레기 매립지

Landfills in Italy and France have been restored for leisure use. ···▸ 이탈리아와 프랑스에 있는 매립식 쓰레기 매립지들은 여가용으로 복원되었습니다.

indoor pollution
실내오염

air pollution 대기오염
food contamination 식품오염

Cars are a leading cause of **air pollution** in our country. ···▸ 우리나라 대기오염의 주된 원인은 자동차들이다.

05 | Office (사무실)

office complex	사무단지

complex 종합빌딩, 관련있는 것의 복합[집합체]
sport complex 종합운동장
annex 별관
office automation 사무자동화

The renovations to the remaining 10 units in the apartment **complex** will be completed by May 1st. ⋯▸ 그 아파트 단지에 남아 있는 10가구의 수리가 5월 1일까지 마무리될 것이다.

workstation	워크스테이션(사무실에서 한 명이 일할 수 있는 공간)

modular workspace 모듈식 작업공간
office space 사무공간

Just check in with the information desk in the lobby. She will take you to my **workstation**. ⋯▸ 로비의 안내에게 물어보면 내 자리로 안내해 줄 거야.

utility room	다용도실, 창고, 보관소

Cleaning supplies are stored with office supplies in the **utility room**. ⋯▸ 청소용품은 사무용품들과 함께 다용도실에 보관되어 있다.

office supplies	사무용품

stapler 호치키스
clip board 클립보드
stationery 문구, 편지지(cf. stationary 움직이지 않는)
briefcase 서류가방
letter head 회사용 편지용지

liquid eraser 수정액
punch 구멍뚫는 기구
paper clips 종이끼우개
adhesive tape 접착테이프
tabletop calculator 탁상용 계산기
filling cabinet 보관캐비넷
drafting table 제도책상

Our monthly order of **office supplies** should arrive today from the central office. ⋯➙ 우리가 매달 주문하는 사무용품은 오늘 본사 사무실에서 도착할 것이다.

One of your jobs will be to order the **stationery**. ⋯➙ 당신의 업무의 한가지는 문구류를 주문하는 것이 될 것입니다.

photocopy

복사하다

(copy가 손으로 베끼는 것을 포함하는 데 비하여 photocopy는 복사기를 이용한 복사를 의미)

copy machine 복사기(= Xerox)
shredder 종이분쇄기

The secretary was told to take the confidential documents to the **shredder** and destroy them. ⋯➙ 비서는 기밀 서류들을 종이 분쇄기에 넣어 파기하라고 지시받았다.

checklist

체크리스트, 점검 목록

inbox (미결) 서류함
outbox 결재서류함
suggestion box 투서함, 제안함

Just put it on my desk on top of my **inbox**. ⋯➙ 그 것을 내 책상 위의 미결 서류함에 놓아두세요.

The receptionist asked her assistant to put all of the unpaid bills into her **inbox**. ⋯➙ 접수계원은 그녀의 조수에게 모든 미납 청구서들은 미결서류함에 넣어둘 것을 요청했다.

mainframe

대형 컴퓨터 (= mainframe computer)

workstation 워크스테이션, 1인 작업공간, 컴퓨터 내의 작업공간
computer terminal 컴퓨터 단말기

An electrical field near the service elevator caused a loss of data at the **computer workstation**. ⋯→ 업무용 엘리베이터 옆의 전기장은 컴퓨터 워크스테이션에서 데이타의 손실을 유발했다.

log on

접속하다(connect for information)

go online 컴퓨터 네트워크에 연결하다
tap into the network 컴퓨터통신에 들어오다(gain access to the network)
plug in 스위치를 꽂다, 컴퓨터를 켜다, 연결하다

The communication clerk was experiencing difficulties **logging on** to her computer. ⋯→ 교환원은 자신의 컴퓨터에 접속하는 데 어려움을 겪고 있었다.

Many young students have been able to **tap into the** government s computer **network**. ⋯→ 많은 어린 학생이 정부 컴퓨터 통신망으로 들어갈 수 있었다.

peripherals

컴퓨터 주변장치

handheld scanner 휴대용 스캐너

Remember to unplug the **peripherals** from the computer before you take it away. ⋯→ 컴퓨터를 옮기기 전에 꽂힌 주변장치의 플러그들을 빼내는 것을 명심하시오.

printout

컴퓨터 출력물

hard copy 인쇄출력, 복사

Here is a **printout** of the last ten months of sales figures. ⋯→ 이게 지난 10달동안의 판매 수치 출력물이다.

crash

컴퓨터가 고장나다, 시스템 고장

downtime (컴퓨터의) 고장 시간
upgrade (성능을) 향상시키다

If you ve been wanting to **upgrade** to a new Dynalaser printer, now is your chance. ···▶ 신종 다이나 레이저 프린터로 업그레이드 시키고자 하신다면 지금이 적기입니다.

configuration

(컴퓨터) 구성

default 초기지정값

During the software installation, users have the choice of loading a default or custom **configuration**. ···▶ 소프트웨어 설치중에, 사용자들은 하나의 내정값을 지정하거나 각자 맞게 수정 구성을 할 수 있다.

user-friendly

사용하기 편한

compatible 호환성있는(cf. compatibility 호환성)
application 응용 프로그램

This system is very **user-friendly**. It even reminds you to back up important documents. ···▶ 이 시스템은 정말 사용하기 편해. 중요문서들을 백업받아 놓으라는 것까지 알려준다니까.

retrieve

(컴퓨터) 정보를 검색하다, 불러오다

back up 백업[예비 지원]하다, 예비 저장

I m not sure if you will be able to **retrieve** that information if you didn t save it. ···▶ 저장하지 않았다면 그 정보를 찾아볼 수 있을지 잘 모르겠다.

It is important to close the **application** after you retrieve information. ···▶ 정보를 검색한 다음에는 응용 프로그램을 닫아야 한다.

download

내려받기, 다운로드(↔ upload)

Printing time can be shortened by permanently **downloading** fonts to a laser printer. ⋯→ 서체를 레이저 프린터에 영구적으로 다운로드 받아 두면 인쇄 시간을 줄일 수 있다.

IT

정보기술 (information technology)

A course in **information technology** will be offered by the university this fall. ⋯→ 이번 가을학기에 대학에서 정보 기술 강좌가 마련될 것이다.

cyberspace

사이버 스페이스

The director wanted the entire movie to take place in **cyberspace**. ⋯→ 그 감독은 영화 전체가 사이버스페이스에서 일어나게 하기를 바랐다.

06 Job (구인구직)

job market	**노동[인력]시장**

man power 인적자원
work force 가용노동인구
labor force 노동력, 노동인구
EEOC 美 공정고용기회 위원회
(Equal Employment Opportunity Commission)

The small company lacked the **man power** to win the manufacturing contract. ⋯▸ 그 중소기업은 제품 계약을 따내기 위한 인력이 부족했다.

(job) opening	**결원, 구인**

job vacancy 결원(= job opportunity)
post the job 결원이 있음을 게시하다
job posting 결원게시(= job notice)
short-handed position 일손 부족 상태
job placement (직장내) 보직선정(placement는 인터뷰와 테스트를 통해 적당한 자리에 인원을 배치하는 것)

I m thinking about applying for the **opening** in the research department. ⋯▸ 연구부에 자리가 하나 생겨 지원할까 해요.

The **job opening was posted** on the bulletin board in the front of the university s cafeteria. ⋯▸ 대학교의 카페테리아 정면의 게시판에 일자리가 공고되어 있다.

job fair	**취직설명회, 채용 박람회**

recruit 신규채용하다(recruitment 신규채용)
job hopping (상습적) 전직(job hopper 상습전직자)
change one's job 전직하다, 동일직장내 부서이동하다

The universities have agreed to sponsor the **job fair** slated for this fall. ···› 대학교들은 이번 가을에 예정된 채용박람회를 후원하기로 하였다.

The university has invited four companies to its campus to **recruit** new workers. ···› 그 대학은 신입사원 모집을 위해 4개 회사를 그들 캠퍼스로 초빙했다.

headhunter
인재 스카우트 담당자[업체]

executive search (firms) 고급인력 알선회사
employment office 고용사무소
employment magazine 취업정보지
employment agency 고용알선기관, 취업중개소
job counselor 직업평론가

The job-search agency was in the midst of conducting an **executive search**. ···› 그 구인 대행사는 한창 간부사원을 모집하고 있었다.

Some employees will be provided by a local **employment agency**. ···› 몇몇 직원들은 지역 고용알선기관을 통해서 조달할 수 있다.

graduate
대학졸업자

graduate students 대학원생
graduate courses 대학원과정
undergraduate students 대학생

The **graduate** had to apply to a number of firms for a job before he was eventually hired. ···› 그 졸업생은 결국 채용되기 전에 많은 회사에 지원해야 했다.

I ll finish my classes next year, then work for two or three years before **graduate school**. ···› 나는 내년에 학과를 모두 마치고 나서, 대학원에 가기 전에 2~3년 동안 일을 할 것이다.

apply for

…에 지원하다

application 지원
job applicant 구직자(= job seeker)

Only managers possessing at least 15 years experience should **apply for** the Chairman s position. ⋯▶ 최소 15년 경력의 관리자들만이 회장직에 지원할 수 있다.

Qualified **applicants** should possess a degree in Computer Science or Electrical Engineering. ⋯▶ 지원자가 갖춰야 할 자격요건은 컴퓨터 공학이나 전자공학 학위이다.

be qualified for

…자격을 갖추다

qualified candidate 요건을 갖춘 지원자
qualify …의 자격을 갖추다

The man **was** not very well **qualified for** the job, but he was willing to work for very low wages. ⋯▶ 그 사람은 그 일에 그리 적격자는 아니지만 그는 아주 낮은 임금으로라도 일을 하고자 했다.

resume

이력서(= curriculum vitae)

send[submit, forward] a resume 이력서를 제출하다
cover letter 커버레터(지원동기, 자기소개 등을 간단하게 쓴 것)
recommendation 추천장

Qualified candidates should mail their **resumes** along with their salary history to human resources. ⋯▶ 자격요건을 갖춘 지원자는 이력서를 과거 급료 내역과 함께 인사부로 우송해야 한다.

A **cover letter** should accompany every resume and should be neat and concise. ⋯▶ 커버레터는 모든 이력서에 첨부되어야 하며 간결해야 한다.

job interview
취업 면접

job interviewee 피면접자
job interviewer 면접자
aptitude test 적성검사

If you attend a **job interview** with the president, please be very polite. ···→ 사장과 면접을 볼 때는 예의바르게 행동하세요.

Once applicants have filled out the job application form, they can proceed with the **aptitude test**. ···→ 일단 지원자들이 직업 지원서를 작성하고 나면, 계속해서 적성검사를 진행할 수 있다.

salary history
과거 급여 내역

salary requirement 임금 요구액

Perry looks like the ideal candidate for the job, but his **salary requirements** are too high. ···→ 페리는 그 일에 이상적인 후보자같지만, 그 사람의 희망급여는 너무 많다.

work experience
경력

specialize in 전공하다, ···을 전문으로 하다(= major in)
seasoned 노련한, 경험있는(experienced)
preferred work location 희망 근무지

By providing students with **work experience** abroad, corporations are contributing to world understanding. ···→ 학생들에게 해외 근무 경험을 제공함으로써 기업들은 세계를 이해하는 일에 공헌하고 있다.

academic credentials
졸업증명서, 학위 증명서
(credential은 「자격증명서」, 「성적증명서」를 뜻함)

educational[academic] background 교육적 배경
transcript 성적증명서

Excellent **academic credentials** are also a prerequisite. ⋯▸ 훌륭한 학위증명서 또한 필수 조건이다.

Ken Walters has the correct **educational background** for the job, but he lacks experience. ⋯▸ 켄 월터스는 그 직책에 적당한 교육적 배경을 가지고 있지만 경험이 부족하다.

land a job

일자리를 얻다(get a job)

job description 직무기술서(= job specification)
challenging job 도전적인 직업
professional compliance report
　　　　　직업 준법준수 이행 보고서

The **job description** was written by the manager s secretary and was posted on the bulletin board. ⋯▸ 부장의 비서가 직무기술서를 작성해서 게시판에 게시했다.

let sby go

해고하다

layoff (일시적) 해고(cf. lay off 일시적으로 해고하다)
surplus labor 잉여노동자

The company has decided to cut back on its surplus labor force by **laying off** all foreign employees. ⋯▸ 회사는 모든 외국인 고용인들을 해고함으로써 잉여 노동력을 줄이기로 결정했다.

job sharing

업무분담

shorter work 근무시간단축

Shorter work weeks and job sharing create more widespread employment in areas where jobs are scarce. ⋯▸ 일자리가 귀한 지역에선 근무시간 단축과 일자리 공유가 보다 광범위한 고용을 창출할 수 있다.

retire

정년퇴직하다

retirement plan 퇴직금제도
resign 사직하다
quit 그만두다

After having worked at the same company for thirty-five years, William Grumman decided to **retire**. ···→ 35년 동안 한 회사에서 근무한 후에, 윌리암 그루먼은 은퇴하기로 결정했다.

turnover

이직, 직원이동

unemployment rate 실업률
outplacement service 전직(轉職)알선

Kelly Fresno is such a good boss that her department has very little **turnover**. ···→ 켈리 프레스노는 너무도 좋은 상사여서 그녀의 부서는 거의 직원이동이 없다.

The secretary received six hundred dollars for tuition from her former employer s **outplacement service**. ···→ 그 비서는 이전 고용주에게 전직 알선비로 6백 달러를 받았다.

07 **Working** (직장생활)

newcomer
신입사원

> new hire 신입사원(= new employee)
> begin one's career 직업상의 경력[사회생활]을 시작하다
> start a job 직장생활을 시작하다
> change career 직업을 바꾸다 (cf. career plan 직업계획)

The **new hires** attend training by the personnel office. ···▸ 신입사원은 인사과에서 실시하는 교육에 참가한다.

The young university graduate was hired by a prestigious firm and was about to **begin his career**. ···▸ 그 젊은 대학 졸업생은 권위 있는 회사에 고용되어 이제 막 사회생활을 시작하려 하는 찰나였다.

intern
인턴사원, 수습사원

> probation 수습
> probationary employee 수습사원
> apprentice 견습공, 신참
> on-the-job training 현장연수(cf. learn on the job 현장에서 배우다)
> journeyman 수습기간을 마친 장인

Our company provides **on-the-job training** to keep employees up to date with modern technology. ···▸ 우리 회사는 사원들이 계속해서 현대적인 기술을 습득하도록 하기 위해서 현장 연수를 제공하고 있다.

dedicated
헌신적인

> dedicated service 헌신적인 근무
> dedicated employee 헌신적인 근로자
> skilled worker 숙련노동자

The factory worker s **dedicated service** was rewarded by a large bonus. ┈→ 공장근로자는 헌신적인 근무의 대가로 많은 보너스를 받았다.

peer

동료

fellow 동료(의)
colleague 동료
co-worker 동료

Antonia was respected by her **peers** for putting forth her best effort at work. ┈→ 안토니아는 업무에 최선의 노력을 다하기 때문에 동료들로부터 존경을 받았다.

self-employed

자영업자(work on one's own)

Ms. Hutchebs, who chose to be **self-employed**, has also learned the pleasures of plotting her own career path and working on a variety of **projects**. ┈→ 자영업을 하기로 결정한 헛첸스 씨는 자신의 직업 상의 경로를 스스로 구상하여 다양한 프로젝트를 수행하는 즐거움을 또한 배웠다.

contract worker

계약직

temp 임시직원(= temp hire, temp employee)
temporary agency 임시직소개소
part-time 시간제의 (↔ full-time 상근의, 정규직의)

Companies that employ many **temporary or contract workers** will face new challenges in communicating with their work forces. ┈→ 많은 임시직이나 계약직 근로자들을 고용하는 회사들은 근로자들과의 의사소통에 있어 새로운 문제에 직면할 것이다.

commute

통근거리, 통근하다

telecommuting 재택근무
flex(i)time 자유출퇴근제

If you **commute** in on Highway 21, you d better take an alternate route today. ⋯→ 만일 21번 고속도로로 통근하려면, 오늘은 다른 도로를 택하는 것이 좋을 것이다.

Employees are not allowed to be late for work more than once every month unless the **commute** is more than 100km. ⋯→ 고용인들은 통근거리가 100km를 넘지 않는 한, 한 달에 한 번 이상의 지각이 허용되지 않는다.

call it a day
퇴근하다, 그날 일을 마치다

be at work 출근하다 (↔ go[leave] for the day 퇴근하다)
after work 퇴근 후
get off the job 퇴근하다, 일을 그만두다
time sheet 근무기록표

After working a twelve-hour shift, the foreman decided to **call it a day** and go home. ⋯→ 12시간 교대조로 일하고 나서 십장은 일을 마치고 집에 가기로 결정했다.

The boss hit the ceiling when he heard Jane **called it a day** at noon. ⋯→ 사장님은 제인이 정오에 퇴근했다는 말을 듣고 크게 화를 냈다.

work for
⋯에서 일하다

do for a living 생계를 위해 일하다

A true friend would not let you **work for** a company like that. ⋯→ 진정한 친구라면 너를 그런 회사에서 일하도록 놔두지 않았을 것이다.

get sth done
일을 끝내다

do a good[great] job 일을 잘하다
work overtime 초과근무하다, 야근하다
hectic 매우 바쁜
work around the clock 열심히 일하다

The employees **were working around the clock** in order to get the magazine to the print shop before the deadline. ···→ 직원들은 마감 전까지 인쇄소에 잡지를 송고하기 위해 쉴새없이 일하고 있었다.

In order to have the report printed by Friday, it is important that you **get it done** today. ···→ 금요일까지 보고서를 인쇄하려면 당신은 오늘 그것을 끝내야 합니다.

work on

···에 관한 일을 하다

assignment 담당업무
paperwork 문서(文書)업무, 탁상사무, 서류

I m going to **work on** this stuff at home tonight.
···→ 오늘 밤에 집에서 이 일을 할 겁니다.

shift

교대근무 제도, 교대근무조

morning shift 오전근무(조)
work two shifts 2교대제로 근무하다
operate on two shifts 2교대제를 실시하다
working conditions 근무 조건

Make sure you ask John to cover your **shift** tomorrow. ···→ 존에게 내일 너 대신 교대근무를 해달라고 확실히 부탁해 놔.

be out of town

출장가다, 멀리 떠나 있다

(be) on a business trip to ···에 출장중(이다)
be on the road 출장중이다
go away on business 출장을 떠나다
on business 사업상
training session 교육 연수

He s **been out of town** for the past couple of days visiting his parents. ···→ 그 남자는 부모님을 방문하는 지난 이틀 동안 시외에 있었다.

I m **going away on business** tomorrow, so I won t see you for another two weeks. ⋯ 저는 내일 출장을 가기 때문에 다음 두 주 동안 당신을 보지 못할 겁니다.

transfer

전근시키다, 전근가다, 전근(자)

ask for a transfer 전근을 신청하다
job rotation 순환보직
staff a booth 부스에 인원을 배치하다

My company will **be transferring** me to the Tokyo office on March 22nd. ⋯ 우리 회사는 3월 22일자로 나를 동경 사무실로 전근시킬 것이다.

Tony will **staff a booth** at the job fair, where she will hand out information about the company. ⋯ 토니는 채용 박람회 부스에 인원을 배치, 회사관련정보를 나눠줄 것이다.

morale

사기, 의욕

job-related stress 업무 관련 스트레스
burned out 녹초가 된
stressed out 스트레스로 지친

I think he ll be impressed by employee **morale**. ⋯ 전 그 사람이 직원들의 사기에 좋은 인상을 받을 거라고 생각합니다.

You can t enhance the productivity without improving employee **morale**. ⋯ 종업원의 사기를 진작시키지 않고 생산성을 증진시킬 수는 없다.

working hours

근무시간

office hours 근무시간(= business hour)
workweek 주 노동시간

Accidental injuries which occur during **working hours** are covered by the company s Worker s Compensation Policy. ⋯ 업무시간 중 발생한 사고로 인한 부상은 회사의 근로자 보상책에 의해 보상된다.

workload

업무[작업]량

backlog 밀린 작업량

The pay is very good, but the **workload** is a lot more than I expected. ⋯⋯▸ 급여는 꽤 괜찮지만, 업무량이 생각했던 것보다 훨씬 많다.

take a break

잠깐 휴식시간을 갖다

employee lounge 직원 휴게실
overstay one's breaks 과도한 휴식시간을 갖다

Smaller post offices usually **take a lunch break** between noon and 2 p.m. ⋯⋯▸ 규모가 작은 우체국에서는 보통 정오부터 오후 2시 사이에 점심 시간을 갖는다.

Employees wishing to smoke can do so only in the **employee lounge**, which is located on the 4th floor. ⋯⋯▸ 담배를 피우고자 하는 직원들은 4층에 위치한 직원 휴게실에서만 피울 수 있다.

take time off

잠시 쉬다(= have time off)

day off 휴가일, 비번인 날

You have to submit your vacation request to the boss soon if you want to **take time off** this summer. ⋯⋯▸ 여러분이 이번 여름에 휴가를 내시려면, 곧 사장에게 휴가 신청서를 제출하셔야 합니다.

My secretary is **taking some time off** this week and things are a bit hectic around the office. ⋯⋯▸ 제 비서가 이번 주에 잠시 쉬고 있어서 사무실이 다소 정신없이 돌아가고 있습니다.

call in sick · 전화로 병결을 알리다

sick leave 병가
AWOL 무단결근(absence without leave)
absenteeism 장기결근
maternity leave 산휴
days missed from work 결근일수
work holiday 휴무일
legal holiday 공휴일(cf. national holiday 국경일)
paid holiday 유급휴가

All students enrolled in History 101 will have a spare today as Mrs. Smith has **called in sick**.
⋯→ 역사학 101에 등록한 모든 학생들은 스미스 부인이 전화로 병결을 알림에 따라 오늘 수업이 없다.

The lady did not go into her office yesterday because it was a **work holiday**. ⋯→ 어제는 휴무일이었기 때문에 그녀는 출근하지 않았다.

be on leave · 휴가중(= be on vacation)

extended leave 장기휴가
vacation destination 휴가목적지
vacation home[house] 별장
vacationer 피서객, 휴가여행자
mandatory vacation 의무휴가
getaway 일로부터의 해방, 탈출, 휴가

He has requested an **extended leave** without pay for the next three months. ⋯→ 그 남자는 다음 석달 동안 장기 무급휴가를 요청했다.

Who is supposed to take care of Mike s clients while **he s on vacation**? ⋯→ 마이크가 휴가 중일 동안 그의 고객들의 업무는 누가 처리할 거죠?

08 **Pay** (급여)

compensation

보상금, 수당

unemployment compensation 실업수당
worker's compensation costs 근로자인건비
income bracket 소득계층(bracket은 수입으로 구분되는 납세
　　　　　자의 계층을 말한다)

Employers have saved more than $2 billion in worker s **compensation** fees and other indirect costs since 2017. ···▸ 고용주들은 2017년 이래로 직원 수당과 다른 간접 경비로 20억 달러 이상을 절약했다.

It seems as though they are in the upper-middle **income bracket** as they have a lot of disposable income. ···▸ 그 사람들은 많은 가처분 소득을 갖고 있으므로, 마치 중상류층에 속하는 듯 하다.

payroll

고용인 명단, 급여 총액, 임금대장

paycheck 급여
pay day 급여일
pay overtime 초과수당을 지급하다

Small business owners need **payroll** information that is comprehensive and easy to understand.
···▸중소기업주들은 포괄적이고 이해가 쉬운 급료지불명부자료를 필요로 한다.

(pay) raise

임금인상

get a raise 임금을 인상받다
pay cut 임금삭감
minimum wage 최저임금
competitive salary 경쟁력 있는 급여
salary differences 급여차이
salary level 급여수준
starting salary 초임(말단직원의 초임은 entry-level salary)

As a result of the award, the superintendent will receive a **pay raise** from the company. ⋯▸ 포상으로 감독자는 회사로부터 임금 인상을 받을 것이다.

The company offers a professional working environment and a **competitive salary**. ⋯▸ 그 회사는 전문적인 업무여건과 경쟁력있는 급여를 제공한다.

fringe benefits

복리후생비

(기본급여 외에 의료보험비, 차량, 연금 등의 부가적인 혜택을 말함)

relocation benefits 이전수당
medical benefits 의료수당
insurance benefits 보험수당
benefits package 종합 복리후생비 제도
generous benefits 후한 복리후생비
cafeteria-style benefits 카페테리아형 복리후생비(다양한
                복리후생비중에서 근로자가 자유롭게 선택하는 방식)

Brandon Dairy supposedly offers more **generous benefits** than any other company in the community. ⋯▸ 브랜든 유업은 아마도 그 지역사회의 다른 어떤 회사보다 더 후한 복리후생비를 제공하는 회사일 것이다.

We were the first company in this area to provide a **cafeteria-style benefits** plan to our employees. ⋯▸ 우리는 이 분야에서 사원들에게 가장 먼저 카페테리아형 복리후생비 제도를 제공한 회사입니다.

incentive

장려금, 자극, 동기(유발)

incentive pay 장려금
perks 특전 (perquisite의 약자로, 보통 임직원에게 제공하는
        승용차, 전속비서 등의 특전)
vacation travel allowance 휴가여행수당
education allowance 교육수당

The director of the research department has decided to implement an **incentive pay** system.
⋯▸ 그 연구부서의 소장은 장려급제를 이행하기로 결정했다.

We offer generous compensation, excellent relocation benefits, medical/dental insurance, **vacation travel allowance** and furnished Western-style living quarters.···→ 후한 보수, 높은 이전수당, 의료/치과보험, 휴가여행수당 그리고 가구완비된 서구식 숙소를 제공합니다.

receive a bonus

상여금을 받다

stock bonus 주식 상여금
pension 연금

Ms. Dallas was surprised to **receive the bonus** for the highest sales volume. ···→ 달라스 씨는 가장 우수한 판매실적의 대가로 보너스를 받게 되어 놀랐다.

fast track

출세가도

corporate ladder (기업의) 승진계단
career advancement 경력 상승, 입신출세
lateral move 수평이동

One of the most difficult things for an immigrant to do is to climb to the top of the **corporate ladder**. ···→ 이민자에게 가장 어려운 일 중의 하나는 기업 승진계단의 꼭대기까지 올라가는 것이다.

be promoted

승진하다(= get a promotion)

move up in the company 승진하다
deserve a promotion 승진할 만하다
annual promotion 연례승진

Ms. Kirk has **been promoted** twice since graduating from college three years ago. ···→ 커크 양은 3년 전 대학을 졸업한 이래로 두 차례 승진을 했다.

Richard s goal was to **move up in the company** until he became a manager. ···→ 리처드의 목표는 매니저가 될 때까지 승진하는 것이었다.

performance appraisal

인사고과

(personnel evaluation method seeking the measurement of employee work effectiveness using objective criteria)

performance rating 업무(달성도) 평가
performance evaluation 업무평가
performance record 업무기록

David hopes to receive a promotion at his next **performance appraisal** in June. ···→ 데이빗은 6월 중에 있을 그의 다음번 인사고과에서 승진하길 희망한다.

rate one's work

업무를 평가하다

evaluate one's work 업무를 평가하다
criteria 기준
mentor program 지도자 프로그램(조직내의 다른 개인을 지도, 상담 등 안내자의 역할을 하는 사람을 mentor라 한다)

From an objective standpoint, what would you **rate my work** on a scale of one to ten? ···→ 객관적인 관점에서 나의 업무를 1에서 10까지 등급 중 뭘로 매길 겁니까?

labor union

노동조합(= trade union)

labor law 노동법
fishing union 수산노조
organize a union 노조를 결성하다

The Vice President of Human Resources must have considerable experience with **labor law**. ···→ 인력관리부사장은 노동법에 관한 경험이 풍부해야 한다.

Efforts to impose a complete ban on salmon fishing are opposed by the **fishing union**. ···→ 연어 낚시에 대한 완전한 금지 조치를 부과하기 위한 노력은 낚시 연맹의 반대에 부딪혔다.

labor disputes　노동쟁의

collective bargaining　단체교섭
lockout　직장폐쇄
return to work　직장복귀
arbitration　중재

The management retaliated against striking workers with a **lockout**. ⋯▶ 경영진은 파업 노동자들에 대항하여 직장폐쇄로 맞섰다.

go on strike　파업을 일으키다

call a striker　파업을 일으키다(↔ end a strike)
stoppage　파업, 휴업
slow down　태업
general strike　총파업
wildcat strike　불법파업

The city bus drivers **went on strike**, just like they said they would. ⋯▶ 그 도시의 버스 운전사들이 예고했던 대로 파업에 들어갔다.

09 | Communication (의사소통)

send off a letter

편지를 보내다

forward a letter[message] 편지[메시지]를 전송하다
return to the sender 발신인에게 반송하다

The lady sent her son down to the store to **send off a letter** to America. ⋯→ 그 여자는 자기 아들을 가게로 내려 보내어 미국으로 편지를 보내게 했다.

Since the letter was sent to the wrong address, it **was returned to the sender**. ⋯→ 편지가 잘못된 주소로 보내졌기 때문에, 발신인에게 회송되었다.

address

주소, (편지 등에) 발송지 주소 및 발신인명을 기입하다

bear the address 주소가 적혀있다
permanent address 본적 (cf. current address 현주소)
mailing label 우편물의 우표
addressee 수신인

This letter **was addressed** to us at our apartment in New York City. ⋯→ 이 편지는 뉴욕市의 아파트에 있는 우리에게로 보내졌다.

The signature of the **addressee** or addressee s agent is required upon delivery. ⋯→ 인도시에는 수취인 또는 수취 대리인의 사인이 있어야 한다.

postmark

소인(消印)을 찍다

stamp 우표, 인지, 소인, 도장을 찍다, 날인하다
affix a stamp 우표를 붙이다
postage 우편요금 (cf. postage-due stamp 추가요금 우표)
postage paid 요금별납 (cf. postage card 요금선납카드)
seal 봉인, 장식우표, 날인하다, 밀봉하다
zip code 우편번호(zip: zone improvement program)

I watched the clerk **postmark** the letters before he put them into the box. ⋯→ 나는 우체국 직원이 편지를 상자 속에 넣기 전에 소인을 찍는 것을 보았다.

Including the **zip code** after a person s address will help the post office route the letter faster. ⋯→ 주소에 우편번호를 기입하는 것이 우체국에서 편지를 더욱 신속하게 배달할 수 있게 해준다.

via air mail
항공우편으로

by mail 우편으로
waybill 우송물 송장
surface mail 선편

The university sent out one thousand letters of acceptance on Friday **via air mail**. ⋯→ 그 대학은 금요일에 항공우편을 통해서 1,000통의 입학허가서를 보냈다.

The clerk assured his boss that the parcel was sent to the immigration office **by mail**. ⋯→ 그 사무원은 사장에게 그 소포를 우편으로 이민국 사무실에 보냈다는 것을 확신시켰다.

bulk mail
대량우편물

handle out-going mail 발송우편물을 취급하다
junk mail 의뢰하지도 않았는데 날아 들어오는 광고 우편물

We have a **bulk mail** permit at our company that allows us to mail flyers at a reduced rate. ⋯→ 우리 회사는 할인가로 우편물 발송을 해주는 대량우편물허가를 가지고 있다.

courier service
발송서비스사(社)

express mail 특급배달 우편
priority mail 우선우편
overnight delivery 속달

The broker told his client to use the company s free **courier service**. ⋯→ 그 중개인은 고객에게 회사의 무료 배달서비스를 이용하라고 말했다.

The letter was sent **priority mail**, so we expect it to arrive by tomorrow. ···→ 편지를 우선우편으로 보냈으니 내일까지는 도착할 것이다.

letter carrier

우편배달부(mail carrier)

package 소포(= parcel)

Jim received a **parcel** in the mail today that contained the new software. ···→ 짐은 오늘 우편으로 새로운 소프트웨어가 들어있는 소포를 받았다.

reply card[mail]

답신용 엽서[우편]

return envelope 반송용 봉투

Business reply mail is one of the most effective ways to ensure a reply from potential clients. ···→ 업무용 답신 우편은 잠재적인 고객들로부터 확실히 답신을 받기 위한 가장 효과적인 방법들 중 하나이다.

regular mail

정기우편

certified mail 등기우편
return receipts 수취인 수취확인증
insured mail 보험우편물
registered mail 등기우편
special delivery 속달

Letters that are sent via **regular mail** usually arrive within two or three days. ···→ 일반 우편으로 보내는 편지는 보통 2, 3일 내에 도착한다.

The money order was sent by **certified mail** to guarantee delivery. ···→ 우편환은 확실한 배달을 위해 등기우편으로 보내어졌다.

enclosed

동봉한

Enclosed please find~ …을 동봉하오니 받아보시기 바랍니다

Enclosed with this letter please find two complementary tickets to the New York Opera. ⋯ 본 편지와 함께 뉴욕 오페라 무료 관람표 2장을 동봉하오니 받아보기시 바랍니다.

pay phone

공중전화

public phone 공중전화
rotary phone 다이얼식 전화
touch-tone phone 전자식 전화
cellular phone 핸드폰 (= cell phone)
handset 탁상전화의 송수화기

A person is putting a coin into the **pay phone**. ⋯ 한 사람이 공중전화에 동전을 넣고 있다.

Do not use **cellular phones** or portable communication and electronic devices that utilize batteries. ⋯ 무선전화나 배터리를 사용하는 휴대용 통신기기 및 전자장비를 사용하지 마십시오.

toll-free number

수신자(受信者)가 요금을 부담하는 전화

courtesy telephone (공항, 호텔 등의) 무료 전화

Most airports have a **courtesy telephone** for people to use when responding to pages. ⋯ 대부분의 공항에는 사람들이 호출응답을 위해 사용할 수 있는 서비스전화가 있다.

dial tone

발신음

When you hear the **dial tone**, please dial the telephone number you want to call. ⋯ 발신음을 확인한 후에 원하는 전화번호를 눌러주세요.

call back

(특히 답신으로) 전화를 다시 걸다

return the call (답신으로) 전화를 걸다
place a call 전화하다
make a phone call 전화하다
call again 다시 전화하다

Despite his secretary s reminder, Mr. Beale forgot to **return the call** from his mother. ⋯ 비서의 메모에도 불구하고, 비일 씨는 어머니에게 답신전화하는 것을 잊었다.

be on the line

수화기를 들고 있다, 통화중이다(= stay on the line)

be on line 2 2번 전화를 받고 있다
be on another line 다른 전화를 받고 있다
get a hold of 잠시 통화하다

Please **stay on the line** while your call is transferred to a customer service representative. ⋯ 귀하의 전화를 고객 서비스 담당자에게 돌려 연결시키는 동안 수화기를 들고 계십시오.

Did you **get a hold of** Mr. Kim, or was the line still busy? ⋯ 미스터 김과 통화했나요, 아니면 아직 통화중이었나요?

hang up

전화를 끊다

answer the (tele)phone 전화를 받다
get back to sby 나중에 연락하다

Do you always **answer the telephone** at work? ⋯ 당신은 직장에서 언제든 전화를 받습니까?

expect a call

전화를 기다리다

on call 부르면 곧 응할 수 있는, 당직의

Sam asked not to be disturbed; he **is expecting a call** from Germany any minute. ⋯ 샘이 방해하지 말라고 했어, 언제 독일에서 전화가 걸려올지 몰라 기다리고 있다면서.

put through (전화를) 돌려주다, 연결시켜주다

direct one's call 전화를 연결시켜주다
private line 직통 전화선
extension (전화의) 내선, 교환번호

I have instructed all of my secretaries not to **put** any call **through** unless the name of the caller has been disclosed. ⋯⋯ 나는 전화거는 사람의 이름이 확인되지 않으면, 전화를 연결시키지 말 것을 모든 비서들에게 지시했다.

leave a message 메시지를 남기다

route (you) to voice mail 음성사서함으로 돌리다
answering machine 자동응답기

Please **leave a message** at the sound of the tone and I ll get back to you as soon as possible. ⋯⋯ 신호음이 울린 후 메시지 남겨주시면, 가능한 한 빨리 연락드리겠습니다.

The operator is recording a message on the **answering machine**. ⋯⋯ 전화교환수가 응답기에 메시지를 녹음하고 있다.

use the phone 전화기를 사용하다

long-distance call 장거리 전화
yellow pages 업종별 전화번호부
white pages 인명별 전화번호부

Several people are waiting to **use the phone**. ⋯⋯ 몇몇 사람들이 전화를 쓰기 위해 기다리고 있다.

Many merchants advertise their businesses in the **yellow pages** of the local telephone directory. ⋯⋯ 많은 상인들이 사업체를 지역 전화번호부의 업종별 기업 안내란에 광고한다.

area code

시외국번

person-to-person call 장거리 전화의 지명통화
long-distance call 장거리 전화
local call 시내전화
overseas call 국제전화

In order to reach the service bureau, you must first dial **area code** 718. ⋯▸ 서비스 사무소에 연락하려면 먼저 시외국번 718번을 누르시오.

When making a **long distance call**, be sure to dial the area code before dialing the telephone number. ⋯▸ 장거리 전화를 걸 때, 전화번호를 돌리기 전에 지역번호를 돌리는 것을 잊지 마세요.

call waiting

통화중 대기

get a busy signal 통화중 신호를 받다

If you try to call and **get a busy signal**, please hang up and try again in a few minutes. ⋯▸ 전화를 걸었는데 통화중 신호가 나면 수화기를 내려놓고 잠시 후 다시 시도해 보십시오.

10   **Meeting & Schedule** (회의)

conference

회의

convention 컨벤션, 집회 (cf. convention center 대회의장)
seminar 세미나
conference call 전화회의

I m taking several seminars at this **conference**.
···→ 나는 이번 회의에서 몇가지 세미나에 참석할 것이다.

The **conference call** between the managers will begin at 9 p.m. ···→ 부장들간의 전화 회의는 오후 9시에 시작될 것이다.

public hearings

공청회

forum 공개토론회

The response to the young artist s public design **forum** has been overwhelming. ···→ 그 젊은 예술가의 디자인 공개토론회에 대한 반응은 압도적이었다.

presentation

발표(회)

presenter 발표자
feedback 반응, 의견

The focus group is ready for your **presentation** in the conference room. ···→ 소비자 그룹이 회의실에서 당신의 발표를 들을 준비가 되어있습니다.

Andrew was scheduled to give the featured **presentation** at the regional sales meeting. ···→ 앤드류는 지역 판매 회의에서 특별 발표를 하기로 예정되어 있다.

session
회의기간

plenary session 총회
consulting session 자문회의
brainstorming 브레인스토밍 (각자 자유롭게 아이디어를 내놓아
최선책을 결정하는 회의방식)

Please place the wristband on your wrist before attending the first **session** at the conference. ⋯→ 회의의 첫번째 모임에 참석하기 전에 이 밴드를 손목에 착용해 주십시오.

Let s get the staff together later this afternoon for a **brainstorming session**. ⋯→ 오늘 오후에 직원들이 함께 모여 브레인스토밍 시간을 가져봅시다.

retreat
일정기간 조용한 장소에서 갖는 모임, 회합

job workshop 채용 워크샵, 직업연수회
refreshments 다과
get-together 모임, 어울림

Refreshments will be served after the president makes his speech and before the closing ceremonies take place. ⋯→ 의장의 연설이 끝난 후 폐막식이 거행되기 전에 다과가 제공될 것입니다.

Randy organized an informal **get-together** for his work team at a nearby restaurant. ⋯→ 랜디는 근처 레스토랑에서 자신의 업무팀을 위한 격의없는 모임을 준비했다.

sign up for
⋯을 신청하다, ⋯에 등록하다

meet with ⋯와 만나다

The registration fee will be waived if you **sign up for** the program before Friday. ⋯→ 금요일 전까지 그 프로그램에 참가등록을 하면 등록비가 면제될 것이다.

attend a meeting
회의에 참석하다

attendee 참석자
preside over 회의를 주재하다

take the seminar 세미나에 참석하다
show up (회의, 모임에) 나타나다, 모습을 드러내다

The manager was not sure if he would be able to **attend the meeting** on Wednesday. ···→ 그 관리자는 수요일 회의에 참석할 수 있을지 확신하지 못했다.

Do you know if Mary is going to **show up for the meeting** this Wednesday? ···→ 메리가 이번 주 수요일 회의에 나타날까?

hold a meeting 회의를 열다

the meeting is set for + 날짜 (회의가) ···로 잡혀져 있다
reschedule a meeting 회의일정을 재조정하다
move up (forward) a meeting 회의날짜를 앞당기다

Where will **the** annual board **meeting be held** this year? ···→ 올해는 연례 이사회가 어디에서 열리게 되나요?

Hey Calvin, is there any chance we can **move up our meeting** to this Tuesday instead of next Wednesday? ···→ 안녕 캘빈, 우리 모임을 다음 주 수요일 대신 이번 화요일로 옮길 수 있을까요?

be at a meeting 회의중이다

have a meeting 회의중이다, 회의가 있다

Sherry had to **be at a meeting** in ten minutes and she knew she was going to be late. ···→ 셰리는 10분 후에 회의에 참석해야만 했는데 자신이 늦을 거라는 것을 알았다.

adjourn a meeting 회의를 연기하다, 휴회하다

(adjourns = to defer or postpone to a later time)

cancel the meeting 회의를 취소하다

The president **adjourned the meeting** on time at 9:00 p.m. ···→ 사장은 오후 9시 정각으로 회의를 연기했다.

end the meeting
회의를 끝내다

conclude the conference 회의의 결론을 짓다

A: How does Ms. Uban want to **conclude the conference**? B: She d like to say a few words at the end. ···→ A: 유밴 씨는 회의를 어떻게 결말짓고자 합니까? B: 그녀는 마지막에 몇마디 하고자 합니다.

reception
기념파티, 환영회

opening ceremonies 개회식
keynote speech 기조연설(= keynote address)
keynoter 기조연설자
guest speaker 초청연사
speaking engagement 연설 약속

Dr. Gwen will give the **keynote speech** concerning political problems on university campuses. ···→ 그웬 박사는 대학 캠퍼스에 대한 정치적 문제들과 관련된 기조연설을 할 것이다.

minutes
회의 의사록 (= minutes book)

keep (the) minutes 의사록을 기록하다
get accurate notes 정확히 받아적다

It s the responsibility of the corporate secretary to **keep the minutes**, recording anything of substance that occurs during the meeting. ···→ 회의 시 내용을 기록하는 의사록을 작성하는 것은 회사 서기의 책임이다.

consensus
의견의 일치

unanimous agreement 만장일치
second a motion 동의에 찬성하다
quorum 의결 정족수(定足數)

The board will not issue a statement until a **consensus** has been reached. ···→ 위원회는 의견 일치가 이루어질 때까지 성명서를 발표하지 않을 것이다.

The development committee was in **unanimous agreement** to cancel the project. ···▶ 그 개발 위원회는 그 프로젝트의 취소를 만장일치로 결정했다.

---

class discussion

집단토의

open discussion 공개토의
discuss preliminaries 준비사항을 토의하다
panel discussion (청중들 앞에서 갖는) 공개토론회
panelist 공개토론자

After a half hour of **class discussion**, the professor passed out the assignment. ···▶ 반 시간 동안의 집단 토의 후에 교수는 과제물을 나눠주었다.

---

meeting notice

회의 통지문

conference packet 회의 패킷(명찰, 헤드폰 등 회의필요물품)
handout 유인물(have a handout ready 유인물을 준비하다)
conference agenda 회의일정
pamphlet 팜플렛

I already have copies of the **meeting notice** and the agenda. ···▶ 저는 이미 회의 통지문과 의사 일정의 사본들을 가지고 있어요.

The speaker placed a pile of **handouts** on the table beside the overhead projector. ···▶ 연사는 테이블의 오버헤드 영사기 옆에 유인물 더미를 올려 두었다.

---

head table

(연설자 앞의) 헤드테이블

podium 연단
platform 교단, 연단
lectern 연사용 탁자

The guest speaker sat at the **head table** with the governor and his staff. ···▶ 초빙연사는 주지사와 보좌관들과 함께 헤드테이블에 앉았다.

visual aid

시각자료

transparency 슬라이드
overhead projector 영사기(slide projector)
run the slide show 자료 슬라이드를 상영하다
tabulate 일람표를 만들다(cf. tabular 일람표의)

The sales manager will **run the slide show** at the company s annual shareholders meeting. ⋯➔ 영업부장은 그 회사의 연례 주주 총회에서 슬라이드 쇼를 마련할 것이다.

Remember to use bright colors and to write legibly when designing an **overhead transparency**. ⋯➔ 오 버헤드 슬라이드를 만들 때, 밝은 색을 사용하고, 읽기 쉽게 써야 한다 는 것을 명심하십시오.

work schedule

업무일정

payment schedule 지불일정
production schedule 생산일정
make the schedule 일정을 잡다, 일정표를 만들다

Joe s **work schedule** changed for the better after his promotion. ⋯➔ 조의 업무 일정은 승진 후에 좀 더 나 은 쪽으로 변경되었다.

I **made the** new work **schedule**, but I m not sure where to put it. ⋯➔ 저는 새로운 업무 일정을 만들었지만 이걸 어디다 걸어두어야 할지 모르겠습니다.

appointment

약속 (업무상의 약속이나 병원 예약 등)

make an appointment with 약속을 정하다
attend an appointment 약속에 나가다
business appointment 사업상 약속
have an appointment with ⋯와 약속이 있다
keep an appointment 약속을 지키다
doctor's appointment 진료예약

Your client just called to **make an appointment** to discuss them. ⋯➔ 그것들을 논의할 약속을 잡기 위해 당신의 고객이 방금 전화했습니다.

The man had no choice but to **reschedule the appointment** for next week. ···→ 그 남자는 다음주 약속을 재조정하는 수밖에는 선택의 여지가 없었다.

be in my calendar 일정에 있다

be available 면회할 틈이 있다
leave the return date open 돌아올 날짜를 미정으로 남겨두다
walk-in 예약없이 오는

The meeting with ABC Inc. **is in my calendar**. ···→ ABC주식회사와의 회의 일정이 잡혀 있다.

The **walk-in** registration was slated to begin at 4:00 p.m. on the third Friday of the month. ···→ 즉석등록은 이번달 3째주 금요일 오후 4시에 시작하는 것으로 예정되어 있었다.

make it 시간내에 (순조로이) 도착하다

no-show 극장, 식당, 비행기 등의 표를 예약한 후 나타나지 않는
          사람[사물]
private showing 시사회, 개별 전시

I have an appointment tomorrow morning to have my hair cut and I won t be able to **make it**. ···→ 여보세요. 전 내일 아침에 이발을 예약한 사람인데, 약속을 못지키게 될 것 같군요.

Marketing (마케팅)

---

market research 시장조사

> marketing plan 마케팅기획
> market climate 시장풍토
> niche 틈새(시장)
> marketing approach 시장접근
> marketing strategy 마케팅전략
> marketing survey 시장조사
> pricing 가격책정

The company is actively diversifying into areas outside of its current **market niche**. ⋯ 그 회사는 그들의 현 시장 틈새 밖의 분야로 적극적으로 사업을 다각화하고 있다.

Many stock funds have different classes of shares, each based upon a different **pricing** scheme. ⋯ 많은 주식신탁사(社)는 상이한 가격책정제도에 따라 주식을 여러 계층으로 분류하고 있다.

---

target market 판매대상 시장

> target one's market 판매대상 시장을 선정하다
> test-market 시험적으로 판매하다
> position a product 특정 구매자층을 목표로 제품을 시장에 내놓다
> positioning 포지셔닝(특정소비자층의 요구에 맞게끔 타 경쟁업체들과 구별되게 만드는 차별화전략)

Management at the company have decided to **target the** high-end consumer electronics **market**. ⋯ 그 회사의 경영진은 고가의 소비자 전자제품 시장을 겨냥하기로 결정했다.

We have decided to **position our product** at the low end of the price scale. ⋯ 우리는 우리 제품을 저가로 시장에 내놓기로 결정했다.

come out with

…을 시장에 내놓다

introduce a product 상품을 내놓다(= enter the market)

The company announced that it will **come out with** a new car that is faster than its current model. ···→ 그 회사는 현 모델보다 더 빠른 신차 발매를 선언했다.

on the market

판매중인(for sale), 시장에 나와있는

on sale 판매중인
come on the market 판매중이다, 시장에 나와있다
be in the market for …을 사려고하다(want to buy)

It ll probably be several months before this new fuel injection system **comes on the market**. ···→ 앞으로 몇 달 더 있어야 이 연료주입 시스템 신제품이 시장에 나올 겁니다.

How about putting the house **on the market**? ···→ 그 집을 내놓는게 어때?

Are you **in the market for** a used car? ···→ 중고차를 사려고 하세요?

mass marketing

대중을 대상으로 하는 판매

(the marketing of a product or service to a large number of people)

telemarketing 텔레마케팅
cold calling (불특정인 대상의) 판매 전화, 판매전화를 하다
sales call 판매 통화, 방문판매

The **telemarketing** department generated a large number of the company s best leads. ···→ 텔레마케팅 부서가 그 회사 최고의 잠재고객 명단 중 많은 부분을 만들어 내었다.

We were in the office until 8:00 p.m. **cold calling** all of the people listed in the telephone book. ···→ 밤 8시까지 전화번호부에 실린 모든 사람에게 전화를 하면서 사무실에 있었다.

marketplace
시장, 장터

flea market 벼룩시장
upmarket 고가품(시장)
cutting edge 최첨단
emerging market 신흥시장

Our company exists in a constantly changing **marketplace**. ⋯→ 우리 회사는 끊임없이 변하는 시장 여건 속에 처해 있습니다.

All vendors wishing to secure a table at the **flea market** must register before 6:00 a.m. ⋯→ 벼룩시장에 테이블을 확보하고자 하는 모든 노점상들은 오전 6시 이전에 등록해야 한다.

brand new
신제품

household name 잘 알려진 이름
registered brand name 등록 상표
name-brand 유명브랜드

Black Label is a registered **brand name** of the Johnny Walker and Sons Whisky Company. ⋯→ 블랙 라벨은 조니워커 앤 선스 위스키사(社)의 등록 상표이다.

sales pitch
선전구호

hard sell 적극적 판매
personal visit 개별방문

My boss, Alan Greenberg, was notorious for employing the **hard sell** approach when making sales. ⋯→ 내 상사인 알랜 그린버그는 영업시 끈질긴 판매 전략을 채용하는 것으로 악명높다.

leads
예비고객명단, 정보
(증권, 보험, 부동산 등의 업계에서 앞으로 고객이 될 가능성이 높은 사람의 명단[list of potential customer]을 의미한다.)

The office manager was looking for someone

who could generate sales **leads** for the brokers.
···→ 업무부장은 중개인에게 줄 잠재고객명단을 만들어낼 사람을 찾고 있었다.

pick up sales

판매를 증진시키다

sales volume 판매량, 판매고(sales figure)
sales territory 영업구역
expand the market 시장을 확대하다
trend line 추세선
in highest demand 수요가 많은

Our office manager gave us an ultimatum; **pick up our sales volume** or find a new job. ···→ 우리 사무실장은 판매를 증진시키거나 아니면 새 일자리를 알아보라며 우리에게 최후 통첩을 내렸다.

The **trend line** projects sales for the next three months. ···→ 그 추세선은 다음 3개월 동안의 예상 매출을 보여 준다.

advertisement

광고 (줄여서 ad라고도 한다)

advertising 광고[업]
advertiser 광고주(cf. sponsor 광고주, 후원자)
advertising agency 광고대행사(ad agency)

The publisher reserves the right to reject **advertisements** that are considered obscene.
···→ 발행자는 음란하다고 간주되는 광고를 거부할 권리를 가진다.

We will have a much bigger **advertising** budget than the competition. ···→ 경쟁업체보다 광고예산을 훨씬 더 들일 것이다.

publicity

홍보

ad campaign 광고전
ad results 광고결과

The marketing director hired an advertising agency to help him with **publicity**. ···→ 마케팅 이사는 홍보 분야에서 도움을 얻기 위해 한 광고 회사를 고용했다.

If you want **ad results** that exceed your wildest expectations, call our advertising department today. ···› 기대 이상의 광고 효과를 원하신다면 오늘 당장 저희 광고부로 연락주세요.

place an ad

광고를 내다(= buy an ad)

sell an ad 광고를 유치하다(solicit advertisers)
promote a product 선전으로 상품 판매를 촉진하다
use targeted advertising 특정층 대상 광고를 하다

Anyone wishing to **place an ad** in the school paper must notify the office immediately. ···› 누구든 교지에 광고를 내려면 즉시 학교 당국에 통보해야 한다.

The young university graduate was honored to have been given a job **selling ads** for a newspaper. ···› 그 젊은 대졸자가 신문에 광고들을 유치하는 일자리를 얻는 명예를 차지했다.

classified ad

안내광고, 분류 광고

want ad 구인, 구직, 매매 등의 모집광고
corporate ad 기업광고
full-page ad 전면광고
trade advertising 산업광고
opinion advertising 의견광고
product advertising 상품광고
comparative advertising 비교광고
teaser advertising 티저광고

I need to place a **classified advertisement** in a newspaper in Belgium. ···› 벨기에의 신문에 안내 광고를 싣고 싶다.

spot

TV, 라디오의 짧은 광고

commercial message 광고방송
informercial 생활정보광고(information + commercial)
advertorial 기사광고(advertisement + editorial)

outdoor advertising 옥외광고

People who watch television in the late evening are often bombarded with **informercials**. ···▶ 저녁 늦게 TV를 보는 사람들은 종종 생활 정보 광고 공세를 받는다.

A **spot** on radio or television would reach millions of people. ···▶ 라디오나 텔레비전의 짧은 광고는 수백만 명에게 영향을 미친다.

insertion

(신문 등에 넣는) 삽입광고지

promotional mailing 광고우편물
promotional brochure 광고전단
promotional flyer 광고 전단
literature 광고 안내문

Our company paid to have an **insertion** included in the Saturday edition of *the New York Times*. ···▶ 우리 회사는 「뉴욕 타임즈」 지(誌) 토요판에 삽입광고를 넣기 위해 비용을 지불했다.

focus group

특정 제품 또는 서비스에 대해 솔직히 대답해 주는 소비자 집단

questionnaire 설문조사서

I m trying to organize a **focus group** to test consumer response to our advertising. ···▶ 저희 광고에 대한 소비자 반응을 테스트하려고 포커스그룹을 조직하려고 합니다.

product brochure

제품안내서(manual book)

(brochure는 「소책자」, 「팸플릿」을 말하며 낱장의 「전단」은 leaflet이라고 한다.)

booklet 소책자
newsletter 소식지

I was beginning to think I wouldn t be able to send them our **product brochure**. ···▶ 우리 제품 안내서를 그들에게 보낼 수 없을 거라는 생각이 들기 시작했다.

trade show

전시회, 시사회

(an exhibition of goods and services targeted to members of a particular trade association)

exhibition booth 전시부스
pavilion 전시관
product showcase 상품진열장
display 전시회, 전시물

Doesn t Nancy want to use the exhibition booth at the **trade show**? ┅► 낸시는 전시회에서 부스를 이용하려 하지 않나요?

Many kinds of exhibits will be in this **pavilion**.
┅► 이 전시관에는 다양한 종류의 전시품이 전시될 것이다.

12 **Buying & Selling** (구매)

dealership

판매대리점(dealer)

> distribution channel 판매경로
> distributor 유통[판매]업자 (cf. distributorship 판매권[업자])
> distribution network 판매(유통)망
> sales outlet 판로
> supplier 납품업체, 제조업제

The **dealership** will be closed on Monday between 3:00 p.m. and 4:00 p.m. ···→ 그 판매대리점은 월요일 오후 3시에서 4시 사이에는 문을 닫을 것이다.

We need to concentrate on expanding our **distribution network** to include Portugal and Spain. ···→ 우리는 포르투갈과 스페인으로 보급망을 확대하는 데 노력을 집중시켜야 한다.

representative

담당자

> sole agent 총대리인

The sales **representative** was told not to offer anymore discounts to customers. ···→ 그 판매원은 손님에게 더이상 할인을 해 주지 말라는 지시를 받았다.

retailer

소매업자

> retail 소매, 소매의(cf. retail store 소매상)
> wholesaler 도매업자(전체 distribution channel상 중개상 [middleman]이 된다)

A price range is set by the manufacturer and cannot be changed by the **retailer**. ···→ 가격대는 제조업자에 의해 정해지며 소매업자가 바꿀 수는 없다.

franchise

상품의 독점판매권, 특약점

franchise fee 특약점가맹비
franchiser 총판본부 (cf. franchisee 가맹점)

The most profitable **franchise** businesses last year were Mexican fast food restaurants. ···→ 지난 해 가장 수익성이 좋았던 특약점 사업은 멕시코식 패스트 푸드점들이었다.

outlet

직영소매점
(「본체에서 직접 연결된 출구」라는 의미에서 본사가 직접 운영하는 「할인 직영점」을 의미)

warehouse outlet 창고직영점
factory outlet 공장직영점
convenience store 편의점
general merchandise store 종합소매점
general store 잡화점
discount store 할인점
chain store 연쇄점

There s a **convenience store** on the corner. Let s stop and I ll buy us coffee. ···→ 저기 모퉁이에 편의점이 있는데, 거기 들르자구. 내가 커피 한잔 살게.

The company has decided to diversify its business to include a **general merchandise shop**. ···→ 그 회사는 그 사람들의 사업을 다각화하여 종합소매점을 포함시키기로 결정했다.

shopping mall

대규모 쇼핑센터

volume retailer 양판점
department store 백화점

The exhibition booth located in the **shopping mall** has been vandalized. ···→ 쇼핑몰에 설치했던 전시실은 손상되었다.

boutique

상점

merchant 상인
corner shop 소규모 가게
mom-and-pop store 구멍가게
commissary (군대 내) 매점
duty-free shop 면세점
open-air market 노천시장
beauty parlor 미용실

The sales lady was working overtime at the small flower **boutique** in the town mall. ···› 도심 쇼핑센터의 작은 꽃가게의 여판매원은 늦게까지 일하고 있었다.

Successful **merchants** possess a thorough and complete understanding of their customer base. ···› 번창하는 상인들은 자신들의 고객층에 대해 철저하고 완벽하게 이해하고 있다.

kiosk

간이 매점, 간이 건축물

info kiosk 간이 안내소
stand 매점, 가판점 (cf. magazine stand 잡지 가판대)
concession stand (구내) 매점 (특정장소에서 장사하도록 주어진 권리 또는 그 구역. 주로 경기장, 빌딩내의 매점을 지칭)
vending machine 자판기
box store 간이 매점
street vendor 노점상
ice cream parlor 아이스크림 가게

The information girl in the **kiosk** was extremely helpful and gave us directions to the theater. ···› 그 간이 안내소의 안내원은 극히 친절하게 우리에게 극장으로 가는 길을 알려주었다.

A little boy and his mother were standing in line at the **concession stand** located in the zoo. ···› 한 어린 소년과 그 어머니가 동물원의 구내 매점에 줄 서 있었다.

purchase

구입(하다), 구입한 상품
(purchase가 「구입」이라는 추상명사 뿐만 아니라 「구입한 물건」을 뜻한다는 사실에 주목.)

make a purchase 물건을 사다
purchaser 구매자
end-user 실소비자

I **purchased** this television at your store, but it doesn t seem to work. ⋯▸ 댁의 상점에서 이 텔레비전을 구입했는데 켜지지가 않아요.

Be sure to put the **purchase** into a paper bag. ⋯▸ 반드시 구입품을 봉지에 넣어주세요.

prospect

유망(단골)손님

potential client 유망고객
regular customer 단골손님(= repeat customer)
build a solid client base 확고한 고객층을 형성하다
entertain a client 접대하다
client enrollment 고객명부

It is important to know as much as possible about your clients and **prospective clients**. ⋯▸ 현재의 고객과 잠정 고객에 대해 가능한 많은 것을 알아두는 것이 중요하다.

purchase order

구입주문서

place of purchase 구입처

Proof of date, price, and **place of purchase** is required for all returns. ⋯▸ 구매 날짜, 가격 그리고 구입 장소의 증명이 모든 물건 반품에 필요하다.

customer complaints

소비자불만
(「불만을 호소하다」란 표현은 make complaints 혹은 complain)

after-sales service 판매후 서비스
customer service number 고객지원 번호

product liability 생산자 책임
on-site service 현장서비스

The jury decided that the manufacturer was not
solely responsible for **product liability** damages.
···▶ 배심원은 제조업체만 생산자 책임변상에 대한 전적인 책임이 있지는
않다고 판결했다.

return
반품하다

receive a full refund 전액 환불받다
non-refundable 환불되지 않는
recall (결함 상품의) 회수

The store will **refund** our money for this
defective item. ···▶ 상점은 이 불량품에 대해 돈을 반환해줄 것이다.

In order to avoid a lawsuit, the company
recalled all the defective motors. ···▶ 소송을 피하기 위
해 그 회사는 결함있는 자동차들을 모두 회수했다.

reimburse
갚다, 상환하다

reimbursement 상환, 변상
replacement 교환

Go out and buy some coffee and give Mary the
receipt for **reimbursement**. ···▶ 나가서 커피를 사온 다음
메리에게 영수증을 제시해서 돈을 받으세요.

warranty
보증, 보증서

under the warranty 보증받는
warranty policy 보증방침
limited warranty 제한보증
unconditional warranty 무제한적보증
warranty period 보증기간
money back guarantee 환불 보증
guarantee 보증[서], 보증인, 보증하다
guaranty 보증계약, 보증물
life guarantee 평생보증

Any claim **under the warranty** must include a proof of purchase or invoice. ···▸ 보증서 상의 어떤 클레임도 구입증명서나 송장이 포함되어야 한다.

The company offered a **money-back guarantee** on all of its products. ···▸ 그 회사는 모든 제품에 대해 환불 보증을 해줬다.

---

carry + 상품

(가게에서 상품을) 팔다, 갖추다

go up for sale   매물로 나오다

Does your store **carry** microwave ovens? ···▸ 당신 가게는 전자렌지를 취급하나요?

The house **went up for sale** during the summer, but it still has not been sold. ···▸ 그 집은 여름내 매물로 나왔지만, 아직도 팔리지 않았다.

Houses on this street sell pretty fast. This one I m going to show you just **went up for sale** today. ···▸ 이 거리에 있는 집들은 아주 빨리 팔리지요. 제가 이제 당신에게 보여드릴 이 집은 바로 오늘 매물로 나온 것입니다.

---

out of stock

품절되어 (↔ in stock 재고로 가지고 있는)

out-of-stock parts   품절된 부품
stockpile   비축량재고, 비축하다
be all sold out   매진되다
top selling   가장 잘 팔리는
buying spree   과도한 상품구매

Most of the necessary parts are **out of stock**. ···▸ 대부분의 필수 부품이 품절되었다.

We have three Volvo station wagons **in stock** right now. ···▸ 우리는 현재 3대의 볼보 스테이션 왜건을 재고로 가지고 있다.

shopping district | 쇼핑구역

grocery cart 식료품 수레
sales receipt 구입 영수증
get change for …을 잔돈으로 바꾸다

The Ginza **shopping district** in Tokyo boasts some of the most expensive shops in the world.
⋯▸ 도쿄의 긴자 쇼핑구역은 세계에서 내노라하는 가장 비싼 상점들이 위치해 있다.

The cashier told her assistant to write up a **sales receipt** for the customer. ⋯▸ 출납원은 조수에게 고객에게 구입 영수증을 써 드리라고 했다.

good buy | 싸게 산 물건

propensity to consume 소비 성향
consumer magazine 소비자잡지
redeem 상환하다, 되찾다
receive 10% off 10% 할인 받다
off the regular price 정가에서 할인된

The best **consumer magazine**, *Consumer Report*, can be purchased at most large book stores. ⋯▸ 최고의 소비자잡지인 『소비자리포트』는 대부분의 대형서점에서 구입할 수 있다.

Citizens living in Tokyo have demonstrated a high **propensity to consume** dairy products. ⋯▸ 동경 시민들은 유제품에 대한 강한 소비성향을 보여주고 있다.

Just present this discount certificate when making your purchase and you will **receive 15% off**. ⋯▸ 물품 구입시 이 할인증을 제시하시면 15%의 할인을 받으실 수 있습니다.

purchasing power

구매력

(개인이나 집단이 갖고 있는 구매력 뿐만 아니라 화폐의 단위가치를 말하기도 함)

speculative 투기성의
turnover 총매출
in quantity 대량으로
volume discounts 대량할인

The **purchasing power** of the dollar has increased tremendously over the past few months. ⋯⋯▸ 지난 몇 달 동안 달러의 구매력이 엄청나게 증가했다.

The **turnover** was so poor that the company decided to shut down its operations. ⋯⋯▸ 그 회사는 총매출이 너무 저조해서 조업을 중단하기로 결정했다.

Volume discounts and payment terms are available except where indicated. ⋯⋯▸ 대량 구입시 할인 혜택과 그 지불조건은 지정된 곳 이외에 어디에서나 이용가능합니다.

auction

경매

obtain one's bid 입찰을 받다
trade in 중고품에 웃돈을 얹어주고 신제품과 바꾸다

It is important that we **obtain his bid** before making our decision. ⋯⋯▸ 우리가 결정하기 전에 그의 입찰을 받는 것이 중요하다.

The owner of the metal shop mentioned that he was considering **trading in** his truck for a van. ⋯⋯▸ 금속점 주인은 트럭에 웃돈을 주고 밴을 살 것을 고려하고 있다고 말했다.

transaction

거래

monopoly 독점 (cf. oligopoly 과점)
consignment 위탁판매, 위탁받은 물건

The publishing company s books were distributed to a number of bookstores on **consignment**. ⋯⋯▸ 그 출판사의 책은 위탁판매를 위해 많은 서점으로 배본되었다.

place an order

주문하다

take an order 주문받다
fill an order 주문대로 처리하다
purchase order 구매주문서
send away for …을 우편 주문하다
process an order 주문을 받아 처리하다

Did you **place the** food **order** today? …▸ 오늘 식료
품 주문을 했어요?

The waitress was asked to **take an order** from
the diners at table number five. …▸ 그 웨이트리스는 5번
테이블 손님의 주문을 받으라는 지시를 받았다.

supply order

공급 주문서

send the supply order 공급 주문서를 보내다
back order 이월주문

The clerk **sent the supply order** by Federal
Express early this morning. …▸ 그 점원은 오늘 아침 일찍
페더럴 익스프레스로 공급 주문서를 보냈다.

Ever since the end of last year, we have been
swarmed with a growing number of **back orders**.
…▸ 작년말부터 우리는 점증하는 이월주문량에서 헤어나지 못하고 있다.

gift certificate

상품권

coupon 쿠폰
voucher (현금대용) 상환권

I bought my sister a **gift certificate** for
Bloomingdale s Department Store for her birthday.
…▸ 누이동생 생일선물로 난 블루밍데일즈 백화점 상품권을 사주었다.

futures market

선물(先物)거래

advance purchase   선매(先買)

It s important that you realize the risks associated with speculating in the commodity **futures market**.···▸ 상품 선물거래에 손을 대는 것과 관련한 위험을 깨닫는 것이 중요하다.

Customers wishing to fill out our **advance purchase** form can pick one up at the front desk. ···▸ 선매양식서를 작성하실 손님께서는 프론트데스크에서 가져가시면 됩니다.

clearance sale

재고처분세일

garage sale   창고 세일
closeout sale   폐점대매출
pending sale   임박한 대매출
resale   재판매

According to the flyer, the outlet mall will hold its annual **clearance sale** this weekend. ···▸ 전단에 의하면, 그 쇼핑센터는 이번 주말에 연례 재고정리 세일을 할 것이라고 한다.

The Adams family decided to raise some money for their trip to Florida by holding a **garage sale**. ···▸ 아담스 가족은 창고 세일로 그들의 플로리다 여행 경비를 얼마간 벌기로 했다.

13 Price (가격)

increase prices

가격을 올리다

raise price 가격을 올리다
price increase 가격인상
level off (가격, 물가 등이) 안정 상태에 이르다

Many petrochemical producers suffered from **price increases** on raw materials. ···▶ 많은 석유화학 제조업체들이 원자재 가격인상으로 어려움을 겪었다.

The Dow Jones Industrial Average will level off if the Federal Reserve Board **raises interest rates.** ···▶ 연방준비제도 이사회가 이자율을 올린다면 다우존스 산업 평균지수는 안정세로 돌아설 것이다.

price range

가격대

price list 정가표, 가격 목록 (cf. list price 표시가격)
price tag 가격표
lowest price guarantee 최저가 보증
pricey 비싼

The man told the clerk that he was looking for something in a cheaper **price range.** ···▶ 그 남자는 점원에게 좀더 싼 가격대의 물건을 찾고 있다고 말했다.

There must be a cheaper way to send these new **price lists!** ···▶ 이 새로운 가격 목록을 보낼 좀 더 저렴한 방법이 있을 텐데.

unit price

단가

factory price 공장가
cover price 정가
regular price 정가

The average **unit price** of an automobile has risen 34% over the last four years. ···→ 자동차 대당 평균가격이 지난 4년간 34% 상승했다.

asking price | 호가

market price 시가
reasonable price 적정가
consumer price 소비자 물가
typical price 일반 가격

The **consumer price** index for this month showed that inflation was in check. ···→ 이달의 소비자 물가 지수는 인플레이션이 억제되었음을 보여주었다.

discount price | 할인가

competitive price 경쟁력있는 가격

The **discount price** included all taxes and service charges.···→ 할인가에는 모든 세금과 서비스 비용이 포함됐다.

adult fare ticket | 성인 요금 티켓

bus fare 버스 요금

The San Francisco Transit Authority will raise **bus fares** by sixty cents from this Friday. ···→ 샌프란시스코 교통당국은 이번 금요일부터 버스요금을 60센트 인상할 것이다.

toll | 통행료, 장거리 전화요금

The company s driver had to pay a **toll** when he drove across the bridge. ···→ 그 회사의 운전기사는 차로 다리를 건너갈 때 통행료를 지불해야 했다.

quote

(가격, 시세) 부르다, 어림잡다, 견적을 내다

quotation 견적서

The broker **quoted** his client a price of $462 for an ounce of gold, and then hung up the phone.
⋯▸ 중개인은 고객에게 금 1온스에 462달러라고 시세를 알려주고 나서는 전화를 끊어버렸다.

estimate

견적서

cost estimate 비용 견적서
give me an estimate 견적서를 뽑아달라

The cost **estimate** was delivered to the company s shipping department at 2:00 this afternoon.⋯▸ 비용견적서는 오늘 오후 2시에 회사의 선적부서로 배달되었다.

I asked a carpenter to **give me an estimate**. ⋯▸ 나는 목수에게 견적서를 뽑아달라고 부탁했다.

bill

청구서

charge a bill to an[one's] account (⋯의) 계좌로 청구하다, 외상으로 달다
charge sth[bill, fee] to[on] one's credit card 신용카드로 결제하다

A service fee will **be charged to the account**.
⋯▸ 서비스료는 예금구좌로 청구된다.

Something has **been charged to my account** by mistake. ⋯▸ 실수로 무엇인지 내 계좌로 청구되었다.

Maggie **charged it on her credit card**. ⋯▸ 매기는 자신의 신용카드로 그것을 결제했다.

extra charge

추가요금

surcharge 추가요금
free of charge 무료의

There s an **extra charge** of ten pesos for coming to the airport. ···▶ 공항출장엔 10페소의 추가요금이 붙습니다.

There will be a ten percent **surcharge** added to the bill. ···▶ 계산서에 10%의 추가요금이 붙습니다.

| credit card charge | 카드청구액 |

(charge는 「요금」, 「청구금액」을 뜻하는 명사로도 쓰이지만 판매 대가로 「일정액을 청구하다」라는 동사 용법도 있다.)

telephone charge 전화요금
shipping and handling charges (운임 · 보험 · 포장 등의) 발송 경비

The accounts payable clerk was shocked when she saw the company s **credit card charges** for August. ···▶ 지불계정직원은 회사의 8월 신용카드액을 보고 매우 놀랐다.

All **shipping and handling charges** will be waived if you order today. ···▶ 오늘 주문하면 제반 발송경비는 면제됩니다.

| registration fee | 등록비 |

(fee는 변호, 교육, 회원 등 전문적인 서비스에 치뤄지는 비용)

annual membership fee 연회비
admission fee 입장료

The individual **registration fee** for the university swim club will be raised from next week. ···▶ 대학 수영 클럽에 대한 개별 등록비는 다음 주부터 오를 것이다.

| filing fee | 서류접수료 |

late filing fee 제출이 늦은 서류에 부과되는 연체료
visa application fee 비자신청료

The information clerk told us that there was a $20.00 **filing fee** included in the total cost. ···▶ 안내창구 직원이 총비용을 포함한 20달러의 서류 접수료가 있다고 알려 주었다.

contingency fee 수임료

fee chart 요금표
service fee 서비스료
search fee 스카웃 비

The judge ordered John s brother to remit his **contingency fee** to the law firm on Monday. ⋯
판사는 존의 형에게 월요일에 법률회사에 수임료를 우송할 것을 명령했다.

I m adding a **fee chart** for everyone s reference.
⋯ 저는 모든 사람들이 참조할 수 있도록 요금차트를 추가하겠습니다.

interest rate 이자율

compound annual rate 연간 복리
fixed rate 고정율
courtesy rate 우대금리, 우대 할인요금(courtesy는 without payment라는 뜻)

Most of the company s future performance hinges on the direction of **interest rates**. ⋯ 회사가 향후 수익을 올릴 수 있는지 여부는 대부분 금리 변화에 달려 있다.

utility rate 전기, 가스, 수도 등의 공공서비스 요금

subscription rate 구독료

The judge felt that her ruling on the proposed **utility rate** increase was fair. ⋯ 판사는 사용 요금률 인상안에 대한 그녀의 판결이 정당했다고 생각했다.

flat rate 정액요금

hourly rate 시간당 요금
discounted rate 할인요금

The fee chart for the **hourly rate** that we charge our clients is posted at the front desk. ⋯ 고객들에게 부과하는 시간당 요금을 표시한 요금표가 프론트 데스크에 게시되어 있다.

exchange rate

환율

rate cuts 환율 인하

Our company posted gains of more than 1.6 million dollars due to fluctuations in the yen/won **exchange rate**. ⋯→ 우리 회사는 엔화(貨)와 원화(貨)의 환율 변동으로 인해 1백 60만 달러 이상의 흑자를 기록했다.

cost effective

비용 효과적인

cost effectiveness 비용효과성
cost less 비용이 덜 들다
cost-conscious 가격에 민감한

It may be more **cost effective** to employ outside consultants than hire new staff. ⋯→ 새 직원을 고용하기보다 외부 상담역을 쓰는 것이 비용면에서 더 효과적 일지도 몰라.

The company s new production line proved to be extremely **cost effective**. ⋯→ 그 회사의 새로운 생산라인은 극도로 비용 효과적임이 입증되었다.

keep cost down

비용을 억제하다

cost cutting procedure 비용절감절차
cost containment 비용억제

The two law firms have agreed to share paralegal and secretarial staff in order to **keep costs down**. ⋯→ 그 두 법률회사는 제반 비용을 줄이기 위해 변호사 보조 및 비서 직원을 공동으로 쓰기로 했다.

dealer cost

딜러가

cost of living 생활비
production cost 생산비
labor cost 노동비

My sister s husband works at the factory so we can buy new cars for almost **dealer cost**. ⋯→ 제 여동생의 남편이 자동차 공장에 근무하기 때문에, 우리는 새차를 거의 판매자 가격에 살 수 있어요.

bill sth to one's credit card

신용카드에 청구하다

(bill은 명사로는 「계산서」, 「청구서」, 동사로는 「계산서를 보내 청구하다」라는 뜻)

bill one's credit card account 신용카드구좌로 청구하다

If you would like to make a long distance call and **bill** it **to your Midway credit card**, please press one. ⋯→ 장거리 전화를 걸어서 미드웨이 신용카드로 계산하시고자 할 경우 1번 버튼을 눌러 주세요.

The man told the store clerk to **bill** the purchase **to his wife s credit card**. ⋯→ 그 남자는 점원에게 구입품에 대해 아내의 신용카드 구좌로 청구하라고 했다.

pay the bill

(청구된 비용을) 셈하다, 치르다

bill of sale 판매증서(receipt)
charges on one's bill 청구서에 요구된 요금
billing period 청구기간

The store clerk asked her helper to put the **bill of sale** into the old lady s shopping bag. ⋯→ 상점 점원은 그녀의 보조원에게 노부인의 쇼핑백 안에 판매증서를 넣으라고 했다.

I called the credit card company to complain about the extra **charges on my bill**. ⋯→ 나는 내 청구서에 청구된 추가 요금에 대해 항의하려고 신용카드 회사에 전화했다.

overdue bill : 결제 기일이 지난 청구서

past-due billings 체납 추징액
billing costs 청구비

If a business has an **overdue bill**, when will it be charged a penalty? ⋯→ 회사가 청구서 납부 기한을 넘겼을 때는, 언제 벌금이 부가될까?

A late payment charge of 1.5% may be applied to **past-due billings**. ⋯→ 1.5%의 체납 추징액이 청구서에 추가될 수도 있습니다.

More

price: the amount of money asked for goods and services. (가격, 파는 값)

cost: the amount paid or required as payment for a given product or service. (가격, 비용, 원가, 사는 값)

fee: the amount of money that you have to pay to a person or organization for a professional service, for example medical treatment or education. (서비스에 대한 수수료)

charge: used mostly in the context of paying for services. (서비스 요금, 특히 부과된 대금)

fare: the cost of a journey on a bus, train, plane. (교통 요금)

rate: the usual cost of a service or job. (단위당 사용료)

toll: money that you have to pay in order to drive over some bridges or roads. (통행료)

estimate: an approximate price that something will cost. (견적가)

quotation: statement of the price of an item. (시가, 견적가)

14 **Payment & Delivery** (지불)

complimentary

무료의

(순수하게 공짜라는 free와는 달리 어떤 거래에 대한 감사표시로 부수적으로 제공되는 서비스[given free as a favor]를 의미)

Complimentary beverages and snacks will be offered to all passengers flying with United Airlines. ···→ 음료와 스낵이 유나이티드 항공을 이용하는 모든 승객들에게 무료로 제공될 것입니다.

get a discount

할인받다

give a discount 할인하다
cash rebate 현금할인, 현금환불

Automobile companies are currently competing for buyers by offering **cash rebates.** ···→ 자동차회사들은 현재 현금환불을 제공함으로써 구매자들을 차지하기 위해 경쟁하고 있다.

slash

(값 · 가격을) 대폭적으로 내리다, 깎다

fluctuating 가격 변동이 심한
soar (가격이) 치솟다
skyrocket (물가 따위가) 급등하다

If you re looking for a bargain, we have **slashed** the prices on all of last years bikes. ···→ 염가구매를 원하신다면, 저희는 지난 해에 나온 모든 자전거의 가격을 할인해드립니다.

payment

지불, 납입, 지불금, 대금결제

payment option 지불방법 선택(권)
payment terms 지급조건
interim payment 중도금 지급

The couple was having a difficult time deciding which one of the three **payment options** to choose. ···→ 그 부부는 세가지 지불 방법 선택권 중 하나를 결정하는데 곤란을 겪고 있었다.

overdue

지급기한이 지난, 미불의

amount owed 미납금
late payment fee 연체료
delinquent payment 연체금 지급
grace period (지불)유예기간
in arrears 연체 중

I returned that library book yesterday but I still received this **overdue** fine. ···→ 그 도서관 책을 어제 반납했는데도 이 연체 벌금을 받았어요.

If you do not clear up your **delinquent payment**, services will be cut off. ···→ 연체금액을 해결하지 않을 경우 서비스를 중단합니다.

This credit card gives you a 26-day **grace period** without interest charges. ···→ 이 신용카드는 이자없이 26일간의 유예기간을 드립니다.

check-out line

계산줄

cash register 금전등록기

Do you want to wait in the **check-out line** or go out and get the car instead? ···→ 계산대에서 기다리시겠어요 아니면 나가서 차에 타고 있겠어요?

plastic money

신용카드

pay with a credit card 신용카드로 결제하다(put sth on credit card)
have a minimum credit card purchase of + 금액 신용카드 최소 구입한도가 ···이다
take[accept] a credit card 신용카드를 받다

We **have a minimum credit card purchase of** ten dollars. ···→ 10달러 미만은 신용카드로 받지 않습니다.

issue

발급하다(~ a credit card 신용카드를 발급하다)

issue a replacement credit card 신용카드를 재발급하다
request credit card 신용카드를 신청하다
renew credit card 신용카드를 갱신하다

The bank **issued a replacement credit card** after receiving notification that the client s card had been lost. ···→ 그 은행은 고객의 카드 분실신고서를 접수한 후 교체 신용카드를 재발급했다.

money order

우편환

promissory note 약속어음
commercial paper 기업어음
mature 어음이 만기가 되다

Many large well-known companies issue **commercial paper** as an alternative to borrowing directly from banks. ···→ 많은 잘 알려진 큰 기업체들이 은행으로부터의 직접 대출의 대안으로 기업어음을 발행한다.

outstanding

아직 처리되지 않은, 미결제된

The company decided to charge its customers very high interest rates on all **outstanding** balances. ···→ 회사는 고객의 미결제액에 대해서 모두 고금리를 부과하기로 결정했다.

write a check

수표를 발행하다(~ on one's account)

cash a check 수표를 현금으로 바꾸다
checkbook 수표책
cashier's check 자기앞 수표
traveler's check 여행자 수표(TC)

I think I ll **write a check** and have you mail it today. ⋯→ 수표를 발행해서 오늘 당신에게 우편으로 보낼 생각입니다.

I can cash a **traveler s check** here, can t I? ⋯→ 여기서 여행자 수표를 현금으로 바꿀 수 있지요?

endorse

이서하다, 배서하다

bad check 부도수표
dishonored bill 부도어음

The bank teller handed the man a pen and then asked him to **endorse** the back of the check that he was depositing. ⋯→ 은행 창구 직원이 그 남자에게 펜을 건네 주고 그가 예금하는 수표의 뒤에 이서해달라고 했다.

installment

할부, 월 납입금

installment sale 할부판매
pay in installment 할부로 지불하다
payment on account 할부대금지불

The bank loan was for $1,000,000 and had to be paid back in monthly **installments** over the next three years. ⋯→ 은행 융자는 100만 달러로 향후 3년에 걸 쳐 매달 분할상환해야 했다.

deposit

보증금

down payment (할부판매시 첫) 인도금
advance 선금

The clerk working at the check-in counter in the hotel asked us if we had paid the $50 **deposit**. ⋯→ 호텔 체크인 카운터에서 일하는 직원이 우리에게 보증금 50달러를 지불했는지 물었다.

A **down payment** equal to two months rent is often required to secure the rental of an apartment. ⋯→ 아파트 임대료를 확보하기 위해 2달치 임대료에 상 당하는 계약금을 요구하기도 한다.

upon delivery | 배달시에, 인도와 동시에

accept the delivery 배달물품을 수령하다
sign for the delivery 배달 물품에 대한 인수 서명을 하다
delivery truck 배달용 트럭

The man working at the security desk in the front lobby was not sure if he should **accept the delivery**. ⋯▸ 정문 로비의 경비데스크에서 일하는 남자는 배달품을 수령해야 할지 알 수가 없었다.

The receptionist **is signing for the delivery**. ⋯▸ 접수계원이 배달된 물건에 인수 서명을 하고 있다.

delivery status | 인도 상황, 배달 상황

hand deliver 직접배달, 직접 배달하다
free delivery 무료배달

We offer three types of delivery service, shipping by mail, shipping by courier, or **hand delivered**. ⋯▸ 저희는 우편 발송, 발송사 배달 및 직접 배달 등 3가지 종류의 배달 서비스를 제공합니다.

15　Trade (무역)

invoice

송장(送狀) (= commercial invoice)

open a line of credit 신용장을 개설하다
bill of lading 선하증권
country of origin 원산지, 본국

To **open a line of credit**, customers must pay a one-time fee when the agreement is signed.
⋯→ 신용장을 개설할 고객은 계약서 서명시 수수료를 일시불로 지불해야 한다.

American trade police requires that all imports have their **country of origin** clearly marked. ⋯→ 미국무역경찰은 모든 수입품에 원산지를 명확히 표기할 것을 요청하고 있다.

trade transaction

무역거래

balance of payments 국제수지
trade deficit 무역적자
trade surplus 무역흑자
trade delegation 무역대표단(cf. delegate 대표자, 대리인)
free trade zone 자유무역지대

America s **balance of payments** has worsened over the past decade due to the inflow of cheap import products. ⋯→ 미국의 국제수지는 값싼 수입 물품의 유입으로 인해 지난 10년간 더욱 악화되었다.

trade barrier

무역장벽

import tariff 수입관세(율)

Many financial analysts see lowering **trade barriers** as a prerequisite for economic growth.
⋯→ 많은 재정분석가들은 무역 장벽을 낮추는 것을 경제성장의 선행과제라고 생각한다.

bonded area

보세지역

export opportunity 수출기회
import quota 수입할당
import restriction 수입제한
import duties 수입관세
export promotion 수출장려

The US Trade Minister has decided to impose an **import quota** on all automobiles built in Japan and Korea. ⋯▸ 美 통상부 장관은 일본과 한국에서 만든 모든 자동차에 대한 수입할당량을 부과하기로 결정했다.

The products were stored in a **bonded area** for three weeks before the customs broker picked them up. ⋯▸ 그 제품들은 세관 중개인이 가져가기 전에 3주 동안 보세지역에 보관되어 있었다.

shipment

선적(물)

be shipped to ⋯으로 선적·발송되다
shipping 해운업, 선적, 수송
shipping statement 선적내역서
shipping agent 해운업자

We must receive your entire payment before we can release your **shipment.** ⋯▸ 상품 대금 결제가 완전히 이루어진 후에 상품 선적이 가능합니다.

forwarding agent

운송업자, 화물 취급인

ocean freight 해상운송(freight는 「화물」 또는 「화물운송」)
air freight 항공운송
inland freight 육상운송

According to a secretary at the courier service company, the bonds were delivered to the **forwarding agent** on Friday. ⋯▸ 운송 서비스 회사의 비서에 따르면, 증서들은 금요일에 운송업자에게 인도되었다고 한다.

Payment of a client s transaction costs, including **ocean freight**, inland transport, customs duty, etc., is required before departure. ···▸ 해상운송, 내륙운송, 통관업무를 포함한 고객의 제반 거래 비용은 출발 전에 지불해야 한다.

load
하중, 적하, 짐, 짐을 싣다(↔ unload, discharge)

loading dock 부두 하역장(dock은 「선착장」, 「부두」, 「트럭이나 화물차 등이 짐을 부리는 장소」)
disembark 상륙시키다
main deck 주갑판
dry-dock 건선거(乾船渠)

The maximum **load** is two thousand pounds. ···▸ 최대 하중은 2천 파운드이다.

The machinery is **being loaded** onto the boat. ···▸ 기계류가 배에 적하되고 있다.

Trucks are supposed to use the **loading dock** so they don t hold up traffic. ···▸ 트럭은 교통을 막지 않게끔 하역장으로 들어가도록 되어 있습니다.

shipping
선적, 발송

shipping manifest 선적목록, 발송목록
cargo 화물, 적하(積荷)(cf. air cargo 공수화물)
consignee 수탁자, 수하인
consignor 위탁자, 적송인(shipper), 하주
consign 인도하다, 상품을 위탁하다, 탁송하다

Do you have a **shipping manifest** and some customs declaration forms that I can fill out? ···▸ 제가 작성할 적하 목록과 통관신고서 양식들이 있나요?

The men are bringing the container into the **cargo** bay. ···▸ 인부들이 컨테이너를 화물실로 옮기고 있다.

clear customs

세관을 통관하다

customs clearance 통관
clearing agent 세관원
port of entry 통관항

The crew had to proceed to **customs clearance**
immediately after the ship docked in the harbor.

⋯▸ 선원들은 배가 항구에 정박하자마자 통관 절차를 밟아야 했다.

16 | Banking & Credit (금융)

commercial bank | 시중은행

corporate banking 기업대상 은행업
electronic banking 전자뱅킹
phone banking 폰뱅킹
automated telephone banker 자동 전화 은행

According to the brochure, the company s **corporate banking** division is located on the 27th floor of the building. ⋯▸ 안내 책자에 따르면, 회사의 기업대상 은행사업부는 그 건물 27층에 위치해 있다.

bank officer | 은행임원

banker 은행가
teller 은행의 창구 직원

When are you going to meet with the **bank officer** about your account? ⋯▸ 당신의 계좌와 관련하여 은행 임원과 언제 만날 겁니까?

Our **tellers** will assist you with your everyday banking needs, including deposits, withdrawals, checking, cashing, cash advances, etc. ⋯▸ 우리 은행 창구직원들은 예금, 인출, 수표발행, 수표나 어음의 현금화, 현금 우선 지불 등을 포함하여 여러분이 일상 은행업무를 보는데 도움을 드릴 것입니다.

drive-in bank | 드라이브인 은행(차에 탄 채로 은행업무를 볼 수 있는)

ATM 현금자동입출기(automated teller machine)

One of the most interesting marketing schemes used by large retail banks in the US is **drive-in banking**. ⋯▸ 미국의 대규모 소매은행이 사용하는 가장 흥미로운 마케팅 기획의 하나는 드라이브인 은행업이다.

account number | 계좌번호

open an account 계좌를 개설하다
close an account at the bank 은행거래를 끊다

We will be giving away free toasters to all individuals who **open a bank account** with our branch on July 30th. ⋯→ 우리는 7월 30일 우리 지점에 은행 구좌를 개설하시는 모든 분들께 무료로 토스트기를 나눠드립니다.

checking account | 당좌예금

savings account 보통예금

You must have a US **checking account** in order to pay the bill by check. ⋯→ 수표로 청구액을 납부하기 위해서는 미국 당좌계좌를 가지고 있어야 한다.

I need to make a withdrawal from my **savings account**. ⋯→ 제 보통예금 계좌에서 돈을 인출했으면 합니다.

balance | 예금잔액(= account balance)

minimum balance 최저잔액
balance one's checkbook 수표책을 상쇄하다
certificate of deposit 적금(CD), 양도성 예금증서

The man walked up to the teller and asked her to look up his **account balance**. ⋯→ 그 남자는 창구 직원에게로 가서 자신의 예금 잔액을 조회해 달라고 했다.

business account | 기업구좌

corporate account 법인구좌
personal account 개인구좌

His company has a **business account** at Chase Manhattan Bank in New York. ⋯→ 그의 회사는 뉴욕의 체이스 맨하튼 은행에 기업 계좌를 트고 있다.

account statement

입출금 내역서

(bank statement나 securities statement 모두 account statement의 한 종류이다.)

account records 계좌기록

Each month we will mail you a **statement** listing all activity in your account during the **statement** period. ···▸ 매달 저희는 귀하에게 일정 기간 동안 귀하의 계좌의 모든 변동사항을 기록한 내역서를 보내드릴 것입니다.

financial statements

재무제표

(statements가 복수인 것에 유의)

income statement 손익계산서
consolidate financial statement 연결재무제표

All listed companies must publish and distribute copies of their **financial statements** to shareholders every six months. ···▸ 모든 상장 회사들은 6개월마다 주주들에게 자사의 재무제표를 공개, 배포해야 한다.

deposit

은행예금, 예금하다

depositor 예금자
deposit slip 입금전표
refundable deposit 반환예치금

When you **deposit** a check, we ask you to endorse it with your signature and your account number. ···▸ 수표를 예치하실 때는 귀하의 사인과 계좌번호를 배서해 주시기 바랍니다.

Please include your name, account number, and signature on the **deposit slip** ···▸ 입금전표에 귀하의 성함과 계좌번호, 그리고 서명을 적어 주십시오.

withdraw

···에서 돈을 인출하다(= make a withdrawal from)

draw out cash 현금을 인출하다
withdrawal slip 출금전표

overdraw 예금을 초과하여 돈을 인출하다
run on the bank 예금인출사태(= bank run)

The account number is on the **withdrawal slip** and here is my license. ⋯ 계좌번호는 인출표에 있고, 면허증은 여기 있습니다.

The manager asked his secretary to walk over to the bank and **draw out some cash**. ⋯ 부장은 비서에게 은행에 가서 돈을 좀 인출해오라고 했다.

According to the teller at the bank, your account **is overdrawn** by $25.00. ⋯ 은행의 창구직원에 따르면, 귀하의 계좌는 25달러 초과 인출되었다고 합니다.

interest

이자

interest rate 이자율
compound interest rate 복리
prime rate 우대금리

The recent increase in **interest rates** has had a deflationary effect on consumer prices. ⋯ 최근 금리의 오름세는 소비자 물가에 디플레이션 효과를 가져왔다.

The Bank of Nova Scotia is currently offering housing loans at the **prime rate** plus 1%. ⋯ 노바스코샤 은행은 현재 우대금리+1%에 주택 대출을 제공하고 있다.

bear interest

이자가 붙다

interest-bearing 이자가 붙는
annual percentage rate 연이율(APR)

The guaranteed investment certificate will **bear interest** at a compound annual rate of 10% over the next five years. ⋯ 보증투자증서는 향후 5년간 연 복리 10%의 이자가 붙는다.

transfer · 송금

remit (돈을) 보내다, 송금하다
wire transfer 온라인 이체, 송금

Banks normally charge a small fee for **remitting** money to an overseas branch. ···▶ 은행들은 보통 해외 지사들에 대한 송금에 소액의 수수료를 부가한다.

The faster funds from a **wire transfer** are available, the more expensive it usually is.···▶ 온라인 이체를 통해 자금을 더 빨리 쓸 수 있게 될수록, 대개 그 비용은 더 비싸다.

automatic transfer · 계좌이체

automatic deposit payment 자동이체(급여처럼 자동입금)
automatic debit 자동이체결제(보험료 등의 자동인출)
credit earnings to the account 소득을 예금구좌에 넣다

Many insurance companies ask that their policy holders sign an **automatic debit** authorization form. ···▶ 많은 보험회사들이 자사의 고객에게 자동 결제 위임 서류에 서명할 것을 요구한다.

Interest **is credited** on the last day of the monthly statement period by adding it **to your account balance**. ···▶ 이자는 매달 명세서에 기록된 한달 주기의 마지막 날에 귀하의 예금 잔고에 더해집니다.

credit rating · 신용평가(등급)

credit bureau 신용조사국

Missing more than one payment on your credit card will likely hurt your **credit rating**. ···▶ 신용카드 결제를 한 번 이상 빠뜨리면 당신의 신용도가 나빠질 것이다.

consumer credit · 소비자신용, 가계신용

consumer lending 가계대출
credit union 소비자 신용조합
credit application 신용대출 신청(서)

To find out more about our flexible **consumer credit** loans, visit one of our branch bank offices. ⋯ 신축적인 소비자 신용 대출에 대해 더 알고자 하는 분은 당은행의 지점을 방문해 주십시오.

collateral

담보

foreclosure 담보회복권 상실

The company had to put up its industrial complex as **collateral** for its new million dollar line of credit. ⋯ 그 회사는 새로운 백만달러 신용대부에 대한 담보로 자사의 산업 단지를 내걸어야 했다.

Most banks prefer to resolve unpaid mortgages out of court, as opposed to **foreclosing**. ⋯ 대개의 은행은 담보회복권 상실에 반대하여 미지급 저당권을 법정 밖에서 해결하는 것을 선호한다.

credit line

대출한도액, 신용한도액(= line of credit)

credit limit 신용한도액

The bank manager decided to extend a **line of credit** for $10,000 to the carpenter. ⋯ 은행 지점장은 그 목수에게 대출한도액을 1만달러로 높이기로 결정했다.

loan officer

(금융기관의) 대출계원

loan 대부(금), 융자(금), 빌려주다
loan office 대출금융사무소
seek a loan 대부를 요청하다
take out a loan 대부를 하다
repay a loan 대부금을 상환하다
get a housing loan from a bank 은행에서 주택마련 융자를 받다

Several lending institutions in this area are hiring additional commercial **loan officers**. ⋯ 이 지역의 여러 대출회사에서는 상업대출직원들을 추가로 채용하고 있다.

apply for a loan
융자를 신청하다

equipment loan 장비대부
real estate loan 부동산대출
growth loan 성장대부
unsecured loan 무담보대출
automobile loan 차량구입대부
loan commitment 대부약정
term loan (중장기) 융자
administrate loan portfolio 대출금융자산을 관리하다

In order to **apply for a loan** you should go to a loans officer and have him assess your situation. ···▸ 융자를 신청하려면 대출 담당직원에게 가서 본인의 재정 상태를 평가받아야 한다.

The **loan commitment** included monthly payments of $500 over a period of ten years. ···▸ 그 대부약정에는 10년간 매달 500달러의 지급이 포함되어 있었다.

loan payment
융자금 상환

loan proceeds 실대출금
debt repayment 채무지불

The company went into court receivership after defaulting on **loan payments** to three different banks. ···▸ 그 회사는 세군데의 은행에 융자금 상환을 불이행한 후로 법정관리에 들어갔다.

Loan proceeds must be deposited into a special trust account at the main branch. ···▸ 실대출금은 본점에서 특별 신탁 계정에 예치되어야 한다.

bad loan
불량대출, 대손(貸損)

default 채무불이행

The number of **bad loans** experienced by American banks this year has decreased substantially. ···▸ 올해 미국 은행들이 겪은 불량대출의 숫자는 사실상 줄었다.

loan company

개인에게 융자하는 금융회사

commercial lending office[institution] 상업대출소

The **loan company** was actively seeking to diversify into the fire and marine insurance business. ⋯→ 그 융자 회사는 화재 및 해상 보험업으로 사업을 다각화하기 위해 활발히 조사하고 있었다.

17 | **Accounting** (회계)

bookkeeping | 부기, 경리업무

book 회계장부
bookkeeper 경리, 장부계원
bookkeeping by double 복식부기
keep two books 이중장부를 쓰다

Sam was left in a short-handed position when the **bookkeeper** quit her job without notice. ⋯ 샘은 경리가 아무런 통고 없이 직장을 그만 두어 일손이 부족한 상태가 되었다.

accounting | 회계

accounting office 회계사무소
Certified Public Accountant(CPA) 공인회계사
auditor 감사
accountant 회계사

The position requires a degree in **accounting** and five years financial experience in the electronics industry. ⋯ 이 자리는 회계 학위와 전자산업 분야에서 5년 간의 금융 경험이 요구된다.

Ralph Waltner worked as a bookkeeper while he studied to become a **certified public accountant.** ⋯ 랩프 월트너는 공인회계사가 되기 위한 공부를 하는 동안 경리로 일했다.

post ~ to ledger | 원장에 기록하다, 전기하다, 분개하다

ledger 원장(a book of accounts)
purchase ledger 구매원장
sales ledger 판매원장

The accountant was so tired that he forgot to post the daily expenses to the company s **ledger**. ⋯ 회

계사는 너무 피곤해 회사의 원장에 일상경비지출을 기록하는 것을 잊었다.

Keeping an accurate **ledger** is one of the first things that accounting students learn in university. ⟶ 정확한 원장을 기록하는 것은 회계학 전공 학생들이 대학에서 가장 먼저 배우는 것의 하나이다.

depreciation

감가상각

depreciate 평가절하하다, 가치가 떨어지다
depreciation expense 감가상각비
amortization 분할 상환(금), 감가상각(영업권, 저작권, 특허 등의 감가상각)
write off 감가상각하다

The company decided on a 25 year **amortization** period for the mortgage on the land and building. ⟶ 회사는 대지와 건물 저당에 대해 25년간의 분할상환 기간을 결정했다.

The company will **write off** the cost of its new building over the next three years. ⟶ 그 회사는 향후 3년간 그들의 신사옥 건축 비용을 청산할 것이다.

fiscal year

회계년도

business year 사업년도
taxable year 과세년도

When does your company s **fiscal year** begin? ⟶ 당신 회사의 회계 연도는 언제 시작합니까?

accounts payable

지불계정, 지불계정부, 외상매입금
(회계장부상 「외상 매입금을 기록하는 계정」, 또는 회계용어로 「외상매입금」이라는 의미. 아울러 회사내 이러한 지불계정을 담당하는 부서를 뜻하기도 한다.)

accounts receivable 미수금(수납) 계정(부), 외상매출금
collect the receivables 미수금을 받다
carry forward (차기로) 이월하다

I do the marketing and my wife **collects the receivables** and does the bookkeeping. ⟶ 제가 팔

고, 아내는 수금하고 부기를 합니다.

The consultant told the president that a large percentage of the company s assets are tied up in **accounts receivable**. ⋯→ 그 컨설턴트는 사장에게 그 회사 자산의 큰 몫이 미수금 계정에 묶여 있다고 말했다.

cash-strapped

현금이 다 떨어진, 돈이 궁한

be strapped for cash 돈이 궁하다
cash flow 현금유출입
capital requirement 자본수요

According to the tax authorities, the company has been **cash-strapped** for the past few months. ⋯→ 조세 관리들에 따르면, 그 회사는 지난 몇달 동안 자금이 모두 동났다고 한다.

balance sheet

대차대조표(B/S)

get out of balance 대차계정이 불일치하다
trial balance 시산표

The company s **balance sheet** showed over $2 million in debt. ⋯→ 그 회사의 대차대조표에 2백만 달러 남짓한 채무가 나타났다.

debtor

차변, 채무자

creditor 대변, 채권자

We will be holding a meeting with all of the company s **creditors** this Tuesday at 4:00 p.m. ⋯→ 우리는 이번 화요일 오후 4시에 당사(社)의 모든 채권자들과 모임을 가질 예정입니다.

current assets

유동자산

liabilities 부채(debt)
goodwill 영업권, 권리금

Current assets are relatively liquid resources. This category includes cash, investments in marketable securities, receivables, inventories, and prepaid expenses. ···▶ 유동자산은 비교적 현금으로 바꾸기 쉬운 자산이다. 여기에는 현금, 유가 증권 투자, 받을 어음, 재고 및 선지급 비용 등이 포함된다.

Goodwill comprises the intangible value of a company s reputation, loyal customer base, and patent rights. ···▶ 권리금은 그 회사의 평판, 충실한 고객기반 및 특허권 등의 무형의 가치들로 이루어진다.

| annual revenue | 연간 수입 |

earnings 소득(gross revenue, profit, or income)
taxable income 과세대상 소득
disposable income 가처분 소득(세금을 제한 나머지)
net income 순이익
capital gains 자본소득

Our analysts expect that XYZ company s **annual revenue** will swell to two hundred million dollars. ···▶ 우리 분석가들은 XYZ社의 연간 수입이 2백만 달러로 늘어날 것으로 예상하고 있다.

The report on last quarter s **earnings** was sent to shareholders late last week. ···▶ 지난 분기의 배당소득에 관한 보고서가 지난 주말에 주주들에게 보내졌다.

The table in Appendix A illustrates the changes in **net income** over the past decade. ···▶ 부록A에 있는 표는 지난 십년간에 걸친 순이익의 변화를 보여준다.

| cost accounting | 원가계산 |

bottom line 순이익
proceeds 수익, 수익금(자산, 융자상환, 유가증권발행 혹은 판매 후 남은 현금이나 기타 자산을 의미)

The company s accountant was an expert in the field of **cost accounting**. ⋯→ 그 회사의 회계사는 원가계산 분야의 전문가였다.

overhead

경상비, 총경비

cover expense 경비를 부담하다
expenditure 경비, 지출

The research budget was the largest single expense among the company s high **overhead** charges.⋯→ 연구예산은 회사의 높은 총경비 중 가장 큰 단일경비였다.

The manager was worried that the company would not be able to **cover its expenses** this month. ⋯→ 부장은 회사가 이달 경비를 부담할 수 없을 것을 걱정했다.

profit margin

이윤폭

paper profit 가공이익, 장부상의 매각 이익
make a profit 이윤을 내다
in the red 적자인

The president claimed that his company **made a paper profit** of $375,000 in the stock market this year. ⋯→ 사장은 그의 회사가 올해 주식시장에서 375,000달러의 장부상의 가공 이윤을 내었다고 발표했다.

If you read the company s annual report carefully, you can see that the company actually **made a** pre-tax **profit**. ⋯→ 그 회사의 연례 보고서를 주의깊게 읽어보면, 그 회사는 사실상 세전 이익을 내었다는 것을 알 수 있다.

18 | **Finance** (자금)

investment portfolio

투자목록
(유가증권으로 구성된 투자 리스트)

investment strategy 투자전략
investment counselors 투자 상담가

One of the most difficult decisions for investors is how to diversify their **investment portfolios**.
···→ 투자가들에게 가장 어려운 결정 중의 하나는 투자목록 다각화 방법에 관한 것이다.

The government appointed a special committee to examine the bank s risky **investment strategy**. ···→
정부는 은행의 위험한 투자전략을 조사할 특별위원회를 임명했다.

fund

자금, 기금, 투자신탁
(2인 이상의 투자가 또는 투자전문기관이 다수의 일반투자가로부터 자금을 모아 이를 여러 종목의 증권에 분산 투자하는 투자신탁을 의미)

investment fund 투자기금
stock fund 주식투자신탁
trust fund 신탁자금
mutual funds 개방형 투자신탁
fund manager 전문주식투자가

The company s bankruptcy was due to misappropriation of **funds**. ···→ 그 회사가 파산한 것은 자금횡령 때문이었다.

Our investment counselors help our customers match **stock funds** to their individual needs. ···→
우리의 투자 상담가들은 고객들이 주식 자금을 고객들 각자의 필요에 맞추어 주는 일을 돕고 있다.

fund-raiser

기금모금가, 기금 조달을 위한 모임

fund-raising drive 기금모금운동
fund one's research 연구자금을 대다

The volunteer fire department will start its semiannual **fund-raiser** tomorrow. ⋯➔ 소방부서 자원 봉사자들은 내일 연 2회 열리는 기금 조성모임을 열 것이다.

institutional investor

기관투자가

(이와 비교하여 「개인투자가」는 individual investor라고 한다.)

Many **institutional investors** feel that a large number of S&P 500 companies are trading at relatively high P/E multiples. ⋯➔ 많은 기관 투자가들은 많은 S&P 500 회사들이 비교적 높은 주가 수익 배수에서 거래를 하고 있다고 보고 있다.

securities

유가증권 (주식[stock]과 채권[bond]을 말함)

bond market 공사채시장
corporate bond 회사채
Treasury Bill(T-Bill) 미재무부 단기채권
instrument (투자) 증서
bond sale 채권매각
government bond 국채
public bond 공채
zero-coupon bond 표면이율 없는 할인채
marketable security 양도성 유가증권

Cold calling to solicit orders for **securities** is forbidden by law in some American States. ⋯➔ 미국의 몇몇 주에서는 증권구입을 권유하는 불특정인 대상 판매전화가 법으로 금지되어 있다.

It is a rare not to benefit from investing in the **bond market** during times of high interest rates. ⋯➔ 이자율이 높은 시기에 공사채시장에 투자해서 이익을 내지 못하는 경우는 거의 없다.

return on investment

투자수익(ROI)

(profit produced by any type of investment)

rate of return 수익율
yield to maturity(YTM) 만기이율

The **return on investment** promised by the fund was much higher than anyone had expected.···→ 투자신탁이 약속한 투자수익은 예상보다 훨씬 더 높았다.
The bank manager informed us that the bond s effective **yield to maturity** will be nearly 45%.
···→ 은행의 매니저는 우리에게 그 채권의 실질 만기이율은 45% 가까이 될 것이라고 알려주었다.

finance

자금을 대다

finance a business expansion 사업확장에 자금을 대다
provide the best finance 최고의 재원(財源)을 제공하다
refinance short-term debt 단기 부채를 상환하기 위해 증권류를 매각하다(= refinance, refund existing debt)
financier 재정가, 금융업자, 전주
financing 자금조달

The company had to liquidate most of its real estate holdings in order to **finance** its power plant project. ···→ 회사는 발전소 계획에 자금을 대기 위하여 대부분의 부동산을 처분해야 했다.

Lower interest rates fueled management s decision to **refinance the company s short-term debt**. ···→ 낮은 이자율은 회사의 단기 부채를 상환하기로 한 경영진의 결정에 박차를 가하도록 만들었다.

financial market

금융시장

corporate finance 기업금융
finance company (할부) 금융회사
financial planner 재정계획자
financial analyst 재무분석
financial advice 재정조언
financial advisor 재정고문

The world **financial markets** have been seriously affected by the recent oil crisis in the Middle East.
⋯➔ 세계 금융시장은 최근의 중동 석유 파동에 막대한 영향을 받았다.

Investment bankers in the US usually work for one of two main divisions: **corporate finance or sales and trading.** ⋯➔ 미국의 투자 은행가들은 대개 기업금융이나 판매 및 무역이라는 두가지 주요 분야 중 하나에 종사한다.

stock market

주식시장

Dow Jones Index 다우존스 주가지수
market downturn 시장침체

The **stock market** continues to advance in spite of weak economic indicators. ⋯➔ 주식시장이 경제지수의 약화에도 불구하고 계속 상승세를 보이고 있다.

shareholder

주주

stock price 주가
face value 액면가

The officers of every company must balance the best interests of its **shareholders** and employees.
⋯➔ 모든 회사의 임원들은 주주와 직원들의 이익 균형을 잘 맞춰야 한다.

The broker told us that the bond was now trading at a discount from its **face value.**⋯➔ 주식중개인은 우리에게 그 채권이 현재 액면가보다 할인되어 거래되고 있다고 말했다.

issue share

주식을 발행하다

prospectus 주식 공모시의 매출 안내서(a written offer to sell securities)
split the stock 주식을 분할하다

The government will allow major banking institutions to **issue new shares** to the general public next month. ⋯➔ 정부는 주요 금융 기관들이 다음달 일반인들에게 신주(新株)를 발행할 수 있도록 허용할 것이다.

The broker advised his client to read the **prospectus** carefully before purchasing any shares. ···→ 중개인은 그의 고객에게 주식을 구입하기 전에 주식공모 시의 매출 안내서를 세심하게 읽을 것을 충고했다.

common stock

보통주

stock option 자사주구입권
blue chip 우량주
preferred stock 우선주
listed stock 상장주식

Holders of **common stock** are entitled to one vote per share, while holders of preferred stock have no voting rights. ···→ 보통주 보유자들은 주당 한표를 행 사할 권리를 갖고 있는 반면, 우선주 보유자들은 투표권을 갖지 않는다.

Stock options can be used for speculating in a volatile market or for hedging purposes. ···→ 자사 주 식 매입 선택권은 변동이 심한 주식 시장의 투기나 위험을 제거할 목적 으로 이용될 수 있다.

go public

주식을 공개하다

go private 주식을 비공개하다
public offering 주식공개
float public shares 공개 주식을 발행하다

A group of investment bankers were trying to convince the president to take his company **public**. ···→ 일단의 투자은행가들은 그 사장에게 회사 주식을 공개하 도록 설득하려고 애쓰고 있었다.

equity base

주식[지분] 기반

loan stock 전환사채(convertible bond)

In order to sell a stock short, you must first acquire **loan stock** from another investor or brokerage house. ···→ 주식을 공매(空賣)하기 위해서는 우선 다른 투자가나 투자 중개 기관으로부터 전환사채를 취득해야 한다.

trading floor

주식 거래 시장

stock broker 주식중개인

One of the most stressful jobs on the **trading floor** at the New York Stock Exchange is a floor trader. ···➤ 뉴욕 증권거래소 매장에서 가장 힘든 직업 중의 하나는 매장 주식중개인이다.

Mr. Kahn and his **stock broker** frequently discuss business while having lunch together. ···➤ 칸 씨와 그의 주식 중개인은 함께 점심을 들면서 사업에 대해 의논을 하는 경우가 자주 있다.

PER

주가수익률(price-earnings ratio)

declare a dividend 배당지급을 고시하다
year-end dividend 연말 배당금

We found that the company s **PER** was in fact below the industry average. ···➤ 우리는 회사의 주가수익률이 사실상 업계평균치를 밑돈다는 것을 발견했다.

buyout

기업인수, 매수

buy out a partner 공동 경영자의 지분을 매수하다
takeover bids 공개매입

The partners at the New York based investment bank were planning a leveraged **buyout**. ···➤ 뉴욕에 본사를 둔 그 투자은행의 조합원들은 차입금에 의한 회사의 매수를 계획하고 있었다.

Biotech Therapy, Inc. said its board adopted a plan to deter unwanted **takeover bids**. ···➤ 생물공학 요법 회사는 동사의 이사회가 적대적 공개매입을 저지할 계획을 채택했다고 밝혔다.

Tax & Insurance (세금/보험)

---

levy a tax on

···에 세금을 부과하다

taxable 세금이 붙는
taxation 과세, 징세, 조세
taxpayer 납세자
tax burden 조세부담
progressive taxation 누진과세
tax increase 증세
pay-as-you-go plan (세금) 원천 징수 방식

The government has decided to **levy an import tax** on all electronic goods manufactured in Japan. ···▶ 정부는 일본에서 제조된 모든 전자 제품에 대해 수입세를 부과하기로 결정했다.

The IRS has initiated a **pay-as-you-go plan** that allows taxpayers to pay their monthly taxes based solely on their monthly income. ···▶ 미(美) 국세청은 납세자들의 월수입에만 근거한 월세금을 내도록 해주는 원천징수 방식을 입안했다.

---

before-tax

세전의

after-tax 세후의

We expect the company will post an **after-tax** profit of more than one million dollars this fiscal year. ···▶ 우리는 회사가 올 회계년도에 세후 1백만 달러 이상의 이윤을 기록할 것으로 기대한다.

---

tax return

소득세 신고(서류)

tax form 세금 신고서

Every working American, regardless of age,

must file a **tax return** before the end of March. ···▸
직업을 가진 모든 미국인들은 나이를 불문하고 3월말까지 소득세 신고
를 해야 한다.

Nonreimbursed business expenses may be
deducted on your personal income **tax forms**.
···▸ 미상환 출장비는 개인 소득 신고서상에서 공제가능하다.

tax break

감세조치

tax-exempt 면세의
tax haven 조세회피지(국)(= tax shelter)
tax evasion 탈세
tax cut 감세

Most large movie production companies receive
sizable **tax breaks** from the cities in which they
film their movies. ···▸ 대부분의 대규모 영화 제작사들은 그들이
영화를 찍은 도시에서 상당한 감세조치를 받는다.

tax refund

조세[부가세] 환급

tax loophole 세법상의 허점

The couple waited eagerly for their **tax refund**
check to arrive in the mail. ···▸ 부부는 부가세 환급 수표가
우편으로 배달되기를 무척이나 기다리고 있다.

property tax

재산세

transportation tax 교통세
sales tax 판매세
inheritance 상속세
gas tax 휘발유세
gift tax 증여세

Property taxes in the city of Toronto are
extraordinarily high when compared to other
Canadian cities. ···▸ 토론토시의 재산세는 다른 캐나다의 도시들
과 비교하여 엄청나게 높다.

withholding tax	원천징수세

tax withholding 원천징수
value added tax(VAT) 부가가치세

Most foreigners conducting business in the United States are subject to a 15% **withholding tax**. ···→ 미국에서 사업을 하는 대부분의 외국인들이 15%의 원천징수세 과세 대상이 된다.

corporate tax	법인세

national tax 국세
local tax 지방세

The company s **corporate tax** rate has hovered around the 24% mark for the past few years. ···→ 그 회사의 법인세율은 지난 몇년 동안 24%선을 맴돌았다.

tax deduction	세금공제(액)

personal exemptions 개인(소득)공제

Most students do not realize that some personal expenses can be claimed as **tax deductions**. ···→ 대부분의 학생들은 일부 사비(私費)는 세금 공제액으로 청구될 수 있다는 것을 깨닫지 못하고 있다.

According to the new tax laws, **personal exemptions** are no longer transferable between spouses. ···→ 새로운 세금법에 따르면, 개인 소득 공제는 더 이상 배우자 간에 양도할 수 없다.

insurance fee	보험료

insure 보험회사가 ···의 보험계약을 하다, ···의 보험을 들다
the insured 피보험자, 보험계약자
buy the insurance 보험에 들다
self-insurance 자가보험
beneficiary 수혜자

The man was tricked by his agent into **buying the** most expensive **insurance policy** available.
⋯▸ 그 남자는 외판원에게 속아 가장 비싼 보험에 들었다.

---

insurance company	보험회사

(「보험설계사」는 insurance agent 혹은 insurance broker)

underwriter 보험업자
insurer 보험회사, 보험업자
insurance agent 보험대리점

The **insurance company** was somewhat hesitant to continue underwriting the race car driver s policy. ⋯▸ 보험회사는 자동차 경주레이서의 보험을 계약을 지속하는데 다소 머뭇거렸다.

The Insurance **Underwriter** s Association will hold its annual meeting at noon on Saturday. ⋯▸ 보험인 협회는 토요일 정오에 연례회의를 열 것이다.

---

file an insurance claim	보험을 청구하다

(claim은 「보험금 등의 청구액」)

insurance benefits 보험금

I **filed an insurance claim** for a broken window last week and I was wondering when I could expect a response. ⋯▸ 나는 지난 주 깨어진 창문에 대해 보험을 청구했는데, 언제 반응이 올런지 궁금했다.

The man was entitled to receive numerous **insurance benefits** after he was hit by a bus.
⋯▸ 그 남자는 버스에 치인 후 많은 보험금을 받을 자격을 부여받았다.

---

health insurance	건강보험

auto insurance 자동차보험
life insurance 생명보험
endowment insurance 양로보험

liability insurance 책임보험
disability insurance 신체장애 보험
term insurance 정기보험
whole life insurance 종신생명보험

The new **health insurance** plan offers our staff comprehensive dental coverage. ···▶ 새로운 건강 보험 제도는 우리 직원들에게 포괄적인 치과 진료를 제공한다.

policy number | 보험증서 번호

policy 보험증권(= policy of insurance, insurance policy)
policy holder 보험계약자
policy loan 보험증권대부
eligibility period 보험유효기간

Remember to have your **policy number** handy when you call to file a claim with our company. ···▶ 우리 회사에 불만을 제기하기 위해 전화하실 때에는 보험증서 번호를 옆에 준비해 두시기 바랍니다.

The **eligibility period** for claiming for damages incurred while driving a motorized vehicle is six years. ···▶ 자동차 운전시 발생한 손해배상 청구에 대한 보험유효기간은 6년이다.

purchase the coverage | (보험의) 전보 범위를 구입하다

(coverage는 「보험계약의 범위」를 의미)

blanket coverage 총괄보험(full coverage)

The policy offered **blanket coverage** in case of fire, theft and any other mishap that might damage the house. ···▶ 보험증권은 화재, 도난과 기타 가옥에 피해를 줄 수 있는 모든 재난의 경우에 대한 총괄보험을 제공했다.

20   Law & Contract (법률/계약)

consult a lawyer

변호사의 자문을 구하다

attorney 변호사, (법적)대리인
paralegal 변호사 보조원(의)
prosecutor 검사
plaintiff 원고
notary public 공증인
outlaw …로부터 법의 보호를 빼앗다, 상습범, 무법자

It is your constitutional right to **consult a lawyer** before answering any of the questions. ⋯→ 모든 질문에 대답하기 전에 변호사의 자문을 구하는 것은 헌법으로 보장된 당신의 권리입니다.

All of the documents were signed and witnessed in the presence of a **notary public**. ⋯→ 모든 서류는 공증인의 입회하에 서명·입증되었다.

lawsuit

소송, 고소

case 사건, 판례, 소송
pending litigation 심리중인 소송, 계류소송
sue 고소하다
petition 청원서
class action 집단소송

The newspaper reported that officials at the company had been slapped with a **lawsuit**. ⋯→ 그 신문은 그 회사 임원들이 소송에 걸렸었다고 보도했다.

The lady decided to **sue** the newspaper for printing lies about her dead husband. ⋯→ 그 여자는 죽은 남편에 대한 거짓 기사를 실은 것에 대해 그 신문사를 고소하기로 결정했다.

legal channel
법적 경로

legal name 법적 이름
legalese 난해한 법률용어

If you ll give me their names, I ll pursue them through **legal channels**. ···→ 그들 이름을 가르쳐주면, 법적 경로를 거쳐 그들을 고소하겠어요.

statute
법령

provision 법률 조항
zoning law 지역개발법
bylaw 규칙, 조례, 내규

According to the **statute**, all parties involved in such a contractual agreement can be held liable. ···→ 법령에 따르면 그러한 계약상의 합의에 관련된 모든 당사자들은 책임이 있는 것으로 간주된다.

The new **zoning law** may actually be advantageous to builders. ···→ 새로운 지역개발법은 건설업자들에게 실제적으로 유리하다.

be in effect
(법률상) 효력이 있다(go into effect)

void 무효로하다

Some employees were confused by the new safety policies that **go into effect** next month. ···→ 몇몇 직원들은 다음달 발효되는 새로운 안전정책에 혼란을 느끼고 있었다.

courthouse
법원

courtroom 법정
legitimate 합법의

According to the map, the town **courthouse** is located on a small country road near the river. ···→ 지도에 따르면, 그 읍의 법원은 강변의 작은 시골길에 위치해 있다.

verdict

평결

jury 배심원
plead guilty 죄를 인정하다

The **jury** deliberated for three weeks before delivering a guilty **verdict** to the defendant. ···› 배심원은 피고에게 유죄 평결을 내리기 전에 3주간을 심의했다.

legalize

공인하다, 합법화하다

indemnify (법률적으로) 보호하다, 보장하다
state 주장하다, 진술하다
stipulate (조항들을) 규정하다, 명시하다
verify 입증하다, 진실을 확증하다

The attorney **stipulated** that that his client was not a very honest man. ···› 변호사는 그의 의뢰인이 그리 정직한 사람이 아니라고 규정했다.

undersigned

아래에 기명한

heretofore 지금까지에는
thereby 그에 의해서
thereof 그 원인으로
hereby 이에 의하여
hereafter 이후의

A no smoking policy is now in effect **thereby** making the smoking room redundant. ···› 현재 금연 방침이 시행됨에 따라 흡연실이 남아돌고 있다.

draft contract

계약서 초안

put a draft contract together 계약서 초안을 준비하다
party (계약의) 당사자
upon expiration of this contract 계약의 만료시
in good faith 선의로

I ll ask our attorney to **put a draft contract together** for your review. ⋯→ 우리 변호사에게 계약서 초안을 작성하게 하여 당신이 검토할 수 있게 하겠습니다.

Upon expiration of this contract, the lessor will return the deposit to the lessees. ⋯→ 이 계약의 만료시, 임대인은 임차인에게 보증금을 되돌려 줄 것이다.

contract terms

계약조건

proviso 단서, 조건
arbitration clause 중재조항

Did you see the **proviso** that they had written in the contract? ⋯→ 그들이 계약서에 쓴 조건들을 보았습니까?

The two parties have been disputing over the contract s **arbitration clause**. ⋯→ 두 당사자는 계약서의 중재 조항에 관해 논쟁해오고 있다.

written contract

서면 계약(서)

verbal contract 구두계약
building permit 건축허가(증)
permit application 허가신청

Mr. Daniels had to sign a **written contract** before he could begin working at XYZ corp. ⋯→ 다니엘즈씨는 XYZ 사에서 일을 시작하기 전에 서면계약서에 서명해야 한다.

sign the contract

계약서에 서명하다, 계약을 체결하다

break the contract 계약을 파기하다
approve the contract 계약을 승인하다
negotiate the contract 계약을 협상하다
contract negotiation 계약협상

He decided to **approve the contract**, but only if the new terms were included. ⋯→ 그는 그 계약을 승인하기로 결정했지만, 그것은 새로운 조건이 포함된다는 가정 하에서였다.

Have the lawyers concluded the **contract negotiations** yet?···▸ 변호사들은 이미 계약 협상을 끝냈나요?

copyright law

저작권법

hold the copyright on ···에 대한 저작권을 갖다
intellectual property rights 지적소유권
design rights 의장권(意匠權)
industrial property rights 공업소유권
piracy 저작권침해
unauthorized use 무단사용

Copyright laws have become very strict in the last several years due to the global media explosion. ···▸ 미디어의 전세계적인 폭발적 증가로 인해 최근 몇년 동안 저작권법들이 매우 엄격해졌다.

exclusive rights

독점권

retain exclusive rights 독점권을 갖다
All rights are reserved 모든 권리가 유보되다

All rights are reserved under International and Pan American Copyright Conventions. ···▸ 모든 권리는 국제 및 범 아메리카 판권법에 의해 유보된다.

The developer shall **retain exclusive rights** to the product upon expiration of this contract. ···▸ 이 상품의 개발업자는 본 계약만료시까지 상품에 대한 독점권을 갖게 될 것이다.

patent law

특허법

patent 특허(권), ···에게 특허권을 주다
patent pending 특허출원중
patent attorney 변리사

The unique system of converting the handle to form a luggage cart **is patented** under EU and International **patent laws**. ···▸ 손잡이를 조절해 짐수레를 만드는 독특한 장치는 EU 및 국제특허법에 의해 특허를 받았다.

waive

(권리, 요구 등을) 포기하다

waiver (권리의) 포기, 기권증서
forfeit 상실하다
transfer (재산 권리) 양도, 양도증서

Make sure you read the entire **waiver** before you sign it. ····▶ 서명하기 전에 반드시 포기증서를 꼼꼼히 읽어보도록 하세요.

If you forget to cancel your hotel reservation, you **forfeit** the cost of one night s lodging. ····▶ 만일 예약 취소하는 것을 잊는다면, 1박의 비용을 물게 된다.

mandatory termination

강제추방

(mandatory는 「강제적인」, 「의무의」라는 의미)

false-arrest 불법체포

Any truck driver caught under the influence of illegal drugs will be faced with **mandatory termination**. ····▶ 불법 약물복용으로 적발된 모든 트럭 운전기사들은 강제추방될 것이다.

be suspended

(특권 등이) 일시 정지되다, 정직[정학]시키다(~ from)

expatriate 국외로 이주하다, 국적을 버리다
nullify 무효로 하다

Mr. Smith has **been suspended** without pay until the investigation of his suspected embezzlement is over. ····▶ 스미스 씨는 그의 횡령혐의 조사가 끝날 때까지 무보수로 일시 파면되었다.

fine

벌금, 벌금을 물리다

penalty 벌금

The city charges high **fines** to drivers who violate traffic regulations. ····▶ 시는 교통법규를 위반하는 운전자에게 높은 벌금을 부과한다.

vote

투표, 투표하다, 투표로 결정하다

ballot 투표 용지, 투표
proxy 위임장, 대리 투표

The council **voted** unanimously to expel the student who burned down the church. ···▸ 위원회는 만장일치로 교회에 불지른 학생을 퇴학시키기로 표결했다.

Ballots and proxy forms may be obtained from any post office or police station. ···▸ 투표 용지와 대리 투표 양식서는 우체국이나 경찰서에서 얻으실 수 있습니다.

win the election

선거에서 이기다

poll 여론 조사, 투표결과

The candidate managed to **win the election**, despite numerous obstacles. ···▸ 수많은 장애에도 불구하고 그 후보는 선거에서 승리했다.

21   **Car** (자동차)

transit system

수송체제, 교통체제

public transportation 대중교통

Although Tokyo is extremely crowded, commuting is quite easy due to the city s elaborate **transit system**. ···▶ 도쿄는 엄청나게 혼잡하지만 시의 정교한 교통 체제 덕분에 출퇴근은 매우 쉽다.

car lot

자동차 판매점

four-wheel drive(4WD) 4륜구동
stopping distance 정지거리
emission 배기가스
emission control 배기가스규제
exhaust (gas) 배기가스

The owner of the used **car lot** decided to close the dealership for the last two weeks in August. ···▶ 그 중고 자동차 판매점의 소유주는 8월의 남은 2주 동안 판매를 하지 않기로 결정했다.

Exhaust is pouring from the car. ···▶ 차에서 매연이 뿜어나오고 있다.

car wash

세차(洗車), 세차장

hood (of the car) 자동차의 엔진뚜껑

All of the cars lining up at the **car wash** were extremely dirty. ···▶ 세차장에 줄지어 서 있는 차들은 모두 극도로 더러웠다.

license plate

번호판

license number 자동차번호판의 번호
register the vehicle 차량 등록을 하다
bumper sticker 범퍼스티커

Newcomers must **register their vehicle** upon establishing residency. ⋯▸ 신규 전입자들은 정착할 주거지로 자동차를 등록해야 한다.

The car had a blue and red **bumper sticker** attached to the front bumper. ⋯▸ 그 차는 전면 범퍼에 파랗고 빨간 범퍼스티커가 붙어 있었다.

ABS

잠금 방지 브레이크 (anti-lock brakes system)

parking brake 사이드 브레이크
transmission 변속기

The lady s car rolled down the hill because she forgot to use her **parking brake**. ⋯▸ 그 여자는 사이드 브레이크 거는 것을 잊어버려서 차가 언덕 밑으로 굴러 떨어졌다.

A faulty **transmission** in the race car was found to be the cause of the accident. ⋯▸ 경주차의 변속기 결함이 사고의 원인으로 밝혀졌다.

power steering

동력 핸들

at the wheel 운전중에

Mike s car has **power brakes and steering**. ⋯▸ 마이크의 차는 동력 브레이크와 핸들이 달려 있다.

Be sure to take plenty of breaks so you don t fall asleep **at the wheel**. ⋯▸ 운전 중에 졸지 않으려면 충분한 휴식을 취하십시오.

rear view mirror

백미러

rear of the car 차의 후면
rear bumper 뒷 범퍼
back seat 뒷좌석

The man s adjusting the **rear view mirror** to see behind him. ···→ 남자가 뒤를 보기 위해 백미러를 조절하고 있다.

The woman is standing at the **rear of the car** in the snow. ···→ 여자가 차의 후면의 눈 속에 서 있다.

Both wheels are resting on the **rear bumper**. ···→ 두개의 바퀴가 뒷쪽 범퍼에 놓여 있다.

windshield

(자동차) 전면유리

wiper blade 와이퍼 날

The **windshield** is cracked and in need of repair. ···→ 차의 전면 유리에 금이 가서 수리가 요구된다.

The man s cleaning snow off the **windshield** of a van. ···→ 남자가 승합차의 앞 유리창의 눈을 닦아내고 있다.

vehicle

차량

commercial vehicle 상용차
vehicle title 차량명
rent-a-car / rental car 렌트카

The **rental car** comes with it is own insurance, doesn t it? ···→ 렌트카 자체에 보험도 포함되는 거죠?

SUV

레저용 차량(Sport–utility Vehicle)

RV 레크리에이션용 차량(Recreational Vehicle)
convertible 컨버터블(접는 지붕이 달린 차)
coupe 쿠페형 자동차
sedan 세단
station wagon 스테이션 왜건(접이식 의자로 뒤쪽에 수납공간이
　　　　　　　　넉넉한 차)

moving van (가구) 운송용 밴
electric car 전기 자동차(EV)

The number of **SUVs** being sold in the State of California is increasing rapidly. ···▸ 캘리포니아 주에서 판매되고 있는 레저용 차량의 숫자는 급속히 늘어나고 있다.

Boxes are being loaded onto the **moving van**. ···▸ 상자들이 운송용 밴에 실리고 있다.

go flat
타이어가 펑크나다

flat tire 펑크난 타이어
car trouble 자동차 고장
air bag 에어백
tipping over 차량 전복
rear-end collision 추돌사고

I used the spare last night after **the tire went flat**. ···▸ 어젯밤 타이어가 펑크난 후 스페어 타이어를 사용했습니다.

Tall vehicles run the highest risk of **tipping over**, especially when navigating sharp turns. ···▸ 차체가 높은 차량은 특히 급회전시 전복될 위험이 가장 크다.

repair shop
수리점

auto lift 오토리프트
mechanic 정비공, 수리공
jump start 점프스타트, 자동차 엔진을 다른 차 배터리와 연결시켜 시동거는 것 (syn. kick start)

I ll stop by the bank before I go to the car **repair shop**. ···▸ 나는 자동차 수리점에 가기 전에 은행에 잠깐 들를 거예요.

The mechanic sauntered over to the mechanic s pit and pushed the **automatic lift** button. ···▸ 정비공이 차량 정비 구덩이 쪽으로 천천히 다가가서 자동 승강장치 버튼을 눌렀다.

tune up

정비, (차를) 정비하다

maintenance 유지를 위한 보수 · 점검

I have to leave my car at the service station for a **tune up**. ···› 차를 정비소에 맡겨 정비를 해야 해요.

repair the road

도로를 보수하다

road conditions 도로상황
road construction 도로건설
road closure 도로폐쇄
close the road 도로를 폐쇄하다(= back off the road)

I m sorry I m late, traffic was slower than usual because of **road construction**. ···› 늦어서 죄송합니다. 도로건설 공사 때문에 보통 때보다 길이 막혔어요.

The traffic report on the radio informed us that there was a **road closure** ahead. ···› 라디오의 교통 상황 보도에 따르면, 전방에 도로폐쇄를 하는 곳이 있다고 했다.

Interstate

주와 주를 잇는 고속도로

freeway 고속도로 (syn. express way)
highway 국도

Due to snow storms along the eastern coast, the Ministry of Transportation has decided to shut down **Interstate** 95. ···› 동부 해안의 눈보라 때문에 교통부는 주간(州間) 95번 고속도로를 폐쇄하기로 결정하였다.

ramp

경사로, 진입로[출구]

median 중앙분리대

The two speeding cars were quickly approaching the **ramp** leading to the highway. ···› 속도를 내며 달리는 두대의 차량들이 고속도로로 나가는 경사로로 재빨리 다가가고 있었다.

road sign 도로표지

route 노선
toll bridge 통행료를 지불해야하는 다리
toll gate 통행료 징수소

In order to pass the driver s examination and receive a driving license, you must obey all **road signs**. ⋯→ 운전면허시험에 통과해 면허받으려면 모든 도로표지를 지켜야 한다.

crossroads 교차로

junction 교차점
cross walk 횡단보도
intersection 교차로
cross the street 거리를 건너다
diagonal crossing 대각선 횡단보도
off road 포장도로를 벗어난

The bus driver did not know which way to turn when he came to the **crossroads**. ⋯→ 그 버스 운전사는 교차로에 왔을 때 어디로 가야할지 몰랐다.

The policeman was standing in the middle of the congested **junction** directing the traffic. ⋯→ 그 경찰은 붐비는 교차로 한가운데에 서서 교통을 정리하고 있었다.

detour 우회도로

unpaved road 비포장 도로
pave the road 도로를 포장하다

My car is stranded about five kilometers down that **unpaved road**. ⋯→ 제 차가 약 5km 정도 아래의 저쪽 비포장 도로에서 꼼짝 못하고 있어요.

sidewalk

인도

walkway 보도, 인도
driveway (집 현관에서 대문까지의) 자동찻길
curb (보도 가장자리의) 연석

The sidewalk is cluttered with bicycles. ···→ 인도가 자전거로 혼잡스럽다.

The woman s shoveling snow off the driveway. ···→ 여자가 집안 차도에서 삽으로 눈을 치우고 있다.

Effective immediately, parking beside the curb at the front of the building is prohibited. ···→ 지금부터 빌딩앞 보도의 연석 가에 주차하는 것은 금지됩니다.

stop light

정지신호(= stop sign)

traffic light 교통신호등
pedestrian-friendly 보행자 우선의

The bus is turning under the stop light. ···→ 버스가 멈춤 신호에서 회전하고 있다.

Many roads are being built using pedestrian-friendly ideas.···→ 많은 도로들이 보행자 우선원칙에 입각하여 건설되고 있다.

avenue

큰길

boulevard 대로(大路)
thoroughfare 주요도로

In case you want to go out and enjoy yourself, there s a cinema on Fifth Avenue near the station. ···→ 나가서 즐기고 싶다면, 역 부근의 5번가에 영화관이 있다.

22   Traffic (교통)

steer the car
차를 몰다

get the car 차를 가져오다
take a long drive 장거리 운전을 하다
test drive 시험운전(cf. driving test 운전시범)

The driver **steers the car** into the parking space. ⋯→ 운전사가 차를 몰고 주차장으로 들어가고 있다.

Do you want to wait in the check-out line or go out and **get the car** instead? ⋯→ 계산대에서 기다리시겠어요, 아니면 나가서 차를 가져오시겠어요?

pull over
차를 길가로 붙이다

pull up (차가) 멈추다, 멎다

Tom was almost out of gas, so he **pulled over** at the nearest gas station. ⋯→ 탐은 기름이 떨어져서 가장 가까운 주유소에 차를 갖다 댔다.

give sby a ride
⋯를 차를 태워주다

have a ride 차를 타다
ride a bike to work 자전거타고 출근하다
drive to work 운전하여 출근하다
ride high 성공하다
give sby directions ⋯에게 길을 가르쳐주다

The parking attendant is **giving** the driver **directions**. ⋯→ 주차 보조원이 운전자에게 방향을 가르쳐주고 있다.

get[be] stuck in

(차가) …에 처박히다, 꼼짝달싹 못하다

> be caught in traffic 차가 막히다
> bumper to bumper 범퍼가 맞닿을 듯이 가까이 늘어선
> hold up traffic 교통을 막다
> block the traffic 교통을 차단하다
> block off 도로를 차단하다
> back up 정지시키다
> clog up (도로를 차 따위로) 막다

Trucks are supposed to use the loading dock so they don t **hold up traffic**. ···→ 트럭은 교통을 막지 않게끔 하역장을 이용하도록 되어 있습니다.

A truck is overturned and is completely **blocking** the northbound lane. ···→ 트럭이 전복되어 북쪽으로 가는 도로가 완전히 차단되었다.

traffic jam

교통혼잡

> gridlock (교차점에서의) 교통정체(= traffic congestion)
> heavy traffic 교통혼잡
> beat the rush 러시아워를 피해가다

I m going to try to leave work early and **beat the rush**. ···→ 나는 퇴근을 서둘러서 러시아워를 피해갈 것이다.

traffic violation

교통위반

> speed limit 속도제한
> traffic regulations 교통법규

The city charges high fines to drivers who violate **traffic regulations**. ···→ 시는 교통법규를 위반하는 운전자에게 높은 벌금을 부과한다.

tow away area

견인지역

> parking ticket 주차위반 소환장

The sign warned that all vehicles parked overnight

would be ticketed and **towed away**. ⋯→ 그 표지판은 밤새 주차된 모든 차량들은 티켓이 발부되어 견인되어 갈 것임을 경고하고 있었다.

parking lot

주차장

park 주차하다
parking spot 주차 장소(= parking space)

The car **was parked** a block away so we had to walk for a few minutes to get to it. ⋯→ 차가 한 블럭 떨어진 곳에 주차되어서 우리는 차까지 가는데 몇 분을 걸어야 했다.

parking attendant

주차요원

parking meter 주차 미터기
parking sticker 주차허가 스티커

The **parking attendant** is looking out of the window. ⋯→ 주차요원이 창 밖을 내다보고 있다.

Meter parking will be available from 10:00 a.m. until 6:00 p.m. on weekdays. ⋯→ 주말에는 오전 10시부터 오후 6시까지 미터기 주차가 가능합니다.

valet parking

대리주차

overnight parking 철야주차
handicapped parking 장애인 주차
public parking 공공주차장

We offer **valet parking** for a small fee or you can park your car in the parking lot on 47th Street. ⋯→ 저희가 약간의 요금을 받고 주차를 대신해드리거나 47번 가의 주차장에 차를 주차하실 수 있습니다.

gas station

주유소

leak oil 가솔린이 누출되다
fuel injection 연료 주입
station pump 연료 주입기

self-service station 자가주유소(↔ full-service station)
nozzle 급유호스

My car keeps **leaking oil** after it s been parked
for a few hours. ⋯→ 몇 시간 동안 주차를 시켜 놓았더니 제 차에
서 계속 가솔린이 새고 있어요.

Most new models now come equipped with a
fuel injection system rather than a carburetor. ⋯→
대개의 신형모델들은 이제 탄화장치 보다는 연료 주입기가 장착되고 있다.

run out of gas | 기름이 떨어지다

fill it up 기름을 가득 채우다
get gas 기름을 넣다

I **ran out of gas**. Can you take me to a gas
station? ⋯→ 연료가 떨어졌어요. 주유소까지 좀 데려다 주시겠어요?

You can use my car, but don t forget to **fill it up**
with gas before you return it. ⋯→ 내 차를 써도 좋아. 하지
만 돌려주기 전에 기름은 채워라.

unleaded gas | 무연(無鉛) 가솔린(↔ regular 일반 가솔린)

fuel efficiency 연비
gas-powered car 가솔린 차

It is imperative that you use only **unleaded
gasoline** when filling up the vehicle. ⋯→ 차량에 연료
를 채울 때는 무연 가솔린만 사용해야 합니다.

According to the brochure the dealer gave us, the
Eagle Talon has very good **fuel efficiency**. ⋯→ 중간
판매인이 우리에게 준 광고전단에 따르면, 이글탤론은 매우 연비가 높다.

take the bus | 버스를 타다

bus route 버스노선
by bus 버스로
bus stop 버스정거장

get in (차에) 타다
drop off (승객을) 내리다
hail a cab 택시를 부르다
drive-thru 차에 탄 채 서비스를 받을 수 있는

He decided to **take the bus**, although taking a taxi would have been much quicker. ⋯→ 택시를 타는 것이 훨씬 빨랐겠지만 그는 버스를 타기로 했다.

The taxi driver is waiting for the man to **get into the car**. ⋯→ 택시 운전사가 남자가 탑승하기를 기다리고 있다.

compartment

(열차 등의) 칸

lounge car 식당차(= club car, dining car)
commuter train 통근열차

The conductor walked through the **compartments** and collected the passengers tickets. ⋯→ 차장이 컴파트 먼트 안으로 들어와서 승객들의 표를 수합했다.

The passengers are stepping onto the **commuter train**. ⋯→ 승객들이 통근 열차에 오르고 있다.

metro

지하철(= subway, tube)

light rail 경철도
railroad car 철도차량
railroad track 철도선로
freight train 화물열차(= cargo train)

One of the fastest ways to get downtown during rush hour is to take the **metro**. ⋯→ 러시아워 시간에 시내로 들어가는 가장 빠른 방법의 하나는 지하철을 타는 것이다.

The container is being loaded onto the **railroad car**. ⋯→ 컨테이너가 철도 차량 위에 실리고 있다.

pull into the station

(기차가) 역으로 들어오다

(반대로 역을 빠져나가는 것은 pull out of the station)

take the train 기차를 타고 가다
take the subway 지하철을 타다
train station 기차역

The freight train **is pulling into the station**.
⋯→ 그 화물기차는 역으로 들어오고 있다.

The train is just **pulling out of the station**.
⋯→ 그 기차는 막 역을 빠져나가고 있다.

shipping vessel

화물선

ferry (boat) 나룻배, 연락선
tanker 유조선
tug boat 예인선
fishing boat 어선
barge 거룻배, 바지선
sailboat 요트, 범선
lifeboat 구명정

The large **shipping vessel** was stationed just off the coast of the Florida keys for repairs. ⋯→ 대형 화물선이 수리를 위해 플로리다 키제도의 바로 근처에 정박되었다.

Stan hurried to catch the **ferry boat** just as it was about to leave the dock. ⋯→ 연락선이 부두를 막 떠나려 했으므로 스탠은 배에 타기 위해 서둘렀다.

A green and blue **tug boat** was docked in the harbor next to a black ocean liner. ⋯→ 녹색과 청색의 예인선이 검은 원양 여객선 옆에 정박되어 있었다.

boat deck

단정(短艇) 갑판, 구명보트 설치 갑판

harbor 항구
wharf 부두

The sailors were told that they must wear rubber-soled shoes when walking on the **boat deck**. ⋯
선원들은 단정 갑판 위를 걸을 때 고무로 밑창을 댄 신어야 한다.

moor the boat

배를 정박시키다

berth 정박지, 선실(침대)
bow of the boat 뱃머리, 이물
anchor 닻

The captain decided to **moor the ship** in the harbor until after the thunderstorm. ⋯ 선장은 심한 뇌우가 멎을 때까지 항구에 배를 정박시키기로 했다.

All of the crew members were provided with a **berth**, clean sheets, and clean towels. ⋯ 모든 선원들은 선실 침대 하나와, 깨끗한 시트 그리고 타월을 지급받았다.

23 | Air Travel (항공)

take off

이륙하다

touch down 착륙(하다)
ground (비행기) 이륙을 방해하다

The airplane taxiing down the runway is about to take off. ···→ 활주로를 달리고 있는 비행기가 막 이륙하려 하고 있다.

time zone

표준시간대

time difference 시차(difference of time)
trans-pacific leg 태평양 횡단구간
jet lag 시차 등으로 인한 여독(旅毒)
zero visibility 시계(視界) 제로상태

The plane crossed over a number of time zones on its route to Los Angeles. ···→ 그 비행기는 로스앤젤레스 행 운항 중에 많은 시간대를 지났다.

The trans-pacific leg of the flight seemed to last forever. ···→ 태평양 횡단 비행은 너무나 길어서 결코 끝나지 않을 것 같았다.

carrier

항공회사

frequent flyer mileage 비행기 상용 고객 우대제도
commercial flyers 여객기 이용객
visa application 비자 신청(서)

American Airlines became the first carrier to operate accident free for a 10 year period. ···→ 아메리칸 에어라인은 10년간 무사고 운항을 한 첫번째 항공회사가 되었다.

She used her frequent flyer mileage to obtain a free ticket to Mexico. ···→ 그녀는 멕시코 행 무료 비행기표를 얻기 위해 상용 고객 우대제로 받은 마일리지를 이용했다.

book

예약하다

flight reservation 항공편 예약
confirmation (예약 등의) 확인

May I change my **reservation** to a later flight or will it cost extra? ···▸ 비행기 예약을 늦출 수 있는지, 그렇다면 추가로 비용을 부담하는지요?

When do you expect to receive written **confirmation** of our reservation? ···▸ 예약이 되었다는 서면 확인서를 언제 받게 되어있나요?

be ticketed

표를 받다(= get ticketed)

companion ticket 동승권
air ticket 항공권
round trip 왕복, 왕복권

We went to the check-in counter at the airport before boarding our flight in order to **get ticketed**. ···▸ 우리는 비행기에 탑승하기 전에 표를 받기 위해 공항 탑승 수속 카운터에 갔다.

airport terminal

공항 터미널

airport lounge 공항대기실
security check point 보안 검사대
courtesy airport shuttle 무료 공항 셔틀버스
duty-free shop 면세점

The plane is coming into the **airport terminal**. ···▸ 비행기가 공항 터미널로 들어오고 있다.

Courtesy airport shuttle, fax, and concierge service are available. ···▸ 특별 공항 왕복버스, 팩스 그리고 안내인 서비스가 제공됩니다.

transfer

환승(하다), 환승 장소[지점]

transit (비행기를) 환승(하다)
transit lounge 환승대기실

transit passenger 환승객

Transit passengers do not have to submit a customs declaration form in the Netherlands. ···→ 비행기를 갈아타시는 승객들은 네덜란드에서 통관 신고서를 제출하실 필요가 없습니다.

taxi down

(활주로를) 활주하다

runway 활주로
ground crew 지상요원

The airplane was picking up speed as it **taxied down** the slippery runway. ···→ 비행기는 미끄러운 활주로를 활주하면서 속도를 높였다.

The **ground crew** is inspecting the door of the plane. ···→ 지상요원들이 비행기 문을 점검하고 있다.

check-in counter

(비행기의) 탑승수속 카운터

check the baggage 수하물을 맡기다, 짐을 검사하다
checked baggage 맡긴 수화물
baggage check 수하물 확인

The airline employee is weighing the suitcase at the **check-in counter**. ···→ 항공사 직원이 탑승수속 카운터에서 여행가방의 무게를 재고 있다.

carry-on

기내 소지가 가능한 짐(= carry-on baggage)

hand-carry baggage 휴대품
belongings 소지품, 짐

Airlines employees are allowed to travel with only 40 pounds of **carry-on baggage** per flight and a maximum of two **carry-on** bags per person. ···→ 항공기 승무원은 비행시 일인당 최대 40파운드 이내의 휴대용 가방 2개 만이 허용된다.

excess baggage

한도 초과 수하물

free (baggage) allowance 무료 수하물 휴대량

We were told that the **free baggage allowance** consisted of two large bags weighing up to 30kg each. ···➔ 무료 수하물 휴대량은 각각 최고 30kg까지 나가는 커다란 가방 2개 정도라고 들었다.

baggage carousel

(공항 등의) 수하물 회전벨트

(a continuously revolving belt on which baggage are placed for later retrieval.)

claim tag 수하물 상환증

Excuse me, I just arrived on flight 577 from Taiwan but my luggage didn t come out on the **baggage carousel**. ···➔ 실례합니다. 전 대만에서 577기 편으로 막 도착했는데 제 짐이 수하물 회전벨트로 나오질 않았어요.

boarding pass

(여객기) 탑승권

board (탈 것에) 타다
boarding ticket 탑승권
boarding gate 탑승구
boarding area 탑승구역
boarding time 탑승시간
flight number (항공편의) 편 번호

When you disembark, please remember to take your **boarding pass** so that you can get back on the plane. ···➔ 내리실 때는 다시 탑승하실 수 있도록 탑승권을 가져가시기 바랍니다.

You must obtain permission from an immigration officer before you **board** the plane. ···➔ 비행기에 탑승하기 전에 반드시 이민국 관리의 허가를 받아야 한다.

stopover

중간기착

return flight 회항편
divert one's flight 항로를 변경하다
layover 기착

The **stopover** will last for about one hour as the plane will be refueling. ···→ 비행기에 연료를 다시 채우는 약 한시간 동안 기착하겠습니다.

miss the flight

비행기를 놓치다

have a good flight 즐거운 비행을 하다

Although she **missed her flight**, the agent was able to put her on the next plane out. ···→ 그녀가 비행기를 놓치긴 했지만 직원이 다음 출발하는 비행기에 탑승시켜 줄 수 있었다.

first class

(여객기의) 일등석

business class 2등석(cf. economy class 일반석)
aisle seat 통로측 좌석
leg room 다리를 뻗는 공간
overhead compartment 머리 위 짐칸

All seats to Athens, including **business class** and **first class**, were sold out during the Olympics. ···→ 비즈니스 클래스와 일등석을 포함하여 올림픽 기간 중에 아테네 행 모든 좌석이 매진되었다.

The man went to the airport early so that he would have no problem reserving an **aisle seat**. ···→그는 아무런 문제없이 통로측 좌석을 확보할 수 있도록 공항에 일찍 갔다.

in-flight

기내의, 비행중의

in-flight service 기내서비스
flight attendant 승무원
fasten the seat belt 안전벨트를 매다
(↔ undo the seat belt 안전벨트를 풀다)

The airline is expanding its **in-flight** meal service in an effort to attract more volume. ⋯→ 그 항공회사는 보다 많은 고객을 끌기 위하여 기내식 제공을 확대하고 있다.

Please **fasten your seat belt** securely when we begin our descent.⋯→비행기가 하강할 때는 안전벨트를 매세요.

complimentary beverage

(기내에서 제공하는) 무료 음료

(「보충의」라는 의미의 complementary와 철자가 비슷하니 주의)

continental breakfast 대륙식[유럽식] 아침식사

Each morning we provide **complimentary** coffee, a muffin and a newspaper. ⋯→ 매일 아침 커피와 머핀, 신문이 무료 제공됩니다.

main cabin

주 객실

cargo bay 화물실
emergency exit 비상구

If you have any questions, please ask the co-pilot, who will be walking through the **main cabin** in a few minutes. ⋯→ 질문이 있으시면, 몇 분 후 부기장이 주 객실을 지나갈 때 질문해 주십시오.

The men are bringing the container into the **cargo bay**. ⋯→ 남자들이 컨테이너를 화물실로 옮기고 있다.

working papers

취업서류, 노동증명서

customs declaration 세관신고
customs declaration form 세관신고서
embarkation card 출국신고서
disembarkation card 입국신고서
embark on 착수하다

You must be sure to fill out your **disembarkation card** before getting off of the airplane. ···▶ 여러분들은 비행기에서 내리시기 전에 입국신고서를 작성하도록 하셔야 합니다.

The director of the company was in the office late yesterday evening putting the finishing touches on his **working papers.**···▶ 그 회사의 이사는 어제 저녁 늦게까지 그의 취업서류를 마무리 지으면서 사무실에 있었다.

clear customs

통관 절차를 마치다

anything to declare (세관에) 신고할 것

We waited in line for three hours to **clear customs** in Rome. ···▶ 우리는 로마에서 통관 절차를 마치는 데 3시간 동안 줄을 서서 기다려야 했다.

When we returned to the United States, a customs official asked us if we had **anything to declare.** ···▶ 우리가 미국으로 돌아왔을 때, 한 세관원이 우리에게 신고할 것이 있는지 물었다.

customs official

세관원(= customs officer)

immigration officer 이민국 직원
quarantine 검역소

The **customs officer** was a large cold-hearted man and he searched all of my luggage thoroughly. ···▶ 그 세관원은 몸집이 커다랗고 쌀쌀맞은 사람이었는데 내 짐들을 모두 샅샅이 뒤졌다.

The authorities made the boy leave his pet turtle in **quarantine** for a month. ···▶ 당국은 그 소년의 애완용 거북이를 한달간 검역소에 맡기게 했다.

24 Travel & Weather (여행/날씨)

travel agency

여행사

travel agent 여행사 직원
travel advisory (美 정부의) 해외 여행객에 대한 경고, 여행 정보
travel card 여행 카드

This was a vacant building until the landlord leased the premises to a **travel agency**. ⋯ 이 건물은 주인이 여행사에 임대하기 전까지는 비어 있었다.

tourist site

관광지

tourist attractions 관광 명소

When traveling, it is often more interesting to skip the **tourist sites** and participate in the day-to-day culture of the people. ⋯ 여행할 때, 관광지를 벗어나서 그곳 사람들의 일상 문화에 어울리는 것이 더 흥미로운 경우가 있다.

itinerary

여행일정 계획서

timetable 일정표

Here is my **itinerary**. I ll be in San Diego on Monday, Los Angeles on Tuesday, and San Francisco on Wednesday. ⋯ 이것이 제 여행일정 계획서입니다. 저는 월요일에 샌디에고에, 화요일에 로스앤젤레스에 그리고 수요일에는 샌프란시스코에 있을 겁니다.

go sightseeing

관광을 가다

off-season travel 비수기 여행
package tour 패키지 여행

After arriving in New York, we dropped off our bags at the hotel and **went sightseeing**. ⋯⋯ 뉴욕
에 도착한 후, 우리는 호텔에 짐을 놔두고 관광을 나갔다.

check out

체크아웃하다, 계산을 치르고 나가다

reservation slip 예약전표
wake-up call 모닝 콜

The desk clerk advised us that we should **check out** before 12:00 p.m. on Tuesday. ⋯⋯ 데스크의 직원이
우리에게 화요일 오후 12시 전에 체크아웃해야 한다는 것을 알려주었다.

The hotel manager kept apologizing to the young couple for misplacing their **reservation slip**. ⋯⋯ 호
텔 매니저는 예약전표를 둔 곳을 잃어버린데 대해 그 젊은 부부에게 계
속해서 사과했다.

accommodations

숙박시설

amenities 쾌적한 시설, 문화 시설
boarding 식사제공, 하숙

We are looking for a hotel with **amenities** like a swimming pool and exercise room. ⋯⋯ 우리는 수영장,
헬스실과 같은 부대시설이 달린 호텔을 찾고 있다.

fully-equipped

시설이 완비된

inn 여관
lodge (관광지의) 여관, 산장
put up (천막을) 설치하다

The convention center includes two **fully-equipped** hotels in close proximity. ⋯⋯ 대회의장 인근
에는 두군데의 시설 완비 호텔이 있다.

The **lodge** offers breakfast, lunch, and dinner as well entertainment for the kids. ⋯⋯ 그 여관은 아이
들을 위한 오락은 물론 아침, 점심, 저녁을 제공한다.

with a good view 전망이 좋은

suite (욕실, 거실 등이 딸린) 호텔 객실

We ate delicious food, the weather was perfect, and we had a room **with a good view**. ···→ 맛있는 음식을 먹었고, 날씨는 더 할 나위없이 좋았으며, 전망도 좋은 방에 묵었다.

weather 일기, 거친 날씨

weather 역경을 이겨내다 (cf. weathered 역경에 길든)
weather conditions 기상조건
weatherization 내기후화, (집 등을) 기후에 견디는 구조로 하는 것
weather permitting 날씨만 좋으면

The manager **weathered** the long question and answer session very well. ···→ 그 경영자는 오랜시간 계속된 질의응답 시간을 매우 능숙하게 잘 받아 넘겼다.

Weather permitting, the baseball game will take place this weekend on Saturday. ···→ 날씨만 좋으면 이번 주말 토요일에 야구 시합이 열릴 것이다.

weather report 기상통보

weather advisory 기상통보
weather forecast 일기예보
weather forecaster 기상통보관
meteorologist 기상학자

The policeman told us that the **weather advisory** would be in effect until the end of the week. ···→ 경찰관은 우리에게 그 기상 통보가 그 주말까지 유효할 것이라고 말했다.

The **weather forecast** said that we could look for sunshine by the weekend. ···→ 일기예보는 주말경에는 햇빛을 기대할 수 있다고 했다.

look for

(일기가) …일 것으로 예상된다

call for 날씨가 …일 것이다
be in for (…한 날씨를) 만날 것 같다

The announcer told the viewers, to **look for** a lot of rain over the next few days. … 아나운서는 기상관측가들이 다음 며칠간 많은 비가 내릴 것으로 예상하고 있다고 했다.

The weather forecast **calls for** cloudy skies and a slight chance of rain showers tomorrow afternoon. … 일기예보에 따르면 내일 오후에는 구름낀 날씨에 소나기가 내릴 확률이 다소 있다고 한다.

inclement

날씨가 험악한(rainy and windy)

wet weather 비오는 궂은 날씨
partly cloudy 부분적으로 구름낀
overcast 흐림, 구름이 잔뜩낀, 흐리다
freezing 매우 추운
chilly 쌀쌀한
windy 바람이 거센
hot and humid 후덥지근한

The tennis match was postponed due to **inclement** weather. … 테니스경기가 궂은 날씨 때문에 연기되었다.

The weather forecast called for **partly cloudy** skies with a slight chance of rain or hail. … 일기예보에 따르면 부분적으로 구름이 낀 날씨에 약간의 비나 싸락눈이 내릴 확률이 있다고 합니다.

clear up

(날씨가) 좋아지다

burn off 안개가 말끔히 개다
unbeatable climate 탁월한 기후
mostly clear and sunny 대부분 맑고 화창한

After the morning clouds **burn off** the day will be sunny. … 오전의 구름들이 말끔히 개인 후, 낮동안은 맑을 것이다.

air current

기류

cold front 한랭전선(↔ warm front)
heat wave (장기간의) 혹서(酷暑)(↔ cold wave)
jet stream 제트기류
turbulence 난류

The weather has been extremely humid for the past few days due to warm **air currents** over the ocean. ⋯ 지난 며칠간 해양의 온난기류로 인해 극도로 습한 날씨가 계속되었다.

A **cold front** will be moving in tonight, bringing freezing weather with it. ⋯ 오늘밤 한랭 전선의 이동으로 날씨가 추워지겠습니다.

temperature

기온

Fahrenheit 화씨
Celsius 섭씨의

The **temperature** is supposed to go down to freezing this weekend; wear a hat if you go out. ⋯ 이번 주말 기온이 영하로 예상되니, 외출시 모자를 쓰도록 하십시오.

high

최고온도

below zero 영하

The tour guide informed the tourists that the weather in San Francisco rarely dips **below zero.** ⋯ 관광 가이드가 관광객들에게 샌프란시스코의 날씨는 영하로 떨어지는 일이 거의 없다고 알려주었다.

barometer

기압계

atmospheric pressure 기압
thermometer 온도계

A **barometer** was set up on the roof of the building in order to measure the air pressure. ⋯

기압 측정을 위해 건물 옥상에 기압계가 설치되었다.

The **thermometer** was located on the outside of the building beside the mailbox. ···› 온도계는 건물 바깥의 우체통 옆에 위치해 있었다.

precipitation

강수량

heavy rain 폭우
rain fall 강우
downpour 호우
rain showers 소나기
rainy day 비오는 날
hail 우박

A new precipitation record was set this year because of the unusually **heavy rain** in June. ···› 6월에는 비정상적으로 많은 비 때문에 새로운 강수량 기록이 갱신되었다.

There are **rain showers** in Seattle almost every day. ···› 시애틀에는 거의 매일 소나기가 내린다.

flood

홍수

drought 가뭄, 한발
lightening 번개
thunderstorm 뇌우

The mayor of the town was concerned about the safety of the school children during the **flood**. ···› 그 시의 시장은 홍수기간 동안 학교 어린이들의 안전에 대해 염려했다.

They say **lightening** never strikes the same spot twice. ···› 번개는 결코 같은 장소를 두번 때리지 않는다고들 한다.

shovel snow

(삽으로) 눈을 치우다

snowfall 강설
snowplow 제설장치
snowdrift 쌓인 눈더미
blizzard 눈보라

One thing that people living in temperate climates never have to do is **shovel snow.** ⋯⋯▸ 온화한 기후에 사는 사람들이 결코 할 필요가 없는 일의 하나는 눈치우기이다.

Most North American cities receive a fair amount of **snowfall** in the winter. ⋯⋯▸ 북아메리카에 있는 대부분의 도시들에는 겨울에 상당한 양의 눈이 내린다.

| **gusty wind** | 돌풍, 폭풍우 |

storm 폭풍
trade wind 무역풍
flurry 눈, 비를 동반한 질풍
gale 질풍, 강풍
blast 돌풍
tornado 돌풍
property damage 재산피해

A strong **gust of wind** blew the newspaper off the front porch and onto the sidewalk. ⋯⋯▸ 심한 돌풍으로 신문이 현관 앞에서 보도로 날아갔다.

25 | **House & Housing** (주택)

residence	주택, 주거

residential hotel 주거용 호텔, 호텔식 아파트
place 건(축)물 ,주거, 저택
dwelling 거주지, 집 (cf. dwelling house 살림집)

The home security system protects **residences** from thieves and prowlers. ···→ 가정용 보안 장치는 주택을 도둑들과 빈집털이들로부터 보호해준다.

Now that we have grandchildren, we need a bigger **place**.···→이제 우리는 손자들이 생겨, 더 넓은 집이 필요해.

tenement house	(도시 하층민의) 아파트, 공동주택

duplex 한 채에 2가구가 독립해서 거주할 수 있도록 된 집,
         한 가구가 위 아래 2층을 쓸 수 있도록 만들어진 아파트
duplex house 2세대용 주택
duplex apartment 복식 아파트(상하층을 쓰는 아파트)
prefabricated house 조립식 간이주택
town house 연립주택
ranch house 지붕이 낮은 단층건물
mobile house 이동주택
penthouse 빌딩 고층에 위치한 고급주택

The walls of the **tenement house** were covered with dust and grime. ···→ 그 빈민 공동주택의 벽은 먼지와 때로 뒤덮여 있었다.

premises	건물, 구내, 점포, 양도 재산, 부동산

complex 단지, 종합 빌딩
apartment complex 아파트단지
building complex 건물단지
housing complex 주택단지
compound 구내(構內)

This was a vacant building until the landlord leased the **premises** to a travel agency. ⋯ 이 건물은 주인이 여행사에 임대하기 전까지는 비어 있었다.

I can t wait until we move into the new office **complex**. ⋯ 새로운 사무단지로 빨리 옮겼으면 좋겠어요.

furnished

가구가 딸려 있는

furnish an apartment 아파트에 가구를 비치하다
semifurnished apartment 가구 일부가 딸린 아파트

Wendy planned to buy either a sofa or an easy chair to **furnish her new apartment**. ⋯ 웬디는 새 아파트에 비치할 소파나 안락의자를 살 계획을 세웠다.

housing

주택공급, 내집 마련

housing cost 주택마련비
housing boom 주택붐
housing shortage 주택난

The **housing cost** at university has risen steadily during the past ten years. ⋯ 대학에서의 주거비는 지난 10년간 꾸준히 올랐다.

real estate

부동산

real estate agent 부동산중개업자
realtor 공인 부동산업자
property 재산, 소유물

The **real estate agent** advised the man to make a counteroffer to the seller of the property. ⋯ 부동산 중개업자는 집을 팔려는 사람에게 역제의를 하라고 그 남자에게 충고했다.

I wonder what the appreciation value of that **property** will be when they make the golf course. ⋯ 골프장이 들어서면 그 부동산 자산가치가 얼마나 증가할지 궁금하다.

let

세를 주다

house to let 셋집
lease real property 부동산을 임대하다
lease 차용계약, 차용증서
sublease 재임대하다
renew the lease 임대를 연장하다
leasehold 임차한, 차지권
charter 버스, 비행기의 임대계약서

The advertisement in the newspaper stated that there was a two-bedroom **house to let**. ⋯ 그 신문에 난 광고에는 방 두개짜리 집이 세가 나온 것이 있다고 했다.

Our **lease** was up so we had to move. ⋯ 임대기간 이 끝났으므로 우린 이사해야만 했다.

mortgage

담보, 저당, 저당잡히다

mortgage bond 담보부채권
mortgagee 저당권자 (cf. mortgager 저당권설정자)
deed 부동산 권리증(증서)
deed of transfer 양도증서
deed of trust 신탁증서
deed of title 부동산 권리증서

The bank foreclosed on the young couple s **mortgage** due to delinquent payments. ⋯ 은행은 체납으로 인해 그 젊은 부부의 저당물을 찾을 권리를 상실시켰다.

The real estate agent was supposed to go down to the registrar s office and pick up the **deed of title**. ⋯ 부동산 중개업자는 등기 사무소로 가서 부동산 권리증을 가 져오도록 되어 있었다.

landlord

집주인

proprietor 집주인
rent an apartment 아파트를 세내다
tenant 임차인
occupant 입주자
key money 보증금, 권리금

Ms. Paz analyzed her personal budget to see whether she could afford to **rent a larger apartment.** ···→ 패즈 씨는 더 큰 아파트를 빌릴 수 있을지 예산을 따져봤다.

The **landlord** was a fair man, but he was known to have a hot temper. ···→ 그 집주인은 공정한 사람이지만, 성미가 급한 것으로 정평이 나 있었다.

The **landlord** asked for a $3,000 deposit and $500 **key money**. ···→ 집주인은 3천 달러의 보증금과 500달러의 계약선수금을 요구했다.

---

open house

(학교, 기관 등의) 공개행사, 팔려고 내놓은 집 공개

mover 이삿짐 센터, 운송업자(= moving company)

If you are unable to attend the **open house**, please call me to arrange for a private showing. ···→ 집 공개에 오시기 힘들다면 내게 전화해서 개인적으로 보실 기회를 마련하도록 합시다.

The **movers** are carrying the mattress up the stairs. ···→ 짐을 옮기는 사람들이 매트리스를 층계 위로 나르고 있다.

---

appliance

(세탁기 등의 살림용) 전기기구, 가전제품

consumer electronics (가정용) 전자제품
appliance store 전기기구점

The **consumer electronics** and virtual reality trade show will be held during the first week of August. ···→ 전자제품과 컴퓨터 가상현실 무역 전시회가 8월 첫 주에 열릴 것이다.

Did you call the **appliance store** to see if the new freezer was in? ···→ 전기기구점에 새 냉동고가 입하되었는지 전화로 알아봤어?

---

blender

믹서기(electric mixer, juicer)

beater 믹서의 회전날

microwave oven 전자레인지
refrigerator 냉장고(cf. freezer 냉동고)

Add melted chocolate and vanilla to tofu and mix in a **blender** at high speed for 2 minutes.···▶ 두부에 녹인 초콜렛과 바닐라를 넣은 다음 2분간 믹서기에서 고속으로 섞어 주십시오.

They bought a new **freezer** and put it in the basement next to the washing machine. ···▶ 그들은 새 냉동고를 사서 지하실의 세탁기 옆에 두었다.

Steam is escaping from the **pressure cooker**. ···▶ 압력솥에서 수증기가 빠지고 있다.

washing machine 세탁기(washer)

sewing machine 재봉틀
vacuum cleaner 진공 청소기(= vac)
air conditioner 에어컨, 공기조절 장치
air purifier 공기정화기
electric shaver 전기 면도기
iron 다리미, 다림질하다

My wife just bought a new **vacuum cleaner**. ···▶ 제 아내는 막 새로운 진공청소기를 샀습니다.

power failure 정전

power outage 정전 기간
black out 등화관제, 정전
electricity go off[out] 전기가 나가다

Susan kept candles throughout her apartment for those times when **the electricity went out**. ···▶ 수잔은 전기가 나갈 때에 대비해서 아파트 곳곳에 양초를 두고 있다.

We were in total darkness for three hours after **the electricity went off** last night. ···▶ 어젯밤 전기가 나간 후에 우리는 3시간 동안 완전히 어둠 속에 있었다.

electricity

전기, 전류

electrical surge 전류[전압]의 급증(= power surge)
electric circuit 전기회로
electric filed 전기장
electrician 전기공
electrical shock 전기충격

To protect against **electrical shock**, unplug the toaster before cleaning. ⋯→ 전기 충격을 예방하기 위해서는 씻기 전에 토스터기의 전기코드를 뽑으십시오.

An **electrical surge** damaged the circuits. ⋯→ 전류가 급증하여 회로가 손상됐어요.

cable outlet

케이블 콘센트

conduit 도관(導管)
circuit breaker 회로차단기
circuit closer 접속기
short circuit 누전
heating duct 난방 도관

I just bought a brand new television for my apartment, but it turns out I don t have a **cable outlet**. ⋯→ 아파트에 새 텔레비전을 사왔는데 집에 콘센트가 없더라구.

The electrician is threading the wire through the **conduit**. ⋯→ 전기 기술자가 도관에 전선을 꿰고 있다.

The **circuit breaker** has been turned on. ⋯→ 회로 차단기가 켜져 있었습니다.

There s a hole in the wall for a **heating duct**. ⋯→ 벽에 난방 도관을 위한 구멍이 있다.

charge

충전하다

charger 충전기
light bulb 전구(= electric bulb)
battery life 배터리 수명

The Arco Battery Charger **charges** and conditions three batteries at the same time. ···→ 알코 축전지 충전기는 동시에 3개의 배터리를 충전, 조절한다.

The man is changing a **light bulb** in the overhead lamp.···→남자는 머리 위 전등의 전구를 갈아끼우고 있다.

closet

벽장

basement 지하층, 지하실
attic 다락방
fireplace 벽난로 (cf. furnace 난로, 난방기)
in the doorway 현관에서
welcome mat 현관의 매트

My **basement** leaks when it rains really hard.
···→ 비가 심하게 내릴 때 우리 지하실은 물이 샌다.

Sometimes mice live in the **attic**.
···→ 때때로 생쥐들이 다락에서 산다.

The woman s **in the doorway** taking off her coat. ···→ 여자가 현관에서 코트를 벗고 있다.

rail

난간

porch rail[railing] 현관난간
handrail 계단이나 전철 등에서 사람들이 손으로 잡거나 서 있게끔 하는 난간

The man is leaning on the **rail** and looking over. ···→ 남자가 난간에 기대어 뭔가를 바라보고 있다.

The cat is on the **porch railing**. ···→ 그 고양이는 현관의 난간에 있다.

I teach my children to always hold onto the **handrail** when walking down stairs. ···→ 나는 아이들에게 계단을 내려올 때 손잡이 난간을 항상 꼭 잡으라고 가르친다.

latch

걸쇠, 빗장

overhang 돌출부
woodwork 특히 집 앞의 문이나 현관통에 나무로 된 시설물
hinge 경첩 (cf. hinge on …에 달려있다)
doorknob 문 손잡이

The man s lifting the **latch** on the gate. ···▶ 남자가 문의 빗장을 올리고 있다.

The carpenter is working outside up under the **overhang** of the roof. ···▶ 목수가 옥외의 지붕 돌출부 바로 밑에서 일하고 있다.

The worker is hanging a door on the **hinges**. ···▶ 인부가 경첩에 문을 달고 있다.

upholstery

(융단, 쿠션 등의) 천류 실내장식물

easy chair 안락의자
rocking chair 흔들의자
rug 깔개

The salesman claimed that the cleaning product that he was selling would remove virtually all **upholstery** stains. ···▶ 판매원은 자신이 팔고 있는 청소용품은 사실상 거의 모든 실내장식품의 얼룩을 제거해줄 것이라고 말했다.

patio

파티오(자갈 등을 깐 스페인식 앞마당)

porch 포치, 안뜰, 현관앞
deck (납작한) 지붕, (나무 바닥을 깐) 현관 앞

The women are having lunch on the outside **patio**. ···▶ 여자들이 옥외 테라스 밖에서 점심을 들고 있다.

On sunny days, office workers take their morning break outside on the **patio**. ···▶ 화창한 날이면, 사무 근로자들은 파티오로 나와서 아침 휴식시간을 갖는다.

The crane s lifting the beam onto the upper **deck** of the warehouse. ···▶ 기중기가 대들보를 창고 지붕 위로 들어 올리고 있다.

corridor
복도

broom 빗자루
rack 걸이
flashlight 회중 전등

The policeman is pointing to the man in the **corridor**. ⋯→ 경찰관은 복도에 있는 사람을 가리켰다.

The lady swept the house with a straw **broom**. ⋯→ 여자는 짚으로 만든 빗자루로 집을 청소했다.

The cloths were hanging on the wooden clothing **rack**. ⋯→ 나무 옷걸이에 옷들이 걸려 있었다.

hardware
철물, 금속제품

hardware store 철물점
hardware man 철물상
wrench 렌치
ladder 사닥다리(cf. ladder truck 사다리차)

The worker s tightening the nut with a **wrench**. ⋯→ 공원은 렌치로 너트를 조이고 있다.

A painter is climbing up the **ladder** to change the light bulb. ⋯→ 페인트공이 백열 전구를 갈아끼우기 위해 사다리를 올라가고 있다.

floor tools
작업도구

toolbox 연장통

The **floor tools** were all stored in the workshop. ⋯→ 작업도구들은 모두 작업장에 보관되어 있었다.

The carpenter is searching for a **tool** in his **toolbox**. ⋯→ 목수가 자신의 연장통에서 공구를 찾고 있다.

living conditions
생활상태, 생활조건

standard of living 생활수준
cost of living(= living cost) 생계비

housekeeper 주부, 가정부
house keeping 가사, 가계
set up housekeeping ⋯살림을 차리다

The **living conditions** in most of the apartment buildings in Shanghai were terrible. ⋯ 상하이의 대부분의 아파트의 생활조건은 아주 끔찍했다.

The **housekeeper** s cleaning under the seat cushion. ⋯ 가정주부가 의자 밑의 쿠숀을 청소하고 있다.

house cleaning

대청소

household effects[goods] 가재도구
detergent 세제, 깨끗하게 하는
insect repellent 방충제
insecticide 살충제

The lady in the blue and white uniform had a job **house cleaning** every Saturday afternoon.
⋯ 푸른색과 흰색 유니폼을 입은 여자가 매주 토요일 오후 집안을 대청소하는 일을 했다.

The tour guide suggested that all of the campers bring an ample supply of **insect repellent**. ⋯ 여행가이드는 모든 캠핑객들에게 방충제를 넉넉히 가져올 것을 제의했다.

mow the lawn

잔디를 깎다(= mow the grass)

lawn mower 잔디 깎는 기계(= mower)

What happened to the crew that was supposed to **mow the grass**? It looks like a jungle out there! ⋯ 잔디를 깎기로 되어 있던 사람들은 어떻게 된거죠? 바깥이 완전히 밀림같던데!

The salesman demonstrated how to use the **lawn mower** as he talked to the customer. ⋯ 판매원은 고객과 얘기하면서 잔디 깎는 기계의 사용법에 대해 시범을 보였다.

drain

배수, 배수관, 배수하다

drainpipe 배수관
drainage 배수, 배수로
faucet 수도꼭지
gutter 배수구, 하수도, (처마의) 낙수홈통
gasket 개스킷(파이프 등의 결합부를 메우는 고무 등의 판 또는 테)
ditch 도랑, 개천

The plumber is repairing the drain. ⋯⋅ 배관공이 배수관을 수리하고 있다.

The water is running out of the faucet into the sink. ⋯⋅ 물이 꼭지에서 싱크대로 흘러내리고 있다.

The man s sweeping out the gutter. ⋯⋅ 남자가 길가의 하수 도랑을 쓸어내고 있다.

The plumber came over to our house to replace a gasket in a faucet. ⋯⋅ 배관공이 수도꼭지의 개스킷을 갈기 위해 우리집에 왔다.

26 Education & Family life (가정)

nursery school 유아원, 보육원(nursery)

> kindergarten 유치원
> elementary school 초등학교
> public school (초·중등) 공립학교
> prep[preparatory] school 대학 예비학교
> good upbringing 좋은 교육환경

The **elementary school** will be closed for vacation on both Christmas and Thanksgiving. ···▸
초등학교는 크리스마스와 추수감사절 기간에는 방학에 들어갈 것이다.

Young children usually attend **kindergarten** before they enroll in the regular school system.
···▸ 어린 아이들은 대개 정규 학교 시스템에 등록하기 전에 유치원에 간다.

take class 수업받다(= take lesson)

> field trip 견학여행, 야외연구조사 학습
> intermediate class 중급 과정
> distance education 원거리 교육
> lecture room 강의실

No student is allowed to **take classes** unless permission is first granted by the institute. ···▸ 학교 당국의 사전입학허가가 없이는 어떠한 학생도 수업을 받을 수 없다.

The teacher suggested that the young man transfer from the general level class to the **intermediate level**. ···▸ 선생님은 그 젊은이에게 일반 학급에서 중등급으로 월반할 것을 제안했다.

prerequisite 필수 과목

In order to enter the MBA program at the university of Western Ontario, you must take four

prerequisite courses. ···→ 웨스턴 온타리오 대학의 MBA 프로그램에 참가하려면 네개의 필수과목을 들어야 한다.

alumni

졸업생, 동창생

alumni meeting 동창회
alma mater 모교
diploma 졸업증서

The student was upset because his name was spelled improperly on his high school **diploma**.
···→ 그 학생은 고등학교 졸업장에 자신의 이름 철자가 잘못 쓰인 것을 알고 매우 기분 나빠했다.

law school

법과대학

faculty 교수단, 학부, 분과
faculty meeting 학부의 교수회
the faculty of law 법학부

In order to gain acceptance to a reputable **law school**, you must first have a high LSAT score.
···→ 명망있는 법대에 입학하려면 먼저 높은 LSAT 점수를 획득해야 한다.

degree

학위

advanced degree (석사 이상의) 고급 학위
term paper 학기말 논문

He wrote a **term paper** about the likelihood of reunification of North and South Korea. ···→ 그는 남북한의 통일 가능성에 대한 학기말 논문을 작성했다.

credit

이수 학점

credit hour 이수학점시간
semester 한 학기(1년 2학기제)

The student was upset because he found out that he was just one **credit** short of graduating in the fall. ⋯ 그 학생은 가을에 졸업을 하기에 단 1학점이 모자란다는 것을 발견하고 크게 당황했다.

He s signed up for five classes this **semester**. ⋯ 그는 이번 학기 다섯 과목을 수강 신청했다.

family reunion

가족 모임

immediate family 직계가족
relatives 직계가족을 포함한 친척
birth date 생년월일
birth certificate 출생증명서

The **family reunion** was so boring that my grandmother fell asleep at the table. ⋯ 가족모임이 너무 지루해서 우리 할머니는 식탁에서 끓아 떨어지셨다.

The hospital granted visitation rights to the patient s **immediate family members**. ⋯ 그 병원은 환자의 직계 가족들에게만 방문권을 허용했다.

contraceptive

피임(용)의, 피임약, 피임용구

contraception 피임[법]
birth control pill 피임약

Most American students are familiar with a variety of **contraceptives** by the time they reach high school. ⋯ 대부분의 미국 학생들은 고등학교에 갈 무렵까지는 다양한 피임도구에 친숙해 있다.

conceive

임신하다

expect 아기를 갖다
miscarriage 유산(abortion)
delivery 분만

The couple made an appointment with a fertility clinic after they failed to **conceive** a child. ⋯ 그 부부는 임신에 실패한 후 인공수정 진료소에 예약했다.

Everyone wondered if the rather obese lady was in fact **expecting** a child. ⋯→ 모든 사람들은 그 다소 뚱뚱한 여자가 사실 아기를 가진 것인지 궁금해 했다.

baby-sitter

집을 지키며 아이를 돌봐주는 사람

child care 육아
childcare leave 육아휴가
childcare center 보육원, 탁아소
nurse a baby 아기에게 젖을 주다
feed the baby 아기를 먹이다
stroller 유모차

Some secretaries at the university have accepted lower salaries in exchange for employer provided **child care**. ⋯→ 대학의 몇몇 비서들은 고용주 제공 육아 혜택에 대한 대가로 낮은 급여를 받아들였다.

The woman is pushing the baby in a **stroller**. ⋯→ 여자가 유모차에 아기를 태우고 밀고 있다.

bridal shower

여성의 결혼식 전 친구들이 선물을 갖고 오는 파티

bridal party 결혼피로연
best man 신랑들러리 (cf. bridesmaid 신부들러리)

The **bridal shower** was scheduled to take place on the last Thursday of the month. ⋯→ 신부파티는 이 달 마지막 목요일에 열리기로 일정이 잡혔다.

Food & Clothing (음식/의복)

à la carte

메뉴에 따라

(carte는 음식을 나르는 cart로, course마다 음식을 선택하는 식사법을 말하며 반면 table d'hote는 정식으로 course마다 나오는 음식이 정해진 식사를 말한다.)

The meals were served **la carte**. ···→ 식사는 메뉴에 따라 접대되었다.

---

appetizer

전채(前菜)

entrée 주 요리(main dish)

The waiter said that the **appetizers** were complimentary since we were hotel guests. ···→ 웨이터는 우리가 호텔투숙객이기 때문에 전채는 무료라고 말했다.

---

caterer

출장요리사

catering 출장요리
cater to 요구에 응하다, 만족을 주다
banquet 연회

We must **cater** to our client s needs. ···→ 우리는 우리 고객의 필요에 응해야 한다.

The **catering service** was booked solid for the entire Christmas holiday season. ···→ 그 출장요리 서비스 회사는 크리스마스 휴일 전체 기간 동안 완전 예약되었었다.

---

meal

식사, 식사시간, 식사를 하다

mealtime 저녁식사
dine in 집에서 식사하다
luncheon (회합에서) 오찬, 점심을 먹다

When it comes to special foods and holiday **meals**, I seem to lose all willpower. ⋯→ 특별요리와 명절음식에 관한 한 난 내 모든 자제력을 잃고 마는 것 같아.

The **luncheon** with the sales staff has been postponed due to last month s poor sales figures. ⋯→ 영업직원들과의 오찬은 지난달의 총매상 부진으로 인해 연기되었다.

takeout

사가지고 가는 (음식물)

leftover 나머지 음식, 나머지의
fast food 간이[즉석] 식품(= junk food)

My mother asked me to put the **leftover** food into a container and put the container into the refrigerator. ⋯→ 어머니는 내게 나머지 음식은 용기에 담아서 냉장고에 넣어두라고 하셨다.

serving

일인분

portion 식당에서 제공되는 음식의 일인분
take a bite out of 한 입 베어 물다

Each guest will receive one **serving** of roast beef and an unlimited amount of potatoes and bread. ⋯→ 각 손님들은 로스트비프 일인분에 감자요리와 빵은 양의 제한없이 마음껏 드실 수 있습니다.

I want the actor to look into the camera, and then slowly **take a bite out of the roll**. ⋯→ 그 배우가 카메라를 바라보면서 천천히 롤빵을 한 입 베어 무는게 좋겠어.

nourishment

자양분

nutrition 영양, 영양학
nutrient 영양소, 영양제
nutritive 자양식품
nutriture 자양식품, 영양상태
nourish 영양을 주다
intake 섭취

Nutrition and exercise are key components in a healthy life style. ⋯→ 영양과 운동은 건강한 생활 양식의 주요 구성요소이다.

The doctor told her that her body was weak and tired because her daily vitamin **intake** was so low. ⋯→ 의사는 그 여자의 일일 비타민 섭취량이 매우 적어서 몸이 약하고 피로한 것이라고 말했다.

cafeteria

(공장, 병원 등의) 구내식당
(self-service식으로 쟁반(tray)을 들고 가서 자기가 원하는 음식을 골라 먹는 식당)

automat 간이 식당
delicatessen 델리카트센(소시지, 햄 등을 가공한 식품을 파는 가게)
doggie bag 남긴 음식을 포장하는 봉투
ethnic restaurant 민속음식점
ethnic food 민속 음식
lunch counter 간이식당

Why don t we go to the **cafeteria** and get something to eat? ⋯→ 카페테리아에 가서 뭐 좀 먹는게 어때요?

The old-fashioned **delicatessen** across the street has become a popular place for lunch. ⋯→ 길 건너의 구식 조제 식품점은 유명한 점심식사 장소가 되었다.

Please form a single line next to the **lunch counter** if you wish to eat today s special. ⋯→ 오늘의 특별요리를 드시려면, 간이식당 옆에 한 줄로 서시오.

utensil

식기

kitchen utensils 부엌세간
cooking utensils 요리도구
ladle 국자
soup bowl 국그릇
countertop 조리대
kettle 주전자
culinary 요리용의, 부엌(등)의
silverware 식탁용 은그릇

kitchenware 부엌세간
diner ware 식기류

The waiter s job included serving the patrons and washing all of the dishes and **utensils**.····→ 웨이터의 일은 고객에게 시중드는 일과 모든 접시와 식기들을 씻는 것을 포함한다.

The waitress is wiping off the **countertop**. ····→ 웨이트리스가 조리대를 닦고 있다.

spicy

향료를 넣은, 매운(hot)

taste (일반적인) 맛, …의 맛이 나다 (cf. flavor 특유의 맛과 향)
additive 식품첨가물 (cf. additive-free 첨가물이 들지 않은)
seasoning 조미료, 양념
season 간을 하다, 맛을 내다(give special taste to a food)
savory 향기로운, 짭짤한
flavored 맛을 낸, 맛이 있는(cf. flavoring 맛내기, 조미료, 양념)
sour 시큼한, 신
tart 시큼한

Hot water removes much of the coffee s **flavor**, leaving the coffee mild or even bland tasting. ····→ 뜨거운 물은 커피의 향을 상당부분 제거함으로써, 커피를 부드럽고 순한 맛이 나게 한다.

This meat is said to **taste like** chicken, and to be low in fat.····→ 이 고기는 닭고기 같은 맛이 나고 지방질이 낮다고 한다.

cuisine

요리(법)

recipe 조리법
grill 굽다, 석쇠, 생선구이 (cf. charcoal grill)
roast 불로 굽다
bake (불에 대지 않고 열로) 굽다
boil 끓다, 삶다, 데치다, 끓임
steak 스테이크(cf. veal (식용) 송아지 고기, lamb 새끼양의 고기, mutton 양고기)
filet mignon 등심
T-bone (steak) 소의 허리부분의 뼈가 붙은 T자형 스테이크
prime rib 갈비(rib)를 소금으로 구운 것

welldone 잘 익힌(cf. rare 덜 익힌, medium-rare 알맞게 덜 익힌, medium 알맞게 익힌)
ungreased baking sheet 기름을 바르지 않은 구이판
simmer 끓어오르려는 상태, 끓이다
creamed chicken 크림으로 요리한 닭고기
smoked salmon 훈제연어
stuffed 속을 넣은(cf. steamed 찐)
knead 반죽하다(cf. mix the batter 반죽을 섞다)
plain 조리하지 않은, 맛이 밋밋한
slice the cheese 치즈를 얇게 썰다
dice the carrot 당근을 주사위 모양으로 자르다
stir 휘젓다
conserves 잼(jam)
dairy product 유제품

The cooks **are grilling** chicken over a charcoal fire. ···→ 요리사들이 숯불 위에 닭을 굽고 있다.

While stirring continuously, bring two cups of cream to a gentle **simmer** in a large saucepan. ···→ 계속 휘저으면서 크림 두 컵을 큰 냄비에 넣고 뭉근한 불에서 끓인다.

The waiter asked the customer if he wanted his steak **well done, medium, or rare.** ···→ 웨이터는 손님에게 그의 스테이크를 완전히 익힐 것인지, 중간 정도 혹은 덜 익혀서 들 것인지 물었다.

The cook asked the busboy to come into the kitchen and **knead the dough.** ···→ 요리사는 식당조수에게 부엌으로 들어와서 반죽을 하라고 시켰다.

One of the most important things to remember when baking a cake is to thoroughly **mix the batter.** ···→ 케익을 구울 때 기억해야 할 가장 중요한 사항의 하나는 반죽을 완전히 잘 섞는 것이다.

seafood | 해산식품

sea fish 바닷물고기(민물고기에 대해서).
cod 대구
salmon 연어
shrimp 작은새우
lobster 바닷가재, 큰 식용새우

The **seafood** restaurant located next to our office serves an all-you can-eat brunch special every morning. ···▶ 우리 사무실 옆에 있는 해산물 레스토랑은 매일 아침 마음대로 골라먹을 수 있는 브런치 스페셜을 제공한다.

We are running low on **shrimp** and we ll definitely need more before the weekend. ···▶ 지금 새우가 다 떨어져가는데, 주말 이전에는 틀림없이 더 많이 필요할 거예요.

ingredient

(요리의) 재료, (혼합물의) 성분

lettuce 상추, 양상추
pickle 절인야채 (특히 오이)
soybeans 콩(cf. soybean milk 두유, soybean oil 콩기름)
herb 식용식물
garlic 마늘(cf. green pepper 피망, spinach 시금치)

The recipe calls for a number of unusual **ingredients** such as seaweed and dandelions. ···▶ 그 요리비법에는 해초와 민들레같은 색다른 성분들이 많이 들어간다.

The main **ingredients** must be mixed together and left to stand overnight. ···▶ 주요 성분들을 섞어서 하루 밤을 재워두어야 한다.

Unlike most garden plants, **garlic** should be planted in the fall, not the spring. ···▶ 대부분의 정원 식물들과는 달리 마늘은 봄이 아닌 가을에 심어야 한다.

The **peppers** are in the basket. ···▶ 피망이 바구니에 들어 있다.

For one of the most nutritious dining choices, try a dark green leafy vegetable such as **spinach**. ···▶ 가장 영양가 있는 저녁식사 메뉴 중의 하나로서 시금치같은 푸른잎 채소를 드셔 보십시오.

beverage

음료

soda 청량음료
soft drink 청량음료 (cf. hard drink 도수가 높은 술)
cider 알콜성분이 가미된 사과쥬스

take a sip (술이나 차 따위를 음미하며) 홀짝이다
gulp 꿀꺽꿀꺽 삼키다

The operator is behind the equipment drinking a **soda**. ···➔ 기사가 장비 뒤에서 청량음료를 마시고 있다.

The man on the right is drinking a **soft drink** with a straw. ···➔ 오른쪽의 남자가 빨대로 청량음료를 마시고 있다.

The **beverage** company solved its financial problems through improved efficiency. ···➔ 그 음료회사는 업무 효율을 향상시킴으로써 재정난을 해결했다.

confectionary

과자의, 사탕의

pudding 푸딩
cereal 시리얼(cornflakes, oatmeal 등의 아침식사용 곡물)
croissant 크루아상(초승달 모양의 롤빵)
muffin 머핀(옥수수 가루 따위를 넣어서 살짝 구운 빵)
shortcake 과일을 넣은 케이크
whipped cream 거품 크림
club sandwich 클럽샌드위치(찬 고기나 샐러드 등을 끼워 넣은 3겹 샌드위치)

Most Western people like to eat **cereal**, toast, and orange juice in the morning for breakfast. ···➔ 서양 사람들은 대개 아침식사로 시리얼, 토스트 그리고 오렌지 쥬스를 드는 것을 좋아한다.

The supermarket was selling **muffins** for the local chapter of the Red Cross. ···➔ 그 수퍼마켓은 적십자의 그 지역 지부를 위해 머핀을 판매하고 있었다.

try

먹어보다, 시식하다

chef's specialty 주방장 특별요리(chef's suggestion)
pasta 파스타(달걀을 섞은 가루 반죽을 재료로 한 이탈리아 요리)
made-to-order food 주문(해 만든 요리)
cold cuts 얇게 저며 조리한 고기
filling (음식물의) 속, 내용물
topping (음식물) 위에 얹은 것(whipping cream 거품이 일기에 알맞은 크림, whipped topping)

fat-free 지방을 뺀
chicken broth 묽은 닭고기 스프
serve oneself some salad 샐러드를 들다
preservative 방부제
gourmet 미식가, 요리 감식가
devour 게걸스럽게 먹다

He always consumes a lot of **pasta** and goes to bed early the night before he runs a marathon. ···› 마라톤 경주에 참가하기 전날 밤에, 그 남자는 항상 파스타 요리를 많이 먹고 일찍 잠자리에 든다.

The distributor is stocking the shelves with cheese and **cold cuts**. ···› 도매업자가 치즈와 저민 고기를 선반에 쌓아두고 있다.

apparel
의복, 의상, (특히) 기성복, 치장하다

outfit 조화를 이룬 의상과 장신구(coordinated costume)
outfitter 장신구상, 운동, 여행용품상
outfitting 채비, 장신구, 옷차림
suit 정장 한 벌, (수식어에 따라) ···복(腹)
ensemble 여성복의 한벌

Women have learned that jewelry and accessories can change the look of an **outfit** dramatically. ···› 여자들은 보석과 장신구들이 외모를 극적으로 변화시킨다는 걸 체득해 왔다.

My boss told me that I should go out shopping and pick up a few new **suits**. ···› 우리 사장님은 내게 쇼핑하러 가서 새 양복을 몇벌 사도록 하라고 하셨다.

business attire
정장

garments 의복(특히 긴 옷옷, 외투 등)
protective raincoat 방수 비옷

Casual **business attire** is appropriate for most events, and a comfortable pair of walking shoes is a must. ···› 캐쥬얼한 정장차림이 대부분의 행사에 적당하며 편안한 신발은 필수적이다.

This **garment** shop was first opened in 1903 by my great grandfather. ⋯→ 이 의상실은 1903년 우리 증조 할 아버지가 차리신 곳이다.

be dressed up

잘 차려입다, 성장(盛裝)하다

designer clothing 디자이너 브랜드의 옷
fashion conscious 유행에 민감한
fashion house 고급양장점
trend setting 유행을 선도하는

The lady **got dressed up** before she attended her daughter s high school graduation. ⋯→ 그 여자 는 딸의 고등학교 졸업식에 참석하기 전에 정성들여 차려입었다.

My boss s wife is very **fashion conscious** and I want to make a good impression. ⋯→ 제 상사의 사모 님이 아주 패션에 민감한데 저는 좋은 인상을 주고 싶습니다.

slacks

헐거운 바지, 슬랙스

shorts 반바지
leather jacket 가죽재킷 (cf. leather ware 가죽제품)
trench coat 벨트가 있는 레인코트, 바바리

I bought these **slacks** here and I d like to return them. ⋯→ 이 바지를 여기서 샀는데 바꾸고 싶어요.

The man on the right is taking off his **trench coat**. ⋯→ 오른쪽의 남자가 트렌치 코트를 벗고 있다.

pattern

옷감의 무늬, 옷의 모양새

seam 솔기, 이음새, 터지다(cf. seam presser 솔기를 눌러주는
        다리미)
pleat (스커트 등) 주름

The man asked the store clerk if she could order him a blue sweater with a conservative **pattern**. ⋯→ 그 남자는 가게 점원에게 보수적인 모양의 푸른색 스웨터를 주문해 줄 수 있겠는지 물었다.

A unique knit tape covers the **seams** making a shirt that fits better and lasts longer. ···▸ 독특한 니트 테잎이 솔기를 감싸고 있어 셔츠가 몸에 더 잘 맞고, 더 오래가도록 해줍니다.

laundry

세탁물, 세탁소

laundry bag 세탁물 넣는 자루
launderette 빨래방
dry cleaner 드라이 클리닝점

Karen took her **laundry** to the cleaners every Monday morning. ···▸ 카렌은 매주 월요일 아침마다 세탁소에 세탁물을 가져간다.

try on

몸에 맞는지 입어보다

put a sweater on 스웨터를 입다
take off 옷을 벗다

Do you have trouble figuring out what size jeans you should **be trying on**? ···▸ 어떤 치수의 청바지를 입어봐야 할지 고민하고 계십니까?

The man is going into the dressing room to **try on** pants. ···▸ 그는 바지를 입어 보기 위해 탈의실로 들어가고 있다.

take measurements

치수를 재다 (~ of)

(measurements는 치수, 크기, 넓이 두께 등을 나타냄.)

tailor 재단사, (양복을) 짓다, 몸에 맞게 고치다
body type 체형

The **tailor** asked the lady to sit down in the chair while he **took a measurement** of her shoulders. ···▸ 재단사는 그 여자에게 그녀의 어깨 치수를 재는 동안 의자에 앉아 달라고 했다.

28 | Hospital (의료)

see a doctor

(의사에게) 진찰을 받다

diagnosis 진단, 진찰
stethoscope 청진기, 청진기로 진찰하다

If coughing persists for more than one week, you should **see a doctor**. ···→ 기침이 한 주 이상 지속되면 의사에게 진찰을 받아야 한다.

clinic

진료소, 병원내의 과(科)

general hospital 종합병원
hospice 호스피스(임종을 앞둔 환자를 돌보는 곳 또는 그 활동)
leave hospital 퇴원하다(↔ go into hospital)

The **general hospital** is located downtown on 53rd Street between 5th and 6th Avenue. ···→ 그 종합병원은 시내의 5번가와 6번가 사이의 53번 거리에 있다.

case

환자, 병증

inpatient 입원환자

The doctor said that this was one of the most deadly **cases** of pneumonia that he had ever seen. ···→ 의사는 이것이 지금까지 그가 보아 온 가장 치명적인 폐렴의 하나라고 했다.

check up

정기 (건강) 검진

sanitary 위생의, 보건상의, 위생적인

Nine out of ten dentists recommend that dental **check-ups** be scheduled every other year. ···→ 대부분의 치과의사는 정기 치아검사를 2년마다 해야 한다고 권고한다.

specialist

전문의

physician 내과의사, 일반적으로 doctor의 의미로 통용
primary care physician 1차 진료의
referral 진단서, 진료후 환자를 전문의에게 보내기
surgeon 외과의사
chiropractor 척추지압사
pediatrician 소아과의사
physical therapist 물리치료사
psychiatrist 정신과의사
ophthalmologist 안과의사 (cf. oculist 안과의사, 검안사)
cardiologist 심장과의사

Specialists are doctors who have studied a particular type of medicine for at least eight years.
⋯→ 전문의란 최소 8년간 특정 분야의 의학을 공부한 의사를 말한다.

My **primary care physician** is in Boston; however, I have another doctor here in New York.⋯→ 내 1차 진료의는 보스톤에 있지만 뉴욕에도 의사 1명이 더 있다.

The doctor gave his patient a **referral** and sent her to see a radiologist. ⋯→ 의사는 환자에게 진단서를 주어 방사선의에게 보냈다.

perform an operation

수술하다
(operate에도 「수술하다」라는 의미가 있다.)

orthopedic treatment 정형수술

The surgeons **are performing an operation**. ⋯→ 외과의사들이 수술을 집도하고 있다.

My mother was sent to a specialist in order to receive **orthopedic treatment**. ⋯→ 나의 어머니는 정형 수술을 받기 위해 전문의에게 보내졌다.

contract

병에 걸리다(~ an illness)

develop an illness 병에 걸리다
come down with (병에) 걸리다
clear up (병이) 낫다

serious illness 심각한 병(중병)
strain (근육의) 무리, 피로, 접질림
rash 발진, 뾰루지
run down 몹시 피곤한, 병이 난
cell damage 세포손상
hypothermia 저체온(증), 체온저하(법)
fever 발열
epilepsy 간질
under the weather 몸이 안좋은
abrasion 찰과상
spasm 경련, 쥐 (cf. cramp 손·발 등의 경련, 쥐)
contagious 전염성의
inflammatory 염증성의

Darlene **contracted the illness** overseas. ···→ 달린은 해외에서 병에 걸렸어요.

Too much fat makes it more difficult for your body to prevent **cell damage**. ···→ 과다한 지방은 여러분의 몸이 세포손상을 예방하는 것을 더 어렵게 한다.

Soaked cotton garments can contribute to **hypothermia** in wet, cold conditions. ···→ 젖은 면직물 옷은 습기있고 추운 상태에서 체온 저하의 원인이 될 수 있다.

dental floss   치실, 이 사이의 오물 제거용 실

dentist 치과의사
dental plate 의치
dental hygiene 치과 위생
dental waxes 치과용 접착제
fill a cavity 치아에 생긴 구멍을 봉하다
gums 잇몸
molar 어금니

The dentist used a special pair of pliers to extract the damaged **molar** of his patient. ···→ 치과의사는 환자의 손상된 어금니를 뽑기 위하여 특수 플라이어를 사용했다.

The dentist informed the man that he would have to **fill a cavity**. ···→ 치과의사는 남자에게 치아에 난 구멍을 봉해야 할 것이라고 알려 주었다.

have a headache 두통이 있다, 머리가 아프다

toothache 치통 (cf. backache 요통)
nervous breakdown 신경쇠약
nausea 메스꺼움 (cf. feel ~ 메스껍다)
head cold 코감기 (cf. nose running 콧물이 흐르는)
get seasick 배멀미가 나다 (cf. homesick 향수병에 걸린)
delirious (일시적인) 정신착란의, 헛소리 (cf. delirium 정신착란)
sore throat 후두염 (cf. sore spot[point] 약점, 아픈 곳)
sleep disorder 수면장애 (cf. insomnia 불면증)
stroke 발작, 뇌졸중
brain death 뇌사상태
jaw discomfort 턱의 이상 (cf. jawbone 턱뼈)
bronchial irritation 기관지염
ear infection 이염
throat irritation 후두염
drowsiness 졸음, 기면(嗜眠)상태 (cf. fainting 기절, 졸도하는)
respiratory disease 호흡기 질환 (cf. asthma 천식)
chronic bronchitis 만성 기관지염
congestion 충혈, 울혈
cerebral hemorrhage 뇌일혈, 뇌출혈
mental disease 정신장애
amnesia 건망증, 기억상실증

People with **sleep disorders** can get information and support at the next meeting of the Sleep disorder Support Group. ···› 수면장애로 고생하시는 사람은 수면장애 지원단체의 다음 모임에서 정보와 지원을 받을 수 있습니다.

Do not take this product for persistent or chronic coughs due to smoking, **asthma, chronic bronchitis**, emphysema. ···› 흡연, 천식, 만성 기관지염, 폐기종으로 인해 계속되는 만성적인 기침에는 이 제품을 복용하지 마십시오.

heart disease 심장질환

heart failure 심장 발작(heart attack)
transplant surgery 이식수술 (cf. plastic ~ 성형수술)
heart transplant 심장이식
high[low] blood pressure 고혈압[저혈압]

circulatory disease 순환기 질환
pain in the stomach 복통
heartburn 가슴앓이
acid indigestion 소화불량
leukemia 백혈병
cardiac failure 심장병
backache 요통

I got a terrible **pain in my stomach** after I ate the fish. ···→ 나는 생선을 먹은 후 심한 복통을 앓았다.

Back pain has become one of the most serious ailments in America today. ···→ 요통은 오늘날 미국에서 가장 심각한 질병의 하나가 되었다.

bruise

타박상, 상처자국, 상처를 입히다

swollen ankles 부은 발목
sprain[twist] one's ankle 발목을 삐다
fracture 골절, 금가게 하다
prostate cancer 전립선 암
diabetes 당뇨병
diarrhea 설사
hemorrhoids 치질
constipation 변비

The football player **fractured his foot** on the penalty kick. ···→ 그 축구 선수는 페널티킥시 발에 골절상을 입었다.

medication

약물치료, 투약법, 약물

medical chest 약상자
medicator 투약기구
oral medicine 경구용 약
internal medicine 내과학

Most doctors recommend that you don t use soft drinks such as cola to wash down **medication**.
···→ 의사들은 대부분 약을 먹을 때 콜라같은 청량음료로 약을 내려가게 하지 말라고 권고한다.

pharmacy

약국, 조제술, 약학

pharmaceutical company 제약회사

I think I ll run over to the corner **pharmacy** and see if I can get something. I don t feel well. ···→ 길 모퉁이 약국에 가서 먹을 만한 약이 있나 봐야 겠어. 몸이 안 좋아.

prescription

처방

prescription drug 의사 처방전이 필요한 약
over-the-counter drug 의사의 처방없이 팔리는 약
pain management drug 진통제(= painkiller)
antibiotic 항생제 (cf. antidote 해독제)
pill (동그란) 알약, 알약으로 만들다 (cf. tablet 납작한 알약)
decongestant 울혈[충혈] 제거제 (특히 코)

Pain management drugs such as aspirin are popular because one does not need a prescription to buy them. ···→ 아스피린과 같은 진통제는 처방전 없이 구입할 수 있어 인기있는 약품이다.

administer

(약 등을) 복용시키다

treat 치료하다, (약을) 바르다
treatment 치료(법,약)
take a dose (1회분의) 약을 먹다
overdose 약을 과용하다
take the medicine 약을 복용하다

My medical doctor **treated** me with large **doses** of muscle relaxants and painkillers, traction, ultrasound, and massage. ···→ 의사는 다량의 근육 이완제와 진통제, 근육 늘이기, 초음파 치료, 마사지 등으로 나를 치료했다.

brace

받침나무, 부목(副木), 치열 교정기

dressing (외상 치료용) 의약 재료, 붕대(법)
cast 깁스붕대

The woman s wearing a **brace** around her neck. ⋯▸ 여자가 목 둘레에 부목을 하고 있다.

hypnosis

최면(상태)

hypnotic 수면제
anesthetic 마취제 (cf. anesthesia 마취)

The doctor told the nurse to begin administering **anesthetic** to the patient. ⋯▸ 의사는 간호사에게 그 환자에게 마취제를 투약하기 시작하라고 했다.

vaccinate

⋯에게 예방 접종을 하다

inoculation (예방) 접종
first aid kit 구급상자 (cf. first aid treatment 응급처치)

All of the children at the school **were vaccinated** for small pox.⋯▸그 학교의 모든 아이들은 수두 예방 접종을 맞았다.

side effect

부작용

drug therapy 약물치료
empty stomach 공복

The doctor warned his patient that the medicine might have some **side effects**. ⋯▸ 그 의사는 그의 환자에게 그 약은 몇가지 부작용이 있을 것이라고 경고했다.

Drug therapy is only one way to fight cancer. ⋯▸ 약물 치료는 암과 투병하기 위한 한가지 방법에 지나지 않는다.

This medicine should be taken on an **empty stomach**. ⋯▸ 이 약은 공복에 복용해야 합니다.

blood vessels | 혈관

blood transfusion 수혈(법)
blood stream 혈류
blood sugar 혈당
blood serum 혈청
artery 동맥
arteritis 동맥염
vein 정맥
lung 허파

Ingesting fat increases the amount of cholesterol in the **blood stream**. ⋯ 섭취 지방은 혈류의 콜레스테롤량을 증가시킨다.

upper body | 상체(허리 윗부분)

olfactory test 후각시험 (cf. olfactory organ 후각기)
joint 관절
ankle 발목
phlegm 담(痰), 점액
secretion 분비물[액]

Her doctor told her that her pain was caused by chronic inflammation in her **joints**. ⋯ 그녀의 의사는 통증이 관절의 만성염증으로 인해 생긴 것이라고 한다.

work out | (스포츠 등의) 운동을 하다

workout 운동
get exercise 운동하다
be in good shape (몸의 상태)가 좋다
shape up 몸 상태를 좋게 하다

I **work out** almost every day during lunch. ⋯ 난 거의 매일 점심 때마다 운동을 하고 있어.

My boss told me that I should **get some exercise** instead of drinking so much. ⋯ 나의 상사는 내게 그렇게 술만 많이 마시지 말고 운동을 좀 하라고 했다.

health care

건강관리 (절차 · 방법)

well-being 복지
health food 건강식
health center 보건소
dietitian 영양사(= dietist)
cholesterol 콜레스테롤

The **health care** system in Canada has been touted as one of the best in the world. ···→ 캐나다의 건강관리 시스템은 세계 최고 수준으로 일컬어져 왔다

Too much **cholesterol** in the blood can lead to hardening of the arteries. ···→ 혈액 중의 지나친 콜레스테롤은 동맥 경화로 이어질 수 있다.

go on a diet

식이요법하다

dietary cure 식이요법
low-fat diet 저지방 식이요법
burn fat 지방을 없애다
gain[lose] weight 체중이 늘대[줄다]
put on weight 체중을 늘리다

It is wise to consult a physician for some advice before you **go on a diet**. ···→ 식이요법에 들어가기 전에 먼저 내과의사에게 몇가지 조언을 구하는 것이 현명하다.

A **low-fat diet** can help keep your blood vessels open. ···→ 저지방 식이요법은 여러분의 혈관이 막히지 않도록 도와줄 수 있다.

In a certain way, I dread the upcoming holiday season. I always **put on weight**. ···→ 난 언제나 다가오는 휴가 시즌이 너무 두려워. 늘 체중이 불었었거든.

29 | **Having Fun** (여가)

theme park

테마공원 (야생동물, 해양생물, 동화의 나라 등)

amusement park 유원지
park ranger 공원 관리인(park keeper)
park entrance 공원입구

The **park ranger** described the many activities available to park visitors. ⋯▶ 공원 관리인은 방문객들이 즐길 수 있는 많은 활동에 대해 설명했다.

go hiking

(도보여행) 하이킹 하러 가다

camp 캠프, 야영
campsite 캠프장, 야영장
camp ground 야영지, 야영집회소
camper 야영자, 캠프생활자, 캠프용 트레일러

The young couple packed up all their camping gear and **went hiking** in the mountains for ten days. ⋯▶ 그 젊은 커플은 캠핑 도구를 꾸려서 열흘 동안 산으로 하이킹을 갔다.

The man s putting up a tent at the **campsite**. ⋯▶ 남자가 야영장에 텐트를 치고 있다.

go fishing

낚시하러 가다

fishing regulation 낚시 규제
fishing license 낚시 면허
fishery 수산업, 어장
fishing pole 낚싯대
fisherman 낚시꾼, 어부, 어선(= angler)

In order to apply for a **fishing license**, you need two pieces of photo identification and $20.00. ⋯▶ 낚시 면허증을 신청하려면 2장의 증명사진과 20달러가 필요하다.

cruise

선박 여행, 순항

vacation cruise 휴가 기간의 선박여행
take a cruise to …로 선박여행을 하다
set sail for …로 출범하다
raft 뗏목
rapid 급류, 여울

My father mailed in the deposit for his **vacation cruise** to Alaska. ⋯ 아버지는 여름 휴가 동안 알래스카로 유람선 여행을 가기 위해 예약금을 부치셨다.

The married couple decided to **take a cruise** around the world. ⋯부부는 유람선타고 세계일주를 하기로 결정했다.

summer resort

피서지

resort 휴양지
beach resort 해변 휴양지
mountain resort 산중 휴양지

Many people moving to the small mountain **resort** sacrifice important careers to enjoy a better lifestyle. ⋯ 조그만 산중 유원지로 이주하는 많은 사람들은 보다 나은 생활양식을 위해 중요한 직업을 포기한다.

ski slope

스키장

ski lift skier를 나르는 리프트
triple chair lift 3인용 리프트
slide down the hill 언덕을 미끄러져 내려오다
snowboard 스노우보드(를 타다)

I ve heard this snow is really needed on the **ski slopes**. ⋯ 이번 눈은 스키장에 많은 도움이 된다고 들었어요.

Most of the runs at the ski resort do not permit **snowboarding**. ⋯ 그 스키 리조트의 대부분의 슬로프들은 스노우보딩을 허용하지 않는다.

play golf

골프치다

play a few rounds of golf 코스 몇 바퀴를 돌며 골프치다
golf tour 골프대회
poker 포커(카드놀이)
hit the jackpot 장땡을 잡다, 대 성공을 하다

He has always believed in his ability to compete on the professional **golf tour**. ···→ 그는 언제나 프로 골프 대회에서의 자신의 능력을 믿었다.

take a picture

사진을 찍다

resolution 영상의 선명도(해상도)
develop 현상하다
put a roll (필름) 한통을 넣다

Laurel has a professional photographer **take pictures** of her children once each year. ···→ 로렐은 매년 한차례씩 전문 사진사를 불러서 자녀들의 사진을 찍게 한다.

practice an instrument

악기를 연습하다
(instrument에는 「악기」, 「기구」, 「증서」 등의 의미가 있다.)

play the instrument 악기를 연주하다
tune the instrument 악기를 조율하다
play on the drum set 드럼을 연주하다

The musician **is playing the instrument**. ···→ 음악 가가 악기를 연주하고 있다.)

I used to **play the trumpet**. ···→ 난 트럼펫을 연주하곤 했어.

art collector	미술품 수집가

stamp collection 우표수집
artifact collection 문화유물 수집[소장]
antique collector 골동품 수집가
artwork collection 예술품 수집(소장)
house a[one's] collection(s) 예술품을 수집[소장]하다

Many serious art **collectors** house their **collections** in museums or art galleries. ⋯ 많은 진지한 예술품 수집가들은 박물관이나 화랑에 그들의 수집품을 소장한다.

30 **Media** (방송)

stay tuned to
…을 계속 시청[청취]하다

turn on (TV, radio 등을) 켜다(↔ turn off)
turn down 소리를 줄이다

Stay tuned to TV Eight for more flood details and an update on when the highway will be reopened. ⋯→ 홍수 소식에 대한 자세한 사항과 고속도로의 소통재개에 대한 최신 정보를 얻으려면 계속해서 8번 채널을 시청해 주십시오.

go on the air
방송하다

air the commercials 광고 방송을 하다
commercial broadcasting 상업방송
commercial message 광고(CM)
be[come] on TV TV에 방송되다

The commercial will **go on the air** at 7:30 on Friday. ⋯→ 그 광고는 금요일 7시 30분에 방송될 것이다.

The children asked their mother to check what **was on TV**. ⋯→ 아이들은 엄마에게 TV에서 무엇이 방송되고 있는지 봐 달라고 했다.

broadcast
방송, 프로

broadcast journalism 방송저널리즘
broadcast media 전파매체
audience ratings (TV · 라디오의) 시청률, 청취률
come up (프로그램이) 잇따르다
on demand concept 요구가 있는대로

Most instructional television is simply a **broadcast** version of the standard lecture format found in the classroom. ⋯→ 대부분의 교육 TV는 그저 전형적인 교실수업방식의 방송판에 불과하다.

Audience ratings help TV stations decide which shows to keep and which ones to cut. ⋯

시청률은 TV방송국이 프로의 지속여부를 결정하는데 도움을 준다.

commentary
논평, 시사해설, 실황방송

byline article   신문, 잡지의 표제밑에 필자명을 넣은 기사
in-depth story   심층분석 기사
scoop   특종, 최신(극비)정보
strip   (TV) 연속프로, 1회 4컷짜리 연재만화(comic strip)
contributor   기고[투고]가
obituary   부음기사

The energetic reporter was given the **scoop** on the California serial killer s testimony. ⋯ 그 적극적인 기자는 캘리포니아 연쇄 살인범의 증언 관련 특종을 얻었다.

editorial
편집의, 사설의, 사설(논설)

lead   사설
op-ed   (사설 맞은 편의) 특집란
memorabilla   기억할 만한 사건, 중요기사

Once personnel has selected qualified applicants, the **editorial** department evaluates their writing skills. ⋯ 인사부서에서 일단 자격을 갖춘 지원자들을 선택한 후, 편집부에서는 그들의 작문솜씨를 평가한다.

edition
판(版), 간행, (같은 판의)한 책, (양식, 체재) 판

revised edition   증보판
through editions   판을 거듭하여
impression   중판
version   판

You should check the want ads in the Saturday **edition** of the *Wall Street Journal*. ⋯ 당신은 토요일자 「월 스트리트 저널」의 구인광고를 살펴보아야 해요.

come out

(책이) 발행되다

out of print 절판되어

The publisher promised that the book would **come out** next week. ⋯→ 발행인은 그 책이 다음 주에 나올 것이라고 약속했다.

The book is scheduled to **come out** sometime before the end of the year. ⋯→ 그 책은 올 연말 이전 어느 시기에 발행될 예정이다.

press packet

홍보용 자료집, 보도 자료집

press kit 자료(특히 기자회견시 보도 관계자에게 배포되는)
press conference 기자회견
press release 보도자료(보도 관계자에게 미리 나누어주는)
news release 뉴스보도자료

To put further pressure on the airline s management, the union leader called a **press conference**. ⋯→ 항공사의 경영진에게 좀 더 압력을 가하기 위해 조합 지도자는 기자회견을 신청했다.

feature

(신문, 잡지 등) 특집기사, 특별프로그램, 인기물, 특징, ⋯의 특징을 이루다, 두드러지게 하다

feature film 장편특집영화
feature story 인기기사, 특집기사

The book will **feature** interviews with the incredible David Copperfield and his team of magicians. ⋯→ 이 책은 놀라운 데이빗 커퍼필드와 그의 미술단과의 인터뷰를 담을 것이다.

box office

매표소, (흥행의) 수익

ticket counter 매표구
concert-goer 음악 애호가, 음악회에 자주 다니는 사람
exhibit-goer 전람회 애호가, 전람회에 자주 다니는 사람
movie-goer 영화 애호가, 영화 보러 자주 다니는 사람

The play had a poor showing at the **box office**, even though two famous actors had lead roles. ···→ 그 연극은 두 명의 유명 배우가 주연을 맡았음에도 불구하고 흥행 성적이 저조했다.

auditorium
청중석, 강당

attendance record 관객 동원 기록

Ticket sales for the new film surpassed all box-office **attendance records** during the first week of its release. ···→ 새 영화의 티켓 판매액이 개봉 후 첫 주 동안 모든 흥행에 성공한 영화들의 관객 동원 기록을 깼다.

premier showing
(극의) 첫날, 특별개봉, 첫 공연을 하다

matinee (showing) 낮 공연
intermission (연극, 음악회 등) 휴게시간, 막간
rehearse 시연하다 (cf. rehearsal 시연)

My friend has invited me to the **premier showing** of the new James Bond movie. ···→ 내 친구는 나를 신작 제임스 본드 영화의 첫날 개봉에 초대했다.

Matinee showings are usually cheaper than evening showings because movie theaters are less busy during the day. ···→ 주간에 극장들은 덜 붐비기 때문에 주간 상영은 보통 저녁 상영보다 더 싸다.

There will be one fifteen minute **intermission** between acts. ···→ 막간에 15분간 휴식이 한 차례 있을 겁니다.

art exhibit
미술 전시회

exhibition booth exhibitor 출품자
dance performance 무용공연
star ···을 주역으로 하다

Photographs may be taken during the **performance** without a flash. ···→ 공연 도중 플래쉬를 터뜨리지 않는다면 사진을 찍으셔도 무방합니다.